博雅人文

你一旦开始阅读，也就会永远自由。

——弗雷得里克·道格拉斯

阅读经典

美国大学的人文教育

徐贲 著

北京大学出版社
PEKING UNIVERSITY PRESS

图书在版编目 (CIP) 数据

阅读经典：美国大学的人文教育/徐贲著. —北京：北京大学出版社，2015.10

（博雅人文）

ISBN 978-7-301-26214-6

Ⅰ.①阅… Ⅱ.①徐… Ⅲ.①高等学校－人文素质教育－研究－美国 Ⅳ.①G649.712

中国版本图书馆 CIP 数据核字（2015）第 200995 号

书　　名	阅读经典：美国大学的人文教育
著作责任者	徐　贲　著
责任编辑	张文礼
标准书号	ISBN 978-7-301-26214-6
出版发行	北京大学出版社
地　　址	北京市海淀区成府路 205 号　100871
网　　址	http://www.pup.cn　　新浪微博 @ 北京大学出版社
电子信箱	编辑部 wsz@pup.cn　　总编室 zpup@pup.cn
电　　话	邮购部 010-62752015　　发行部 010-62750672 编辑部 62767315
印 刷 者	北京中科印刷有限公司
经 销 者	新华书店
	889 毫米 ×1230 毫米　A5　13.25 印张　370 千字 2015 年 10 月第 1 版　2024 年 4 月第 10 次印刷
定　　价	88.00 元

图书如有印装质量问题，请与出版部联系，电话：010-62756370

目　次

第二部分 列奥·施特劳斯与人文教育

第三部分　西方古典的当代启示

序言　我亲历的人文教育

2009年10月8日《广州日报》报道，中山大学新创博雅学院，通过通识教育打造“无专业精英”，宣言“学生的人生榜样不是亿万富翁，而是学富五车的大思想家、大学问家”。大学为普通大学生提供“通识教育”（或称博雅教育，general education），把着眼于自由人、全人的教育（即“人文教育”），而不是单纯的专业或技能知识传授，作为大学教育的基础，我是很赞成的。我本人在美国大学从事人文教育（当然还教英语系的专业课程），已经二十多年了，始终将此视为我教授生涯中最有意义的一部分。在我任教的学校里，人文教育课程是所有学生都必须在头两年里修毕的，是通识教育的一部分，不可能渊博、精深到哪里去。它不以培养“大思想家”“大学问家”为目标，事实上也没有这个必要或可能。美国其他高等学校的人文教育基本上也都差不多。这是一门为所有的普通大学生设置的课程，学生们都有自己的专业，人文教育是为了帮助他们增进思考、判断、与他人对话、协作的能力，了解人的价值与自身弱点，提升社会责任感和公民素质，是普通人而不是精英的教育。

（一）从知识到智识

教育的目标不能脱离具体的学生结构、受教育年限、可操作的课程设置、师资条件、知识性质和活动范围，人文教育也是如此。人文教育课上的知识不是专门的学科知识（subject knowledge），而是普通知识。我所任教的大学为全体学生提供人文教育，他们每个人都有自己的专业，以后也会从事各自的专门职业，学校不会以成为“无专业精英”来为他们设定人生目标。学生们的专业有文、理之别，但是，人文教育的六门课程（经典阅读四门和写作两门）是每个学生必修的。此外，每个学生还必须修满八门“通识教育”的课程。其中，宗教研究两门；数学一门；自然科学：生物、化学、物理与天文、环境与地球科学中选一门；人文学科：艺术史、传媒、英语文学、外语、神学中选两门；社会科学：人类学、经济学、伦理学、历史、政治学、心理学、社会学、妇女与性别研究中选两门。我本人在英语系有时开一门“文学阅读”，就是一门英语专业学生必修和其他专业学生都可以选修的通识教育课程。

通识教育的目的是拓宽学生们的知识面，它的课程有专门的“领域知识”（subject knowledge），由专业老师来传授。例如，数学是数学课的领域知识，必须由数学教授授课，对修这门课的英文专业学生（通识课）和数学专业学生（专业课）的专门知识要求是一样的。

与通识教育的专业课程不同，人文教育的核心课程（经典阅读和写作）没有专门的领域知识，而是有自己的三个主要特点：一、它强调的是以思考（thinking）、理智（reason）、判断（judgment）能力为主要特征的智识，不是某种领域知识；二、它要求学生进行以“常识”（common sense）和“普通知识”（common knowledge）为本，以亲近智慧为目标的知识活动，不以积累和提高专门知识为目的；三、它的“知识”产生于“对话”，而不是“传授”，在运用知识时重在说服的过程，而不是最后的真理，因此特别与公共说理有关。就体现这些特点的人文思想讨论而言，经典阅读比写作更能体现人文教育的特色，经典阅读的任课教授来自各个系科（都接受过上这门课的统一训练），完全不受各自专业背景的限制，充分体现了人文教育无知识边界的理念。

人文教育的根本目标是人的心智解放和成长，美国卫斯理大学（Wesleyan University）校长迈克尔·罗斯（Michael S. Roth）在《大学之外：人文教育为什么重要》（*Beyond the University: Why Liberal Education Matters*）一书中特别强调这一人文教育的理念。马里兰州安纳波利斯的圣约翰学院院长克里斯托弗·内尔森（Christopher B. Nelson）在评论这本书时指出，“罗斯是在约翰·杜威（John Dewey）、理查德·罗蒂（Richard Rorty）和马萨·诺斯鲍姆（Martha Nussbaum）等杰出思想家那里找到了对高等学校作用新观念的支持：高等教育必须超越‘大学校园’，显示自己是最高使命的教育——即为人的一生塑造完整人格”。[1] 这个理念主要是在人文教育课程，而不是在一些通识教育的专业课程（如初级的数学、物理、外语）中被充分体现的。当然，在一些人文专业课上，如程度较高的哲学、政治哲学、历史、文学（史）、艺术（史）、政治学、社会学、人类学、文化研究，也会涉及多种人文问题，但因为有专门知识传授的任务，不可能把教学活动完全定位于人

[1] Michael S. Roth, *Beyond the University: Why Liberal Education Matters*. New Haven: Yale University Press, 2014. Christopher B. Nelson, “Beyond the University: Why Liberal Education Matters?” *The Washington Post*, May 23, 2014.

文思想讨论。

通识教育不能代替人文教育，这是因为，人文教育的重点不是单纯的专门知识传授或灌输（通识教育的目的仍然是补充学生专业知识之外的专门知识），而是基于独立思考、判断、价值认可、尊严意识的，对公民参与、公共事务讨论、说理和对话能力的全面培养和提升。在互联网时代的今天，这样的高等教育理念有了比文艺复兴之后的任何一个历史时期更为重要的意义。人文教育需要与时俱进，不能墨守成规、因循守旧。在互联网时代，"知识"的观念本身在发生变化，"学富五车"在巨大的知识信息面前也早已显得沧海一粟、微不足道了。

文艺复兴时期，人文主义者们的知识理想是类似于"学富五车"的渊博学问。他们把积累知识当作知识的主要目的，至于积累的知识是否真实、可靠，则不是重点。因此，确实的和道听途说的知识往往混杂在一起。如果一个人能把同一个意思以许多不同的变化方式说出来，那他就是一个知识丰富、学问渊博的人。伊拉斯谟的《论词语的丰富》就是一部这样的知识渊博之书。书的题目*De Copia*的意思是"丰饶""丰富"。丰富的知识是在阅读中获得的，阅读当然需要思考，但那是一种积累而不是批判意义上的思考。

文艺复兴时期，思考就是有目的地将可能有用的知识有条理地加以归类和收集，记在脑子里。阅读也在这个意义上成为一种精细、持久、有条理的思考教育。《论词语的丰富》的最后一部分讲的是如何使用笔记本收集有用的知识材料，这成为文艺复兴时人文教育最广为采用的方法，当时的人文主义者把阅读看成是对整个知识领域的探索，因此，每个有志于从事写作的人一生至少得把古典通读一遍，必须有了这样的知识准备才能开始写作。把希腊和罗马文学拆散成为"笔记"，为的是使它们化为许多便于记忆或在运用中可以重复的现成材料。这当然是一个极大的工程（令人想起钱锺书的《管锥编》和他做学问的方法），而尤其令我们赞叹的是他们的记忆功夫。记忆力好的人在知识上处于优势地位，就如同冷兵器时代气力大的人在战斗力上处于优势地位一样。

在今天的互联网时代，随着知识观的巨大变化，大部分以前被看作很特殊、很稀罕的知识已经变成了很普通也很容易得到的信息。21世纪，便捷的互联网在世界范围内成为亿万人信任的“人类知识总和”。然而，今天的信息便捷是否就意味着学生更有知识呢？

我曾经对人文教育班上的学生们提出这个问题，让他们进行讨论并发表自己的意见。学生们对这个问题很感兴趣，但意见相当分歧。美国的一项调查显示，18至29岁的美国人，有72%认为网上可以获得客观公正的知识。我班上的情况也是，大多数学生认为，来自网上的信息，如果加以必要的真实性评估（这是他们论证写作课上的学习内容之一），可以成为可靠的知识。还有的学生则表示，这种“我们全都有了”的知识（this now-we-have-it knowledge）并不一定是他们需要的知识。网上的知识既是好事，又不是好事；既是方便，也是负担。好事或坏事都是因为“信息太多”。好是因为“尽量够用”，不好是因为“不知该用什么好，太费时间，令人困扰。不知从何开始？该找什么？作何用途？”

于是，讨论便从能否从网上获得知识转向什么是知识的问题。有意思的是，马上就有学生上网查找“知识”的定义，并对班上同学报告说，知识是对某个主题确信的认识，并对之作符合特定目的的使用。拥有知识就是能用经验和联想来知道和了解某些事情，包括科学、艺术或技巧。人可以通过研究、调查、观察或经验而获得知识，但主要还是要靠“学习”别人的知识。既然要学习，知识传授就很重要，上网便也是一种寻求知识传授的途径。

在这个讨论中碰到一个问题：网上的信息确实很多，但是，信息是否就等于知识呢？爱因斯坦说，“信息不是知识”，但他并不崇拜知识，他说，“关于‘是什么’的知识无法打开‘应该是什么’的大门”。按照爱因斯坦的标准，今天学校里传授的大多是“不是知识的知识”（仅仅是“信息”），与以思考、理智、判断为特点的“智识”相去甚远。例如，《独立宣言》里“美洲”和“自由”出现过多少次？你能完整地背诵几首诗、记住多少重要的年代、知道多少名著里的人物、知道多少问题的标准答案、会演算怎样的数学题、记住了多少英语单词或语法规则等等，这样的知识只不过是信息，算不上是有智识意义的知识。

英国哲学家尼古拉斯·麦克斯韦（Nicholas Maxwell）写过好几本讨论大学知识的书，他提出，大学需要以提升“智慧”来代替单纯的“知识”积累。智慧又可以叫作“智识”，是一种特别需要由价值和意义来导向的求知过程，其目的是认识处于物质宇宙中的“人类世界”，帮助学生探究并认识人类世界的丰富性、生存意义和人生价值。

智识的导向可以帮助我们区分技能性的知识与体现人类价值的真正知识（智识）。例如，电脑传媒技术知识必须在道义价值的指引下才能成为一种真正有意义的智识。是有智识和智慧的人创造发明了让人类能普遍受惠的互联网，而仅仅有技术知识的人却可能是在破坏它，他们从事的是在互联网上挖坑筑墙，或者欺诈、贩毒、卖淫的犯罪活动。爱因斯坦说，“人类真正的智识表现为想象，而非知识”，他指的是造福人类而不坑害人类的想象。这样的想象离不开善良的意愿、积极的意义和好的价值观。

在人类的文明进程中，智慧一直被视为一种“美德”，而非只是“能力”。智慧是人的一种“入世”而不是“避世”或“出世”的方式，这就是说，智慧是人类在生存世界里有价值导向、有问题意识的知识。智慧对人类的孕育和滋养使得它有了一种与母亲角色相联系的女性形象（persona）。希腊传统中“爱智慧”（哲学）来自一个女性的名字Sophia（索菲娅）。希腊神话中的雅典娜是富饶的守护神，也是智慧女神。在罗马人那里，密涅瓦（Minerva）或帕拉斯·雅典娜（Pallas Athena）是智慧的化身，是从大神丘比特的脑袋里生出来的。她把造福人类的纺织、缝纫、制陶、园艺等技艺带到人间，她的象征是在黑夜里能克服黑暗看到前方的猫头鹰。智慧是一种良善、光明的能力，违背良善和光明的能力再强，人们也不把它称为智慧。无数的历史事例告诉我们，能力很强的人可能因为错误的价值观而变得非常邪恶。

互联网时代的学生们最需要学习的是有积极价值导向和批判问题意识的思考能力，而不仅仅是获取被叫作“客观知识”，其实不过是唾手可及的现成信息。以培养这种能力为宗旨的人文教育因此变得比任何时候都更为重要。专业教育可以告诉学生“是什么”和“怎么做”，而人文教育则告诉他们“应该怎么”和“为什么”。唯有如此，学习才能从“求知识”提升到更有意义和更高一层的“求智识”。

（二）智识教育是“授人以渔”

人文教育以提高学生的智识为主要目标，智识又称“智性”（Nous），是从希腊语的νοῦς来的，经常被作为智能（intellect）和智力（intelligence）是同义词。它被认为是人类心智所具备的一种能分辨对与错的直觉能力，所以特别与价值判断有关。在柏拉图那里，智识（nous）常指“见识”（good sense）或“明智”（awareness），是人的“心智”

（mind）的特殊能力，也是智慧的一种体现。在《克拉底鲁》（*Cratylus*）篇里，柏拉图说，智慧女神的名字（Atheonóa）指的是“神”（theos）的心灵（nous）（407b）。在《斐多》（*Phaedo*）篇里，苏格拉底在临死前说，他从雅典的哲学家阿那克萨哥拉（Anaxagora）那里了解到宇宙的智识安排万物秩序，是他思想的一大转折。亚里士多德把智识看成是只有人类才具有的一种与“理智”（reason）相联系的能力。他在《伦理学》第四部分里把智识视为一种把握基本原则和事物本质定义的能力，智识是人随着经验的增长而加强的能力，这与年龄、阅历能增长智慧是一致的。

人文教育课堂上的智识虽然与这类古老的智识观不无关联，但强调的却是另外一些与一般学习或知识学习有关的人的普遍能力，其中最为基础的便是独立思考和判断的能力。在知识变得越来越“容易”获得的互联网时代，独立思考和判断能力的重要性变得更加突出了。在线的“维基百科”创始人之一、在线的“公民汇编”（又称“公民纪要”，Citizendium）百科全书的创始人拉里·桑格（Larry Sanger）在《互联网如何改变我们（以为我们）所知道的》[“How the Internet is Changing What We（Think We）Know”]一文中说，“好的搜索引擎就像是（占卜）的神谕（oracle），不管你询问什么，都会有回答。有的回答正是你所寻找的。但是，有的回答，对不起，只不过是神谕——它很难理解，而且可能是错的……知识与信息是不同的。你很容易从网上获取信息，但知识就完全是另外一回事了”。同样，学生们很容易在课堂里获得专业知识，但是，要增进能独立思考和判断的智识，那就是另外一回事了。

互联网上容易获得的巨量信息造成了拉里·桑格所忧虑的“知识贬值”现象。他说，“全世界互联网服务积累的信息越多，信息越是容易获得，比较而言的知识就越不稀奇，越无吸引力。我担心互联网已经大大削弱了人们对知识独特性和知识为何值得追求的感受”。许多以前被视为难能可贵的知识在互联网上唾手可得，就专业知识的积累而言，年轻学人超过以前那些皓首穷经的绩学之士已经不再是什么难事。然而，他们的智识却未必有同等程度的增长。知识不等于智识，这并非在互联网时代才如此，但却在互联网时代变得更加突出。一个“学者”可以有博士的学衔，出版过几十本著作，拥有许多学术荣誉的头衔，却在那里论证大饥荒时代饿死人其实是“营养性死亡”，或者用主张子虚乌有的“人民社会”来否定现有“公民社会”的民主意义。

分辨知识的真伪需要的不仅是知识，而且更是智识，智识是更不容易获得的知识。桑格指出，信息的“超级丰富（superabundance）其实让获得知识变得更困难了”，当然，他所指的是经过思考和判断确认为可靠的真正知识。真正的知识是一种“信念”，它必须是经过检验的。在知识的纸媒传播时代，读者可以在相当程度上依赖于有经验、有眼光的编辑们的帮助和他们对知识的检验。

今天，这样的检验任务往往落在了读者自己身上，关键在于要能辨认出真实，并将它与虚假区别开来。我们运用理智或证据来做出决定。桑格说，“为知识信念提供检验是非常不易的。这要求我们有好的信息来源、批判性思考，有时还需要知晓统计和数学，并且在理解文本时要非常关注细节。这些都是花费时间和精力的事情，别人可以给你一些帮助，但这些是你自己必须去做的事情”。人文教育不只是让学生接受现成的知识，而是让他们学习如何检验知识，并对可靠的知识建立起信念，这是人文教育对学生求知素质和能力的要求。它与一般知识教育的区别在于，它不是授人以鱼，而是授人以渔。

在我任教的大学里，授人以渔的人文教育教学大纲有着比桑格的建议更为具体、系统、全面的规定。人文教育包括两个相互联系但有所区分的部分。第一是课堂讨论（集体知识活动），第二是写作（个人独立的知识行为），这二者都以阅读为基础，包括对文本提问、分析、理解和释意、评价和批判等等。人文教育高度重视经典阅读与写作这两门课的紧密结合，这两门课都不属于“专题知识课程”(subject courses)，都是以授人以渔为目标的。这体现为具体的教学目标要求。例如，这两种课程共同的学生写作要求分为“批判思考学习要求”(Critical Thinking Learning Goals）和“交流能力学习要求”(Communication Learning Goals)。学校的教学纲要对此有具体说明。

批判思考要求指的是，“理解和获取知识所必要的批判思考，包括分析、综合、评估。为此，学生要学会如何辨认、形成和追问自己和他人想法中有意义的问题，如何在展开说理的过程中结合逻辑、细致的观察、反思和经验。两门写作课的顺序帮助学生们在面对多种不同观点时逐渐提高可靠的判断力，并为他们提供一个论坛，让他们能够对说理论证的不同部分有批判性的思考”。具体要求有三条：一、对论点和主张寻找、辨认正反双方的证据；二、对论题提出有意义的问题；三、发现、评估论证中没有道明的假设，并对此有所应对。

交流能力要求指的是“增强学生的写作交流能力。只有当一个人能够与他人有效交流他的知识时，他的头脑才是真正自由的。学生们要发展交流技能，认识到语言形成思想和经验的力量，学会逻辑、清晰、独创地写作和说话”。具体要求有四条：一、能辨认和写作通畅易懂的文章，其特征是清楚细致的组织、连贯的段落和正确的句子；二、有效书面交流要考虑谁是读者和交流情境；三、言之有据的说理，论述清楚有力，论题集中有序；四、在写作过程中提高智识和增强对复杂想法的分析理解能力。

最后一条也就是说，写作本身就是一个思考和厘清问题的过程，有效的写作有赖于清楚有效的思考。正如乔治·奥威尔说的，“假若思想能败坏语言，那么语言也能败坏思想”。学习写作，从根本上说是学习以理性文明的、有教养的方式与他人交流，也就是民主生活方式和公民社会所必不可少的公共说理。人文教育的主要目标就是为这样的生活方式和社会秩序培养有效的成员。

（三）亲近智慧、远离愚蠢

人文教育“大学讨论班”的主要内容是经典阅读，从古希腊、罗马、早期基督教、中世纪、文艺复兴、17世纪理性主义、18世纪启蒙思想，到19、20世纪的现代经典，一路下来，学生们从阅读材料中汲取历史上前人具有普遍意义的智慧，而不是某种专门知识（尽管它也可以形成这样的知识）。整个学习过程倚重的是常识和普通知识，这使得学生们可以自然地去亲近一种既不玄奥也不炫耀的普通智慧。普通智慧的中肯、贴近、亲切和可贵为他们带来思考愉悦和心得收获，这是人文教育课对学生有吸引力和思想启迪的地方。

智慧的对立面是愚蠢，知识的对立面是无知。学习知识可以改变无知，但却不一定能改变愚蠢，许多有知识的人士因没有智慧而愚蠢。人文教育的智识学习目标之一便是识别知识与智慧，并通过这种识别，尽量对愚蠢保持警惕，尤其是在碰到知识或权威人士的愚蠢时，不容易上当受骗。智慧往往来自阅历和经验，有智慧的往往是年长者。人文教育所阅读的思想家可以说就是人类家庭中的年长者。年轻的学子通过阅读他们的传世之作来亲近智慧，并远离愚蠢。远离愚蠢对年轻人尤其不易，因为无论在思想上还是在行动上，青年时期都是人生中愚蠢的高发期。

自古以来人们就一直重视智慧与年长的共生关系，人要活到一定的岁数才能有足够的经验阅历，才能认识到自己以前的愚蠢。智慧不只是来自个人的经验阅历，更是来自集体的经验积累和总结。人文教育的经典阅读可以让学生们接触到许多在人类历史上积累的东西。人类在不同群体生活中形成的源远流长的传统、记忆、经验、教训，积累成为一种共同的被称为是“智慧”的普适性知识。这是所有人类都可以共同分享的普通知识（sensus *communis*）。不仅如此，智慧还是一种体现人类共同认可的善和美德的知识，因此，洛克说，奸诈狡猾不能算是智慧，你死我活的残杀也不算是智慧。

美国人类文化学家玛格丽特·米德（Margaret Mead）讲过这样一个关于智慧的故事。科学家观察生活在地球极北地区的一些已经进入停经期的红尾鹿。老年的红尾鹿中很少有雄鹿，它们差不多都已经在争夺领地的恶斗中死去了，母鹿成为鹿群中最年长的领头鹿。在干旱的时候，只有那些老年的母鹿记得以前碰到这种情况时该到哪里去找水。春天来得比往年迟的时候，它们知道到哪里去找雪融化得较早的向阳坡。有风暴的时候，它们知道到哪里去找可以有庇护的地方。虽然这些母鹿已经不能为种群繁殖后代，但它们仍能为种群贡献群体生存所必不可少的记忆和经验。

人类的女性也常常起到这种作用，这或许就是为什么一些文化中的智慧化身或象征都是女的。在希伯来的*Proverbs*和*Wisdom*书里，叫作Hokmah（智慧、经验、精明）的智慧女士（Lady Wisdom）是和耶和华一起创造世界的女性。智慧的话也常常出自她之口。“你们愚昧人喜爱愚昧，亵慢人喜欢亵慢，愚顽人恨恶知识，要到几时呢？”她向世人发出呼喊（《箴言》1:22）。她在闹市，“在热闹街头喊叫，在城门口”，因为智能是无须也不能隐藏的，妖娆众人都能听到，都可以接触。可是，她所发出的却是无奈的呼喊，任凭她发多大的声，多少次地发声，却没有人理睬，“无人理会我呼唤，你们不肯听从；我伸手，无人理会；反轻弃我一切的劝戒，不肯受我的责备”。结果“你们”遭灾难，惊恐和急难临到“你们”身上，“那时，你们必呼求我，我却不答应，恳切地寻找我，却寻不见”。(1:24-28) 人无视智慧的呼唤，因为他们是愚顽之人。人文教育帮助青年学生们亲近智慧，摆脱愚蠢的限制，不仅有个人智识成长的意义，而且还能起到重要的社会教化和优化作用。一个好的社会制度是不可能建立在大多数年轻人（如“文革”中的红卫兵）愚蠢的基础上的。

人类的生存与生命延续需要智慧，亲近智慧是为了避免因人类的愚蠢而遭受不幸和苦难，也是为了尽可能地将好生活的理念与经验，以及古人对此的思考传承下去。智慧是一种有智识的美德，也是一种使其他美德成为可能的美德。智慧与一个人的性别、智商、学历并没有必然的关系。智慧是一种美德、知识和经验的协调，是一种与他人有关的，被他人认可的优秀素质。智慧者有贤德的口碑、行为遵循一贯的道德原则、有自知之明、对他人诚恳率直，因此别人乐意向他咨询，听取他的看法和见解。总而言之，智慧不只是不愚蠢，而且更是一种能贡献于群体福祉的卓越能力和有表率作用的德行品格。

智慧结合了真实的知识与好的价值，美国哲学家罗伯特·凯恩（Robert Kane）在《伦理与寻求智慧》一书中指出，古典意义上的智慧包括两类相互结合的问题，第一类问题是“什么样的事物具有客观的真实，为什么？”第二类问题是“什么样的事物具有客观的价值，为什么？”对于求知识的人来说，第一类问题更重要一些；对于伦理研究者（他们寻求的是意义和价值）来说，后一类问题更重要；对于亲近智慧的人们来说，这两类问题同样重要，但后一类问题对于开发智识更必不可少。[1]

知识在现代社会和现有大学教育中被分割成相互分离乃至相互隔绝的“学科知识”，“真实的”和“有价值的”也被人为地切割分离了。有专业知识的人被误以为就是有智慧的人。在这之前，只有那种对人类具有综合认识能力的知识人士才被称为“智慧者”。凯恩写道：“在西方传统中的大多数古典和中世纪思想者那里，事实与价值、科学解释与目的汇合成为一种对智慧的整体追求。关于自然世界和人类的事实知识会告诉我们什么是好的，是有价值的。对事物本质的理论探究（theoria）会对该如何生活的实践问题（praxis）做出回答，对事物（包括人物）为何如此的解释会告诉我们事物（包括人类）应该追求什么目标和目的。”[2]

然而，人类进入现代以后，在真实和价值之间发生了断裂，对此，凯恩写道，“现代的时代特征是事实与价值（关于‘好’的理论与实践，以及科学的解释与目的）的脱离，也就是黑格尔所说的‘断裂’（Entzweiungen）……结果是古代哲学家那种对智慧的统一追求也受到了威胁。而罪魁祸首便是现代科学的发展……现代科学家们描述的是一个没有价值，没有终结原因和目的的物质宇宙”[3]。人文教育课堂上的全部活动，至少是最主要的活动乃是把价值问题重新置于知识学习的中心位置，并以此使得知识有可能转化为一种虽不一定就是智慧，但却随时都在亲近智慧和摆脱愚蠢的智识。

---

[1] Robert Kane, *Ethics and the Quest for Wisdom*. Cambridge: Cambridge University Press, 2010, p. 170.

[2] Ibid., p. 1.

[3] Ibid.

（四）人文教育的说理对话

人文教育是人的理性教育，人的理性的重要体现之一就是人与他人交谈、对话、说理的意愿与能力。人文教育课上的讨论是围绕经典阅读文本为话题的对话，遵守的是公共说理的规则。我们学校将此具体规定为七条：一、就文本提出中肯、相关的问题。二、在讨论中自信、清晰地表述自己的看法。三、在对文本的重要思想作出释义和阐发时，要进行逻辑说理并提供文本支持。四、倾听并尊重其他讨论参与者的观点。五、在协作性探索的过程中取得新的、更丰富的理解。六、进行持续、连贯的思想讨论。七、将不同文本相互联系，并联系人类经验。

课堂活动的总体目标是："一、增进学生精读文本，进行有理解和思考力的讨论；二、培养对知识的好奇，健康的怀疑和开放的思想；三、了解人类知识多样性和不同运用，以及知识的整体性；四、重视探索的过程和意义的发现；五、关注自己的人性和人类境况的不同与统一。"

人文教育经典阅读要求两种可称为"对话"的思想交流。第一种是读者与经典文本作者之间的对话，施特劳斯（Leo Strauss）在《什么是人文教育》一文中说，阅读经典就是把经典作家当作特殊的老师，这样的老师往往是学生"一辈子都没有机会遇到的，而是只能在伟大的著作中遇上"。因此，"人文教育就是仔细阅读伟大心灵留下的伟大著作"。[1]

[1] Leo Strauss, "What is Liberal Education?" In Leo Strauss, *Liberalism: Ancient and Modern*. Allan Bloom, ed. Ithaca: Cornell University Press, 1989, p. 3.

向经典著作老师学习，不是老师独语，更不是老师向学生灌输现成的想法。学生们是带着自己的问题意识在倾听老师的，他们一面向老师请教，一面不断形成和提出自己的想法。例如，我班上学生们在阅读霍布斯的《利维坦》(*Leviathan*) 时，并不会接受他关于绝对“主权”和“主权者”的学说——一个凌驾于所有人、所有权力知识之上的“主权”和一个不受限制、独行独断的“主权者”。但是，学生们对霍布斯讨论的四种恢复天赋自由的情况很感兴趣，尤其是他说的“如果一个君主为他自己和他的继承人放弃主权时，臣民就恢复了绝对的天赋自由”。学生们会由此讨论到“血统继承”的问题，他们提出这样的问题：“如果一个君主拒绝为他自己和他的继承人放弃主权，那么，臣民就不能恢复绝对的天赋自由吗？”他们联系到朝鲜的“白头山血统”的统治合法性问题。这种讨论便是学生们在与霍布斯对话，这种对话是协作而非对抗的，因为学生们是在与霍布斯一起讨论问题，而不是证明霍布斯在某个观点或问题上是“正确”还是“错误”。

人文教育课堂上的另一种对话是在同学们之间进行的。今天我们理解的“对话”是一个广义的概念。对话是人在社会中与他人共同存在和联系他人的有效方式。俄国文学批评家米哈伊尔·巴赫金 (Mikhail Bakhtin) 和巴西教育学家保罗·弗莱雷 (Paulo Freire)，以及基督教神学家马丁·布伯 (Martin Buber) 把对话看成是人克服孤独存在和原子化状态的必要条件。人独自无援地生活在社会人群中，不能与他人进行关于人生意义和价值的交流，这是一种极其可悲的异化。布伯在影响广泛的《我与你》(*I and Thou*, 1923) 一书中提出，对话的目的不是为了得到某种结论性的东西，或表达一个人自己的观点或看法，而是在人与人之间和人与神之间真正建立起有意义关系的先决条件。

由于上述两种对话，经典阅读的思考与交流包括两个方面，第一，它发生在一个现在活着的、正在思考的个人与一个过去曾经生活和思考过的个人之间。第二，虽然与前人的对话可以建立在千百年历史进程的人类整体性上，但只限于此是远远不够的。人需要与现实生活中的国民同伴进行关于意义、价值问题的交流。经典阅读不只是读古书，更是把阅读与人们共同关心的当下问题思考联系起来。

人文教育的课堂对话为学生提供了一个共同思考的场所和对话平台。这种对话（dialogue）的“dia”是“通过”（through）和“越过”（across）的意思，也就是克服障碍的交流。戴维·波恩（David Bohm）是饮誉当代的美国量子物理学家，同时也是哲学家、思想家，他总结了一种可以广泛运用的“结构化”对话形式：让一定人数的参与者在同一个小组里就同一议题表达各自的想法，就尚未明确说明的假设和根据做出解释，并联系可能的社会作用或效应。这种被称为“波恩式对话”或“波恩精神对话”的交谈有这样几个特征：第一，讨论者们约定，不需要在小组内形成决议或统一看法；第二，每个参加讨论的人都同意在交谈时搁置自己的判断性看法，不去批驳或驳斥他人；第三，在搁置自己判断性看法的同时，每个人都要尽量诚实、明白、清晰、无保留地表达自己的意见；第四，每个参加交谈的个人都贡献于共同对话，也就是说，大家一起讨论的结果比原先的个人看法更为丰富。[1] 这样的讨论一般在10—30人的小组里进行，他们会在一段时间内持续定期聚会，每次聚会几小时。

这种对话小组的形式和规则都与我任教学校的人文教育讨论班非常相似。每个讨论班规定是18—20名学生，这既保证每个人有参与的机会，又保证有足够多的人贡献不同的观点。对话者们都遵守一些

---

[1] David Bohm, *On Dialogue*. New York: Routledge, 1996.

基本的共同约定和规则，即席就各自的体会和认识来发言，不使用以迫使对方认输为目的的辩论驳斥手法。讨论班每周分两次或三次上课，共三小时。这种讨论是一种比较典型的“结构化对话”(structured dialogue)，它与非结构化交谈的随意闲聊不同，因为它有课堂讨论的明确内容、方式、程序和目的。

结构化讨论特别有助于在较复杂的人文问题上形成对话和交流。经典阅读课堂里学生们根据文本，围绕事实、释义和评价这三种问题进行讨论，就是一种结构化的样式。它要求论题集中，不跑题，不同论题之间的转换有自然过渡也有相互联系，大致规定提问的方式和发言时间、支持看法的取证范围等等。这样的讨论需要事先有所准备（有阅读笔记和准备的问题），讨论为即席发言，但不能跑野马信口胡侃。每个人只要不打断他人发言，都可随时插话，发表自己的看法，也可向他人提问或要求进一步的解释或证据。讨论中可以有不同看法的交接，但应避免正反方的互诘或相互驳斥，更应避免情绪性的敌意和对抗。这使得讨论可以借助共同遵守的交谈礼仪（尊重、轻松、随和、幽默，避免咄咄逼人、争强好胜、一个人滔滔不绝），帮助不善对话的学生克服常见心理障碍，如害羞、害怕、焦虑、不信任、怕被人暗笑。

结构化讨论是人类文明进步的成就，也是有助于理性公共生活的文化活动。在许多不同目的的人际交往中，结构化对话都是常见的对话形式，例如，它运用于互动性的经营方式中，要求有一定数量的不同持股人发表意见，为了在对话里达到不同意见的某种平衡，保证自下而上的民主性。它也运用于维持和平的政治讨论，如塞浦路斯的“公民社会对话”(Civil Society Dialogue)和中东的“跨国界行动”(Act Beyond Borders)。学生们在人文课堂上学习对话和交谈，可以成为他们日后进入社会与他人进行多种有效沟通的一种重要交际能力训练，这种训练不仅关乎说话技能，而且关乎人的文明和价值规范。

如果我们了解人文教育的知识目的和特点、公共价值取向、课堂运作和交谈方式，知道它对于通识教育和公民教育的作用，那么，主要以西方“伟大著作”为内容的美国人文经典阅读也能为中国大学提供借鉴（中国大学可以有自己不同的“伟大著作”）。人文教育是为每一个学生提供的普通课程，由于是必修课，不能期待所有的学生对它抱有同样的热忱。不同的学生有不同的阅读习惯和兴趣，对经典阅读会有不同的态度，有的兴致盎然，有的敷衍了事。不同的阅读自然就有不同的讨论，有的思想活跃、滔滔不绝，有的头脑空空、沉默寡言，而大多数学生则是介于二者之间。

杜威在《人文教育》(“Liberal Education”，1912—1913）一文中说：人文教育是“共同体每个成员都应该接受的教育：这是一种能够释放每个人能力的教育，使他能够幸福，也对社会有用”[1]。这是一个伟大的教育理想，在课堂里不可能同样程度地实现在每个具体学生的身上。这就像民主社会的理想一样，虽然要让每个公民有知情的权利，但实际上每个公民运用权利的具体情况并不相同。迈克尔·舒德森在《好公民：美国公共生活史》中写道：“以不伤害民主为前提，人们可以选择不去了解情况，忽视一些情况，但忽视多少必须有一个限度，一旦越过，民主便不复存在。”[2] 在人文教育课上也是一样，每个学生可以在阅读文本时自己决定哪个读得细一些，哪个读得粗一些，但是，必须有一个限度，一旦越过，经典阅读便不复存在。教师必须把

---

[1] John Dewey, “Liberal Education.” [1912-1913] In Jo Ann Boydston, ed. *John Dewey: The Middle Works, 1899-1924*, Volume 1. Carbondale: Southern Illinois University Press, 1976-1983, p. 274.

[2] 迈克尔·舒德森：《好公民：美国公共生活史》，郑一卉译，北京大学出版社，2014年，第267页。

握好这个限度，方法就是认真、公正地评判学生的学业成绩，不及格的学生当然会被要求重修课程。对再优秀的学生，也不期待他们成为学富五车的大思想家、大学问家；对懒惰的学生，也不能让他们白混学分。有了这样的基本概念，务实而认真的人文课也就能成为每个学生通识教育的核心课程。

前言　课堂内外的人文经典阅读

这是一本介绍我在美国从事人文教育的书，以我自己对人文教育理念的认识、日常授课的教学经历与体会、个人学术兴趣和问题意识为出发点，是我自己的经验之谈。国内教育、知识界人士常有将“通识教育”误以为就是“人文教育”的，这可能是因为谈论“通识教育”的人士自己并没有从事人文教育的实际经验，只是在理论层面上随意发挥。其实，在美国大学的实际课程设置和教学目标中，人文教育（liberal education）和通识教育（general education）是两个不同的概念和两种不同的课程。

当然，这是一般而言的，因为美国大学或学院都有自己的教育理念和与之配合的课程设置。但就教学目标而言，人文教育与通识教育的区别则是相当明显的。我本人从事人文教育二十多年，也教授通识教育的课程，仅以自己的经验来谈这两种课程的关系与区别。在我所任教的大学里，人文教育的所有课程是每个学生都必修的；通识教育课程包括人文教育课程和其他课程，其他各种课程则是每个学生可以根据自己的兴趣在一定范围内选择的。人文教育包括两种核心课程：经典阅读讨论（Seminar）和写作（Composition）。阅读是两学年（4学期）的课程（见附录讨论班1—讨论班4），写作是一学年（2学期）的课程。关于写作课的公共说理（Persuasion and Argument），我已经出版了《明亮的对话：公共说理十八讲》一书，现在这本书则是关于人文教育的经典阅读的。

人文教育的经典阅读（又称“伟大著作”，Great Books）和说理写作都不是某种特定的专业知识课程。与《明亮的对话》一样，这本书的目的也是提供一些实例，说明与人文教育有关的一些基本内容和方法。写作课上的阅读技能以经典阅读课上的训练为基础，而经典阅读课上所要求的写作分析和文字表达能力（学生们写的essay或paper）则主要是在写作课上培养的。这两门人文教育课程之间有着实质性的联系，它们是否能起到人文教育的效果，主要在于如何去教，正如前耶鲁大学校长吉亚玛提（A. Bartlett Giamatti）所说，“人文教育是公民社会的关键，而教学行动则又是人文教育的关键”。

本书的第一部分用一些教学实例来说明，人文教育的经典阅读——基于教师和学生自由精神和独立思考的经典阅读——有两个基本方面，一个是知识的，另一个是方法的。第一，知识上要知道，学生们有怎样的知识准备、课程里学习怎样的知识、形成怎样的人文认知结构等等。普通的大学生是阅读能力有限的学生，他们用以阅读理解和进行讨论的是“普通知识”(common knowledge)，不是专门知识。普通知识与专门知识之间并无绝对的区别，学生们的基础教育普遍程度越高，普通知识的程度也就越高；学生们知识准备越好的方面（平时接触较多的阅读），普通知识也就越高。例如，我的学生们大多对基督教和民主政治（《圣经》、宪法、公民权利、选举、陪审制度）有一些知识，可以想象，他们在阅读有关文本时就会比普通的中国大学生有较高程度的普通知识。人文教育以阅读和讨论为本，目的是培养学生思考、提问、讨论、表述的能力——这些是包含在“阅读”的知识范围之内，而不是外在于阅读的。所以可以说，人文教育是一门离不开“阅读能力”的课程。

第二，方法上要明确，人文教育的阅读是教育和训练的结果，不是一个人本能自发或自然就会的，所以也被称为一种“艺”(art)，也就是“阅读的艺术”。对“艺”的学习和培养需要有恰当的方法。阅读的“艺”包括两个方面，一个是阅读方法、技巧的细致训练和反复运用，另一个是阅读联想、想象和创新力的引导和培养。在我二十多年的人文教育生涯中，用过学校指定的读物，自己也选用过读物，我发现，总是有一些读物特别能引起学生们的兴趣，因此对人文教育特别有用（如本书第一部分中涉及的一些读物），而另一些读物虽然非常“重要”，但缺乏这样的教学效果（如亚里士多德的《范畴篇》）。和学习其他的“艺”一样，不同学生的领会能力、体悟方式、敏锐程度会有所不同，只有小课堂（不超过20人）才能保证每个学生都有近距离接受教师个别指导的机会。

人文课的目的不是把学生培养成“有腿的百科全书”，并不期待他们有一天对任何话题都能无所不知、旁征博引，也不要求他们成段背诵但丁或莎士比亚，更不会用考试去检查他们是否能熟记哪一年英国发生“光荣革命”或者里斯本发生了地震。在今天的大学里，即使有这种“学问兴趣”的学生，也是极其罕见的，我从教这么多年，尚未有幸碰到过。在人文阅读课上，大多数的学生最感兴趣的是发现读物里包含的“意义”，他们还想知道怎么才能独自有效地发现和找到这些意义。所以他们很需要方法的指导和训练。

人文阅读课培养学生提问的能力，一开始就会向学生们介绍三种基本的提问方式，提出有关事实、阐释、评价的问题，并要求他们每堂课至少带两个问题来参加讨论。但是，单单这三种提问方式并不足以帮助他们对读物提出有意思、有分量、有深度和普遍意义的问题。他们很想知道，那些似乎能自然形成思考和讨论兴奋点的问题是怎么提出来的。例如，阅读马基雅维里的《君主论》第6章和26章时，他们会对“幸运”与“机会”、“武装的先知”这样的问题感兴趣。像这样的问题往往涉及某些观念的来源与传承。学生们很想知道如何通过探寻这样的观念来源或传承，把阅读的文本与别的文本相互联系，如何在不同文本之间形成联系和参照（cross-references）。正由于这样的联想，马基雅维里所说的“先知”与《圣经》旧约“以赛亚篇”（“大先知书”之一）有了联系，也激发读者去了解古代“先知”是些什么样人物，甚至触发他们对现代“革命先知”（如列宁、托洛茨基）的种种思考。不同文本间的“观念参照”给学生们带来对文本的思考乐趣和知识满足。不仅如此，他们有的还会对有关的专家评论和研究变得饶有兴趣，并能对这些评论和研究形成自己的看法。

这种性质的提问、联想和想象才是人文教育特别在学生们身上发掘和培养的。在对学生们提供指导时，我发现他们自己的经验积累非常重要。教师向他们介绍一些基本的方法原则，这并不能代替他们自己在经常的文本阅读中所能获得的经验体会。我本人就不曾有老师教过我怎么去建立文本间的互相参照和问题联想。我觉得，学生阅读的文本种类一定要有足够的多样性——戏剧、史诗、小说、宗教读物、哲学对话或论述、政治哲学、社会理论、心理学、人类学和一些被归类为“科学”的著作。我所任教的人文阅读便是这样要求的。

从多样性的阅读经验得出对一些常见“人文问题”的普遍概念（如人生的价值和意义、人为何受苦、人死后会如何、人为何对某些事情会感觉到神奇、惊诧和敬畏），这是一种必须由每个学生自己来归纳、总结的思考，也需要他们结合个人的人生观察和体会，在尽可能广泛的知识范围内，多角度地反思。人文阅读课上的每一个学生都是自由思考、独立判断的个体，教师不能代替学生完成思考和判断的过程。每个读者都会思考到一些他个人认为是重要、常见、普遍的人文问题，与他的知识兴趣、问题意识、思考习惯、心理感受方式等特点有关。这使得人文阅读成为一种很个性化的阅读，也使得人文阅读讨论和交流特别能激励产生新的思考、判断和提问方式。

人文问题要形成“问题”，既不能脱离具体文本提出问题的特定“语境”，又不能囿于这样的语境。例如，“奇迹”和“神迹”问题很适合在读《圣经》(如“马太福音”里特有的三个“神迹故事”)时提出和讨论，但又需要不限于这一阅读，才能触及对奇迹的现代思考(是否可能、如何理解、有何意义)以及期待奇迹的普遍认识心理问题。又例如，“智慧”问题(智慧是神的属性还是人的智识)适宜在阅读多个文本时反复提出，如希腊史诗里的“神谕”(oracles)，希腊戏剧中的预言(prophesy)，《圣经》旧约的“智慧书”(Wisdom Books)，又称“圣著”(Writings)，文艺复兴时期的“格言”(aphorism)和“警句”(maxim)，卡夫卡的《格言集》(*Zürau Aphorisms*)，等等。

在人文教学中，我发现不需要急于介绍专门术语，而是应该等到学生们自己觉得有需要用专门术语来表述无法用其他概念术语表述的阅读经验。例如，学生们在阅读《圣经》“约伯记”或希腊悲剧《俄狄浦斯》时，会觉得这两个作品都提出了“人为什么遭受苦难”的人文问题，而相互之间则又有同有异；在阅读霍布斯、洛克、笛卡儿、卢梭时，学生们会发现，他们都对人的“自然状态”提出某种假设，并以此规定人的某种“天性”；在阅读蒙田随笔时，学生们会发现他密集地引述古典作品，这个时候便可以向他们介绍法国符号学家克里斯蒂娃(Julia Kristeva)首先提出的“互文性”(intertextuality)概念。又例如，人文课上的文本释义和伦理释义中都会涉及“释义学”(hermeneutics) 的概念，这些应该等到学生们对理解和解释有了经验体会后才向他们简单介绍。

对人文阅读的方法教学来说，最有用的读物未必都是一般思想史认为最伟大或最重要的著作。人文课是由具体教师个人上的课，所谓“有用”，当然首先是教师自己觉得有用。教师的知识兴趣和问题意识对学生的知识兴趣和问题意识有直接影响。教师具备并在讨论中自然流露的知识准备、学术热情、思想的深度和广度、人文气质、思考和表达方式等等，时时刻刻对学生有潜移默化的陶冶和感染作用。

教授的课堂教育还需要同时调动学生们头脑的冷静理解和心灵的热情感悟，在人文课堂上尤其如此。由于人文课堂上的日常活动是随时就大家共同感兴趣的问题进行师生平等的讨论，师生关系有些像旧式言传身教的师徒关系，这个师傅是个“过来人”，他的知识就是他的经验。学生们是在日常相处中熟悉他的，他们对他有一种特别的信任和亲切感，即使在与他的随便交谈中也能感觉到有可以向他学习的东西。

因此，我在人文课堂上不扮演一个无个性的“知识人”或“教授”的角色，我愿意让学生们了解我自己的个人知识兴趣、问题意识、人生经历、学术倾向、研究目标，等等。我把这些课堂之外的属于“我”的东西，当作我在课堂内从教的必要条件和示范材料。在本书的第二、三部分里，我把这些呈现在本书读者的面前，也是因为它们是我多年从事人文教育的必不可少的部分。这两个部分文章的体例与第一部分有所不同。第一部分基本上是课堂活动经过编辑的记录，提供的是经典阅读讨论的例子，不是论文，所以无须注释。但第二、三部分是“学术论文”(尽管并非为学术而学术)，所以备有注释。我把这三个部分放在一起，是为了让读者看到，对人文教育的教师来说，引导经典阅读课堂讨论和释义是一件厚积薄发的工作，需要有足够的学术储备。列奥·施特劳斯足以成为这种阅读和释义教师的典范，他晚年在圣约翰学院（St. John's College，一所与我任教的学院一样的"人文学院"，Liberal Arts College）为普通大学生开设讨论班，虽然著作等身，但却"并没有提出过庞大壮观的要点，他总在大量积累，不断推进，积少成多……他设法把一些要点铭记于心，并把它们串在一起，当他日复一日把文本推向越来越深入的释义时，就像会永远进行下去似的"[1]。

第二部分的文章是我对人文教育重要的提倡者和实践者列奥·施特劳斯的一些思考，集中在他对人文教育的理解、他的精英人文理念与美国民主教育现实的差距、他与美国自由民主理念若即若离的关系。在中国，对施特劳斯的介绍很少有专门讨论他的人文教育理念的，几乎全都集中在他对现代性的危机感和对自由主义、自由民主的反感。这是一种国内"新左派"的政治解读，与这个世纪初曾经红过一阵的"施米特热"一样，是少数知识分子为表现政治转身新姿态的"学说挪用"。我在这一部分里介绍了两部论施特劳斯的专著，作者分别是美国和加拿大学者，他们的解读比"新左派"的解读应该说是更

[1]　阿纳斯托普罗（George Anastaplo）：《施特劳斯在芝加哥大学》，黄薇薇译，丁悟编校，载刘小枫、陈少明主编：《古典传统与自由教育》，华夏出版社，2005年，第75页。我在这里姑且将Liberal Arts College翻译成"人文学院"。也有人将此翻译为"文理学院"。但是，美国还有 College of Liberal Arts and Sciences 的说法，也许是更名副其实的"文理学院"。为了区别起见，我用"人文"的说法来专指 liberal arts。这里的arts不能简单地理解成艺术，而应该是人格素质、独立思考和价值判断的智识能力。 Liberal Arts College的教育是相对于具体的职业教育而言的，其目标不在于教会学生某些具体的谋生技能，而是从多方面对学生进行教育，使其成为一个高素质，有教养的文化人。因此，Liberal arts college 肯定会教授古希腊思想，而肯定不会教授会计学。

为客观、全面和周全的。

第三部分里的经典阅读是学术和理论性的，但思考的背景和问题意识却是现实的，涉及公民（不）服从和公民（不）合作、古代弑君和现代革命、古代帝师和现代智囊、政治和人性、制度腐败和人民腐败、政体改造，同时也涉及人文经典阅读的当下社会意识、高等教育的理念与价值观，以及人文教育的一些周延问题，如经典著作与现代阅读语境、知识分子的使命与作用、学术的职业化与公共性、人文学术和学问的政治环境、极端境遇中的自由、知识和公共语言。

在一个公民社会健全、公民文化发达的民主国家里，阅读是一种普通人都应该具备的思考和判断能力，也是一件必须经常去做的事情，因此成为大学通识教育和人文教育必须包括的部分。这样的阅读在人类历史上还不能算太久远。具有人的教育意义的普通人阅读，它是在文艺复兴和宗教革命之后才慢慢发展起来的，起先只是与宗教自由有关，后来才渐渐涉及政治自由，贯穿于其间的便是人的自由，而“人文教育”的本意便是自由的教育。

文艺复兴时期，人文课科目只有四门：历史、诗、伦理和修辞。今天，人文课阅读包括的科目已经远不止于此，包括历史、哲学、文学、政治、宗教、科学等。我授课之余的研究和写作很少有只能归入其中之一的。我的绝大多数论题都与我自己的人文兴趣和关怀有关，其中不少在几乎所有的文科学科里都可以讨论，但又很少必须只是在哪个文科学科里专门讨论的。我把这样问题当作特别“人文”的问题，如人的尊严、记忆、良心、智慧和愚蠢、道德和政治、信仰和迷信、暴虐和反抗。这些也是我在其他著作中讨论的议题。

我个人的学术兴趣不受学科的限制，这与我这么多年来一直从事人文教育有关，我在英语系上专业课的时候，也经常会提醒学生们联系他们在希腊、罗马、文艺复兴课上所阅读过的经典读物。这种联系的习惯让我在教学中得到很多乐趣，也让我在研究和写作过程中用心思考一些在自己专业中不太会涉及的问题。这些思考成为我教授人文课程有用的知识储备，也给我所关心的人文问题打上了我自己的个人印记。我把一些这样的人文思考收录在这本书里，是给我自己多年从事人文教育的经验做一个总结，也希望能给国内关心高等教育和人文教育的人士提供一个参考。

第一部分

人文教育的课堂思考

一　索福克勒斯《菲罗克忒忒斯》
——出卖朋友的羞耻

索福克勒斯（Sophocles）《菲罗克忒忒斯》（*Philoctetes*）一剧的故事对我的学生们来说并不陌生，荷马史诗《伊利亚特》和《奥德赛》中都提到了菲罗克忒忒斯。他是一个又有用又讨嫌的人物，受到不公正的待遇（被遗弃）、因个人怨愤而拒绝为国家出力，这些也都是学生们知道的，他们讨论得最多的是年轻人非常关心的与“朋友”（友谊）有关的问题：如何对待朋友？为什么交朋友？如何看待朋友间的信任与背叛？

（一）年轻人的荣誉心

菲罗克忒忒斯是墨利斯人的首领，在远征特洛伊途中被毒蛇咬伤，伤口发出恶臭，不分日夜地哭喊，被看成是整个军营里的不吉利兆头。他被遗弃在一个无人的荒岛，十年来一直过着住山洞喝泉水的野人生活。在战争的后期，有预言说如果没有他手中的赫拉克勒斯的弓箭，特洛伊城就不能攻下。于是，奥德修斯奉命和阿喀琉斯的儿子涅奥普托勒摩斯，去请菲罗克忒忒斯回来。

奥德修斯自知菲罗克忒忒斯对他心怀怨恨，因为就是他曾经奉命遗弃了他，让他这十年来受尽了无数的苦难，在难以想象的恶劣环境下忍受病痛和饥饿的折磨。奥德修斯不敢和他见面，于是劝说涅奥普托勒摩斯去见菲罗克忒忒斯，无论如何也要把他的那张神弓骗到手。他叫涅奥普托勒摩斯编一个可以博取菲罗克忒忒斯同情和信任的故事，就说自己同样怨恨奥德修斯，现在要离开军队回家乡去。

奥德修斯是个心机很深、老谋深算的人，学生们对他说服涅奥普托勒摩斯的方式很感兴趣。奥德修斯知道，要得到菲罗克忒忒斯神弓，只有三个办法：说服、强迫、欺骗。菲罗克忒忒斯的怨恨太深，无法说服；他是一位了不起的弓箭手，弓不离身，根本无法接近他。因此，只有采取第三个办法，那就是把他的弓骗到手，逼他乖乖就范。奥德修斯对涅奥普托勒摩斯说："你要在交谈中编故事，迷惑菲罗克忒忒斯的心智。"他善于做思想工作，了解涅奥普托勒摩斯这个年轻人的荣誉心，对他说，为了伟大的事业"干一次可耻的勾当"，值得。

涅奥普托勒摩斯是个纯真的青年，他对奥德修斯布置给他的任务觉得不安。他说："我听见这些话，觉得其中有些东西使我难受，厌恶去执行。使用阴谋诡计做任何事情不合我的天性……我愿意用力气取走这弓，不用欺骗。"他问奥德修斯："说谎你不觉得羞耻吗？"奥德修斯说，"不，如果说谎可以得救。"他又问："人怎么可以说假话？"奥德修斯说："如果你的行为能带来利益，就不应该犹豫不前。"在奥德修斯的再三"开导"下，涅奥普托勒摩斯下了决心："行，我干，抛开一切羞耻心。"

对涅奥普托勒摩斯的决定，学生们有不同的看法，有的认为他是被奥德修斯成功洗脑，因为他并不情愿去执行这个欺骗的任务，就算勉强答应，也还是觉得羞耻。但也有的学生认为，他是在正确开导下，有了觉悟，自觉自愿去的，因为他与其他希腊战士一样，向往在战斗中立功扬名，获得“英雄”的荣誉。他是为这个才决定“抛开一切羞耻心”的。

涅奥普托勒摩斯用他编的故事赢得了菲罗克忒忒斯的信任，当他从菲罗克忒忒斯手中接过他从不离身的神弓时，承诺道，“请相信我的小心谨慎，除了你和我，这张弓不会落入别人之手。”有学生说，这样看来，信任既是友情的结果，又是友情的条件。亚里士多德说：“一个杰出的人，他与朋友的关系和与他自己的关系是相同的。”能待人如己，这才是高尚的友情。

菲罗克忒忒斯在荒岛上与鸟兽为伴，已经是一个离开人群的“非人”，是涅奥普托勒摩斯这个“朋友”把他重新带进了人世。有学生说，真正使得菲罗克忒忒斯愿意接纳涅奥普托勒摩斯，并把他当朋友信任的，不一定是涅奥普托勒摩斯的故事，而是他自己不得不忍受了十年的孤独。还有学生说，交朋友并不一定需要被朋友的人格、素质、才能所吸引，而是在朋友那里能够满足自己与他人亲近、结为伙伴的需要。人是社会的动物，好歹不论，反正不能没有朋友。“友情”因此成为人的存在需要和社会伦理的基本问题。柏拉图、亚里士多德和斯多葛学派（The Stoics）都关心“友情”问题，他们把朋友之间的信任、敞开心胸、互相不防备看成是个人自我必需的扩展和放大。

（二）朋友和义气

青年时期是一个特别需要朋友的时候，年轻人也特别讲“义气”，他们这个时期所结成的友谊与儿童或老年时期的会有所不同。学生们对朋友或友情的理解往往是从他们自己的经验出发的，他们大多数认为，交朋友不只是因为“有用”，而是因为可以结成一种特殊的信任关系，这种信任关系中包括能相互设身处地（同情或移情）、诚实、理解、利他（就算不能为朋友两肋插刀，也不能为私利而落井下石）。因此，背叛和出卖朋友（包括对同学之间的事“告密”和充当老师或领导的“线人”）也就成为特别无耻的事情。

涅奥普托勒摩斯是为欺骗菲罗克忒忒斯而与他做朋友的。但是，菲罗克忒忒斯把他当朋友，给予他朋友的信任，这件事改变了涅奥普托勒摩对自己“任务”的看法。菲罗克忒忒斯把弓交给涅奥普托勒摩后，伤痛又发作，一阵撕心裂肺的疼痛过后，就沉入了昏昏的睡眠。这时候，歌队唱道：“他正在昏迷不醒，我们为什么还不动手？不失时机赶紧动手往往是胜利的关键。”但是，涅奥普托勒摩斯不愿意这么做：“不，虽然他现在什么都听不见，但是，如果我们走了，不带上他，即使拿到了弓箭，我也看不出有什么利益，因为胜利的荣誉命中注定属于他……像你说的这么干，乃是用谎言取得了一个失败。如果我们还吹嘘这是一次胜利，那这是双倍的羞耻。”有学生说，涅奥普托勒摩斯的话听上去只是一个功利性质的说法——拿来弓箭也没用。但也有学生认为，他只能这么说，因为他还负有“任务”，但他心里其实不愿意背叛菲罗克忒忒斯的信任，因为他觉得那是羞耻的事。

菲罗克忒忒斯醒来，看到涅奥普托勒摩斯仍然守在他的身边，心里非常激动。他说：“孩子，我从来不敢指望你在我受苦的时候，如此怜悯如此耐心地留在我身边侍候我，给我帮助……你的天性和你的出身一样高贵。”但是越是受到称赞，涅奥普托勒摩斯就越是感到惭愧，终于禁不住说出真情：我告诉你吧，你必须去特洛伊加入队伍。菲罗克忒忒斯听了这话，要求他把弓立刻归还。涅奥普托勒摩斯回答说，“那不可能，法律和利益都要求我服从长官”。

菲罗克忒忒斯因为被背叛，陷入了极度的愤怒和痛苦之中，他对涅奥普托勒摩斯说：“啊，你是大火，十足的怪兽和可怕恶性的可恨杰作，你曾经那样地和我交友，那样欺骗我！你这恶棍……竟不害羞。你拿走了我的弓箭就等于夺去我的生命，我求你……孩子……别剥夺我的生命。”涅奥普托勒摩斯也经受着内心痛苦的煎熬：“对这个人深深的怜悯折磨着我的心。不是现在才开始，老早我就已是这样。”他正在犹豫该不该把弓还给菲罗克忒忒斯的时候，奥德修斯带着两名水手出现了，他命令涅奥普托勒摩斯：“回船去，把弓交给我。”

奥德修斯不听菲罗克忒忒斯的再三要求，执意取走他的弓，还对他说：“我们不再需要你了，既然已经拿到了你的武器。我们有透克罗斯，他擅长弯弓射箭。还有我，我认为，我用这武器的能力，一点不在你之下。”在场的涅奥普托勒摩斯充满了内疚，他先是要求留下来再陪菲罗克忒忒斯一会儿，但最后还是跟着奥德修斯离去了。后来，赫拉克勒斯的英灵在空中出现，呼喊菲罗克忒忒斯，要他随奥德修斯去攻陷特洛伊，他这才告别了十年来居住的山洞，向特洛伊进发。全剧就在他们出发的乐曲声中闭幕。

（三）友情和义务的冲突

学生们讨论剧中两位人物之间的“友情”，把友情当作一个社会伦理和人际关系价值观，他们同情菲罗克忒忒斯，认为涅奥普托勒摩斯做了对不起朋友的事情。为了帮助他们认识这种同情的性质，我向他们介绍了亚里士多德《诗学》中的一些内容。亚里士多德说，悲剧将一个有身份的人的命运变化展现在观众面前，引起他们的怜悯和恐惧。(1452b28-53a39) 在亚里士多德对悲剧的概括中，有这样一个意思：观看悲剧需要观众的伦理判断，观众怜悯的是他们认为值得怜悯的人物。"怜悯"这种情绪通常包含着对剧中对象的某种是非或好坏的评价。被观众怜悯的人物犯下的"过错"（亚里士多德在《诗学》中用的是hamartia这个字）是大是小，是否值得怜悯，都需要观众做出伦理判断。

希腊悲剧经常创造一种不同"义务"（或责任）之间相互冲突的极端情境，例如，《菲罗克忒忒斯》一剧中，涅奥普托勒摩斯对朋友的义务与他对群体（国家）的义务之间是有冲突的。这样的"义务冲突"会令观众感到不安，因为它会动摇他们在一般情况下所抱有的常规伦理观念（这两种都是每个人应尽的义务）。在阅读《菲罗克忒忒斯》时，学生们对涅奥普托勒摩斯和他的道德困境表现出了特别的关注，因此，他们虽然同情菲罗克忒忒斯，但却对涅奥普托勒摩斯和他的价值观更感兴趣。

学生们自己的价值观与涅奥普托勒摩斯那个时代的价值观是不同的。他们在用自己的价值观评判涅奥普托勒摩斯的时候，往往不会意识到自己的评判与《菲罗克忒忒斯》的古希腊观众有很大的不同。他们显然是用自己的"友情"和"友谊"价值观来批评涅奥普托勒摩斯出卖朋友的。但是，古希腊史诗的英雄故事传统在原古希腊观众那里建立的是一种不尽相同的"友情"观念：友情不只是友情，友情还是一种"荣誉"。荣誉并不来自一个人独自保持的高尚道德，而是来自群体中别人对这个人出众成就所报以的尊重和敬意。在涅奥普托勒摩斯身上可以看到这种荣誉观如何影响了一个人的自尊（self-esteem）和行为选择。他欺骗菲罗克忒忒斯，只要别人不将此视为不荣誉的事情，就不能算是一件坏事。

涅奥普托勒摩斯是一位高贵的青年，他非常重视荣誉。但是，他的成长却需要有一位“导师”或“楷模”来引导，让他不只是抽象地看待荣誉，而是把荣誉体现为某种行动。涅奥普托勒摩斯的导师就是奥德修斯。

我的学生们对奥德修斯是否是一位正直的导师和好的楷模有不同的看法。涅奥普托勒摩斯一次又一次为自己欺骗和背叛菲罗克忒忒斯而感到“羞耻”，但一次又一次以奥德修斯待人处世的观点和方式来化解自己的羞耻，克服心里的不安。奥德修斯代表的是希腊社会的普遍价值，希腊学和哲学教授艾德金斯（A. W. H. Adkins）在《优秀与责任：希腊价值研究》（*Merit and Responsibility: A Study in Greek Values*）一书中指出，古希腊社会开始时是一个讲究结果的社会（result culture），后来基本上一直如此。在这样的社会里，决定荣誉的是事业的成败。《菲罗克忒忒斯》一剧似乎证实了这一点。涅奥普托勒摩斯被说服去欺骗菲罗克忒忒斯，随着剧情发展，他虽想保持善待朋友的荣誉，但终于为了能在特洛伊战争中立功的荣誉，决定以大荣誉克服了小荣誉。

这个希腊荣誉观与我的学生们的荣誉观并不完全符合。对他们来说，善待朋友是一种荣誉，它来自别人对一个人几乎无条件的信任，而信任一个人不是依靠或利用他去成就某一件事情。信任一个人是你相信，可以安全地与他相处，不用时刻提防他，害怕他会出卖或背叛你。道德哲学家安尼特·拜尔（Annette Baier）在《信任与反信任》（“Trust and Antitrust”）中指出，破坏信任使人感觉到背叛，而失去依靠只是使人失望。相信一个人不同于相信一个物件，你相信时钟会告诉你准确的时间，时钟坏了，你并不觉得被时钟背叛，因为你并未对时钟付出过信任。信任一个人就不得不承担被他背叛的风险，人生的最大难事就是学会信任值得信任的人。反过来说就是，如果别人信任你，你也就应该对他担负起不背叛的道德责任。如果你不能尽这个责任，那么你的背叛就不只是一个行为上的错误，而且更是一个道义上的罪过。

二　欧里庇得斯《酒神的伴侣》

——神不正义，人怎么办

美国是一个基督教宗教文化很强的国家，每次总统选举，福音派新教的信众们都能发挥很大影响。美国还有许多天主教徒，对政府的一些社会政策（如堕胎、同性恋者婚姻）也有相当大的左右力。但是，在学校里，一般不会感觉到宗教的影响。教师们都能遵照政教分离、公域和私域分清的原则，不把宗教问题带进课堂。不过，在人文教学课上，还是会涉及宗教问题，尤其是神的问题。

有一次，在阅读古希腊欧里庇得斯的《酒神的伴侣》时，有学生提出了“神不正义，人怎么办”的问题。大神宙斯和人间女子塞雷勒有染，狄奥尼索斯（酒神）是他们的儿子。宙斯曾答应送塞雷勒一件礼物。塞雷勒问女神赫拉（宙斯的妻子）该向宙斯要什么礼物。赫拉说，你让宙斯现出原形吧。宙斯的原形是霹雳闪电，塞雷勒因此遭雷击而死。宙斯把当时幼小的酒神儿子缝在大腿里养大。

酒神对母亲的故国忒拜充满了仇恨，因为那里的女人“说我不是宙斯所生，说塞雷勒是和一个凡人相好，并把偷情的错误推到宙斯身上”。酒神用神力让忒拜所有的女人癫狂，让忒拜的国王被自己的母亲阿高埃杀死，还让忒拜的建立者卡德摩斯和他的子孙都被诅咒变成了蛇类，一种低于人的卑贱动物。卡德摩斯对酒神说："我们承认有罪，但你的罚太重了。"酒神回答道："我是神，我受了你们的侮辱。"卡德摩斯又说："神不应该像人那样冲动。"酒神答道："事情是我父亲宙斯早就决定了的。"

读到这里，不少学生觉得不解。有一个学生问，酒神如此使用"过度暴力"，究竟是一种怎样的神性？而且他对人的过度惩罚，还有大神宙斯撑腰，这又是为什么？另一个学生说，忒拜的人都知道错了，为什么神还这么冲动？相比之下，倒是凡人卡德摩斯比较理性。

其实，这正是欧里庇德斯戏剧的独特之处。在他那里，神像人那样说话，而人却能像神那样说话。我班上的学生对《酒神的伴侣》中的神没有好感，更没有敬意，这与他们平时的道德权威观念有关。在他们心目中，神是单神的基督教中的上帝。在基督教中，上帝的神性高于人性，因为神性能超越凡人的野蛮和暴力的报复冲动。神因此而具有至高的道德权威。

学生似乎很自然地把神的权威和政治或社会公权力的权威联系起来。有学生评论道，酒神迁怒于忒拜人，是因为他对自己纯粹的神的"血统"并没有十足的信心，用政治术语来说，就是没有充足的合法性。政治暴力往往也是出于"过度证明"本已有欠缺的合法性。问题是，神不正义，人怎么办？

神的政治联想使得学生们在讨论这个问题时出现了多种分歧。有学生说，人在神面前，卑微而渺小，神的存在就是在提醒人要谦卑地生活。神如果正义，算是人的运气；神如果不正义，人只能自认倒霉。谁能够生活在一个比较正义的制度中，往往不是他自己选择的结果，而是一种运气。事实上，民主制度在一个国家中形成，往往也是历史的幸运。

另有同学说，民主制度不是神的统治，是法治。酒神对人的不正义，在于它完全凭借它的一己意志，独断专行。神的权威应当来自神的律法，而不是他的威力。神体现和服从自己的律法，并要求所有的世人服从这个律法，这才有神圣权威。神有权威，因为神自己首先就不无法无天。还有学生说，神服从的应该是比人更有德性而不是与人的德性相悖的律法。亚里士多德在《伦理学》里说，“有了超人的德性，人就成为神。这样的品质与兽性显然是对立的。神之没有德性正如兽之既没有邪恶也没有德性一样。神的品质比德性更加荣耀，兽性则与邪恶不是同种的。所以，人很少是神圣的”，神比人高贵，因为神具有“超人的德性”。

但也有同学说，正义是对于人而言的，正义限制人的行为，对神没有束缚力。这是神和人的区别所在。《酒神的伴侣》中的神其实是“自然”，自然是超乎人理解的力量，既给人带来丰饶，也给人带来灾害。

再有同学说，神不是不正义，而是代表一种人无法充分认识的最高正义。《酒神的伴侣》中的神对忒拜城邦的集体惩罚，表明神敌我分明，打击它的敌人，施惠于它的朋友。人应该避免做出任何不敬神的行为，不要让自己成为神的敌人。

有学生对此表示强烈的异议，认为神所代表的不应该是一种用暴力和恐惧迫使人服从的强权力，而应该是一种博大的、爱和怜悯的关怀。认同暴力和恐怖的神，会把人导向一种危险的政治逻辑。希特勒杀犹太人，难道都是受害者自己要成为主宰者的敌人？难道都是他们自己的错？

就在学生们说神“应该”如何时，他们已经是在用人的正义意识思考问题了。在神的“天威”面前，人无能为力，但人并不必须承认神的正义性。不承认神的必然正义性，这本身就是人以正义的名义进行的一种反抗。正义是人的一种价值。“人”是在两层意义的区分中确立的。第一层意义源自人与超于人之间的不同，第二层则是基于人与低于人之间的差别。第一层意义的差异意味着人的局限，人不可能像神那样无所不能、为所欲为。神不正义，人无力对抗。第二层意义的差别意味着人具有动物没有的正义意识和价值判断。

人无能为力，但不会没有想法。在《酒神的伴侣》中，神并没有能够真正成功地把卡德摩斯这个人变成动物。因为卡德摩斯虽然对神无能为力，但并没有放弃自已想法。神确实比人强大，但所有同情卡德摩斯的读者，都是站在人这一边的。我班上的学生也都是这样，并不因为他们在宗教理解问题上的分歧有什么不同。

三　亚里士多德《伦理学》
——幸福、节制和诚实

在“希腊思想课”上，学生们是在阅读过柏拉图的苏格拉底对话后阅读亚里士多德的《尼各马科伦理学》的，因此，他们马上就能觉察到柏拉图和亚里士多德表达思想的方式是完全不同的。柏拉图用的是对话，亚里士多德不用对话。柏拉图笔下的苏格拉底经常不阐述自己的观点，而是诘问对手，逼着他们说出观点，然后证明他们的观点是错误的。而亚里士多德的论题和论述却都是清楚的，尽管理解这些对学生们并不容易。在阅读时，他们对《伦理学》中心论题的“善”与“幸福”的关系有不同的看法。人文阅读的一个基本要求是言之有据，也就是随时准备用文本来支持自己的看法。学生们对《伦理学》的讨论就是这样的。

（一）善与幸福

亚里士多德在《伦理学》第一卷第三章里说，“政治学考察高尚和正义”，伦理学考察的是善，善是政治与伦理的纽带。这是一个非常清楚的道德政治观。他在第一卷第二章里说，“人自身的善也就是政治科学的目的，一种善对于个人和对于城邦来说，都是同一的，然而获得和保持城邦的善显然更重要，更为完满”。他接着又说，“那么政治学所要达到的目的是什么呢？行为所能达到的一切善的顶点又是什么呢？从名称上说，几乎大多数人都会同意这是幸福”。

对“幸福”是一切善的顶点，学生们能够从美国人的政治常识来理解，因为美国《独立宣言》把每个人追求幸福当作一种“自然权利”。但他们会问，在希腊悲剧和柏拉图那里，“正义”是善的顶点，为什么亚里士多德把“幸福”当作善的顶点呢？这是在提出两种不同的道德原则呢，还是在提出同一道德原则的两种不同方式？

有学生说，尽管《伦理学》中多处讨论到幸福，但“善”才是真正的议题。美国哲学家约翰·罗尔斯说，“正如真实之于一切思想体系，正义是社会制度的第一德性（first virtue）”。《伦理学》里的善经常就是德性的意思。所以“正义”和“善”应该是对同一最高道德问题的两种不同表述，而“幸福”则不是。

有学生说，《伦理学》里，除了讨论幸福，还讨论了勇敢、节制、友谊等，这些都应该是善的具体方面或内容。亚里士多德说的善是行动的善，勇敢、节制、友谊的善都应该从行动来理解，幸福也是一样。

亚里士多德的伦理学告诉人们的不是什么素质、品格是善，而是怎么做才是善，伦理学是关于行动的伦理，他在第一卷第九章里说，“幸福就是一种合乎德性的灵魂的现实活动，其他一切或者是它的必然附属品，或者是为它本性所有的手段和运用”。他对幸福的定义和论述都是与行动之善联系在一起的。在第一卷第八章中他说，“幸福就是合乎德性的现实活动…… 一个人可以具有某种品质却不作出好的结果，例如一个睡着了的人，一个感觉迟钝的人。而现实活动却不能这样，它必然要行动，而且是美好的行动。正如在奥林匹亚大赛上一样，桂冠并不授予貌美的人和健壮的人，而是授予参加竞技的人（胜利者就在他们之中），只有那些行为高尚的人才能赢得生活中的美好和善良”。

有学生问，人怎么才能幸福呢？我们觉得开好车、住大房子、周游世界非常快乐，而亚里士多德说这并不是真正的幸福，为什么呢？有学生回应道，其实亚里士多德并不认为好东西不能带给人幸福，亚里士多德把好东西，包括“高贵出身、众多子孙、英俊的相貌”看作幸福的“外在的善的补充”。他说，“若把一个丑陋、孤寡、出身卑贱的人称作幸福，那就与理念绝不相合。尤其不幸的是那子女及亲友都极其卑劣的人，或者虽然有好多亲友却已经死去的”。

有学生说，亚里士多德认为，幸福不是命运的赏赐，而是通过德性学习得来的，学习比命运更能把握幸福。他在第一卷第九章里说：“幸福是学到的，获得的，以什么办法培养出来的，还是某个神的恩赐或机遇呢？如若神真给人送过什么礼物的话，我们就很有理由说幸福就是神之所赐了。在人所有的东西中，它是最好的。不过这问题属于另一研究范围。显而易见，即或幸福不是神的赠礼，而是通过德性，通过学习和培养得到的，那么，它也是最神圣的东西之一。因为德性的嘉奖和至善的目的，人所共知，乃是神圣的东西，是至福。它为人所共有，寓于一切通过学习，而未丧失接近德性的欲求的人。人们有充足理由主张，通过努力获得幸福比通过机遇更好。”

学生们都同意，没有德性和善的目的不能算是幸福。但是，尽管如此，他们对第一卷第九章里的这句话还是有不同的看法：“不论是牛，还是马，以及其他动物，我们都不能称之为幸福的。因为它们没有一种能分有这种现实活动。出于同样的理由，也不能说孩子们是幸福的，因为年龄的关系，他们没有这样合于德性的行为。”亚里士多德认为，儿童和动物都不具备学习德性的理解力，儿童的道德训练在于模仿好的行为，有样学样，养成习惯，要到大一点才能在教育中学会懂道理。训练让人知道怎么做，而教育则告诉人为什么。学生们认为这个说法不确实，因为他们在小时候也是能懂一些道理的，跟狗、猫、马、羊不一样。

（二）人应该是有节制的动物

小孩不懂什么是幸福，那么成人是不是就一定能懂呢？不懂什么是幸福是否就是不善呢？有学生说，只知道感官、肉体快乐的成人并不懂得什么是幸福，他们只要快乐就行，根本不在乎什么是幸福。他们就如同孩子，不一定是不善或无德性，而是幼稚或愚蠢。

有学生说，亚里士多德认为快乐不等于幸福，是从节制和纵欲来说的。他在第三卷第十章里说，有许多东西可以给人快乐，如食物、性交、学习、荣誉，但快乐与快乐并不相同，一种是肉体的，另一种是精神的，节制是对肉体的快乐而言的。他说：“要把灵魂的快乐和肉体的快乐加以区别。例如爱荣誉、爱学习，每个人之所以爱这些东西，并非由于他的身体有此需要或者受到什么作用，而是思想上的。人们对这些事的快乐，既说不上节制，也说不上放纵。对其他非肉体的快乐也是这样的。”

有学生提出，即使对非肉体的快乐也是需要节制的，例如，过度追求荣誉会导致虚荣和沽名钓誉，人也会因为某些非肉体的快乐而“玩物丧志”。再说，肉体与非肉体的快乐是否绝对可分，也是个问题，例如，打电子游戏、上课玩手机、上网聊天交友等，都给人快乐，也都会引人上瘾，所以也都有一个节制的问题。接着有学生开玩笑地说，太喜欢念书或过分觉得念书快乐，也是缺乏节制，念书念到废寝忘食的地步（甚至还有中国式的头悬梁锥刺股），完全是为了快乐而变得不快乐，根本无幸福可言。

还有学生说，亚里士多德并不认为所有的肉体快乐都是同样需要节制的，因为他在第三卷第十章里说，“节制也许只是对肉体的快乐而言，甚而即使肉体的快乐也非全部须加节制。例如那些喜欢视觉上快乐的人们，彩色、图像和绘画等等，就说不上什么节制和放纵……对于听觉也是这样，对过于喜欢听音乐和歌剧的人，谁也不会说是放纵，也没有什么节制问题……对嗅觉也没有什么节制问题。我们不会说过于喜欢水果、玫瑰和其他香味的人为放纵。但把对佳肴香气的喜欢称为放纵，因为这种香气会引起欲望对象的回忆”。

有学生说，亚里士多德说肉体快乐有的要节制，有的不要节制，虽有道理，但分析并不周全，因此并不很有说服力，从说理上，我们可以很容易找到例外。那些例外都可以对像亚里士多德的系统论述（它完全不同于柏拉图对话式的论述）形成反证或证伪。例如，听音乐和看绘画可以说是精神的享受，而不是肉体的快乐。而且，对有些人来说是好的气味，对其他人来说就未必如此。再好闻的香味也有一个节制的问题。例如，医院里医生护士涂抹香水就是一种个人放纵的行为。因此，放纵和节制的公共性也是伦理学需要思考的一个方面。

欲望的满足给人带来快乐，但是欲望的满足，尤其是过度满足，不但不是幸福，而且是不幸福。《伦理学》第三卷第十一章里是这么说的："一个放纵的人追求快乐，或者最大的快乐。他被欲望牵引着，除了快乐别无所求。所以，在得不到快乐时他痛苦，求快乐的欲望也使他痛苦。欲望就伴随着痛苦。固然，由于快乐而痛苦，这似乎是荒唐的。"

但是，也有学生说，亚里士多德并不是一个禁欲主义者，我们在生活中也不必奉行禁欲主义，关键还在于"节制"。也是在第三卷第十一章里，他是这么说的："不要快乐，或（要求）少于他应得的快乐的人很少见，因为这种麻木不仁不合乎人的本性。即使其他动物，也要对食物加以辨别，喜欢这一些，而不喜欢另一些。如果有这样一种动物，它什么也不喜欢，对什么也不加区别，那么它就根本不是人（也不能叫他是人）……对于这些东西，一个节制的人抱中间态度。他不喜欢那些放纵的人所喜欢的东西，相反却讨厌它们。一句话，他不喜欢不应该喜欢的东西。"

学生们对亚里士多德说的"人不到死不要轻言自己幸福"感到意外，因为他们都很年轻，也常常觉得自己挺幸福，所以不知道该如何去理解亚里士多德的这个说法。其实，亚里士多德在第一卷第十章里对此有特别的解释。他问道，"那么，这是否意味着，人只要还活着，就不能说是幸福的呢？因为梭伦要人们'盖棺定论'。如若作这样理解，那么人只有在死后才幸福吗？"他的回答是，"这样的看法当然完全荒唐，特别如我们所主张幸福是某种现实活动。我们不甚同意死后幸福的说法"。他认为，梭伦的意思只不过是，"一个人在身死以后就能摆脱邪恶与灾难而享其至福"，但就是这样的解释也是有问题的。这是因为，一个可以说一生幸福的人，"死者也会碰到好事和坏事，例如儿孙们是享受荣华还是遭到侮辱"，儿孙不好，死后也不能幸福，中国人说儿孙不肖、死不瞑目大概就是这个意思。

亚里士多德认为，就幸福而言，“盖棺定论”指的是，“当一个人在享其至福的时候，不说他洪福齐天，而是在事情过去了才说……人们所以不愿承认活着的人幸福，在于命运的多变，而在他们看来，幸福却应是牢固难变的，不像机遇围绕着人们往复旋转。一个人如若由着命运摆布，他显然要一会儿倒霉，一会儿幸福，所以我们经常把幸福比作空中楼阁，比作朽木镌雕”。对于那些今朝堂上官、明日阶下囚的显贵人物来说，恐怕更是如此。

（三）诚实是公民第一美德

亚里士多德在《伦理学》第三卷里讨论了“自愿”“选择”“考虑”等基本概念后，直接进入了两种“个别的德性”：勇敢和节制。有学生问，首先讨论这两种德性，是不是因为它们对雅典城邦公民的意义比其他德性来得更为优先?

这个问题不好回答，因为亚里士多德自己并没有直接解释。不过，他在《政治学》中对公民的两种美德作了区分。第一种是基本美德，这些美德是所有公民，包括统治者和被统治者都必须具备的，例如勇气、节制、羞耻感、诚信、正义，尤其是守法和虔诚。第二种是较难得的美德，只有少数公民才拥有，如慷慨、高尚志向、荣誉心、关心共好；而在这些之上，更有政治家必须具备的美德：睿见、谨慎和务实的判断与智慧。那些具有难得美德的人们，会因此获得其他公民的尊敬和信任，被推举担任最有权威的公职。

我对学生说，如果勇敢和节制是所有雅典公民的基本美德，那么什么是美国公民应有的基本美德呢？几乎所有的同学都说是诚实。我又问，那么什么是政治家必须具备的美德呢？回答还是一样：诚实。

他们那种几乎不假思索的异口同声让我觉得很有意思。尽管亚里士多德不同于柏拉图，没有像柏拉图那样将美德按不同的人进行“分配”，把勇敢分配给战士，而把节制分配给被统治者，但他毕竟还是对政治家提出了比一般人来得高的美德要求。但在我的学生眼里，连这个区别也是多余的了，因为公民与政治家都应该具有的基本美德是没有差别的。

我问学生们，这样看待政治家所应该具有的美德，是不是标准太低了。好些学生都表示不同意这个看法。一个学生说，我们在现今政坛上看到的并不是亚里斯士多德所说的那种“政治家”（statesmen），而不过都是一些“政客”（politicians）。他们嘴上说是为民众服务，其实是把政途当作一种营生。即便这些政客清廉自守，没有腐败的劣迹，也不过是一些口是心非的家伙。要求政治人物诚实，其实是对他们提出比清廉自守更高的要求。

另一个学生说，官员有了权力，图谋私利的诱惑和机会自然就会增加。当权者的许多谋取私利行为都在模棱两可的公私两说之间，他们钻的就是这种空子。所以，民众即使抓不住他们不法行为的确凿证据，也不会轻易相信他们就是诚实之人。这就使得对官员的诚实要求比一般民众要高。

又一个学生说，政客们握有各种资源，不诚实和说谎的手段比一般人多，也更难被察觉。他们可以利用媒体，指使手下。他们并不需要说那些显然在颠倒黑白的“黑色”谎言。事实上，他们说的往往是那种“白色”和“灰色”的谎言。白色和灰色谎言提供的信息可以是真实的、半真实的，并不是完全编造的，但它们的目的却是灌输对政客有利的观点，故意混淆问题的实质。政府发言人说的都是白、灰色的谎言。要求政客在能够巧妙说谎的时候也不说谎，这已经是一个相当不低的诚实标准了。

在美国这个民主平等理念深入人心的社会中，普通公民不把政治家或当政者当作与自己不同，更不用说高自己一等的人物。我的学生们对诚实美德的难度有相当现实的估计。他们自己就并不在每件事情上都有诚实的行为。他们迟交作业或缺课时给我的理由中，经常有一些是显而易见的不实借口。学校的校规也有专门的关于惩戒抄袭的条例，说明抄袭并不是罕见的现象。

但是，他们对诚实是公民的第一美德这一点却没有什么怀疑。一个社会中确立某种美德为最基本的公民美德，并不是说，所有人的行为已经做到了这一点，而是说，可以拿这个德性标准来衡量所有人的行为。诚实是一种低调的美德，但这种低调的美德却是以高度的群体共识来肯定的。这就像大多数美国人心目中的自由不过是消极的自由，那就是政府不得对公民做什么，但他们却是以积极的公民参与来守卫这个自由。在美国，正是因为有了诚实的标准，政治才会比较清明。政治家说假话会难以再立足政坛，政府说谎则会带来合法性危机。比起期待更高、更难得的美德来，美国人更在意政治人物的起码的美德，而这个美德就是诚实。

四　亚里士多德《政治学》

——政治是自由人的公共行为

有一次在讨论亚里士多德的《政治学》时，有一位学生说了一句令我印象深刻的话：亚里士多德说的是一种“像氧气一样的政治”，与现实世界里的污浊政治有着太大的差距。其实，亚里士多德是在经验性地总结他认为正当的政治，而不是描绘理想化的乌托邦蓝图。如何在政治的经验性总结和这种总结可能指向的理想化观念之间找到一些过渡，经常是在人文教育课上阅读亚里士多德的一个挑战，也是一个主要的讨论乐趣。亚里士多德在《政治学》中提出，“人类天生是政治的动物”，也就是说，唯有在政治的社群中，人类才得以过“良善的生活”。从这个角度来看，政治是一项道德的活动，涉及如何开创和维护一个“正义社会”；正是基于这个原因，亚里士多德将政治学视为“首要科学”(master science)。

政治这种首要科学中必须包含某种关于“共善”(common good) 的共识。有学生问，这种共善的共识是不是越一致越好呢？它的来源是什么呢？有学生说，即便是关于共善的共识，也不是越统一、越一致就越好的，因为在一个客观上存在不同利益和利益冲突的国家里，除非运用暴力和强制，事实上不可能有所谓“一致”的认识。《政治学》

第二卷中有一段文字，说明亚里士多德并不认为整个城邦越一致越好，相反，他把存在不同意见和看法看作自然形成的城邦必然如此的事情。亚里士多德说："一个城邦一旦完全达到了这种程度的整齐划一便不再是一个城邦了，这是很显然的。因为城邦的本性就是多样化，若以倾向于整齐划一为度，那么，家庭将变得比城邦更加一致，而个人又要变得比家庭更加一致。因为作为'一'来说，家庭比城邦为甚，个人比家庭为甚。所以，即使我们能够达到这种一致性也不应当这样去做，因为这正是使城邦毁灭的原因。"

关于这段引文，有学生提出，整齐划一毁掉的不是城邦的实体，而是可以称为"政治共同体"的城邦。政治是城邦运作的一种方式，但不是唯一的方式，用其他方式也可以运作城邦，取代"政治"的可以是一个人的"独裁"暴政，也可以是少数人的"寡头"专制，或是一群人的一党专制。有学生问，亚里士多德这样看待政治，是不是把政治太理想化了？专制和独裁难道不也是政治的形态吗？有学生回应说，专制和独裁也是政治，但由于它们的邪恶和残暴，它们不属于亚里士多德在《政治学》里所讨论的那种以"良善的生活"为目标的高尚政治。

那么，城邦"良善的生活"目标和共识是不是有可能由一位特别贤明的领导人指明给城邦中的所有人呢？所有的学生都同意，亚里士多德并不认为会有一个"完全公正之人"(perfect just man)可以给政治共同体规定关于共善的共识，但是，现代国家中的专制独裁者却把自己打扮成人民的父亲、救星和缔造之神，他们想要扮演的便是"完全公正之人"。

有的学生说，即使如此，他也不是"完全公正之人"，因为事实上他已经变成了一个神话，是一个被打扮成"神"的"非人"。亚里士多德认为，政治生活中的任何人都不可能无限伟大、完美无瑕、永远正确，因此也都必须有所约束，必须倾听别人的意见。倾听别人，这是任何一个“人”生活在人类政治群体（polis）中所必需的，否则他便只能成为人类政治体之外的神或野兽。专断独行的“人民父亲”把自己当成了神，凌驾于人民之上。神无须听从不同的意见，神只有信众，没有伙伴，神的意志就是法律和正义。亚里士多德把政治视为人的事情，而不是神的事情，所以他把政治看作一种“科学”，也把人看作“政治的动物”。

亚里士多德并没有“发明”或“创立”他的政治学，他的政治学是实际政治知识的积累。他在《伦理学》中说，政治学不是一门像物理和数学那样的理论学科，学习政治学不能为求知识而求知识，无论政治学知识多么重要，这种知识的主要目的是“致用”(praxis)，而“致何用”则取决于知识者的判断。亚里士多德的基本方法不是提出所谓的“新理论”，而是在讨论的范围之内分析已经积累的经验知识。在《政治学》第三、四、五卷里，他谈的便是实际的政治知识。

《政治学》里的重要观念在希腊戏剧中就有生动的体现。例如，在索福克勒斯的悲剧《安提戈涅》的第三场里，安提戈涅违背国王克瑞翁不准安葬她在叛乱中死去的哥哥的命令，国王要处死她。她的未婚夫海蒙，也是国王克瑞翁的儿子，劝说他父亲听一下别人对这命令的不同意见，“望你别固执己见，别以为/你的话一定正确，别人都不对”。他还对克瑞翁说，“忒拜全体人民都说‘不’”。克瑞翁责问海蒙说，“要忒拜平民规定我如何执政吗？……我必须按别人的意思统治这国土吗？”海蒙回答说：“只属于一个人的城邦不是城邦。”克瑞翁说：“城邦就是统治者。”海蒙答道：“独裁统治最好的地方就是没有人迹的沙漠。”

索福克勒斯通过海蒙这个人物说出的是一种与亚里士多德相同的政治观：不倾听别人意见的独裁统治不是城邦的政治，最适合它的地方是没有人迹的沙漠。《安提戈涅》里重要的不只是安提戈涅一个人的反抗，更是城邦人民一起说"不"。独裁的克瑞翁禁止安提戈涅安葬她的哥哥，这时候他不过是一个坏人；但是，他压制全城邦人民的意见，这时候他就是一个暴君。独裁不是不可能成功，有时候独裁还是相当成功的。强迫万民噤声，并将此美化为和谐，也不是做不到的。但是，专制独裁是一种高风险的、危机四伏的统治，它令统治者惶惶不可终日，为了统治的安全，它必须把人民变为奴性十足的臣民。

专制独裁的暴君，他统治的是奴隶，不是政治的人民。政治不可能是奴隶与奴才从事的事业，只有自由的人类才懂得和珍惜政治的价值。政治只是对自由的人才有价值，政治是自由人的公共参与和事业。自由是政治的灵魂，政治必须听取不同的意见、兼顾不同的利益，必须避免用暴虐的强制力营造"整齐划一"的意识形态。《政治学》里的这些政治观念符合我的学生们来自现实生活的经验、常识和价值观。他们往往会用这些观念来支持他们对一个好社会的看法或民主法治社会的合理性，例如，在社会不同群体出现利益矛盾的时候，要通过讨论、说服、辩论，而不是暴力、威逼、欺骗来解决矛盾。在一个可以称为"政治社会"的社会里，个人和群体都按大家都同意的规则办事，将此作为解决利益冲突的根本原则。

亚里士多德说，他的《政治学》是政治的科学，是对政治家有用的知识，《政治学》是为给政治家提供政治教育的。在人文课上阅读和讨论《政治学》，当然首先是为了理解亚里士多德的政治学观念，然而，学生们的理解方式中显然包含了他们已经具备的政治常识。美国人不仅生活在一个宪政法治的制度中，而且普遍尊重和爱惜这个制度。与其他美国公民一样，学生们认为自己是国家的主人，而不是臣民。那些在政府中担任职务的人和他们一样也是公民，与他们的身份是平等的，不能对他们颐指气使。公民定期选举官员，这是他们的权利，也是他们的责任。

学生们的民主宪政知识基本上都是从他们以前的美国历史课上得来的，美国中学没有政治课，政治知识是在历史课上传授的。阅读《政治学》虽然有助于他们重温已有的知识，但主要还是让他们有机会了解，他们以为理所当然的一些事情与古希腊人的两个观念有历史渊源，那就是“宪法”和“公民”。

在人类的政治观念史上，没有别的观念比这两个更具有革命性了。《政治学》就是第一部阐述这两个观念的著作。在英语中constitution（宪法）、constitute（组成）和constituent（选区居民，有表决权的）来自同一个词根。一个宪政的国家（亚里士多德称为polis）是一个由于人为“组成”才有的政治国家（不是自然的民族国家）。人是政治的动物，指的是人生来就是在政治国家里起组成和表决作用的成员。这三个字的联系在英语中是显而易见的，但翻译成中文就不是这样了。语言本身就是一种政治，不仅是政治工具，还是政治本身。人类依靠语言建立秩序，借助语言定义世界与自我，根据语言展开他们最重要的行动。20世纪的语言哲学更是揭示了语言的本体意义，揭示了人作为语言存在的实质，修正了人们从前许多对于语言的浅薄认识。

语言与政治的关系还有另一层意义，那就是，只有运用语言来相互交流和理解，才能避免用暴力和强制来解决人与人之间不可避免的利益冲突。只有人类才有能力从事“言语的政治”。言语的政治使得政治避免成为“必要的恶”，而是成为一种“首要科学”，一种能够帮助人类文明起来的力量。亚里士多德说人是“政治的动物”，这是因为，人会说话和有理性。说话和讲理是人参与共同体生活的最重要的、最基本的方式。共同体生活和生活方式是由所有成员所共同认可的正义标准来治理和确定的。“政治动物”的观念的前提是，人是能够相互自由说话的“语言的动物”（linguistic animal），而不只是在一起满足基本生存欲望的动物（许多其他动物也能这样一起生活）。与动物相比，人类具有更大的自由变数和不可预测性，因此更需要通过言语交流来相互理解。

人的政治共同体首先是一个话语共同体，在这个共同体内，由理性（logos）所建立的共同规则中，最根本的就是要讲道理，人的自由变数和讲道理让政治共同体成为有共同标准的论坛，也成为不同正义主张（道德问题）的交锋场所。政治是为了解决利益冲突的，但冲突并不只是关乎利益，也关乎许多事情的对错和好坏，其中就包括什么是好的政治和坏的政治。今天世界上的许多国家里，人们一提起政治，想到的便是权力的专横和腐败、政治人物的阴险和狡诈、政治手段的诡秘和欺骗。他们厌恶政治，除了好奇之外，很少有知识方面的兴趣。阅读《政治学》或许可以让他们了解，政治本来不应该是这个样子，这个样子的政治是“坏政治”。美国政治虽然没有败坏到这个程度，但离亚里士多德所说的“好政治”（或“真正的政治”）还有很大的差距。在人文课堂上阅读《政治学》有助于美国学生们识别好政治和坏政治的不同，从而也更能用好的标准来要求他们自己国家的政治。

五　亚里士多德《修辞学》
——箴言是怎样的一种说理

在许多修辞学家那里，箴言（Maxim）被当作一种“辞格”，也就是说话表达的格调或风格，这样看待箴言，箴言便成为语文学的研究对象。亚里士多德不是这么看待箴言的，他把箴言当作一种说理手段，在《修辞学》第二部分第二十一章里对箴言有专门的讨论。这样看待箴言，箴言便应该同样也受到公共说理研究的重视。亚里士多德强调的箴言的两个特征是：第一，箴言是一种普遍性的陈述，不是用来言说个别的人或事的；第二，箴言所说的都与人的行动有关，说的是该做什么，不该做什么。特别值得我们重视的是箴言与人的行动的关系。

（一）箴言是“半真话”

箴言往往是一种言简意赅、易懂易记的普通生活指导和规则，又是一种人生常识或零星智慧。箴言虽然用书面文字表达，但却是通俗口语文化的产物。正是由于箴言具有普通、平常、通俗的特征，它常常被用作一种对普通民众的说理方式。箴言在句法结构上相对完整，是可以用来独立表达思想的句子。在不同的语言之间翻译时要求现成和顺口。不同语言文化里常常能看到内容和说法都相似的箴言。以中英文为例，有的箴言在一种语言里比另一种语言更现成，如孔子说“己所不欲，勿施于人”英语便是“Do as you would be done by”；又如，莎士比亚《哈姆雷特》中的“ Neither a borrower nor a lender be”，翻译成中文就是“既不要向人借钱，也不要借给人钱”。有的在两种语言里都很现成，如“无债一身轻”和“Out of debt，out of danger”。有的似乎根本无须互相翻译，如“One careless move loses the whole game”和“一着不慎，满盘皆输”。

箴言经常成为个人或群体认同的信条，以格言、成语、警句等形式来表现，但也有不能归入这些类别的箴言，它们往往是一些普遍性的说法。例如，“落后就要挨打”就是这样的箴言，有一篇题为《“落后就要挨打”，还是别再说了吧！》的文章分析了为什么“落后就要挨打”是一个看上去深刻，其实并不周全的普遍性说法。历史上固然有因落后而挨打的，但例外却比比皆是：强大罗马帝国，遭遇的是落后蛮族的入侵；中国的大汉盛唐，也经常受到匈奴、突厥的进犯。我们还可以找到不少其他性质的例外，这个世界上有许多落后但没有挨打的国家，而且，挨打的原因也不止“落后”一个，例如，美国2001年9月11日挨打，就不是因为落后。

《“落后就要挨打”，还是别再说了吧！》这篇文章的结论也很有意思，在分析了“落后就要挨打”的说理不周后，作者说：“历史终究有历史的法则，这法则不是‘落后就要挨打’，而是另外一些，比如：正义最终要战胜邪恶、魔高一尺道高一丈、多行不义必自毙、得道多助失道寡助、哪里有压迫哪里就有反抗等等。”文章结论所主张的全是一些箴言式的断言。从这样的结论不难看到，即使在能够看出某些箴言论断毛病的人那里，箴言论断的毛病仍然不能去除，可见箴言论断的思考习惯是多么顽固。

箴言往往被当作一种智慧或真理，亚里士多德所说的箴言指导行动，有的是直接表明的，有的则需要意会。例如，“胜者王侯败者贼”（One became the victor and the other hid in a corner of the yard）作为行为箴言，就不仅仅是在描述一般的规律，而是一个马基雅维里式的行动指导：做大事不要在乎手段是否仁义道德，一旦你建功立业、权势在手，无人敢责难于你。又例如，英语里的“Give him an inch and he'll take a yard”和中文里的“得寸进尺”，都含有行为告诫的意思，英语里比较直接，而汉语里则可能近似于描述，但仍然包含告诫不可或不能让某人得寸进尺的行动指导作用。

亚里士多德特别强调说理手段的箴言与行动的关系，为什么呢？这是因为，在公共说理中运用箴言往往与说理“建议”的目的（主张）有关。说理理论区分说理的不同主张，叫stasis theory。说理的不同主张可以关于事实、因果、诠释、价值、行动，而在这些主张的种类中，建议与行动最为相关。在希腊文里，箴言是gnome，从gignoskein（知道）而来，gnome是一种有自信，有判断力，又很精炼的行动指导。在拉丁文里，箴言是*sentenia*，英语的sententious即由此而来，有好用断语、好说教、自以为是的意思。这是因为箴言说的总是在指导人该怎么做，不该怎么做，所以有比较明显的好为人师、告诫行为的特征。

箴言是一种讨巧、便捷的说明手段，如果运用得当，可以是一种不错的说服方式，但也可能被误用或滥用，造成说理谬误，甚至成为一种狡黠的说辞和欺骗花招。已故美国专栏作家和幽默家罗伯特·本奇利（Robert Benchley）指出，箴言听上去都挺有道理，条件是，不能出现与其意思相悖的其他箴言，例如，“三思而行”听起来很有道理，但与它意思相反的“患得患失”“一事无成”听起来同样也有道理。类似箴言的俗语也是这样，例如，“好有好报，恶有恶报”说得有道理，意思相反的“好人不长寿，恶人活千年”说得也有道理。两个意思相悖或相反的箴言放到一起，各自原本看起来不言而喻的真理力量也就相互抵消了。

每种语言中都有许多意思相反或相悖的箴言，称作“互搏式箴言”（dueling maxims）。我让学生们每人找几条互搏式箴言，在课堂上相互交流，以加深印象。不少英语的箴言有很现成的中文表述（这并不奇怪，因为箴言往往是不同文化中都有的普通智慧）。

“Birds of a feather flock together.”物以类聚，人以群分。

“Opposites attract.”不是冤家不聚头。异性相吸。

“You're never too old to learn.”活到老，学到老。

“You can't teach an old dog new tricks.”八十岁学吹鼓手，迟了。

“It's better to be safe than sorry.”小心为上（宁愿稳妥免致后悔）。

“Nothing ventured，nothing gained.”不入虎穴，焉得虎子。

“All good things come to those who wait.”好饭不怕晚。

“Time and tide wait for no man.”只争朝夕。

“Many hands make light work.”众人拾柴火焰高。

"Too many cooks spoil the broth." 厨子太多反而把汤做坏。人多口杂。

"Absence makes the heart grow fonder." 一日不见，如隔三秋。

"Out of sight, out of mind." 眼不见，心不烦。

正因为每一个箴言都只是部分真实或真理，单独运用都会带来说理不周或谬误。美国诗人和随笔作家威廉·马修斯（William Matthews）说，"所有的箴言都有反箴言；成语应该成双成对地出售，单个的都是半真话（half truth）"。希伯来谚语说，半真话就是全谎话。"半真"是一种有意无意的暧昧和模棱两可。这不仅是箴言的特征，也是其他精炼语言的特征，如箴言、成语、卦语。它们在公共说理中经常是片面、不充分、不全面的。英国杰出的政治家斯坦利·鲍德温（Stanley Baldwin，1867—1947）说过，"虽然自古以来人们都承认半个面包比没有面包强，但半个真理不但不比没有真理强，它比许多谎言还要坏，谎言和半真理的奴仆都是无知"。

先知预言或算命的都往往运用一种与箴言相仿的半显半隐的语言，也都是因为听者的某种无知或无法知才起作用的。例如，莎士比亚的《麦克佩斯》中，麦克佩斯背叛国王邓肯（Duncan），起兵作乱，他之所以能下决心，是因为女巫向他预言，只有在勃南森林（Birnam Wood）向他移动时，他才会失败。森林移动是不可能的，因此，麦克佩斯的反叛不可能失败。马尔康（Malcolm，国王邓肯的儿子）在率领军队对抗麦克佩斯时，命令士兵在勃南森林折下一些树枝作掩护，军队前进看起来就像勃南森林逐步迫近。麦克佩斯在战斗中失败。中国的杨家将故事里，佘太君问卜于山中老人，得到的回答是"七郎出征六郎回”，她以为七个儿子中有一个会死在疆场，结果是死了六个，只有杨六郎活着回来。

与预言一样，箴言看上去显豁易懂，但由于箴言没有上下文或具体的语境，而且很容易找到与其意思相反或相悖的其他箴言，成为需要阐释，也可能有不同释义的话语，所以常常呈现出半隐藏、半显明的特征。运用箴言具有很大的灵活性和实用性，修辞学家肯尼斯·伯克（Kenneth Burke）因此称其为（他讨论的直接对象是“成语”）一种“处理情境需要”的“话语策略”，或者说，是一些根据特定场合和情境的需要而说的话，是对这些情境有用的现成话。

（二）应对常见情境的箴言

肯尼斯·伯克是在《作为人生能力的文学》（“Literature as Equipment for Living”）中提出关于成语是“话语策略”的看法的，这是他对文学的“社会学批评”观（sociological criticism of literature）的一部分。从社会学批评来看，文学提供人们在日常生活中应对生活实际问题所需要的能力和智慧。阅读文学可以让人有机会了解别人是如何应对类似人生问题的，有哪些体会、心得，有哪些成功经验或失败的教训。人生中可能碰到的问题是可以归类的，有许多共同特点。同样，从社会功能的角度看，成语（包括箴言、格言、警句等）也是因一些相当平常，经常发生的人生情境而被不断运用的。正因为这些人生情境很平常，不断重复出现，所以人们碰到一些事情就会觉得“一定会有某种现成说法”，一旦找到这些现成说法，就自然而然地有一种既贴切、熟悉，又亲切、生动的感觉。

伯克说，箴言（包括成语）是一种“处理境遇需要”的话语“策略”。每个人在人生中都会碰到一些典型的境遇和情况，需要有现成的说法来辨认这些情境，而这些现成的说法又提供了某种应对的方式。伯克提及的情境包括“安慰、抱怨、规劝或批评、预言”，不同的境遇需要不同的箴言或成语来提供现成的说法。

例如，一个人遭遇了不幸需要自我安慰，或是见到别人有此遭遇而想给予他安慰，这便是“安慰”的情境。人们是在特定的情境中使用合适而现成的说法的，成语和箴言很适宜于这种需要。例如，可以说，“The worst luck now，the better another time”（现在背运，日后时来运转），“The wind in one's face makes one wise”（冷风拂面，令人清醒；醍醐灌顶、当头棒喝），“He that hath lands hath quarrels”（财产多，对头也多），“He is not poor that hath little，but he that desireth much”（平安是幸，知足是福，清心是禄，寡欲是寿）。又如中文里的“塞翁失马、安知非福”，“天将降大任于斯人也，必先苦其心志，劳其筋骨，饿其体肤”，“祸兮福之所倚，福兮祸之所伏”，等等。这些都是自我安慰和安慰他人的现成说法。

抒怨气、鸣不平也是一种平常的、经常发生的情境，也有许多现成的说法，如英语里的“At length the fox is brought to the furrier”（露出狐狸尾巴），“Sue a beggar and get a louse”（起诉一个乞丐，得到一个虱子），“The higher the ape goes，the more he shows his tail”（猴子爬得越高，他就越显示出他的尾巴）；中文里的“多行不义必自毙”，“不是不报，时候未到”，“爬得越高，跌得越重”。抒怨气、鸣不平往往是出于精神胜利法或酸葡萄心理的需要，当然也有道德谴责的意味。

不同的预测未来说法也与一些特别的常见情境有关。例如，许多有关预测的现成说都与农耕的自然和天气知识有关，后来又有了别的所指。“When the sun sets bright and clear，An easterly wind you need not fear”（太阳落山明亮清晰，不用害怕刮东风）。“When the sloe tree is as white as a sheet，sow you barley whether it be dry or wet”（野酶树开白花，下不下雨都种麦，类似于“穷汉不听富汉耸，楝树开花就下种”）。中文里有无数这类预测性谚语，如“清明前后，种瓜种豆”，“霜降见霜，米谷满仓”，“重阳无雨一冬晴，大寒不寒，人马不安”，“冬天麦盖三层被，来年枕着馒头睡”，“瑞雪兆丰年”，等等。

天气和自然现象的谚语、成语经常会有它原义之外的意思，如“Remove an old tree，and it will wither to death”（树挪死，人挪活），“When the fish is caught，the net is laid aside”（飞鸟尽，良弓藏；狡兔死，走狗烹），“When the noon’s in the full，then wit’s in the wane”（月满则损）。中文里有，“早飞的鸟儿有虫吃”，“日晕三更雨，月晕午时风”，“树欲静而风不止”，“早起三光，晚起三荒”，等等。这些都可以用来言说人在某些情境下的经验、教训或规律。许多预测、预见的成语、箴言、谚语、警句被当作甘苦之谈或生活智慧运用于励志、持家、理财、教育子女等情境，可以说是数不胜数。所有的训诫、忠告、指导、先见等都与某种预见或预测有关，因为都是基于具有共同性的经验之谈。例如，“Think with the wise but talk with the vulgar”（同智者一起考虑，与俗人一起交谈），“Venture a small fish to catch a great one”（放长线钓大鱼），“First thrive，and then wife”（先立业，后成家），“When the fox preacheth，then beware of your geese”（黄鼠狼给鸡拜年，没安好心）；中文里有，“人无远虑必有近忧”，“你不理财，财不理你”，“钱由正道来，莫贪无义财”，“赚钱就似针挑土，花钱犹如浪推沙”，“一粥一饭，当思来处不易；半丝半缕，恒念物力维艰”，“良言一句三冬暖，恶语伤人六月寒”，等等。

人情世故、世态炎凉的箴言也可以从它们所适用的情境应对作用来了解。例如“The lion kicked by an ass”（虎落平原遭犬欺）可以用作自我安慰或安慰他人的用语。穷人可以用“Virtue flies from the heart of a mercenary man”（为富不仁）的说法来泄愤，也可以用它来自我安慰，寻找心理补偿（我“人穷志不穷”）。同样，看不起穷人的人则可以说“人穷志短”，表示不是嫌弃他的贫穷，而是看不起他的没志气，没出息。

伯克指出，在理解成语、箴言时，重要的不只是每句话本身的意思，而且还有说话者的“态度”，当然，听话人在理解时需要与说话人一致，这样才能减少误会。伯克说：“箴言看上去的矛盾，其实是由于‘态度’的不同，不同的态度包含的‘情景’策略选择是不同的。例如，‘悔之晚矣’和‘补救不迟’（亡羊补牢）。前一句是责备，其实是在说，‘你最好当心一点，不然就要追悔莫及了’。后一句是安慰，其实是在说，‘不要气馁，事情还没有到轻言放弃的地步’。”伯克在强调箴言和成语的情境的种类时指出，“重要的不是要找到某个可以一劳永逸地‘安置’成语的种类。种类是动态的”，不是要断定一个成语到底是说什么，而是运用于这样的情境，如“承诺、训诫忠告、安慰、抱怨泄愤、预测、指导、计划，而所有这些都与增进福祉的行为直接有关”。伯克在这里指出了运用箴言的两个重要因素：一个是，运用箴言或成语能让我们获得对人生有益（增进福祉）的知识；另一个是，箴言或成语不只是让我们知道一些什么，而且要让我们因为知道而有所行动。

（三）作为说理手段的箴言

亚里士多德在《修辞学》中把箴言看成是一种说服他人的言语方式，他强调的也是箴言的普通知识价值和指导行动的作用。人们运用箴言，是因为觉得箴言提供人生经验和智慧，“给人以智慧和经验的印象”。亚里士多德说，由于箴言很常用，所以“它们显得真实，好像人人都同意箴言的看法”。然而，那只是看上去如此罢了，未必真是这样。亚里士多德还指出，箴言是一种非常简约的看法，其实“就是修辞式推论去掉三段论形式以后剩下的结论或前提”。亚里士多德这句话很容易造成误解，因为按照“修辞式推论”或“缺损三段论”的结构（一个结论直接跟一个理由），箴言可以是缺损三段论的“结论”，但又可以是三段论的大前提部分。亚里士多德指的是后者。前者与后者的区别在于，前者是“我认为”，而后者则是“大家都认为”。

修辞式推论（enthymeme）又叫“缺损三段论”，是由“结论”加上“理由”构成的。在完整的三段论（syllogism）里，结论是从三段论的大、小前提推导出来的，如果大、小前提都可靠，那么结论就是可靠的。例如：

是人就会死（人终有一死）（大前提）
苏格拉底是人（小前提）
苏格拉底会死（结论）

“丑妻纳袄家中宝”是一个箴言，它是“丑妻纳袄家中宝，因为妻子漂亮，家里有财物可能招惹是非”这句话（一个修辞式推论或缺损三段论）去掉理由（“因为”部分）后剩下的“结论”。在说理中的结论是个人的（我认为），在箴言中则是个人赞同的共同结论（人们这么认为，我认为是对的）。

如果把“丑妻纳袄家中宝”用三段论来表述，便是：

凡是妻子漂亮，家有财物的家庭都不安宁（大前提）

某一家妻子漂亮，家有财物（小前提）

这一家不得安宁（结论）

“丑妻纳袄家中宝”便是这个三段论的大前提部分。由于大前提是一种普遍性的概说，所以本身可以用作一个箴言。

又例如，“鸟为食亡，人为财死”也是一句箴言，如果把它作为一个普遍规律，它可以是一个缺损三段论去掉理由（其实只是一个解释，而非真正的理由）后剩下的结论部分（“人为财死，因为谁也经受不了发财的诱惑”），或者是一个三段论里的大前提。

人为财死（大前提）

张三是人（小前提）

张三会为财死（结论）（如因贪腐而犯下死罪）

无论是作为三段论的大前提，还是缺损三段论的结论，这个箴言都是一个说话者自己深信不疑的“主观真理”，而非真正得到了证实的客观事实。

作为大前提（概说或普遍结论）的说法，有的显而易见是正确的，是一个事实。例如，司马迁在《报任少卿书》里说：“人固有一死，或重于泰山，或轻于鸿毛。”“人固有一死”或“是人就会死”，这样的大前提可以成为可靠的箴言。但是，这样的大前提如果添上了另一个概说或普遍结论，如“或重于泰山，或轻于鸿毛”，就会变得不那么可靠。因为，人并不只有两种极端的死法（泰山或鸿毛），绝大多数的人，他们的死都是不重不轻的“一般死法”，没有理由非要用少数人极端的死法来普遍概括绝大多数人的普通死法。

“人固有一死，或重于泰山，或轻于鸿毛”并非说理，而是箴言式的断言或结论。人们猛一听，会觉得很深刻，高屋建瓴，智慧深远，其实经不起说理的细究。箴言式的演说断语可以起到宣传和鼓动的效果，但却没有考虑到说理可能会遇到的“反诘”(rebuttal)。“或重于泰山，或轻于鸿毛”并不是不言而喻的真理，如果放到说理中，人们对它是会有不同看法的。例如，人们会问，就算是平平常常的死，没有什么轰轰烈烈的，就死得“轻于鸿毛”吗？衡量死的价值，其实就是衡量生命的价值。生命的尊严在于，每个平凡的生命都与伟人或英雄的生命有同样的价值。生命的尊严在于在它结束后仍被人纪念，追怀，而不是当鸿毛一样来鄙夷。又例如，泰山还是鸿毛，衡量的标准又是什么呢？有什么唯一的标准吗？地震灾难发生时，为保护孩子而自己死去的母亲，她的生命价值又该如何衡量呢？她没有为人民的利益而死，是死得轻若鸿毛吗？

亚里士多德以是否需要“解释语”为标准，把箴言分成了两大类，第一类是，箴言“与一般人的意见没有什么不合”，“就不需要解释语，因为它们是众所周知的”。亚里士多德自己提供的例子是“最大的幸福莫过于健康”。其实，它并不像亚里士多德所想的那样“众所周知”，因为有的人愿意为了其他的幸福而牺牲自己的健康。例如，有一则报道说，有一个女孩子很穷，为了买手机，甚至卖掉了自己的一个肾。所以，亚里士多德所说的“众所周知”，不过是同意的人比较多而已。可以说，除了绝对的事实陈述，如“人生而必死”“黑夜过后是白天”“人人都有父母”，没有意见绝对一致，绝对不需要证明的箴言。

第二类是，箴言“与一般人的意见不合，或引起争论”，这时候就要加以证明，提供解释。这里面当然有程度的差别。这类箴言又可分成两种，第一种是作为修辞推论的一部分，箴言是一个结论，需要添加理由或说明，如“聪明人不伤害他人”（因为聪明人知道，害人会害到自己”），“君子不欺暗室”（因为君子能够自律）。同一箴言的理由或解释可以不止一个，可能互不相同，甚至互相矛盾。

第二种是带有修辞推论的性质（暗含理由），却不是修辞推论的一部分。如，“是人就不要装神弄鬼”。“是人”可以看作是理由或说明，“不要装神弄鬼”是结论——你不要装神弄鬼，因为你是人，不是鬼神。亚里士多德认为，这种箴言是最受欢迎的。“好汉做事好汉当”，“好汉”可以看成是一个暗含的理由，因为你是好汉，所以要有担当。

亚里士多德认为，在有争议的情况下用箴言，最好先说理由或解释，然后用箴言做结论，这样比较有力，例如，在争论是不是要逃走时，可以说，“形势不利，走人要紧，好汉不吃眼前亏”。当然也可以先说结论，再加上理由或说明，例如，“好汉不吃眼前亏，现在形势不利要吃亏”。也可以直接说，“三十六计走为上”—— 一个简单的行动指示或建议。亚里士多德还认为，说过箴言后，附加理由和说明，要尽量简短，这样才能收到简洁有力的修辞效果。在说理中运用箴言，所起的主要是修辞而非提供实在理由的作用。也就是说，如果结论有充分的理由作为支撑，结论是否为众人耳熟能详、喜闻乐见的箴言并不重要。但是，箴言对听话人产生的心理效应却是有助于起到说服作用的，这是因为“对于一般事理的陈述，听众听到他们原来持有的对个别事理的意见化成了一般的说法，会感到高兴”。箴言是对一般事理的陈述，比较容易得到听众的认可，这是使用箴言的一大好处。使用箴言还有一个好处，那就是，它能提高演说者的可信度和智识形象（ethos），给人一种经验老到、善于总结、富有睿智的印象。也正因为如此，“箴言适宜于老年人使用，用来讲述他们体验过的事情。用箴言来讲述自己没有体验过的事情，是愚蠢的，没有教养的”。

亚里士多德在《修辞学》中讨论的是公共言说（public address），他论及的范围不仅包括三大修辞（法庭辩论、公民大会和公开演说），而且还涉及哲学、政治、历史、伦理和文学等话语。在不同形式的公共言说中，都存在许多可以直接用来表述现成观点的说法，一些被称为“罐头思维”的东西。英国逻辑学家斯泰宾说，“罐头”确实很能说明“罐头思维”的特征，因为“罐头思维接受起来是容易的，形式是压缩的，对于智力营养必不可少的维生素是丢了的”。她接着说，“罐头牛肉有时候是一种方便形式的食品，它也有点味道，有点营养。可是它的营养价值比不上用来装进罐头里的新鲜牛肉。当初它一定是用新鲜牛肉制成的，为的是不让牛肉变陈。同样，一种罐装的信念是方便的：说起来简单明了，有时还带三分俏皮，引人注意。一个罐装的信念应当是一个非罐装的信念的结果。情况有了变化，出现了新的因素，这个信念就不应该坚持。我们不应该让我们的思想习惯堵塞我们的心灵，不应该倚靠一些口头禅来解除我们思考的劳苦”。

在我们所知道的各种罐头思维里，相比起令人讨厌的社论、报告、宣传里的八股套话来，箴言应该说是不那么讨人厌的罐头思维，但如果用它来代替或解除我们思考的劳苦，它也照样是当初用新鲜牛肉制成的，但因为装在罐子里而变陈了的牛肉，它对于“智力营养必不可少的维生素”也已经丢失了。箴言是对一般事理的陈述，也是行为的指导，可以善用也可以误用，可以用来说道理也可以用来说歪理，箴言的这种暧昧也正是我们需要对它的运用有所了解，有所甄别的理由。

六　修昔底德《伯罗奔尼撒战争史》之《关于密提林的辩论》

——美国出兵阿富汗是否正当

经典阅读课上的阅读和讨论经常引发对现实问题的联想，学生们交换他们的联想，会形成对一些现实问题的讨论，课堂讨论似乎成为公民论坛。在这样的讨论中，浮现的是跨越时空隔阂的一些人类永久问题。这类问题在学生们讨论的熟悉事件里变得相当具体，而且富有当下性。

有一次，学生讨论修昔底德《伯罗奔尼撒战争史》第三卷中的《关于密提林的辩论》。这场辩论发生在公元前427年，雅典军队平息了密提林城邦的叛乱，公民大会起先决议处死密提林所有的公民。第二天，“雅典人民的情绪有了突然的改变，他们开始想到这样一个决议是多么残酷和史无前例”。于是召开第二次公民大会。会上，克里昂还是主张处决所有的密提林人，但戴奥多都斯主张只处决“有罪的人”，两人间展开了辩论。

这场发生在两千四百多年前的辩论引发了学生们对美国在海外战争的一些思考。首先一个是惩罚的适度性问题。雅典并没有把密提林当作属国看待，但密提林竟暴动了，而且接受伯罗奔尼撒人的支援，“因此雅典人对密提林更加痛恨”。雅典人因此觉得必须严惩密提林人，这才有了将他们全体处死的第一次决定。

有学生认为，美国在阿富汗用兵，有一种类似的“被出卖心结”，因为美国以前支持过塔利班抵抗苏联，但塔利班却帮助基地恐怖组织，使美国遭受了9·11事件的巨大灾祸。美国认为自己有权报复塔利班政权，这与克里昂认为雅典有权严惩密提林是一样的。支持这种报复行为的，是一种自古延续至今的“正义报复”观念（retributive justice）。

有学生提出，美国出兵阿富汗与雅典在密提林平乱，这两个军事行动的惩罚适度性（proportionality）是不同的，美国比雅典有所进步。这是人类文明的进步，而这个进步的第一步就是在密提林辩论中发生的。在与克里昂的争辩中，戴奥多都斯反对处死所有的密提林人，而主张对没有直接参与叛乱的密提林人展现“善意”。与雅典人不同的是，美国在阿富汗进行的军事行动不是为了惩罚所有的阿富汗人，而只是针对塔利班。如果把美国的军事行动看成是一种“报复”，那么，它原来的意图就已经是适度的了。可是，由于战局的变化，美国的军事行动造成了许多无辜平民的伤亡，于是成了一种实际上并不适度的报复。这使得美国军事行动的正当性受到了损害。后来，美军指挥人员调整策略，力图把平民伤亡降到最低点，应当说是意识到了这一损害的严重性。

接着有学生提出，美国调整策略不是因为“报复正义观”发生了变化或有所加强，而是从另一个角度考虑美国的“自我利益”。不同策略可以出于相同的、与正义观无关的自我利益，这在密提林辩论中已经有充分的表现。和克里昂一样，戴奥多都斯是以“国家利益”这种特殊的自我利益，而不是“正义”来说服他的听众的。他说：“这不是一个法庭，在法庭中，我们就应当考虑什么是适当的和公平的；这是一个政治议会，而问题是怎样使密提林对于雅典最为有利。”

从“功利”（自我利益）还是从“正义”（适当和公平）来衡量“惩处”，是两种不同类型的惩罚。功利是前瞻型的，而正义则是后顾型的。功利型地惩处“罪犯”是为了以儆效尤，防止在今后出现同类的犯罪行为；而正义型的惩处则是为了对任何已经发生过的犯罪给予应得的惩罚，即使这样的惩罚对正义行使者本身可能造成不利也在所不惜。戴奥多都斯和克里昂一样，也从功利来考虑应当如何对待密提林，在这一点上他们并没有什么不同。他说：“克里昂的主要论点之一就是说，把他们处死刑，对于我们将来是有利的，因为可以防止其他城市的暴动；我也是和他一样，关心将来的；但是我的意见和他相反。”克里昂认为，严厉打击就能防止叛乱（相当于中国法家的想法），而戴奥多都斯则认为，怀柔可以避免叛乱者拼命，效果会更好（相当于中国的儒家）。“如果一个城邦已经叛变，后来知道它不能成功了，当它还能够付赔款和以后继续纳贡税的时候，它就会投降。”

有学生说，雅典在密提林的行为可以为美国在当今世界中应有的行为提供一个有用的经验教训，让美国知道，一个强国应当如何对待别国，才能赢得其他国家的尊敬和合作。克里昂主张，叫别国怕你，不敢跟你作对，那是最有效的办法，这有点像布什时代的美国过分相信军事力量，甚至不惜以美国单独采取军事行动来解决问题。戴奥多都斯的主张似乎比较像奥巴马的外交政策改变。奥巴马主张从伊拉克撤军，因为伊拉克并没有直接威胁到美国的国家安全（尤其是与恐怖主义的基地组织并无联系），而把战略重点放在阿富汗。而且，他同意军事将领的看法，认为应当把减少平民伤亡作为最重要的军事行动目标。奥巴马还和戴奥多都斯一样，坦言“国家利益”是美国海外军事行动的主要理由，即使美国帮助其他国家（包括阿富汗）建立民主秩序，那也是为了美国国家利益服务的，并不构成一种独立的理由。事实上，世界上有许多专制、极权的国家，美国不断与这些国家妥协，并不把人权作为与它们打交道和保持良好关系的先决条件。这些都说明，在当今的国际事务中，国家利益的“现实政治”(Realpolitik) 仍然与两千四百多年前一样，没有什么本质的变化。

然而，这并不等于说，民主的理念对美国是可有可无的。这就像戴奥多都斯主张“宽厚”和克里昂主张“残酷”毕竟在道德价值上还是有所区别的。美国在阿富汗用兵，目的之一是维护阿富汗的稳定，这是一个功利的目的。但是，为了达到这个功利的目的，美国至少不可能无所不为，不能在阿富汗扶持一个专制或极权的政权。营造民主要比扶持专制麻烦得多，结果也要不确定得多。专制维持稳定局面的效率即使比民主来得高，美国也不可能以违背自己的政治理念为代价，用扶植专制来换取在阿富汗实现它的功利目的。在国家与国家关系中也有类似的情况，例如，一个国家可以为国家利益与另一个国家妥协，以经济援助为条件试图换取后者在核武问题上的让步，但这个国家并不一定会称后者为“兄弟友好国家”，因为在人道价值和国家合法性理念上，这两个国家可能有根本区别。

《关于密提林的辩论》为我班上的学生思考国际政治中的正义和自我利益关系提供了一些启示，让他们联想到美国的一些外交政策，尤其是出兵阿富汗。启示当然不是要提供解答学生们心中疑问的标准答案。促成这些启示发生的联想是随机性的、偶然的，因此也是零碎的、片断的。这是人文教育课上讨论的特征。启示的作用在于激发学生们，一方面让他们对自己关心的现实问题有所独立思考，另一方面也有意识地把他们的思考纳入一个“伟大著作”的思考传统，因为古人或前人已经有过类似的、富有启发性的思考。

七　修昔底德《伯罗奔尼撒战争史》之《在斯巴达的辩论和战争的宣布》——国王为什么“说”不过监察官

修昔底德的《伯罗奔尼撒战争史》第一卷第六章《在斯巴达的辩论和战争的宣布》讲的是科林斯人派出代表团，争取说服斯巴达人出兵帮助他们抵抗雅典的进逼。这时候，正好有一些雅典人为别的事情来到斯巴达，他们也要求并得到允许对斯巴达人作一个发言，劝他们不要介入这场争端。在这之后，斯巴达人“请所有的外人退席”，他们自己讨论当前的形势。在讨论中，以聪明而温和著名的国王阿基达马斯和监察官斯提尼拉伊作了发言，国王劝斯巴达人从长计议，谨慎行事，而监察官则敦促斯巴达人同意对雅典宣战。结果在公众会议公开表决的时候，大多数的人站在了监察官的一边。

学生们在讨论这一章的时候，往往会对国王和监察官的发言及其影响民众的效果表现出不解和困惑。国王的发言较长，主张和分析都显得相当理性。他认为，雅典有强大的海军，有作战经验，有很好的装备，“无论个人或国家都很富裕，有船舰、骑兵和重载步兵，人口比希腊任何其他地方都多，同时也还有许多纳贡的同盟者，所以斯巴达需要时间作准备”。他说，斯巴达人不仅有勇气，有最严格的训练，而且还懂得“慎重”。他告诉听众，迟缓就是慎重，不急于求成可以避免失败，正“因为我们有这些品质，所以只有我们在成功的时候不傲慢，在困难的时候不和其他人民一样易于屈服。当别人用阿谀来劝我们走向我们所认为不必要的危险中的时候，我们不受阿谀的迷惑。当别人想用恶言来激怒我们的时候，我们也不至于因为自羞而采纳他们的意见”。

国王发言后监察官发言，他的发言很简短，不到国王发言的七分之一。他说，是帮助还是不帮助出兵科林斯，“这不是可以用法律诉讼或言辞辩论来解决的问题……长期讨论只对那些计划侵略的（雅典）人有利”。因此，他呼吁，“斯巴达人啊，表决吧！为着斯巴达的光荣！为着战争！不要让雅典的势力更强大了！不要完全出卖我们的同盟者！让诸神保佑，我们前进，和侵略者会战吧！”监察官的发言比国王的更打动了听众。

有学生不理解，为什么监察官这几句口号式的发言就能左右斯巴达民众的想法，让他们站到他这一边来呢？有学生说，这个问题的部分解答也许在于斯巴达人表达的方式。修昔底德写道，“他们是用高声呼喊的方式，而不是用投票的方式表决的”。这种投票方式与现代民主制度下的个人匿名投票表决是不同的，但却正是现代法西斯主义所惯常使用的表决方式。它看上去很公开，很民主，但却把表决者放置在一个受群众情绪左右和相互监视的不自由环境之中。表决者受到主流情绪的左右，或者害怕与众不同，不敢也不能做出独立的理性判断和决定。

这一看法得到大多数同学的赞同，他们认为，监察官明显是在蛊惑煽动民众，左右他们的想法。修昔底德记述道，在民众公开表决之后，监察官还以听不清哪一方呼喊声更大为由，要求在场者以站队的方式再次表态。他说，“斯巴达人啊，你们中间那些认为合约已经破坏而雅典人是侵略者的人，起来，站在一边。那些认为不然的，站在另一边”。他指出他们所要站的地方。于是他们站起来，分作两部分。大多数的人认为和约已经被破坏了，站在了监察官的一边。

有学生说，可以设身处地想象，在这种公开表决的环境中，就算有普通民众同意国王暂不宣战的说法，他们也不太可能像国王那样公开说出来。这是因为，任何公开的话语，不只是说了什么，而且是谁怎么说，谁可以怎么说。不同说话者有不同的说话身份，身份差异是很敏感的，即使有相同的想法，不同的人也不会同样愿意公开说出来。在今天的美国就是这样的。例如，白人公开批评黑人，往往会被指责为种族歧视，至少也是政治不正确的。黑人公开批评黑人就不会有这个问题，所以黑人比白人更容易说出真实的想法。修昔底德让我们看到，这种与说话者身份有关的“政治正确”其实古代就已经有了。国王劝斯巴达人三思而后行，没有人会怀疑他“懦怯”或“不爱国”，但一个普通民众就不同了。因此，普通人会更倾向于在公开表态时作出“勇敢”和“爱国”的表示。美国前总统尼克松是共和党人，一向以坚定反对共产主义闻名，他于1973年主导与共产党中国接触，并建立外交关系。他这么做，不像左派人士那样特别需要顾虑此举的“亲共”嫌疑。

还有学生提出，在说服普通民众的时候，深思熟虑说服的效果反而不如直截了当地蛊惑鼓动。普通民众甚至会对别人的深思熟虑抱有本能的不信任和讨厌，因为深思熟虑与他们自己的习惯思考方式不同。美国历史学家、公共知识分子理查德·霍夫施塔特（Richard Hofstadter）写过一本书，叫《美国生活中的反智主义》（*Anti-intellectualism in American Life*，1963），把“反智”视为一个“美国问题”。其实，反智主义是一种很自然的民众心态，在古代就已经被利用为一种对民众的影响手段。在《斯巴达的辩论》中，监察官要求民众不要在“言辞辩论”上浪费时间，他是懂得如何利用民众思维定式的。民众喜欢干脆，讨厌啰里啰唆地讨论，他们不问理由，只要有明确结论就行。

在讨论古希腊的反智主义时，学生们会联想到《战争史》第三卷第三章的《关于密提林的辩论》。这个辩论是在一个强硬人物和一个多思人物之间进行的。这场辩论发生在雅典征服密提林之后，强硬人物克里昂要求把密提林成年男子全都处死，而把妇女和未成年的男女都变成奴隶。但是，温和人物戴奥多都斯则主张“从容地审判……那些有罪的人，让其余的人在他们自己的城市中生活”。

克里昂对雅典的公民们说：“一个城市有坏的法律而固定不变，比一个城市有好的法律而经常改变是要好些；无知与健全的常识相结合，比聪明与粗鲁相结合更为有用。一般来说，普通人治理国家比有智慧的人还要好些。这些有智慧的人常想表示自己比法律还聪明些。”克里昂攻击那些“有智慧的人”，不提他们到底说错了什么，而是猜度性地指责他们动机不良，无非是想表现自己，自作聪明。克里昂刻意讨好民众，让他们觉得自己比“有智慧者”更聪明：“虽然没有巧妙发言的能力，但却是毫无偏见的裁判者，而不是有利害关系的竞争者。”

克里昂可以说是历史记载中第一个发明“高贵者最愚蠢，卑贱者最聪明”的人。他不仅懂得如何讨好民众，而且深知民众善变而无定见，因此，要蛊惑他们去做什么决定或有什么行动，最好的时机就是趁他们头脑还在发热的时候。他明白地说：“对于那些建议重新考虑密提林人问题的人，我觉得诧异，因为这样会引起迟误，而迟误是有利于犯罪者的。经过相当的时间之后，受害者才来对付作害者，那时候受害者的怒火已经消失了；惩罚罪犯最好和最适当的办法是马上报复。”

“马上报复”是冲动而残酷的，它不考虑后果，只是为了一时的痛快。学生们会联想到，美国历史上也有许多“马上报复”的残酷事件，如白人暴民对黑人实行私刑，二战期间，把日裔美国公民赶出他们的家园，隔离起来。学生们对其他形式的“马上报复”事情也很感兴趣，如在“诉苦申冤”中农民打死地主、“镇压反革命”就地枪决，等等。马上报复很痛快，对群众有极大的煽动作用，但由于是缺乏思考的冲动行为，往往非常极端，也非常血腥。

与“斯巴达的辩论”有所不同的是，“密提林辩论”的辩论结果比较理智，当这两个彼此对立的建议提出来之后，雅典人中间保持着不同的意见。举手表决时，双方的票数几乎是相同的。而且，比较温和的戴奥多都斯的建议通过了。学生们认为，这与雅典人的表决方式有关。雅典人表决与斯巴达人有所不同，他们是“举手”，而不是“高声呼喊”。虽然雅典人不是个人秘密投票，但比较平静，因此也会比较理性。双方的票数几乎相同，这说明，尽管群众心理有一些共同的负面特征，但是，在不同的制度下，他们受这些负面心理影响的程度会有所不同。在一定的制度条件下，用说理去影响他们并不是不可能的。在雅典，戴奥多都斯比较温和理智的建议通过了，而同样比较沉稳、理智的斯巴达国王的建议却没有通过。雅典是民主制度，而斯巴达则是专制制度。尽管两场辩论性质不同，但读者还是有理由猜想，民主制度中的民众比专制制度下的民众更有可能抵御政治蛊惑，正因如此，他们才更有可能作出自己的理性抉择。

八　修昔底德《伯罗奔尼撒战争史》之《弥罗斯人的辩论》

——“修昔底德陷阱”和强权逻辑

学生们在阅读《伯罗奔尼撒战争史》第五卷第七章的《弥罗斯人的辩论》一章时，对“修昔底德陷阱”(Thucydides's trap)特别感兴趣。“修昔底德陷阱”是哈佛大学教授格雷厄姆·艾利森(Graham Allison)提出来的，又称“安全悖论”(security dilemma)。修昔底德今天被不少人视为“政治现实主义”之父，他们认为修昔底德主张的是国家与国家之间只有实力，不讲对错。这在相当程度上与对“修昔底德陷阱”或“安全悖论”的理解有关。所谓“安全悖论”是这样的：修昔底德在对伯罗奔尼撒战争的研究中发现，国家间存在着一个战略关系的规律：不同国家因实力不同而形成等级，弱国实力等级的变化对整个等级系统影响不大，但强国实力等级的变化就会对等级系统的整体稳定造成冲突甚至破坏。所谓国家间等级系统也就是我们今天所说的“世界权力平衡”结构。修昔底德认为，伯罗奔尼撒战争是当时国家间等级结构发生变化的结果，雅典想要扩充帝国，超过斯巴达，“雅典实力的增长和这引起的斯巴达恐惧”使得战争不可避免。一个国家的崛起会招致强敌的打击，强大未必就安全，这就是修昔底德的“安全悖论”。

2014年1月22日，美国《世界邮报》(*World Post*) 刊登了中国国家主席习近平2013年11月份的谈话。针对中国迅速崛起后必将与美国、日本等旧霸权国家发生冲突的担忧，习近平在谈话中反驳道，我们都应该努力避免陷入“修昔底德陷阱”，强国只能追求霸权的主张不适用于中国，中国没有实施这种行动的基因。2014年1月27日，美国前国家安全助理布热津斯基（Zbigniew K. Brzezinski）在与《世界邮报》记者的访谈中谈到了他对习近平讲话的想法，他说“我认为习主席说得非常好，尤其是提到了历史上论述斯巴达和雅典的冲突的修昔底德。负责任、有知识的美国人和大多数欧洲人都能同意（习主席）的观点”。

负责任和有知识之间的关系并不总是确定的，历史知识能够帮助形成对现实的理性判断与观点，但并非总是如此。“修昔底德陷阱”便是一个例子，出于同样的历史知识，有人相信修昔底德陷阱是“历史规律”，因此是难以克服的。但也有人相信，这是一个“历史教训”，今天不能再重蹈覆辙。在我的人文课上，学生们对“规律”还是“教训”也有不同的看法。

《弥罗斯人的辩论》明确地提出了“强权即正义”的问题。雅典人的代表对弥罗斯人说：“你们应该争取你们所能够争取的，要把我们彼此的实际情况加以考虑……经历丰富的人谈起这些问题来，都知道正义的标准是以同等的强迫力量为基础的；同时也知道，强者能够做他们有权力做的一切，弱者只能接受他们必须接受的一切。”当然，发生在弥罗斯人和雅典人之间的辩论涉及许多具体问题，要比这个“强权即正义”的结论复杂得多。在讨论这些辩论时，有学生提出，我们阅读的内容是关于国家与国家之间的争论，焦点是“权力”(power) 和“强权”(coercion)，但我们可以从这些辩论得出的所有结论几乎都同样适用于一个不民主国家内部的以强凌弱和弱肉强食，是一种具有普遍性的“强权逻辑”。

弥罗斯人说，他们是一个中立城邦，不是雅典的敌人，所以没有必要摧毁弥罗斯。雅典人回答说，如果雅典承认弥罗斯中立和独立，那就等于自认软弱，因为其他城邦会以为雅典放过弥罗斯是无力征服弥罗斯。“强权”的普遍结论是，你不做我的朋友，就是我的敌人，这也是专制统治经常使用的说辞。

弥罗斯人说，雅典进犯弥罗斯，会引起其他中立城邦的惊慌和不安，并因忧虑自己的命运而敌视雅典。雅典人回答说，“他们能保持独立是因为他们有力量，我们不去攻击他们是因为我们有所畏惧”。强权逻辑是，打你是因为你弱，因为你弱，所以要打你。在一个国家内部，强梁的政府权力也是这样对待手无寸铁的人民。

弥罗斯人对雅典人说，不战而降是可耻、懦弱的行为。雅典人回答说，现在讨论的是保全城邦而不是荣誉问题。强权逻辑是，保命还是保面子，不能两个都给你。

弥罗斯人说，雅典虽强，但弥罗斯还有战胜雅典的希望。雅典人回答说，希望只属于强者，弱国弥罗斯没有希望。强权逻辑是，希望要有希望的本钱，弱者连希望都不配。

弥罗斯人说，神会保佑我们。雅典人回答说：“在可能的范围内扩张统治的势力”，这是神，不是我们制造出来的规则，“这个规则制造出来之后，我们也不是最早使用这个规律的人”。神和人一样，把实力看得比道德重要。强权逻辑是，强权即正义，天经地义，自古如此。

弥罗斯人说，我们是斯巴达的移民，斯巴达人会来救我们。雅典人回答说：“斯巴达人最显著的特点就是他们认为他们所爱做的就是光荣的，合乎他们利益的就是正义的。这样的态度对于你们现在不合情理的安全要求是没有用处的…… 一个注意自己利益的人就会先求得自己的安全；而正义和荣誉的道路是含有危险性的。一般说来，凡有危险的地 方，斯巴达人是不会去冒险的。”强权逻辑是，谁都是功利当先，谁都不会做违背自己利益的事。各个击破是最好的战略。

有学生问，《弥罗斯人的辩论》与《阵亡将士国葬典礼上伯里克利的演说》中的雅典人形象怎么这么不一致，怎么来理解雅典人这么“蛮不讲理”的模样。有学生说，觉得“蛮不讲理”是因为雅典人在《弥罗斯人的辩论》中说的是权力和功利的“理”，不是道义和仁义的理，所以听起来不在理。又有学生说，其实雅典人也并不是完全不讲仁义的，他们说的话虽不好听，但他们先是劝说弥罗斯人投降以保全城邦，可以说是先礼后兵。最后弥罗斯人不同意雅典人的条件，雅典人虽然动武，但也可以说是仁至义尽了。还有学生说，弥罗斯虽然有英雄气概，但大敌当前，不知变通，恐怕也不符合亚里士多德所说的务实谨慎（prudence），后来弥罗斯陷落，雅典人屠杀了所有被俘的男子，把妇女和儿童都变为奴隶，捍卫独立和自由的代价太高了。

但是，在《伯罗奔尼撒战争史》里，弥罗斯人的失败和雅典人的胜利其实并没有那么简单，古典历史学家利贝许茨（Wolfgang Liebeschuetz）在《论“弥罗斯人的辩论”之结构与作用》（“The Structure and Function of the Melian Dialogue”，1968）一文中指出，在《弥罗斯人的辩论》中，“雅典人看到的是现在，弥罗斯必亡。雅典人是对的。弥罗斯人看到的是将来，他们也是对的。弥罗斯被摧毁了，但接下来的就是雅典败落的故事，验证了弥罗斯人的话”。雅典人和弥罗斯人都预测了未来的发展。雅典人说斯巴达人不会来援救弥罗斯，斯巴达人确实没来援救。弥罗斯人说斯巴达人会来援救，斯巴达人最后毕竟还是给了他们援救。弥罗斯城破后，斯巴达人在内陆安置了弥罗斯人。几年后雅典和斯巴达战端又起，流亡的弥罗斯人为斯巴达出钱出力，帮助斯巴达打败了雅典。斯巴达将军莱山德（Lysander）把弥罗斯人带回他们的故国，又恢复了这个国家。

在《弥罗斯人的辩论》中读出雅典人只讲强权不讲道义的政治现实主义，有助于认识包括“冷战”在内的不少国际争霸历史。有学者认为，修昔底德的政治现实主义是马基雅维里式的非道德政治的始祖。但是，把修昔底德看成是一个政治非道德主义者却是错误的。他将国内政治与国家之间的政治作了区分。在一个国家内，公民们是基于社会契约的共同体成员，这个共同体为公民们提供法治的保护，公民们为此交付出自己一部分的自由。在这种法治平等面前，任何人不得肆意以强凌弱。但是，国家之间不存在这样的社会契约，因此没有任何力量来防止或阻止发生弱肉强食的事情。当然，在没有法治保证的专制国家里，即使在国家内部也会随时出现以强凌弱的“强权即正义”之事。

对修昔底德“强权即正义”的国际政治观一直有不同的看法，亚里士多德在《政治学》中就批评国内、外双重道德标准的做法，他写道：“许多人似乎认为，政治领域中的合适做法只是强权，在作为个人相互对待时，他们知道既不正义，也不合适的事情，却能对外人做出来而不感到羞耻。对他们自己的事情，他们互相之间要求基于正义的权威，但对于外人，他们却不在乎正义。”到过日本的人，往往会称赞日本人遵守法纪和相互间礼貌尊重，似乎很难设想，这样有素质的国民怎么会在中国和亚洲其他地区犯下骇人听闻的暴行。也许可以说，日本人正是亚里士多德所抨击的那种信奉双重道德标准的“无耻者”。当然，这不等于说，残害自己人与残害敌人一样凶狠的民族就比日本人更懂得道德羞耻。

对修昔底德的一个误解是，因为他指出了公元前5世纪国家间争霸的某种规则，这个规则就从此成为人类不可抗拒的宿命。修昔底德认为，雅典帝国在一个有强劲对手的世界里兴起，使得两个强国的冲突和战争不可避免。美国历史学家，耶鲁大学教授唐纳德·卡根（Donald Kagan）在《新伯罗奔尼撒战争史》（*A New History of the Peloponnesian War*）一书中不同意修昔底德的看法。他认为不能孤立地对待"崛起"这个因素。他仔细分析了伯罗奔尼撒战争前许多决定性时刻的历史证据，对每个关键时刻都提出是否可以有不同决定的疑问。现在有人用"修昔底德陷阱"或"安全悖论"来断言"中美必有一战"或"中日必有一战"，而像卡根教授那样在研究历史时着眼于避免历史错误，应该是比主张"必有一战"更负责任也更有见识的态度。

九　修昔底德《伯罗奔尼撒战争史》

——人文阅读的释义

学生们在阅读《伯罗奔尼撒战争史》选篇（共四篇，除了这里谈到的三篇之外，另一篇是本书“后记”里提到的《阵亡将士国葬典礼上伯里克利的演说》）后，我会对文本的“细读”和“释义”问题做一些说明，让学生们在阅读经验之外对这些问题有一些理性认识。人文阅读要求“细读”原始文本（虽然用的是译本），在希腊思想课上，学生们阅读史诗、戏剧和阅读历史有不同的特点，这在课堂讨论时可以清楚地看出来。对史诗和戏剧的讨论很大部分集中在人物的心理分析上，低年级的文学课上也经常会如此。这是因为，心理学是人类历史的重演，人类的心理和情绪有极大的共同性，即使精神病患者也是如此。学生们从自己的经验和体会去理解文本中的人物，是非常自然的。

但是，阅读修昔底德的历史，情况会有所不同。学生们常常把“理解”古希腊历史文本与思考自己所熟悉的美国生活以及政治、社会、文化联系起来，时不时会出现“时代错位”解释的现象。教师在什么程度上鼓励学生这么做？什么时候需要提醒他们准确理解文本，避免“创造性误读”？如何使得人文教育课成为帮助学生提高独立思想和判断能力的阅读和理解训练？要回答这些问题，就不能不对文本的“释义”问题有所了解。

（一）释义的问题

现代的释义问题最早是由德国浪漫主义者、哲学家施莱尔马赫（Schleiermacher, 1768—1834）提出来的，形成了现代的释义学理论。释义学关心的根本问题是，文本的文字是在过去写成的，文字没有变，但写作这些文字的时代环境都已经不存在了。施莱尔马赫认为，释义的目的是重构文字产生时的历史环境，这样才能准确地理解文字原来的意思。这样的释义观在狄尔泰（Wilhelm Dilthey，1833—1911）那里得到了进一步的发展。狄尔泰要把释义学建立在一个更为"科学"的基础上，用以研究"人的科学"（human sciences），也就是与自然科学所不同的人文学科（humanities）和社会科学（social sciences）。因此，释义学关注的是"理解"（Verstehen），而不是"解释"（Erklären）。自然科学运用的是"解释"，因为自然科学的对象是非人类的世界。

与自然科学不同，在"人的科学"中，"理解"的对象是人类的思想产物，理解必须让人的思想产物（如过去的文字文本）在被理解时重新活过来。理解是一种复活，没有被理解的文本只不过是一件死物，只有理解才能重新将生命注入文本。

这就会碰到一个"释义循环"的问题——我们要理解一个文本，就需要先对它的整体意义有所了解。但是，我们只有通过对文本部分意义的理解，才能取得对整体意义的理解。例如，我们读荷马的《奥德赛》，从阅读第一个字开始，理解的过程就开始了。我们可以借助有关整体文本的一些理解，例如，它是一部史诗，讲的是奥德修斯在特洛伊战争后克服千难万险终于回到家园的故事。又例如，史诗是口头文学，有它的说故事程式。《奥德赛》运用的是从中间开始的倒叙。一方面，我们对整体意义的了解越多，对部分意义的理解就越准确；另一方面，我们只有理解了每个部分的意义，才能对整体有所了解。所以狄尔泰说，克服“释义循环”问题的办法只有一个，那就是不断在部分和整体之间往复参照，加深理解。阅读经验告诉我们，读一个文本，第一次是最困难的，第二次就有可能比第一次更深入。

20世纪，释义学受到哲学家海德格尔（Martin Heidegger）的影响，发生了重大变化。海德格尔提出，阅读者受到自己当下处境的限制和历史局限性的影响，不可能排除这种限制和影响去像狄尔泰设想的那样克服“释义循环”。伽达默尔（Hans-Georg Gadamar）发展了海德格尔的见解，在《真理与方法》中提出，人们只能在过去与当下联系中把握过去，这种性质的理解中需要有一个“视界的融合”（fusion of horizons），体现过去经验的文本与读者当下的利益或甚至偏见是融合在一起的，阅读就是文本的“过去视界”与读者的“当下视界”的融合。阅读者不可能抛开自己的视界，只是去重构文本的原始环境视界，在阅读中，读者的视界就是他的偏见，这种偏见是必不可少的，施莱尔马赫和狄尔泰所说的那种完全克服偏见的阅读其实是不可能的。

美国文学批评家赫胥（E. D. Hirsch）在《释义学的三个维度》（“Three Dimensions of Hermeneutics.” *New Literary History*，Vol. 3，No. 2，Winter，1972）中，提出了一种既有别于“无偏见阅读”，也不同于“偏见阅读”的释义观。这是一种比较切合人文教育阅读的释义观，因为它同时兼顾了学生们的“细读”与基于他们自己生活体验和问题意识的“释义”。

赫胥认为，海德格尔和伽达默尔有可能把阅读引向一种彻底的相对主义，既然不同时代的读者有不同的“视界”，甚至同时代的不同读者也有不同的理解，那么阅读便只能是你有你的理解，我有我的理解。这么一来，连起码的共识也都无法达成。在人文课堂上，共识虚无论是有害无益的。学生们虽然有不同的理解，但有意义的交流（交谈或对话）必须通过不同理解的相互理解，取得某种共识，否则不成其为交谈或对话。人文教育课堂上鼓励学生对文本有自己的理解，但也要求他们相互尊重不同的理解，不要把自己的理解强加于别人，在对别人说明自己为什么这样理解时，提供文本证据，做到读有所见，见有所言，言之有理。这样才能在讨论中得到共同的，比个人理解更丰富、全面的理解。人文课的实践证明，不同读者对同一文本的阅读是可以达成某种程度的共识的，课堂讨论也正是以这样一个信念为前提和条件的。

（二）细读与释义

人文教育课堂上要求学生“细读”文本（close reading），努力把握文本本身的意义。这是一种阅读技能训练，但也体现了一种尊重原文本作者的释义伦理。尊重原文本作者并不是在阅读方式上回到施莱尔马赫和狄尔泰的传统释义观去，而是提出赫胥所说的“释义伦理原则”，那就是，读者在理解文本时有道德责任去联系文本的原始环境，不能想怎么理解就怎么理解，更不能扭曲文本原义，把所谓“创造性误解”当作自然正当的阅读结果。赫胥依据的是康德提出的基本道德律令：永远把他人当作目的，而不只是手段。文本是作者创作意向的产物，无法充分把握这一意向是一回事，但以任何理由根本藐视或故意歪曲这一意向（肆意曲解或断章取义）又是一回事。把文本只当作手段，而不当作目的的阅读，在道德上是有缺陷的。人文教育包含道德教育，教师有责任告诉学生什么才是符合道德伦理的阅读释义方式。

经典阅读必须细读文本，细读不等于说后世的阅读不应该读出文本原来没有的意思。释义不能脱离文本，但不是不能超越文本原来可能具有的意义和界限。事实上，不同时代的读者都一直在作某种超越文本原初意义界限的阅读，例如，中世纪的读者读荷马或维吉尔，很清楚这两位是异教徒，不是基督教徒，不可能与他们的读者交流与基督教有关的意义。但是，中世纪的读者仍然可以从他们自己的基督教角度来阅读荷马和维吉尔，作出适合于基督教义的释义。赫胥认为，中世纪的释义者觉得自己有理由这么阅读，因为他们有一个我们今天仍然可以接受的阅读原则，那就是，“如果文本中有什么地方需要更加充分的理解（fuller interpretation），那么就不需要只是按照作者和原初读者的语言范围去解释”。换言之，如果超出原作者意图可以加深对文本的理解，那么也就不妨超出原作者意图去理解。它的合理性在于，文本以前被如何理解并不代表它就只能这样理解。

不同时代的读者（或者同一时代的不同读者）对同一文本有不同的释义，经常不是由于在“意义”上的分歧，而是对“重要性”有不同的看法。因此，赫胥要求对“意义”（meaning）和“重要性”（significance）作一个区分。一个文本的“意义”是稳定的，但“重要性”却会随着不同读者的不同利益（包括兴趣）而变化。“重要性”与“意义”的不同在于它特别与“思考”（contemplation）和“运用”（application）有关。单纯细读一个文本，就文本谈文本就可以了，如果不谈文本，就没有什么好谈的了。“重要性”不同，它来自一种带着问题意识的细读，重要性是对读者自己来说的。人们从读一个文本想到了什么，要派什么用处，是能动主体的选择，因此是丰富多变的。赫胥说，“意义是释义的稳定原则，而重要性则是释义的变化原则”。例如，《伯罗奔尼撒战争史》里的“修昔底德陷阱”原来说的是实力上升的雅典对此前绝对强势的斯巴达构成挑战，新兴大国最终与守成的大国兵戎相见。对此可以有不同的解读，例如，可以将此视为一个不可避免的“规律”，也可以将其视为必须吸取的“教训”。规律的话就照此行事，教训的话则需要尽量避免，这二者所见的“重要性”是完全不同的。

人文教育课上结合“意义”和“重要性”，不是刻意区割它们，而是要融合它们，这就要求学生们在谈自己的阅读体会时，必须言之有理，能用文本中的章句、引文作为论证。这样的阅读在各自见解和体会之外有相对程度一致的文本理解，是可以分析的，可以用逻辑来判断是与不是，因此不同于纯粹主观的“释义”。纯粹主观的“释义”有两个问题，第一是它的绝对论。阅读总会存在某种程度的“时代错位”，但不同程度之间的合理性会有差别，这些差别的重要性不应被忽略。第二个是它可能导致无原则的相对主义。“释义”既然是纯主观的，那就怎样释义都行，怎样释义都不可能提供确实的知识。这种释义观有可能把文本释义理论错误地扩大为机械的历史怀疑主义（“一切关于过去的确实知识皆不可能”），它很容易被用作遗忘或否定历史事实的借口。

赫胥认为，释义应该在尽量大的程度上减少“时代错位”的影响，尽量接近稳定的“意义”。这是办得到的，这样的阅读并不会排除“重要性”的价值。他说，“如果我们不混淆意义与重要性，我们就会发现，不同释义之间的分歧其实并不表现在（文本）原意与时代错位的意义之间。通常，分歧只是转变为释义可以有何‘偏重’的问题，是解释原意比较好呢，还是阐发意义的某个重要方面，而这是从今天的解释者或读者的角度来着想的”。

（三）阅读发现的“重要东西”

学生们在阅读《伯罗奔尼撒战争史》时会有不同的意义或问题“侧重”，得到多种不同的“重要性”。就这部历史著作来说，“重要性”可以是关于著作整体的看法，也可以是关于其中部分的看法。以逻辑一致的要求来说，这两个不同范围的重要性应当是一致的。学生在课堂讨论中，涉及的往往是部分的重要性，而教师则会更注重整体的重要性。阅读者在文本中看到什么重要的东西，这与阅读者在生活世界里考虑思想问题时，把哪些东西看得重要或比较重要有直接关系。关心政治、社会问题的读者与只关心娱乐、消费、明星的读者，他们眼中的“重要性”内容是不同的。而且事实上，他们也不可能对同一文本具有同样的兴趣。就《战争史》而言，对它感兴趣的主要是把“历史”“政治”和有关问题看得重要的读者，他们在阅读中看到这一文本的重要性自然也就特别与这些问题有关。人文课堂上选择《战争史》，目的之一也就是把学生关于“重要性”的兴趣朝思考这些问题引导。

对《战争史》的讨论涉及的基本上都是与政治、民主政治、政治现实主义等有关的问题。学生们会在这部历史中看到一些与民主政治有关的“重要性”，例如民主需要领袖，而领袖如果太强势，则会给民主带来危险。《国葬典礼演说》中的伯里克利代表的就是这样一种带有内在危险的民主。这种民主使个人勇敢进取，成为一种强大的解放力量。但是，正因为这种解放力量，个人的政治野心无限膨胀，导致对外的帝国主义和内部的政治恶斗。雅典的“民主帝国主义”也是一个学生们感兴趣的问题。这个问题往往与修昔底德的“国际现实政治”

有关联。国际政治中的“现实政治”在我们四篇选文的三篇中都可以找到明显的例证。在“现实政治”中，维护军事、政治和经济权力及利益要比坚持道德或伦理优先，必要时可以完全压倒后者。修昔底德以现象描述的方式，客观地记录了斯巴达人在决定介入战争时的现实政治利益考量和科林斯人的应对方式。这些是我的学生们在课堂讨论中投以关注的“重要性”，构成了他们阅读的“侧重点”。

对修昔底德特别有兴趣的学生还会注意到，修昔底德创造了一种对历史的文学叙述方式。这种历史叙述方式与编年史式的“客观”历史纪录不同，它不是对过去事件就事论事的简单汇录，而是寄寓着对根本伦理问题的关切。这样的文学历史是由荷马和赫西俄德（Hesiod）开创的，它对像“正义”和“苦难”这类人文问题的关切程度并不比柏拉图和亚里士多德的哲学或埃斯库罗斯和索福克勒斯的悲剧来得逊色。美国学者勒博（Richard Ned Lebow）在《政治的悲剧景象》（*The Tragic Vision of Politics: Ethics, Interests and Orders*）一书中指出，正是《战争史》这样的历史让我们看到，在注重实证的“社会科学”与关注伦理问题的“人文学科”（the humanities）之间设置研究方法的隔阂或隔离是错误的。不同学科之间画地为牢、各自为政并不是学术发展的必然趋势或良性发展，人文教育应该对此有充分的认识。

伦理是人文教育课的核心所在，在阅读史诗、戏剧和哲学时，伦理是讨论得最多的一类问题。在为人文课选择文本时，一个重要的考量便是让学生们能在最大程度上将阅读与他们自己的生活世界进行联系，而这种联系最重要的枢纽便是人类普遍面临的伦理和价值问题。《战争史》中有许多可以联系其他希腊作品和今天政治、社会现实的伦理问题，例如，什么是“正义”、“正义”与“报复”的关系、“和平”、政治家必须具有的“谨慎”，等等。尽管修昔底德在《战争史》

中并不直接讨论这些伦理问题，但他的文字却让读者可以清楚地感觉到战争和暴力的恐怖和非理性（或者只属于“现实政治”的理性）。

无怪乎，勒博甚至把修昔底德称为一位悲剧家，他在《政治的悲剧景象》中写道：如果我们把《战争史》当悲剧来读，“那么修昔底德对伯罗奔尼撒战争的描绘就会引导我们在理解政治时提出非常不同的问题，也会对知识本身提出非常不同的问题……希腊悲剧都是基于这样一种经验观察：在正义和苦难之间并无直接联系。悲剧逼得我们去面对人类的脆弱和局限，让我们看到，如果硬要超越这些局限，灾难的后果也就会接踵而至。它让我们明白了一个凭直觉得不到的道理，那就是，想要凭知识和力量去减少人的苦难，那只会带来更多苦难……修昔底德在历史中大量运用史诗和悲剧，历史成为一种（文学性的）叙述也就毫不奇怪了”。

把《战争史》当作“悲剧”，当作一种深刻关怀人的伦理问题和困境的戏剧来阅读，是人文联想，而不是“创造性的误读”，因为“文学性的历史”本来就是一个具有古希腊特征的写作方式。历史学家希罗多德（Herodotus）在公众庆典，如奥林匹克比赛时，朗诵他的历史作品，就像戏剧在庆典时演出一样，朗诵的历史也是为了将道德教训晓谕民众。修昔底德的历史虽然包含伦理的题材，但他观察的对象几乎全部集中在政治生活，他记录的是政治的历史。

罗马帝国时代的希腊语讽刺作家琉善（Lucian）称修昔底德为希腊历史学家们的立法者，要求他们只记录那些曾经发生的事情。对公元前4世纪的历史学家们来说，历史就是政治，而且历史学家的本职就是记录当代历史。由于《战争史》的这一政治特征，人文教育课上的学生讨论很自然地集中在政治问题上，如《关于密提林的辩论》和《弥罗斯人的辩论》中的国际“实用政治”和“强权就是真理”，《在斯巴达的辩论和战争的宣布》中的民众动员方式、政治家应有的“谨慎”与激情冲动的“民意”的冲突、公众演说中的修辞、“正义”与“国家利益”的关系。

在人文教育课上，把历史与史诗和悲剧相联系，就像把几何学与哲学相联系一样，看起来是非常“自然”的事，但却是一种阅读方法和文本选择结合的结果。这种阅读不是自然而然发生的，而是“人文教育”特殊教育形式的启蒙和训练的结果。在这个教育过程中，教师的引导起着重要的作用。

十　欧几里得《几何原本》

——几何学与民主政治

在古希腊思想课上，有一次我和学生们一起阅读欧几里得的《几何原本》，讨论的内容是23个“定义”、5个“公设”和5个“公理”。[1]一开始上课，马上就有学生问，在人文课上读几何，这是为什么？我说，还是先看看欧几里得讲了些什么吧，什么是他所说的“定义”“公设”和“公理”呢？

---

[1]　欧几里得几何的五条“公设”是：

1. 任意两个点可以通过一条直线连接。

2. 任意线段能无限延伸成一条直线。

3. 给定任意线段，可以以其一个端点作为圆心，该线段作为半径作一个圆。

4. 所有直角都全等。

5. 若两条直线都与第三条直线相交，并且在同一边的内角之和小于两个直角，则这两条直线在这一边必定相交。(第五条公理可以导出下述命题：平行线永不相交)

欧几里得几何的五条“公理”是：

1. 与同一事物相等的事物相等。

2. 相等的事物加上相等的事物仍然相等。

3. 相等的事物减去相等的事物仍然相等。

4. 一个事物与另一事物重合，则它们相等。

5. 整体大于局部。

（一）“人不是猪”

一个学生说，我预习过了，“定义”是“对一个词的精确意义的陈述”。“公设”（postulates）是指“那些无须证明的假设，这些假设具有不言自喻的真实性，或者被普遍承认，因此被用来作为其他事实陈述的前提”。“公理”是指“人们能够一致同意的常识想法。公理是真实的，因为它不可能不真实”。

于是，同学们纷纷从课本中找例子，来验证这位同学对这三个概念的定义。例如，点的定义是“点是没有部分的”。定义不是对可见的经验事物的描述，因为真正的点是肉眼看不见的。定义是关于事物的概念，是一种理想形态，它不能被经验充分复制，例如，“民主”按定义是一个理念，“民主”尽管与选举、投票、宪法、议会有关，但并不局限于这些因素。

一位同学接着说，请看公设第三条，“凡是直角都相等”。我们不可能把所有的直角都拿来一一比较，只要有一个直角与其他直角不等，这个说法就可以被推翻。所以，这个说法只是一个人们共同约定的假设。

又有一位同学说，请看公理第五条，全量大于分量，因为部分不可能大于全体。“是这样”便不能是“不这样”，用常识经验来说就是，是白便不能是黑，是真便不能是假。

有一位同学问，那么“公设”和“公理”的区别在哪里呢？

有同学回答，“公设”是我们共同设定、预设、假设的真理。例如公设中的过两点作一直线，在平面上如此，但从旧金山飞伦敦就不只是一条直线。平行线不相交，你可以把平行线延长2英里、100英里，但你不能断定在无限延长中，永远不会相交。“公设”超越了人的直接经验限度，所以只能是假设的，而不是充分证明的“真理”。“公理”不同，公理是可以用经验充分证明的。“公理”是自然如此，因为不能不如此。一样大的两个值，不可能不一样大。一个值比另一个大，就不可能比另一个小。

我说，大家不妨想一想我们生活中有哪些共同的想法观念可以算作公设或公理。

一位女同学说，有一条公理，“所有的男人都是猪”，这是经验证明了的。她的话引起一阵哄堂大笑。当即就有男同学回嘴说，“所有的女人都是母狗（bitches）”。又是一阵哄堂大笑。

一位学生说，人要吃饭、穿衣，这是一条公理。大家都同意他的说法。我说，大家再想想，还有什么是关于一切人类的公理。有同学说，“人要自由”。

但有同学不同意，因为有的人并不特别要求自由，他们宁愿为别的东西而放弃自由。讨论的结果是，关于人的“公理”只涉及人类的某些缺少了就活不下去的基本需要：空气、温饱、避风遮雨的住所、性要求，等等。我说，你们把这些关于人的公理加起来，看看只符合这些条件的人是什么样的人。一位同学说，是猪，养在猪圈里的猪。大家都同意这个看法，认为这样的人确实与家养的鸡、狗、牛、猪没有什么区别。

我说，现在我们再来看看关于人的“公设”，有哪一些呢？同学们纷纷说，“人要自由”，“人要活得有尊严”，“美国《独立宣言》开头所说的‘我们认为下述真理是不言而喻的：人人生而平等，造物主赋予他们若干不可让与的权利，其中包括生存权、自由权和追求幸福的权利’”。有了这些“公设”，才有这样的认知：“为了保障这些权利，人们才在他们中间建立政府，而政府的正当权利，则是经被统治者同意授予的。任何形式的政府一旦对这些目标的实现起破坏作用时，人民便有权予以更换或废除，以建立一个新的政府。”

（二）公共生活的原理

在美国，自由、平等、追求幸福的观念都是共同设定的价值，它们的真理性无法用经验来证明。事实上，经验反倒更容易证明它们的非真理性。既然如此，我们为什么需要这些公设呢？这些公设在人们的公共生活中有什么样的作用呢？

公共生活中的公设其实是一些关于核心价值的设定。没有这些价值共同设定，人们就不能对公共生活中的事情做出共同的判断，也不能对政治、社会制度提出共同的要求。如果美国的《独立宣言》不先设定人人自由、平等的价值，它就不可能坚持人民在立法机构中的代表权，不能够理直气壮地宣称“代表权对人民是无比珍贵的，只有暴君才畏惧它”。在欧氏的《几何原本》中，公设和公理各五条，加起来只有十条，它们分属两种“显明”的真理。利用这十条原则，以逻辑方法（检定法、反证法［归谬］、尺规作图）推导出所有的几何定理，不只是单独一个命题的前提与结论之间的联系，而是所有几何命题联结成整体的网络。这个整个网络的“真值”（truth values）都是以源头的那十条公设和公理渗透流布下来的。欧氏几何的普遍知识启示便是，知识必须有“真值”的源头，验证知识的可靠性，必须经过逻辑论证的过程。

在一个数学理论系统中，要尽可能少地先取原始概念和不加证明的若干公理，以此为出发点，利用纯逻辑推理的方法，把该系统建立成一个演绎系统，这样的方法就是“公理化方法”。欧几里得采用的正是这种方法。他先摆出定义、公设、公理，然后有条不紊地由简单到复杂地证明一系列命题。他以定义、公设、公理为要素，作为已知，先证明了第一个命题。然后又以此为基础，来证明第二个命题。如此下去，证明了大量的命题。其论证之精彩，逻辑之周密，结构之严谨，令人叹为观止。零散的数学理论被他成功地编织为一个从基本假定到最复杂结论的系统。因而在数学发展史上，欧几里得被认为是成功而系统地运用公理化方法的第一人，他的工作被公认为是最早用公理法建立起演绎的数学体系的典范。

其他性质的理论，如伦理、政治、社会，是否同样可以运用“公理化方法”呢？亚里士多德在《尼各马科伦理学》中试图建立这样一个体系，但并没有成功。但他的尝试至少让我们看到，对伦理、政治这样的理论，“公理化方法”的限制大得多，在逻辑的严谨性上会有许多问题，例如，公理系统的原始概念定义（如，自由、平等）本身意义暧昧、公设性质含混不清（例如，我们所说的“人人生而平等”，是依据自然法还是宗教律法呢？）、公理系统不完备、公理不能独立，等等。但是，在思想过程中讲究严密的逻辑方法和概念清晰却是一样的，同样要求思想者从青少年时就培养、提高逻辑思维的基本人文能力。

关于公共生活的知识或认识，也有一个“真值”从何而来的问题。“真值”的反面就是“伪值”。公共生活中的种种观点、看法、想法也形成一个多样观念命题（claims）的逻辑网络，整个网络的“真值”或“伪值”也都是从一些数目很有限的公设和公理原则流布传递下来的。不同的社会、政治观念也许有相同的“公理”部分（关于人的自然肉体和物质需要的认识），但却会有完全不同的“公设”部分。

公设部分是不能简单地用经验去验证的，因此才被确定为是“假设”。这种假设是群体成员共同设定的，是在历史文化环境中由某些偶然的原因形成。价值“公设”的真理性来自于共同认可，这种共同性一般来自于“传统”“信仰”，但也可能是集体洗脑的结果。群体中这些共同认可的“公设”就是我们平时所说的“核心价值”。

把几何和公共政治联系到一起，在希腊人那里是很自然的事情。大家都知道，在柏拉图学院门前写着“不懂几何学者不得入内”。柏拉图学院里拥有当时最有成就的数学家：泰阿泰德（Theaetetus，公元前415—公元前369）是立体几何的创始人，是他首先提出正四、六、十二多面体。欧多克索（Oudoxus，公元前408—355）提出了关于比例的新理论。欧几里得在柏拉图学院中学习过。希思（Thomas L. Heath）在《希腊数学史》（*A History of Greek Mathematic*）中指出，如果没有欧多克索的新比例学说，没有柏拉图时代的几何学和数学的那些内容，那么欧几里得几何的形式、安排、方法都可能不是我们现在所看到的样子。

与我们熟悉的，在初中学习的几何学相比，欧几里得的《几何原本》有突出的语言思想特征。它的定义、公设和公理都是用“语言”来表述的，根本不借助于几何图形或代数的形式（如三角图形；a=b，b=c，则a=c）。因此，它更接近人文，而不是科学的论述方式。语言把人的思想引导到“理念”（ideal）和“相”（Form）的抽象层次，这是柏拉图所说的人在20岁以后的思想。

（三）民主与常识

在语言与纯粹概念“相”之间的关系中，我们所做的是一种哲学的，而不是人们通常理解的“数学”的思考。它追求的是一种本质的而不是现象的认知。这个认知的对象是按照它应该如何而不只是它现在实际如何去把握的。例如，任何一个画出来的点都只是那个只能由语言描述的“没有部分”的点的摹本。任何一种实际存在的民主，美国的、欧洲的或其他地方的，都只是一个只能由语言描述的、观念的民主的影像。

在我们头脑里，“长度”“面积”与算法（数字）的联系是根深蒂固的，但在希腊数学里不是这样的。英国历史学家富勒（David Fowler）在《柏拉图学院的数学》（*The Mathematics of Plato's Academy: A New Construction*）一书中指出，希腊的几何学是完全“非算法”（completely non-arithmetized）的。算术化几何来自巴比伦几何，而要理解希腊几何则必须先去除我们今天已经习以为常的算术想法，这样才能把握它的概念思维特征。

希腊几何的概念思维和思辨性，使得它具有了哲学或人文哲学的意义。柏拉图将数学引入他的哲学，用它来为关于“相”的学说奠定基础。在《斐多篇》中，苏格拉底四次试图证明灵魂不死。最后一次他说，2和3不只是两个不同的数字，而且更是“接受”两种不同的“相”（偶数和奇数），灵魂接受的是那些具有“永恒”特质的“相”（善、美、真），因此也是永恒的。（104c）苏格拉底使用的是概念推导（conceptual inference）的逻辑证明方法。它得出的并不是我们所说的“知识”，而是苏格拉底所说的“正当看法”（right opinion），一种可以称作“智性”（intellect）的认知或见识。

在希腊人那里，“智性”不一定必须以知识为基础（如先知的预言），有知识也未必会有“智性”。几何学本身并不是真正的知识，因为它的前提（公设）是某些假设性的、并未因证实而被知道的原理。因此，它的结论和中间步骤也是一连串并不真正确实的知识推理。从几何学得到的是一种比“意见”清楚，但却不如“知识”（knowledge）确实的“智性”，希腊人称之为“理智”。“理智”是四种思想产物中的一种。这四种思想产物按确实性分别是：一、知识，二、理性，三、信念，四、想象和猜测。一和二合起来叫认识（noesis），三和四合起来叫意见（opinion）。

欧氏几何让学生体会到人的直觉智性、逻辑能力，因此帮助他们更能了解和重视那些被称为“常识”，即普通人都能具备的认知。不止一个学生在讨论欧氏几何时提到过托玛斯·潘恩对美国革命有卓著贡献的小册子《常识》。美国法院在挑选公民陪审员时会问，“你近亲中有当律师的吗？”谁如果有这样的近亲，往往会被当作不合格者除名。公民陪审制度注重的是普通公民的独立判断和道德良知。律师的专业知识并不能保证良知和判断，有时甚至还会成为一种干扰因素。

对民主生活中的基本概念，学生们也可以学会如何去归纳分析。学生们发现，关于人的“公理”（食色、温饱的欲望）只是有限的几条。只讲符合人欲的“公理”，便会得到一种最低程度的普适主义，这是一种与动物没有什么区别的、自然人的普适主义，一种只能向下看齐的普适主义。他们还发现，他们所生活于其中的民主政体和民主公民社会秩序，原来是建立在区区几条有限的“公设”上面，算起来大概也不过是基本的五条，那就是每个人拥有的自由、平等、尊严，再加上公民权利和人权。民主生活秩序的法律、道德、习俗形成了一个复杂的“公理推导”网络，这个网络中的“正义真值”都是由那几条“公设”核心价值的真值流布下行而得以成立。

这些核心价值“公设”不是今天世界上所有的国家社会中人都已经接受了的。有的社会中，即使日常语言有了这些价值词汇，在现实生活中仍然没有加以实行。一个社会一旦在“公设”的层次上设定了个别人或利益集团的绝对权力，并进而设定维护这种权力的胁迫、强制、奴役、谎言、暴力的正当性，那么，这些“非正义伪值”同样也会流布下行到这个社会的法律、制度、道德、日常习惯之中。在这样的社会里，人们往往便会心安理得、麻木顺从地生活在沉默、谎言、虚伪、背叛、道德妥协和对强权的曲意奉迎之中。

对立的价值“公设”会造成对立的社会制度。不同社会制度的对立也反映在它们对“普世主义”的基本态度上。公设自由、平等、尊严核心价值的社会总是会坚持主张普世主义，因为这些价值如果不包含所有的人类成员，就会根本没有意义。

基于同样的理由，没有任何一个人类国家社会真的能理直气壮地拒绝这些价值。但是，那些把持着国家权力的少数人统治者却仍然可能强行规定国家群体的某些统治原则，并将此当作“价值公设”强加给整个社会。自由的社会肯定要比不自由的社会更容易接受人类在共同价值选择上的自由、平等和人的尊严。人文教育是人的自由教育，人文教育的基本作用就是会帮助学生确立对人类共同价值的信心。这是一种向上提升的普适理念，有了这种普适理念，全人类都能同样变得越来越自由、平等，也越来越有尊严。

十一　普鲁塔克《希腊罗马名人传》
——人文课上的常识与普通知识

美国学生喜欢阅读普鲁塔克的《希腊罗马名人传》，普鲁塔克所写的不少人物都是他们在别的地方读到或听说过的。这些都是高尚而有教益的人物，普鲁塔克夹叙夹议，把他们栩栩如生地呈现在读者眼前。这样的故事和叙述与年轻人的理想主义一拍即合。普鲁塔克的许多名言也对他们很有吸引力，充满睿智的精辟见解和精炼表达，无论是关于历史、政治的，还是关于人生道理、性格培养的，都是掷地有声，既有格言的智慧，又有文学的华彩，很符合年轻人的阅读喜好。

传记是美国人喜爱的读物，经常是最畅销的。人天生喜欢读关于人的故事，大概在全世界都差不多。普鲁塔克讲的是人的故事，他叙述的不少人物，对学生来说有一种熟悉的感觉，因为他们不只听说过名字，还在别的出版物或历史书里读到过这些人物的故事、轶事或趣事。例如，他们都知道数学家阿基米德的故事。在《马塞勒斯传》（Marcellus）里，阿基米德用他设计的武器击退围困西拉库斯（Syracuse）的敌军，后来，马塞勒斯将军率领罗马军队围攻西拉库斯两年之后，终于攻陷城池。阿基米德这时正在研究数学图表。一个罗马士兵命令他前去谒见马塞勒斯将军，但他拒绝，说要先解决眼前的数学问题。

那士兵大怒，一剑取了他性命。又例如，我的学生们有的也知道亚历山大传里关于“戈尔迪之结”的趣事。这是一种非常复杂，谁也解不开的结。神谕说：谁能解开此结，谁就可以统治东方。但许多人都试过了，无人能解开这个结。后来亚历山大听说了戈尔迪之结，于是他来到神殿，二话没说，拔出佩剑，一刀砍下去，把那个多少年以来无人能解的结子劈成两半，彻底解决了这个难题。后来，亚历山大的所作所为果然应验了预言：他不仅统治了东方，还建立了一个横跨欧、亚、非三洲的亚历山大王国。

学生们对普鲁塔克有熟悉感的另一个渠道是莎士比亚戏剧中的人物，凯撒、公元前5世纪古罗马的传奇将军科里奥纳斯（Coriolanus）、安东尼与克莉奥佩特拉（Antony and Cleopatra）。这些也是在通俗文化和影视里广为传播的故事，成为美国（或西方）大众文化的有机部分，就像中国人没有读过《三国》《水浒》《红楼梦》的也知道诸葛亮、关公、刘备、宋江、李逵、贾宝玉一样。这些普通的知识是人们常说的历史常识、文学常识或文化常识。

学生们是带着这样的常识或普通知识走进人文教育的课堂的，在接触普鲁塔克的时候，这样的常识会使他们的阅读更有趣。他们还可以随时将自己头脑里的历史人物与普鲁塔克笔下的人物进行比较，看看哪些地方与普鲁塔克的叙述比较吻合，哪些地方又是后人的虚构想象。

学生们往往会以为，普鲁塔克写的是“历史”，所以他的叙述比大众文化中的故事更加真实。但是，普鲁塔克自己认为，传记作家与历史家的工作是不同的。因此，《名人传》注重的不是说出所有的“事实”，而只是挑选一些普鲁塔克认为最能表现重点的细节，这些重点往往是道德教诲。

普鲁塔克说："要记住，我要写的是人生，不是历史。最荣耀的伟业也并不总是能为我们提供对人的善与恶的最清晰的洞察。有的时候，一个不起眼的时刻，一个表情或玩笑能让我们看清人物的性格和志趣，胜过最著名的围城战役、最厉害的武器和最血腥的战斗。一个肖像画家对表现人物性格的面部线条的精确刻画要超过身体的其他部分。所以，请允许我格外专注那些能表现人物灵魂的特征，我用这些来描绘他们的人生，至于那些重大的事情和战斗，就让别人去谈论吧。"

普鲁塔克是文艺复兴时期随笔作家蒙田最喜爱的作家之一，蒙田在《论对孩子的教育》中建议孩子们阅读普鲁塔克，目的是帮助他们"提高判断力，使自己对事物洞若观火"。他说，"孩子们阅读普鲁塔克的《名人传》，怎能不大有裨益呢？但是，为师者不要忘记自己的职责，不要让学生死记硬背……老师不光要教学生历史故事，更要教会他如何判断。在我看来，这是我们大脑需要特别专注的内容……普鲁塔克宁愿我们颂扬他洞察是非，而不是学识渊博"。

今天，许多评论者都认为，《名人传》是一本可以归入"道德教谕"的书。但是，人文课上的许多其他种类的著作都有道德教谕的目的，也都有总结人生道理的作用。不同的种类包括演说（柏拉图的《苏格拉底的申辩》）、对话（柏拉图的《克利托》篇和《理想国》）、戏剧（《俄狄浦斯王》和《安提戈涅》）和论说（亚里士多德的《伦理学》和《政治学》）。道德教谕到了普鲁塔克那里，便有了"传记"；到了蒙田那里，又有了"随笔"。后来，在斯宾诺莎的《伦理学》（*Ethics*）里，道德教谕用像几何学一样的公理（axioms）、定理（definition）和证明（demonstration）来作为表述的方式。所以，道德教谕与文本种类间的关系是在不断变化的。

多种多样与道德教谕有关的写作样式向我的学生们提出了一个问

题：不同的写作样式是否都同样适合于道德教谕的目的？不同的道德教谕有所差别，是否与写作样式不同有关？阅读《名人传》时可以发现，至少在传记这种写作样式里，答案似乎是清楚的。传记必须写具体的人与事，这本身并不提出道德原则，但对道德原则有说明作用。传记似乎特别适宜于用例子来进行教诲（即“榜样”“楷模”的作用）。传记用前人为楷模的教诲对于涉世无深，性格、品行正在形成的青少年尤其合适，也特别能起到道德潜移默化的作用。

普鲁塔克是传记作家，他是否同时也是历史学家呢？对此，我的学生们经常会有不同的看法，讨论往往会转向如何定义“传记”和“历史”。如果某个学生有兴趣探讨这样的问题，他可以通过进一步的阅读和探究形成关于传记或历史的普遍看法，这就可能是比较专门的知识了。在人文课堂上这不是对一般学生的知识要求。当然，如果有学生愿意在课堂上与其他同学分享他的知识，那也是有益的。对普鲁塔克是否可称历史学家的专门知识，其他学生仍然可以提出普通知识的问题。例如，普鲁塔克在写凯撒生平的时候，是不是也在写凯撒时期的罗马？答案既可以是，也可以不是，是或不是都应该有充分的理由。人文讨论的价值在于提问和说服的过程，不在于最终的真理性结论。

普鲁塔克的传记写的经常是高贵的、著名的人物，这样的人物对历史事件的进程和变化有很大的影响。凯撒时期的罗马历史经常与凯撒的一生重合或重叠。但是，另一方面，历史学家的着眼点与传记作家又有所不同，历史学家关注的是罗马，传记作家关心的是凯撒。因此，传记作家会记下历史学家所忽略或省略的细节，历史学家也会记下许多被传记家当作不直接相关的事情。

这又可以让学生们有机会接触另一个可以归入文史普通知识的问题：传记更接近历史还是文学？亚里士多德在《诗学》中有这样一段

话，可以帮助回答这个问题："诗人的职责不在于描述已发生的事，而在于描述可能发生的事，即按照可然率或必然率可能发生的事。史家与诗人的差别不在于一用散文，一用'韵文'；希罗多德的著作可以改写为'韵文'，但仍然是一种历史，有没有韵律都是一样；两者的差别在于一叙述已发生的事，一描绘可能发生的事。因此，写诗这种活动比写历史更富于哲学意味，更被严肃地对待；因为诗所描述的事带有普遍性，历史则叙述个别的事。"（Vol.9.686a）亚里士多德所说的"诗"指的也就是我们所说的"文学"，按他的说法，普鲁塔克的传记应该说是历史，而不是文学。

普鲁塔克的传记中经常运用人物比较来刻画人物。比较是学生们熟悉的一种写作样式和技巧（写作课也是人文教育的核心课程），讨论普鲁塔克的人物比较方式，得到的也是一种普通知识。例如，普鲁塔克比较亚历山大和凯撒，两位都是了不起的军事统帅，英名远扬，流传后世，无他人可及。两位又都是伟大的政治家，对朋友和下属宽厚仁爱。像这样的相似之处还不止这些。学生们越详细地数说相似之处，也就越能增进关于伟大军事家和政治家的感性知识，这是一种普通知识，对了解和评价其他军事家或政治家可能是有用的。

学生们也可以找出亚历山大和凯撒的许多不同之处，例如，亚历山大死时很年轻，才33岁，凯撒活到56岁；亚历山大是病死的，凯撒是被谋杀的；亚历山大生来就是一个绝对的君王，凯撒是在共和体制中谋求了帝位；亚历山大征服世界，直抵印度的大门，而凯撒征战最远的疆域不过是大不列颠，而且还没有守住。由于这些重要的不同，也许我们可以说，亚历山大就是亚历山大，凯撒就是凯撒。美国作家威廉·威尔逊（William S. Wilson）在《为什么我不像卡夫卡那样写作》（*Why I Don't Write Like Franz Kafka*）中说，"比较会消除被比较事物的实质"。另一位美国作家谢农·阿尔德（Shannon L. Alder）也说，“个性显现于比较的终极之处”。不同的历史人物其实是难以比较的，特别伟大或特别邪恶的人物更是如此，他们都不是供我们作比较讨论并与之认同的人物，而是为我们思考非常高尚或非常邪恶提供了难得的参考和极端的特例。

十二 《圣经·旧约》之《约伯记》
——人为何像约伯那样无辜受难

学生们在读《约伯记》的时候，往往对它的文化史背景缺乏理解，这就需要补充这方面的有关知识。人文教育的基本目标之一就是借助文本阅读引发学生们对文本周延知识（context）的兴趣，使他们的知识有所扩展，变得更宽广、全面，成为有背景（contextualized）的知识。经典阅读中，有的文本比其他文本更需要这样的知识补充，因为这些文本的外围知识可能不在学生们的普通知识范围之内，介绍外围知识是为了扩充他们的普通知识，而不是传授专门知识。

（一）从文化背景和结构了解《约伯记》

《约伯记》的外围知识是“智慧书”(Wisdom Books)，有的学生知道或部分知道，有的不知道。介绍《智慧书》的外围知识，是为了在课堂讨论时所有的学生都有一个共同的普通知识平台，如此而已。

《旧约·智慧书》包括诗篇、雅歌、箴言、约伯记和传道书。《智慧书》里有的并不确切是有关智慧的，只不过习惯如此称呼罢了。“智慧书”可分为三类，第一类是歌（《诗篇》《雅歌》），第二类是规劝

（《箴言》），第三类是思考复杂人生（《约伯记》《传道书》）。每一类都有其主要写作形式特点，歌有赞歌、挽歌、悲歌等，规劝有格言、警句，人生思考则有哲理故事和哲理论说。约伯记和传道书比诗篇、雅歌、箴言更富有神学内涵。旧约中这些并不相互联系的部分统称为“智慧书”，主要是指它们共同的形式，那就是“诗”。“诗”的主要特征是“对仗”（parallelism）和它们的共同内容，那就是叫人按神的意志好好生活。

其他古代文化中也都有智慧的教诲、箴言、人生思考、道德感悟、诗篇和对智慧的赞美。希伯来智慧受到过哪些其他文化影响，有什么特点，学生们如果自己有兴趣的话，可以去寻找更专门的知识。在人文课堂里介绍的不过是简略的普通知识，只需要让学生们知道，许多古代智慧都是用来对年轻人进行人生教育的，《约伯记》就是这样的古代智慧。

《约伯记》结构的明显特点是，开篇介绍和结尾部分用的是散文体，中间的部分是诗的形式。在古代以色列人那里，诗不只是一种写作形式（genre），而且是一种思维方式。我们今天的思维和写作要求一个想法接着一个想法，过程要求清晰、逻辑、切实、严谨，每一句话说一个意思（有的简单，有的复杂），一句话就是一个句子。但是，古代并不是这样。古人的语言经常不得不是喻说和比较，复杂、抽象的想法经常只能用喻说或诗来表达，表述一件事或一个想法经常是在拿它与另一件事或另一个想法相比。因此，希伯来诗的主要特点便是“对仗”，现代读者读起来，觉得每件事都在说两次。学生们读的时候往往会抱怨“啰唆”，就是因为不知道这是一种特殊的表达方式。知道后就不会觉得啰唆，反而会觉得很有意思。

《智慧书》是圣经中最有人文意味的部分。尽管写作形式不同，智慧书（诗篇常被当作例外）的一些共同的主题涉及的不只是以色列人，而更是人类共同的问题。智慧书的重点不是以色列人的历史，不是犹太先知的话，也不是上帝解救以色列人或与他们订立盟约，而是关于一般意义上的好生活、正确行为和成功人生。虽然不能说智慧书是完全世俗的，但可以说，比起上帝，人显然更是智慧书里的主角。这使得智慧书与《圣经》的其他篇章有所不同，也特别具有人文特色——人生的价值何在？人如何才能成功？人为何受苦？死后会如何？人在世界创造中有什么位置和意义？这些都是智慧书促人思考的人文问题。

阅读《约伯记》时读的是全篇，因为讨论要求对全篇结构有所了解。但是，讨论时的重点放在约伯与他的三个朋友三个回合的辩论中的第一回合和约伯在三个回合后的最后申辩上，因为从这些部分最能思考“约伯记”提出的“人为什么受苦”的问题。

《约伯记》的结构是学生们感兴趣的，因为它非常特别，开篇和结尾的散文部分里，讲的是一个传说中的约伯故事。约伯富有而虔诚，因为来自撒旦的考验而失去了一切，家破人亡、受尽苦难。他经受住了考验，所以又得到了他失去的一切。《约伯记》的中间部分是诗。这个部分先是有三个辩论回合，在前两个辩论回合中，都是三个朋友（以利法、比勒达、琐法）先发言，然后约伯申辩。但是，第三个回合并不完整，只有以利法和比勒达这两个朋友发言，接着是对智慧的赞歌和约伯的最后申辩。之后还有一个名叫以利户的人发言。他对约伯和他的三个朋友都很生气，但主要是针对约伯的。有研究者认为，以利户发言的部分是后来加到原文中去的。以利户发言后，耶和华在旋风中给了约伯两个回答，最后约伯承认自己对上帝的看法是错误的。

（二）虔信坚韧的约伯和愤愤不平的约伯

《约伯记》里有两个不同的约伯，散文开篇与结尾的约伯虔信坚韧、默默承受、无怨无悔，而诗里的约伯则痛苦辛酸、愤愤不平，公开指责上帝不义和对人类苦难麻木不仁。这两个约伯如何调和、是否能调和，经常引起学生们的争议。约伯故事讲的是一个关于人类而不只是以色列人的故事。故事中的约伯不是以色列人，而是一个生活在东方的游民部落的酋长。这个故事是否要证明“善因必有善果，恶因必有恶果”（因为散文部分确实给人这样的印象）？还是在质疑善有善报、恶有恶报的必然因果关系？对此，学生们经常会有许多争议。双方都会从自己或别人的经验中找到选择性的例子来支持自己的主张，但仅此很难说服对方。这在说理对话中是很常见的。

学生们经常争议的另一个问题是，如何看待撒旦以及撒旦与上帝的关系。撒旦并不是人们经常简单理解的“恶的化身”（魔鬼）。在早期的犹太文献里，撒旦（Satan）的意思是“对手”，但撒旦并不是上帝的对手或对头。在上帝的天庭里，撒旦担任的是“控告者”（prosecuting attorney）的角色。今天英语中devil’s advocate 中的devil并不真正就是“魔鬼”，而是指假设的辩论对手（假想敌）。对撒旦，学生经常有三种看法：第一种是，撒旦是魔鬼，它的目的是借上帝之手，破坏约伯的信仰。上帝上了撒旦的当，上帝不该如此。第二种看法是，撒旦的职务是上帝给的，上帝和撒旦是合作关系。撒旦提出要考验约伯，是上帝同意的，因此，是上帝而不是撒旦要考验约伯。所以上帝应该为约伯无辜受冤屈负责。第三种看法是，撒旦不是魔鬼，上帝也没有错。上帝认为约伯是一个正直的人，撒旦想证明上帝是对的，而不是证明上帝是错的。撒旦对人性有一个务实的看法，认为人都是功利的，有奶便是娘。撒旦对上帝和人类的关系也有一个务实的看法，认为人是很现实的动物，得到上帝恩惠，就自然会崇拜上帝，得不到恩惠，则不崇拜上帝。撒旦要看看约伯到底与普通人是不是一样，所以要考验约伯。撒旦对约伯做了细致的调查。后来证明上帝对约伯的信任是对的。撒旦公事公办，也就跟这个故事完全无关了。

学生们对《约伯记》最难理解的是，在上帝创造的世界里，为什么好人有时要受苦受难，而恶人、奸人却经常心想事成、好运连连？而连带的问题是，是不是所有的人都会提出是否有善恶因果报应的问题？是不是所有的人都会关心这个问题？

有学生提出，尽管善恶因果是一个与所有人有关的问题，但未必所有人都会把这个当成是一个问题。在犹太–基督教传统里，这是一个具有特殊宗教意义的问题，在其他的信仰文化里，这可能会是一个抽象的正义问题，如"老天是不是有眼"。

还有的学生认为，在某些情况下，善恶因果可能根本就不是一个问题——没有什么好多想的，也没有什么好多说的。例如，如果不信神就可能没有约伯的问题。既然没有神，人类的幸福或苦难也就不能被看作神的赏赐或惩罚，解释幸福或苦难都必须寻找其他的原因（如命苦、倒霉）。又例如，如果信神，又认为神刚愎自用、是非不分、没理性也不讲规则，是一个暴君般的权威，那么也不会有约伯的问题。这样的神不是至善全善的，所以也就别指望他根据人类行为的善恶来分别给予赏罚。而且，这样的神也可能根本不关心人类的问题，根本不想弄清谁是好人，谁是坏人，既然如此，哪里还谈得上赏罚分明？

再有学生说，还有另一种情况也无法设想善恶因果，那就是，神是善的，也关心人类，但并不是全能的，并无惩恶扬善的能力。这种情况往往发生在有不止一个神在做决定，而众神们意见又不统一的情况下，他们相互牵制、不合作，不知该听谁的。如荷马史诗《奥德赛》中众神在决定奥底修斯的命运时，有的要帮他，有的反对，双方都有看似公正的理由。

在基督教传统里，约伯的问题之所以成为一个问题，是因为人们相信有一个，而且只有一个全知、全能、全善的神，那就是《圣经》里的神。因为有这样的神，所以约伯才认为应该好有好报，恶有恶报。但是，生活中经常是好无好报，恶无恶报，这才有了现代人不得不以多种方式思考的“约伯问题”。例如，伟大的社会学家韦伯说：“（有人）提出了一个简单的论点：善因必有善果，而恶因必有恶果…… 在《奥义书》之后两千五百年，居然还有这种说法出现，也实在令人愕然。不要说整套世界史的过程，就是日常经验每一次没有保留的检验，都明白显示，真相正是其相反。”他接着又说：“神义论（Theodizee）的古老难题所要问的，正是这个问题：一个据说既无所不能而又慈爱的力量，是怎么回事，居然创造出了一个这样子的无理性世界，充满着无辜的苦难、没有报应的不公、无法补救的愚蠢？全能和仁慈两者中必定缺一；要不然就是生命遵循的乃是完全另外一套补偿和报应的原则 —— 一套我们只能从形而上学来说明的原则，甚至一套始终不容我们的解释近身的原则。”韦伯的结论是非常悲观的：“连古代的基督徒也很清楚，这个世界是魔神所统治的，知道卷入政治的人 —— 就是取权力和武力为手段的人 —— 和魔鬼的力量缔结了协议，知道就这类人的行动而言，‘善因必有善果，恶因必有恶果’绝对不是实情；反之，情况往往正好相反。不了解这一点的人，在政治上实际是个幼童。”（马克斯・韦伯：《学术与政治》，钱永祥等译，广西师范大学出版社，2010年，第267—268页）

我班上的学生大多出身于基督教家庭，在他们这个年纪，还少有像韦伯那么彻底看穿基督教善恶观点的。即使是那些相信上帝被撒旦欺骗和利用的学生们，也很少会彻底怀疑《约伯记》里的上帝是否公正。但是，还是有学生会问，上帝让撒旦用这种方式考验约伯，是公正的吗？上帝不是太不拿他的忠仆当一回事了吗？上帝让撒旦如此作恶，怎么还能说以善主宰世界呢？《创世纪》里上帝在完成创世后说，"神看着一切所造的都甚好"，约伯的事怎么能算"甚好"呢？让约伯无辜受难的撒旦又怎么能算"甚好"呢？在我自己的经历中也碰到过类似的情况，即使是一些"革命信仰"坚定的人，他们对"伟大领袖"的所作所为也提出过类似的问题。

（三）上帝公正吗

《约伯记》的"约伯问题"不仅关乎善恶因果，也关乎约伯与上帝的关系，也就是人与神（或至高权威）的关系问题。在约伯与他的三个朋友的第一轮论辩中，三个朋友都只是直来直去地处理"约伯的问题"。他们都认为，上帝惩罚坏人，只惩罚坏人。既然上帝惩罚了约伯，约伯一定是坏人。

以利法首先指责约伯不够忠诚。他宣称，正直的人必不致灭亡。他忆述自己在夜间所见的异象，有声音告诉他上帝不信任自己的仆人，特别是那些有如地上的尘土般卑微的世人。他表示约伯受苦是因全能的上帝要管教他。比勒达接着说，约伯的众子可能得罪了上帝，而约伯本人亦非正直，否则上帝必然会垂顾他。比勒达要求约伯好好向前人学习，追念列祖所查究的事。琐法第三个发言，他说：我们岂是小孩子，竟会相信你的虚谈？你虽力言自己是清白无辜的，但上帝若发言，他必定会揭穿你的罪过。他问约伯："你能测透上帝吗？"（《约伯记》11:7）他劝约伯要把恶行除掉，这样才会蒙上帝祝福，否则"恶人的眼目必要失明"。(11:20)

约伯对他们说，"你们所知道的，我也知道，并非不及你们"，那都不过是谎言，"你们是编造谎言的，都是无用的医生"。约伯要求与上帝面对面讨论这个问题，"我真要对全能者说话。我愿与神理论"。(13:3–4) 约伯要求与神面对面的机会，不是因为他要与神对抗或反对神，而是想要有一个自我辩白的机会，至少是当面"讨一个说法"的机会。在第三回合辩论的最后申辩中，约伯表明深信自己是清白无辜的，他没有犯奸淫，没有陷害人，也没有疏于照顾有需要的人。他虽然富甲一方，却没有仗赖物质资财。他没有膜拜太阳、月亮和众星，因为"这也是审判官当罚的罪孽，又是我背弃在上的上帝"(31:28)。约伯抱怨上帝，并不是说自己完美无瑕，所以只该有所善报，不该受到惩罚。他甚至还承认自己是一个罪人，"鉴察人的主啊，我若有罪，于你何妨？为何以我当你的箭靶子，使我厌弃自己的性命？"(7:20) 他只是坚持，上帝把他往死里整，逼得他不想再活下去，这样的惩罚太过分、太残酷了。约伯请指控他的人在他的生平事迹中找出罪状来。他要上帝面对面地告诉他，为什么他就该受此磨难。

上帝终于在旋风中给了约伯他要求的答复。但是，在不少学生们看来，上帝说的话并不在理。上帝两次说话，第一次似乎只是在显示神的威风（像是在摆老资格），"我立大地根基的时候、你在哪里呢？"(38:4) 第二次是一一例数自己创造世界万物的伟大功绩，然后责问约伯，你办得到这些吗？耶和华说，"你有神那样的膀臂么？你能像他发雷声么？"(40:9) 既然你不能跟我比，"你岂可废弃我所拟定的，岂可定我有罪，好显自己为义么？”上帝的这些话是说给约伯听的，但更像是说给他的朋友们和全人类（包括知道事情缘起于上帝和撒旦打赌的读者）听的。但是，神最后还是原谅了约伯，不高兴地对他那三位朋友说，“现在你们要取七只公牛、七只公羊到我仆人约伯那里去，为自己献上燔祭。我的仆人约伯就为你们祈祷。我因悦纳他，就不按你们的愚妄办你们。你们议论我，不如我的仆人约伯说的是”。(42:8)

约伯确实是得到了他想要的——与神有一个面对面的机会。他也似乎因此而满足了。虽然神并没有与他谈“人为什么要受苦”的问题，他也没有得到关于这个问题的答案，但他还是“承认了错误”。但是，约伯的“认错”似乎话里有话，他说，“我知道你万事都能作，你的旨意不能拦阻……这些事太奇妙，是我不知道的”。(42:2-3) 约伯像是在说，我有不知道的，不等于是我的错误。

神虽然看上去补偿了约伯所受的磨难和损失，“赐福给约伯、比先前更多。他有一万四千羊、六千骆驼、一千对牛、一千母驴。他也有七个儿子、三个女儿”。但是，神却无意弥补约伯的另一种痛苦——人弄不懂上帝意思的痛苦。

约伯最后承认弄不懂上帝的判断，这和人弄不懂命运的摆布是一样的，索福克勒斯悲剧中的俄狄浦斯便饱受此苦。《约伯记》与《俄狄浦斯王》的相似之处也会让学生们感兴趣，例如，约伯和俄狄浦斯都对威严的神表现了人的骄傲。《俄狄浦斯王》有忒拜（Thebe）长者们的歌队，约伯有他那三个朋友的“歌队”，歌队与悲剧英雄对辩，指责他的人欲和骄傲。两位主角的身份都很高贵，但都跌落谷底。《约伯记》大约成于公元前400年，《俄狄浦斯王》写作于公元前430年，时间差不多。

这两部作品的不同也很有意思，最明显的莫过于结局。希腊悲剧以悲剧英雄俄狄浦斯完全被毁而结束，但约伯却得到了平反，反而看起来比以前更加幸福、富足。还有，约伯的骄傲并不是他厄运的原因，但俄狄浦斯的厄运却是他自己的骄傲造成的。当然，俄狄浦斯是一个舞台剧，作者有名有姓，而《约伯记》则不是这样。但是，最重要的不同也许是，《约伯记》包含着《俄狄浦斯王》所没有的政治神学信息，这使得约伯的故事比俄狄浦斯更能联系我们自己的政治生活经验。这个政治神学信息就是，所有渴望生活在“上帝”统治下的人们，都应当表现出绝对的忠诚，否则就无法通过“控告者”撒旦随时会向他们提出的“考验”。“文革”中的“四人帮”、康生、林彪扮演的都是这样的撒旦角色，每一次政治运动中也都会涌现出千千万万这样的撒旦角色，因此也就会有无数的约伯遭受到无缘无故的冤屈和苦难。撒旦不是上帝的对头和反对者，他是上帝的手下和当差的，只要上帝王国的秩序不变，就会有撒旦，约伯的故事也就会永远地继续下去。

十三　路德《论基督徒的自由》

——宗教的和政治的自由

在人文教育课上阅读路德的《论基督徒的自由》(1520)，重点不在于深究基督教新教的教义，而在于另外两个方面，第一是讨论学生们平时熟悉，但并不一定仔细思考过的一些概念，以明了概念对于准确思考的重要意义。例如，“信仰”(faith)与“相信”(belief)的区分与关系。第二是让学生能够联系他们自己的价值观，并对这些价值观的历史传承和文化渊源有所认识，在阅读《论基督徒的自由》时，讨论得最多的价值观就是包含在基督教信仰中的自由。对于今天的大学生来说，这是打开理解基督教这个“自由的宗教”之门的一把钥匙。

路德在文中反复强调的是“faith alone justifies”，这是基督教新教的一个根本教义(justification through faith，“因信称义”)，也是基督教信仰的一个巨大转折，从此把“自由”确立为信仰的灵魂和核心。以前，在天主教里，一个人有没有信仰(“信”)，是以事功来显现和证明的。虔诚地参与各种繁缛的宗教仪式、向教士告解悔罪，甚至出钱买“赎罪券”，所有这些对信仰的证明都是来自可以让别人看得到的表面行为。这就像“好人好事”总是联系在一起，合二为一，缺了“好事”就没有“好人”一样。由外表的行为来表现信仰，使得信徒只能生活在惶惶不可终日的痛苦之中，不知道自己的努力是否足够获取上帝的救恩。同样，那些一心用政治行动来表示政治信仰的人们，他们为组织和领导的“鉴定”和“观察”而焦虑、苦恼不已，不知道能否通得过由外力设置的重重“信仰考验”关卡。

路德从《罗马书》(1:17) 说的“义人必因信得生”这句话领悟到，信徒只要自己在心里确立了“信”，便可“称义”。这个“信”是他自由选择的，不需要依赖别人的赞许和肯定。人可以蒙骗别人，但无法蒙骗他自己，这个“信”是完全真诚的，因此它的信仰要求变得更高了。路德从《圣经》中重新发现的这条真理，不仅是他个人信仰的突破，也成为16世纪宗教改革的风暴中心，更促成了基督新教与罗马天主教的分道扬镳。

学生们对“外表行为”，尤其是“善行”与“真实信仰”的关系会有不同的看法。路德为了强调信仰的内在自由而力图去除所有可能的外部羁绊，把“真信”放在绝对重要的首位。有学生提出，忽略了具体的、实在的善行，如何能证明真的有信仰呢？这就像有的政客口口声声说自己有多么高尚的信念，多么以为人民服务为从政的理想，做出来的事情却肮脏龌龊，贪污腐败，无所不为。但也有学生提出了另外一种情况，那就是，有的教徒每个星期日都上教堂，但未必有真正的信仰。有一位同学举例说，他有一位邻居就是这样，这位邻居不仅每个星期日上教堂，还把自己养的花拿到教堂去供神。但是，这位邻居老爱占别人的便宜，与周围邻居的关系都很紧张，把耶稣基督爱邻人的教诲完全抛到了脑后。这样的人又怎么可以说有信仰呢？还有同学说，在苏联，一个人“入党”便成了最大的“事功”，但这并不能保证他就此道德纯洁，永远不会腐化堕落。所以，路德说的信仰先于事功是有道理的。

路德说，仅仅用身在天主教会来表白宗教信仰，这是“外表行为”。同样，仅仅以身为一个政治组织的成员来表示他自己有政治信仰，也是一种外表行为。路德说，为了真正有信仰，“每一个基督徒所应该留心的第一件事，就是要丢弃倚靠行为的心，单单多求信的坚固”，这种信的坚固是在信仰者自己的心里夯下的。这样的“因信称义”让每一个信徒能在自己的灵魂里自由地确立真诚的信仰，“义”不在教会或教会的教士们那里，而是在每一个信仰者自己的信仰里。把上帝从教会请到了每一个信仰者自己的心里，这是多么了不起的革命性转变。试想，一个政治信仰，不管是什么“主义”，如果它的枯苗能从国家或政党的组织中拔出，而在每个公民个体的心里获得鲜活的生命，那也可以成为一种政治信仰的新观念。

我们使用的是由W. A. Lambert翻译，Harold J. Grimm修订的《论基督徒的自由》，书的简短前言中提到了路德同时代人对他褒贬不一的看法和这本小册子的重要性。有学生问，为何这本小册子会有这么大的影响？是因为它的宗教内容，还是有别的原因？仅从文本无法在课堂上对这样的问题展开讨论。但后来有学生在期中论文中谈到了这些问题，引用的是英国历史学家彼得·伯克（Peter Burke）在《欧洲近代早期的大众文化》（*Popular Culture in Early Modern Europe*）一书中的一些观点。

一旦进入大众文化，成为大众文化的一部分，《论基督徒的自由》就不再是单纯的宗教文本，而且也成为一个政治文本。正如伯克所说，“这里所发生的事情不能简单地概括为有识之士的思想对普通人民的被动的‘影响’。民众也在根据自己的经历和需要来吸收这种新思想”。最有效的阅读是，读者在理解和接受文本时，不是被动地接受文本要告知他们的意思，而是用他们自己的现实问题意识和需要来理解和利用文本，这也就成为一种政治化的阅读。虽然有人反对这样的阅读，但它却是在现实生活中不断发生的。在现实生活中，谁也不可能像在课堂上那样要求普通读者只进行“忠实于原文”的那种阅读。

路德于16世纪20年代初出版许多劝说普通民众的小册子，引起激烈的辩论，有人说他说的正确，有人说他说的是错误的，但是，正是这些辩论把他的思想带进了千家万户。伯克写道：“德国农民对这场辩论作出的反应当然是1525年举行的大起义。路德从不主张农民举行起义，而且在农民起义时对他们进行了谴责。但（宗教改革）的宣传运动确实鼓动了他们对教会地主的不满。看来，他们对路德所坚持的‘基督徒的自由’，与其说是解释为精神的自由，还不如说是解释为摆脱农奴制而获得自由。”路德同时代人对他的著作所做的未必完全是他所愿意看到的那种阅读。但是，自由的要求一旦在某个生活领域中发生，便不可避免地会向其他生活领域扩展。政治的自由与精神的自由是不可分割的，今天，人们已经把政治自由，把体现政治自由的公民权利和人权看成是解释自由的核心和根本保障。

在历史上，宗教信仰的自由曾经不止一次成为民众反叛和争取政治自由的武器，阅读在其中起到了很大的作用。具有独立意识的普通人的阅读，是在文艺复兴和宗教革命，尤其是宗教革命之后才慢慢发展起来的，起先只是与宗教自由有关，后来才渐渐涉及政治自由。宗教改革把阅读《圣经》的工作交付给普通的信众，使他们不再只是驯良顺从地接受少数人所规定的圣经真理。从此，所有的信众都可以，也必须平等地阅读《圣经》，对他们来说，自由的阅读才是通往自己信仰的唯一必经之路。造成最初阅读不自由的是文字的障碍。中世纪以来，文字书写使用的是拉丁语，而人们在生活中使用的则是方言（本地语言）。1516年伊拉斯谟把《圣经》从希伯来文翻译成希腊文，1534

年，路德又用伊拉斯谟的这个译本的第二版（1519）将《圣经》翻译成德文，这个普通人都能够阅读的《圣经》文本于是成为宗教革命甚至起义反叛的武器。随着《圣经》被翻译成欧洲的主要“方言”（当时被视为不如拉丁文文明、高雅的“粗俗”语言），越来越多的人通过方言阅读《圣经》，阅读《圣经》也从一种由僧侣阶层垄断的“精英阅读”转化为普通人能够进行的“大众阅读”。人文教育课堂上的经典阅读也是通过英语译本，而不是希腊、拉丁或其他原文来进行的，也是一种“大众阅读”。虽然专业的学者不一定看得上这种阅读，但这样的阅读对学生们却能发挥重要的思想启蒙影响。欧洲真正的阅读革命要到一百多年后的18世纪启蒙运动时才形成气候和规模，但是，从16世纪开始的普通人阅读就已经具有了自由启蒙的意义。美国19世纪废奴运动领袖、人道主义者和政治活动家弗雷德里克·道格拉斯（Frederick Douglass，1817—1895）曾说过，“你一旦开始阅读，也就会永远自由”。阅读是摆脱奴役，争取自由之路，这世界上有不同的奴役，也有不同的自由，但是，借助独立思考和判断的阅读来摆脱奴役的路却是一样的。精神自由、政治自由、意识自由、思想自由的道路都可以由这样的阅读来开启，作为自由教育的人文教育，它的经典阅读要起的正是与此类似的作用。

十四　胡安娜《给菲洛蒂亚修女的回信》
——辩解与道歉

在“文艺复兴至18世纪思想”课上，学生们阅读17世纪墨西哥女诗人、修女胡安娜·伊内斯·德·拉·克鲁兹（Juana Inés de la Cruz，1651—1695）的《答复》（*Answer*，又叫《给菲洛蒂亚修女的回信》*Respuesta a Sor Filotea de la Cruz*）。其实，所谓的“菲洛蒂亚修女”并不真是修女，而是一位神父，还是一位主教，他指责胡安娜的文学写作破坏了修女应守护的天主教的教规。胡安娜的《答复》是一封认错并答应不再犯错的信（也就是“检讨书”）。但是，胡安娜在信里却巧妙、婉转地陈述了她的文学创作的正当理由和理性对于女性与男性同样重要的意义。今天，胡安娜已经被认为是墨西哥最伟大的作家之一，也被视为17 世纪拉美文学的核心人物，以及倡导女性有获得知识的权利的早期女权主义者。

胡安娜是私生女，出生于离墨西哥城不远的奈潘特拉（San Miguel Nepantla）的大庄园里，由外祖父带大。在外祖父藏书丰富的图书馆里，胡安娜通过自学成为一位有思想的文学才女。1667 年，她加入了墨西哥城的赤足加尔默罗修会，在那里获得机会，自由发展她在知识和文学方面的兴趣，并有了几千册藏书。她对文学、哲学、神学、天文学、音乐和绘画展开了深入研究。此外，她还撰写戏剧、散文和圣诞颂歌，不过最为著名的要数抒情诗。她的《答复》不是抗议书，而是一封向教会表示屈服的信，是一份让我们看到当时教会思想压制和女性知识人不得不妥协以求生存的真实历史文献。

（一）胡安娜的申辩

在阅读《答复》时，我首先问学生们的是，我们在阅读什么？在学生们阅读奥古斯丁的《忏悔录》（*Confession*）时，我也会问学生同样的问题，“我们在阅读什么？”学生们往往会望文生义地回答这个问题，说是在读奥古斯丁的“忏悔”。那么什么是“忏悔”呢？忏悔在奥古斯丁的时候，是一种人对上帝的“悄悄话”，在悄悄话里，忏悔者赞美上帝、责备自我、认信信仰。既然是说给上帝听的话，上帝知道就好了，为什么还要写下来发表给世人阅读呢？奥古斯丁这个写下来在人世间发表的《忏悔录》，其实已经不再只是“忏悔”，而成了“自传”。所以，我们在阅读《忏悔录》时实际上是在阅读一部自传。

自传作者往往认为自己的生活经历对别人也有意义，所以值得记录下来。任何自传里的细节都是为某种目的而经过选择的，奥古斯丁自传的目的是认信信仰，书中的细节就是为这个目的服务的。例如，他提到自己小时候偷窃梨子的事，这种小错几乎所有的孩子都曾经犯过，为什么要这么郑重其事地忏悔呢？原来，奥古斯丁偷窃梨子并不是因为想吃梨子（想吃梨子是正常的，是善的，只是比“不偷”这个善差一点的“次善”而已）。他说，与伙伴们偷窃梨树上的果子，“我作恶毫无目的，为作恶而作恶的时候，究竟在想什么……我爱堕落，我爱我的缺点，不是爱缺点的根源，而是爱缺点本身”。因为想偷而偷，这就成了为恶而恶了。

同样，在读胡安娜的《答复》时，我问学生们，“我们在读什么？”答案不应该仅仅是书题目中的“答复”，而应该是一个可以与其他作品相联系的写作或话语“类别”。有学生说，《答复》是信札，但信札只是一种书写形式而非本文内容的特殊类别。信札可以是一个人写给另一个人的私人函件，也可以是用来说故事或讨论事情（书信体的小说或论述）的公共写作。有学生说，是一个“申辩”。对大多数学生们来说，最能引起他们联想的便是在希腊思想课上读过的《苏格拉底的申辩》，《答复》确实是一个申辩，一个看上去是在认错，其实是在自我辩解的申辩，这与奥古斯丁的真诚忏悔是完全不同的。现代人也写各种各样的“申辩”，如鸣冤叫屈或要求平反的材料，但“申辩”这个字似乎并没有成为一个文类的名称。在今天的英语里，apology只是用在“理论辩护”的意义上（如“为社会主义一辩”，an apology for socialism），而更常见的是用作“道歉”。

有学生说，胡安娜“道歉”是出于压力和无奈，是一种表示屈服和顺从的姿态，而不是真正的口服心服，她并不是我们现在所说的“反叛者”。尽管她在一些具体问题上有自己的看法，但那些都是在教会的话语体制和意识形态允许的范围内发出的“非异见声音”。她对致信的Puebla主教表现得非常尊敬，始终没有泄漏他的真实身份，而只是称呼他为“菲洛蒂亚修女”。她对主教的颂扬和崇敬甚至显得有些过分。但有学生认为，那也许是出于当时教会礼仪的需要，胡安娜小心翼翼地尽这样的礼仪，恪守身份等级的谦卑，这本身就是在表现自己能正确领会领导的批评或惩戒，希望能顺利过关，这又可以说是一种功利性“礼仪”。

胡安娜的这封长信有一个贯穿始终的主题，那就是女性有追求教育和世俗生活的权利。有学生认为，胡安娜的不少陈述似乎是在很巧妙地强调，这种要求与天主教会教义并不违背，她自己的文学才能是神赋予她的，既然神没有嫌弃她是个女的，她也就是在听从神在她身上有待实现的召唤，她羞愧，是因为尚未充分实现神的意愿，“我发表的作品是一种恩宠（blessing），让我觉得羞愧”，“（我的）沉思意向如此强烈而自然，就像是自动的一样”，“我甚至不用书本就能学习，生活里的一切都给我观察和思考的机会”，“因为我是在身不由己地学习，我不知道这是优点（在男子那里是优点），还是错误”。没有受过教育的女性是不可能作出这种巧妙辩解的。

还有学生指出，胡安娜的申辩中有两种并不融洽的说法，她一面承认自己无法克制强盛的求知欲，是一种罪过；一面又暗示，她可能由于出众的才能而遭到某些人嫉妒。这该如何解释？例如，她说，“我从刚能思考的时候开始，就对知识有难以抑制的向往，我曾试图克制，但都没有成功”，“我开始在有空的时候就学习，但那是出于对学问而不是对上帝的爱，是为我的爱好而不是上帝求荣耀”，“我学习艺术和科学，因为它们可以为神学服务，但我既不谦卑，也没有神圣的目标。如果学习的理解没有上帝的帮助，一切学问都没有价值”。这些像是在承认错误。但是，她又说，有人“好心好意告诉我，我求知的意向和写诗的才能会让我得不到拯救”，“事实上，由于嫉妒而怀恨出类拔萃的人，到处都一样”，“事实上，嫉妒导致了对耶稣本人的迫害”，“平庸的人憎恨任何优秀，尤其是学问的优秀”，“没有人愿意承认自己理智低下”，“奇迹招来过最大的迫害。当然，我被迫害不是因为学问优秀，而只是因为想求学问”。

学生们的讨论当然很难为这样的问题找到答案，但他们都同意这样的看法，胡安娜的apology 是“申辩”胜于“道歉”，但这只是一种基于直觉和印象的看法。

申辩与道歉是有联系的，人们可以利用道歉来为自己的行为提出辩解和表白，巧妙委婉地拒绝别人的批评和指责。胡安娜的《答复》中就有许多这样的例子。不过，今天人们把这样的道歉视为假道歉或“不是道歉的道歉”(non-apology apology)。假道歉也被视为一种虚伪和伪善的行为。在苏格拉底或胡安娜那里，我们并没有这样的感觉，不但不会批评他们虚伪，反而会同情他们在外力压迫下的困难处境。那么，我们为什么对“假道歉”就会如此反感呢？我们今天所使用的“道歉”是不是包含了“申辩”所没有的语义成分或内容呢？为什么有的道歉被接受，有的不被接受？理由又是什么？学生们对这样的问题往往很感兴趣，因为从解决个人纠纷、承认行为过失到公共人物或政府向民众道歉，道歉是学生们日常生活中常见的现象，而正因为司空见惯，所以反而会忽略对这些现象的思考与分析。

（二）道歉与宽恕

在今天的生活里，道歉不只是说一句“对不起”，而是一种重要的社会交往方式，对有效修复对立与冲突关系发挥着不可或缺的作用。也正是由于这种作用的重要性，道歉承认的事情不受法律的干预，一般不应该在法律纠纷中用作罪证，不论是像医生为医疗失败而做的那种道歉，还是像“文革”中红卫兵为诬陷他人或打老师所做的那种道歉。当然，如果是杀人的血案或其他严重罪行，则应该根据深入的法理研究，决定是否或如何追究法律责任。可是，无论是何种对他人造成伤害的罪过，道歉都是必需的。

今天，道歉所指的并不是申辩，而是专指有“悔意”和承担“责任”的个人公共言语行为。当代社会学、心理学和法学对“道歉”研究取向虽不相同，但都强调，道歉者必须说清自己过错行为的责任，并无条件地承担这个责任，这是悔意的具体表现。道歉研究一般都会强调道歉中的悔意和责任。例如，法学家克利费尔德（John C. Kleefeld）引用心理语言学家希尔（Steven J. Scher）和达莱（John M. Darley）的研究对道歉作了著名的4R定义：悔意（remorse）、责任（responsibility）、决心（resolution）和补偿（reparation）。心理学家贝弗勒斯（Janet Bavelas）指出，为伤害性过失行为道歉，悔意与责任是最重要的，道歉必须承认自己是伤害行为的行使人，也必须详细说清行为的经过和性质。

严重伤害别人的过失行为是个人从文明道德秩序的自我放逐，道歉是郑重要求回到所有社会成员同等尊重的道德秩序中来。社会学家塔维切斯（Nicolas Tavuchis）指出，道歉是社会和谐和道德社会所必不可少的，道歉不只是个人表示自己的感觉或心意，而且是有社会、道德作用的“言语行为”(speech act)。道歉是一种“只能用言语来进行的社会行为，因此，如果不用言语，便没有道歉”。道歉的根本作用不是让道歉人获得良心安宁或纾解罪感，而是“维护和修复被破坏的社会关系，让过错者重新在社会秩序中找到自己的位置”。美国心理学家查普曼（Gary Chapman）说，“当道歉成为一种生活方式的时候，人类关系会很健康”。

道歉必需的悔意和责任承担都是通过言语来表达的，是否被认可、接受，取决于道歉者是否有真诚的悔意和真正承担了责任。这两个“真”都是言语的效果，是受害者或公众对道歉言语的解读所作的评判，是看法和感觉，而不是确实无疑的“事实”。因此，如何看待具体的道歉总是会存在分歧和争议。

人们用“真诚”来衡量道歉的悔意，是因为“真诚”(真实地说出自己的感觉、想法、愿望)被普遍视为一种“美德”。但是，现代心理学、心理分析理论和文学理论告诉我们，“真诚”是一种构建而不是直观现象，正如已故美国文学理论家、哈佛大学教授莱昂内尔·特里林(Lionel Trilling)在《真诚与真实》(*Sincerity and Authenticity*)一书中指出的，“真诚”与“真实”是不同的。就在我们把真诚视为一种德行，并用它评价道歉时，应该知道，今天的真诚并不能减轻昨天罪行的严重性。这是因为，过去的罪行有它自己的“真实”性质，它并不会因悔罪是否真诚而有所改变。

如果你受过某人很大的伤害，而只是你一个人在评判他对你表示的悔意，那么，由于你对他的深度反感，不管他如何表示悔意，你都可能觉得他不真诚。但是，只要他是公开地表示悔意，作出评判的就不只是你一人，而且也包括广大的公众。在一个公共说理起作用的社会里，公众能够对悔意是否真诚作出相对公允的评判，他们识别真假悔意或道歉，主要也是从言语来看道歉者是否逃避自己的责任。例如，“对不起，让你受委屈了”就是一个假道歉。道歉者只是说自己不幸让你有了委屈的感觉，但没有承认自己做错了什么，“委屈”也许是你自己太敏感、多心、偏执的缘故，并不是道歉者真的有什么必须担负的责任。利用道歉来作某种解释和表白，以此反驳和消除别人对自己的批评，也是一种常见的逃避责任的方式。“文革”名人宋彬彬表示道歉的《我的道歉和感谢》中有许多这样的解释和表白，因此被认为缺乏诚意，不是真的在道歉。

在道歉中承担责任，需要对过错与罪责的性质有所认识，这是道歉中最难的部分。例如，宋彬彬在为自己“文革”中的行为道歉时应该告知世人她是在为什么道歉，是为普通性质的“错误”呢，还是为参与某种邪恶而必须承担自己的一份“罪过”？如果是“罪”而不是“错”，那么，她为之承担一份罪责的罪恶又是什么？如果没有认识到或不愿触及罪过行为的本质，那么责任便不明确。如果责任不明确，那么，不管道歉在她主观意向里是否真诚，都没有实际的社会意义。她没有清楚地说明自己承担的责任，有两个可能，一是她根本就缺乏这样的认识，二是就算认识到了，由于现实的环境，也不能说出来。在这种情况下，评估她的道歉只能局限于悔意是否真诚，而无法向真实责任进一步深入，这样的评估也是不充分或者隔靴搔痒的。

道歉的悔意越真诚，承担的责任越明确，道歉就越有效，受害者和公众也就越能接受道歉，并对道歉者予以宽恕和原谅。但是，即使是对真诚的道歉，宽恕也不是一种道德义务，而是一种善意的礼物。在道歉和宽恕之间起调解作用的是“同理心”（感同身受，empathy）。真诚的悔过释放出人的心灵痛苦和煎熬，这会触发他人同情，并因此予以原谅和宽恕。道歉者以谦卑的心情对自己的过错表示悔意，这种谦卑与自我谴责、丑化、糟践（常见的中国式“自我批评”）是不同的。自我丑化和糟践是一种心理失调，与健康的悔意是相互抵触的。过错者的悔意中包含了罪感、难过、悔恨等感觉，即使在得到原谅和宽恕后，也可能不会消除。这并不奇怪，因为原谅与自我原谅本来就不是同一件事情。

十五　马基雅维里《君主论》

——“先知”和“武装斗争”

在阅读和讨论马基雅维里的《君主论》时，有学生就第六章《论依靠自己的武力和能力获得的新君主国》的第一段话提出了一个问题，为什么在这一段开始处说“这些革新者”(these innovators)，而后来则说“武装的先知”(armed prophets)？他是在什么意义上说“先知”的？马基雅维里的原话是这样的：“如果我们想透彻地探讨这件事情，那就必须研究这些革新者是依靠自己还是倚靠他人；换句话说，为着实现其宏图大略，他们必须恳求人们，抑或是使用强迫的方法；在第一种场合，结果总是恶劣的，并且永远不会取得什么成就。但是如果他们依靠自己并且能够采取强迫的方法，他们就罕有危险。所以，所有武装的先知都获得胜利，而非武装的先知都失败了。”

（一）先知和“义”

马基雅维里所说的“革新者”先知并不难理解。社会学家马克斯·韦伯对于新兴宗教的创立有一对著名的角色设定：先知与其追随者。先知具有强大的群众魅力（Charisma），打破世俗规则，展现神迹，带领群众破坏、背离传统神祇，让群众信仰新神。革新需要远见，能够洞察未来的机会，革新者是见识超群、具有魅力的领导者，民众因接受他们的社会新蓝图而追随他们。在这个意义上可以说，革新者在社会改革中扮演了先知的角色。

但是，学生们对“非武装的先知都失败了”会有所疑问，因为他们大多来自天主教背景的家庭，从小对《圣经》里的“先知”就不陌生，尤其是在《新约》中，耶稣就是一个先知，一个“非武装的先知”。两千多年来，基督教从一个小小的教派开始，扩展为一个世界性的宗教，有这么多的人信耶稣，按照耶稣的道德教诲来生活，怎么能说耶稣失败了呢？

在《君主论》里，马基雅维里认为，最伟大的武装的先知就是摩西。马基雅维里唯一提到的无武装的先知是季罗拉莫·萨沃纳罗拉（Girolamo Savonarola，1452—1498）。萨沃纳罗拉是谁呢？《君主论》里有译者提供的现成注释。萨沃纳罗拉是佛罗伦萨宗教改革家，他抨击当时教会和教士腐化堕落，主张改革和复兴宗教，并建立一个有效的共和政府。1491年萨沃纳罗拉成为圣马尔科院长，对佛罗伦萨政治影响日增。1494年，自美第奇家族被驱逐出佛罗伦萨后，萨沃纳罗拉掌握了佛罗伦萨的支配权，主持制定1494年宪法，至1497年为其全盛时期。但他为教皇亚历山大四世所敌视，其势力骤然削弱，1498年作为异端者被捕，并被烧死。

马基雅维里在说到“无武装先知”时，用的是复数（“所有的”），所以肯定不止萨沃纳罗拉一个人，一定还有其他“无武装先知”。学生们很容易联想到一些他们熟悉的无武装先知，如印度的甘地和美国的马丁·路德·金博士。说他们是“先知”，一是因为他们有道德远见并能在逆境和危难中坚持自己的想法，二是因为他们向他人发出道义的呼喊，传递正义的声音。他们用自己坚持和传播的“义”来对抗统治者的“不义”。三是因为先知的“义”是一种至高的普世价值，有宗教信仰的人们把神当作义的最高权威，不信神的人们则可能用“上天”、人发自自然的“良心”或者普遍“人权”来代替神的最高权威。

《圣经》里的先知，他们的“义”都来源于神，因此，学生们在联想现代先知的时候，对“义”都特别重视，这与他们的知识背景很有关系。其实，在古代近东地区，先知是一个职业群体，经常从属于他们的职业行会，是一种父传子承的职业，终生都不更改。无论是在宫廷还是在神殿，他们都是为当权者服务的，是体制内的人物。在职业先知之外，还有另一些被称为“先知”的人们，他们是具有人格魅力或能预卜未来的奇人，受神的感召而对世人说话。在《圣经》“以赛亚书”里，两种先知都有。但是，这两种先知之间的区别并不总是清楚的。例如，以利亚（Elijah）和以利沙（Elisha）是先知行会的成员，但掌权者也承认他们是先知。他们虽然为统治者提供服务，但他们也在统治者那里遭到了不少麻烦，所以并非完全受雇于权力。又例如，以赛亚（Isaiah）不是先知行会成员，但却受到当权者的礼遇和尊敬。耶利米（Jeremiah）是一个神职的利未人（Levite），不属于先知行会，他是统治者认可的先知，但是后来因叛乱和叛国罪受到了严厉的处罚。

总的来说，在《圣经》里留下了文字记录的那些先知，他们都不是因为有先知的职业，或是因为被当权者承认为先知，而是因为受到神的感召，向世人传达神的意愿。《圣经》里先知们的言语绝大多数是批评当权者的，他们不需要当权者的青睐，也不惧怕当权者的淫威。不喜欢他们的当权者会把他们看成反叛者，但不会把他们看成疯子，因此反而是当权者畏惧他们。在这个意义上，这样的先知也经常被看成是现代批判知识分子的祖先，尤其是那些为鼓吹变革、变法，不惜舍生取义、杀身成仁的仁义之士。

（二）先知的语言和作用

先知的语言以犀利、激烈为其特色，这与专行算命卜卦之事的“伪先知”是不同的。古代专为当权者排忧解惑、预卜未来的“先知”和包括今天体制内谋士型的“先知”都属于伪先知的一类。《圣经》时代，国王碰到为国事为难的情况，或者普通人对什么事情有所疑惑，经常会请“先知”从神那里讨一个说法。受雇于他人的先知传神的话，说话都是拘谨刻板、就事说事、四平八稳。义士或批评者的先知不同，他们不收人钱财，也不替人答疑谋划。他们有更高的使命，因此有话要说的时候，不吐不快、言必尽意。他们有自己的行事说话方式。他们往往不请自来，越不要他们说话的时候，他们越要说话，而且说的是逆耳的真话。四平八稳、拘谨刻板、左右逢源的巧言辞令不是他们说话的方式。

先知的言论多激愤之辞，犀利尖刻，抨击嘲笑，意在促人猛醒、洗心革面、以图新生。中国清末民初有不少这样的义士或批判者先知，他们的先知语言也有这样的特点：例如，陈天华抨击中国人是“犬养的奴隶”，邹容鞭挞中国人奴性的语言同样尖刻、愤激：“中国黄龙旗之下，有一种若国民非国民，若奴隶非奴隶，杂糅不一，以组织成一大种。谓其为国民乎？吾敢谓群四万万人而居者，即具有完全之奴颜妾面，国民乎何有？尊之以国民，其污秽此优美之名词也孰甚！若然，则以奴隶畀之。”在邹容看来，曾国藩、李鸿章、左宗棠等人都是满洲人的奴才，是汉民族的败类。他叹息："呜呼！我汉种，是岂飞扬祖国之汉种，是岂独立亚细亚大陆上之汉种，是岂为伟大国民之汉种。呜呼！汉种！汉种虽众，适足为他种人之奴隶。汉地虽广，适足供他种人之栖息。汉种！汉种！不过为满洲人恭顺忠义之臣民。汉种！汉种！又由满洲人介绍为欧美各国人之奴隶。"

先知说话尖刻，是因为他们为"义"而言，不吐不快，一般人从这样的语言里似乎听到了神的谴责。人们对先知抱有一种从神或上天那里传达关于人间好消息的期待，这似乎并不只是在基督教文化中才有。《圣经》里先知们关注的是人与神的立约，破坏与神的誓约主要是指"不义"和"拜偶像"这两桩罪过。拜偶像的实质是功利主义的崇拜，有奶便是娘，只要有利可图，有眼前好处，急功近利，逐膻附腥，在所不惜。神是义的化身，代表的是义，也以义要求于世人。拜偶像是舍义求利的伪信仰，《圣经》里先知们抨击人世间的不义，主要是有钱人为富不仁，国家财富集中在少数人手里，他们盘剥、鱼肉穷人，吮吸穷人的血汗，贪婪成性，冷酷无情。这种不义与拜偶像不敬神是同样严重的，都是对神的背弃。虽然马基雅维里似乎在运用基督教"先知"的说法，但他的政治学说其实已经完全抛弃了《圣经》里那种传统的先知道德观。

关于如何评价马基雅维里政治学说里的道德观，我的学生们在阅读《君主论》时经常有三种不同的看法。一种看法认为，马基雅维里的政治学说是"不道德"的，因为他主张成则为王、败则为寇，教给君主的尽是一些阴谋诡计、阴险毒辣的手段。另一种看法认为，他的主张是"非道德"的，非道德不等于不道德。非道德是把政治的成功看作与道德无关。马基雅维里并不反对传统的道德，他主张的是，这样的道德不适用于政治，谁要搞政治，就不能死守这样的道德。还有一种看法认为，马基雅维里主张的不是完全的不道德或非道德，而是“相对而言的道德”，视情况而定的道德。也就是说，在可能的情况下不妨讲道德，但在必须不道德时，那就无须坚持道德。

在不同程度上，不道德、非道德或相对而言的道德，都能帮助学生们理解马基雅维里所说的“所有武装的先知都获得胜利”，“非武装的先知都失败”。先知是宗教人物，是向神说话的人，也是在神和人之间传递信息的人。但是，“武装的先知”不是宗教人物，也不一定是接受神意的人。他们和摩西一样，是真正意义上的“立法者”(lawgivers)，是制度的创奠者，是人民思想的改造者，因而成为人民的统治者。这样的“武装的先知”不是一个强盗帮的首领(如宋江)，他是一个老师——人们的教育者和导师。他与柏拉图所说的“哲人王”或亚里士多德所说的“城邦高尚政治家”都不一样，他的政治成功与具有普世意义的道德成就无关，甚至可以是背道而驰的。

我的学生们虽然能够从知识的角度理解马基雅维里，但却难以在价值观上接受他的政治学说，他们是在民主政治的生活方式中长大的年轻人，他们是带着这样的知识背景在阅读和评价马基雅维里的。马基雅维里说：只靠仁义不能胜利，让人民害怕是取得胜利、维护胜利的必要条件。这是我的学生们不能接受的。

他们的看法不是没有理由的，因为，所谓“武装”，直接的意思当然是有军队，但也指为取得和维护成功，必须使用暴力，采取血腥镇压和与暴力配合，为暴力洗白甚至美化的欺骗手段。在民主政治中，这些都被视为不道德的政治手段。这种不道德的政治手段是否能够或必须在现实政治中避免，正是萨特和加缪关于“肮脏的手”和“干净的手”争论的问题。

(三) 政治的幸运与美德

今天，“肮脏的手”已经成为“现实政治”(Realpolitik) 的代名词。“现实政治”的说法由19世纪普鲁士铁血宰相俾斯麦首先提出，指的是以现实利益为最高考量，排除感情、道德伦理、理想，甚至是意识形态的因素。马基雅维里经常被视为“现实政治”的真正始祖。他主张，为了政治的成功，就不能怕弄脏了手，不弄脏手的政治是不可能成功的。他在《君主论》里把摩西与居鲁士 (Cyrus)、罗慕洛 (Romulus)、提修斯 (Theseus) 相提并论，因为与后几位靠残暴扩张征伐来维护权力的君王一样，摩西为了成就他的伟大事业，也曾命令屠杀几百位他认为是拜偶像的信徒。马基雅维里的意思是，即使像摩西这样在历史上以道德著称的人，像摩西这样替上帝代言的先知，也只是坚持相对而言的而非绝对的道德。

马基雅维里主张把政治与道德分开，他把政治看成是一种可以不惜一切手段去争取胜利的“艺术”。在文艺复兴时期的意大利，这样的想法似乎并不奇怪。在那时候的意大利，所有的艺术都受到人们热情的关注。在马基雅维里看来，意大利虽然在许多艺术领域中光彩耀人，引导欧洲，但却缺少一个能使意大利统一、强大的有效政府。马基雅维里说，建立一个强有力的政府也是一种艺术，关键在于是否有一位“具有美德”的领导者，能够熟练、精巧地将政治技艺发挥得淋漓尽致、无人能及。马基雅维里所说的“美德”与基督教道德的“美德”是完全不同的。“美德”指的不是道德出众，而是具有超群的精力、智力、眼光和判断力，也就是为获得成功所必备的能力。对“美德”提出这种惊世骇俗的见解，用直言不讳、惊世骇俗的方式把话说出来，马基雅维里自己就扮演了一个不请自来、出语惊人的“先知”角色。

在马基雅维里所说的政治艺术中，最重要的一项“技艺”和最不可缺少的一项“美德”就是善于把握“机会”，而不是依靠“幸运”。机会和幸运是《君主论》第6章和第26章最重要的一对主题。在拉丁语里，美德（virtue）的词根（vir）是男性的，而幸运（fortuna）则是女性的。在马基雅维里的时代，男性对女性拥有绝对的优势地位和支配权力。在马基雅维里看来，美德和幸运的性别差别不是偶然的，他因此说，“幸运是个女人……必须敲打她，强迫她”。他未必是说真的要殴打女人，而是说，幸运根本不是美德的对手，美德可以征服幸运。幸运是一件工具，是祸是福，全要看你有没有能力和美德去驾驭它。就算遭遇厄运，有美德的人也能将其扭转，关键便在于他把握“机会”的能力，在需要弄脏手的时候，就毫不迟疑地弄脏手，这就是把握机会。

马基雅维里说，“能力”或者“幸运”都能帮助一个人从平民变成君主，但是，“最不倚靠幸运的人却是保持自己的地位最稳固的人”。他认为，“那些依靠本人的能力而不是依靠幸运崛起成为君主的人们……最出类拔萃的范例是摩西、居鲁士、罗慕洛、提修斯以及如此之类的人们”。他们之所以是像摩西一样的“先知”，是因为他们能像摩西一样把握机会，而且，“除了获有机会之外，他们并没有依靠什么幸运，机会给他们提供物力，让他们把它塑造成为他们认为最好的那种形式。如果没有这种机会，他们的精神上的能力（lavirtù dello animo）就会浪费掉；但是，如果没有那样的能力，有机会也会白白地放过”。机会往往存在于厄运之中，而厄运与幸运正好相反，四分五裂是意大利的厄运，但也正是统一意大利的“时机”，这就如同，“如果为了表现摩西的能力，必须使以色列人在埃及成为奴隶，为了认识居鲁士精神的伟大，必须使波斯人受梅迪人压迫，为了表现提修斯的优秀，必须使雅典人分散流离”。幸运也许是上帝所赐，但是，“上帝不包办一切，这样就不至于把我们的自由意志和应该属于我们的一部分光荣夺去”。（第26章）

马基雅维里认为，是把握时机的睿智和能力使“武装的先知”获得胜利，在他那里，“武装的先知”仍然是一种古典的政治表述。一直到今天，政治讨论在使用“先知”一词时，尽管主要是为了修辞效果，但仍然让人联想起古典的先知传统，其中也包括了马基雅维里为此添加的新的古典含义。例如，波兰历史学家伊萨克·多伊彻（Isaac Deutscher）的托洛茨基传《先知三部曲》（《武装的先知》《被解除武装的先知》《流亡的先知》）就是一面洗清强加在托洛茨基身上的污垢，一面将他还原为一个有原则、有理想、有魄力、有能力的革命先知。

马基雅维里用《君主论》改变罗马共和与基督教帝国的政治道德因素，从而创造出一种新的，我们今天称之为“现代”的政治学说。在这个意义上说，他自己就是一位“先知”，但他是一位以言辞而不是枪炮为武器的先知。他没有军队，没有根据地，也不拥有税收和军饷，他遭到流放，却始终没有放弃，一心想卷土重来。他自比发现美洲大陆的哥伦布，他所发现的那片新大陆就是人们今天对善与恶、政治与道德关系的重新认识。他也像是一位先知，他的话我们可以不接受，但不能不思考。和一切先知的智慧一样，他对政治的见解不能以简单的对或错、好或坏来理解和评判，因为它的作用和价值在于开启一个新的思索过程，形成一个新的问题，而不是为一个固定不变的问题提供一种新的现成答案。

十六　伽利略《星际信使》和笛卡儿《谈谈方法》
——人文阅读中的“科学”

人文教育经典阅读的“伟大著作”(Great Books) 中，“科学”占的比例很小。我任教的学校是一个“人文学院”(College of Liberal Arts)，大部分学生学的都不是物理、化学、生物一类的“科学”(自然科学) 专业。但是，每一个非科学专业的学生都必修几门科学的课程，其内容和要求都是专业性的。这是“通识教育”(general education) 的一部分，不包括在必修的人文教育课程之内。经典阅读的“科学”则没有专业要求，是普通知识的阅读。在希腊思想课上，学生们阅读的是欧几里得的《几何原本》(*Elements of Geometry*) 第一部分。在文艺复兴至17、18世纪思想课上，则是阅读伽利略的《星际信使》(*The Starry Messenger*) 和笛卡儿的《谈谈方法》(*Discourse on Method*)。人文教育课讨论这些读物时的重点并不放在寻求真实或真理的所谓“科学精神”，因为“求真”或“寻找可靠知识之途径”并不是科学所特有的追求，这些知识理念同样也贯彻于其他学科的教学和认知活动之中。

（一）科学是与知识相关的问题

人文教育课上关于科学问题的讨论体现在对“知识”相关问题的讨论中——不仅仅是认识论的“认知”问题，而且还包括知识的伦理、知识的观念、知识与社会文化的关系、知识者的社会地位与政治处境等与“人的知识”有关的问题。知识是一个比科学更为广泛的话题，公元前4世纪柏拉图区别可确定的“知识”与会出错的“看法”、《圣经》创世纪里对人类偷食“智慧之果”提出教谕、文艺复兴时期出现以经验归纳为基本方法的科学和“知识就是力量”的信念、后来科学给世界带来空前物质文明也造成巨大祸害（如赫胥黎《美丽新世界》所说的寓言故事）、20世纪电脑和21世纪“谷歌”时代的“图像”和“技术代替大脑”型知识，这些都是人文教育课上不断出现和持续延伸的讨论话题。

“知识”广泛的问题意识与“科学”之间有着自然的联系。“科学”（science）一词的拉丁词源scientia就是“知识”的意思。科学是一种可以理性解释的，并具有可靠运用性的知识。今天，人们所特别称为“科学”的，不仅是指这样的知识（往往是关于物质世界的知识），而且更是指对这种知识的特别追求方式（以经验求证为本的“科学方法”），乃至这种方法所特别体现的真理价值（所谓“科学精神”）。对“科学精神”的人文表述往往与人们常常特别强调的“实事求是”不同。例如，18世纪英国古典政治经济学家亚当·斯密（Adam Smith）说，“科学是激情和迷信的高效解毒剂”。19世纪英国生物学家托马斯·赫胥黎（Thomas Huxley）把科学看成是普通人都能运用的思维方式，他说，“科学只不过是最佳的常识，在观察时严格准确，在思考中严守逻辑”。爱因斯坦则反对把科学思维神秘化，他说，“全部的科学不过是日常思维的提炼”。这样的表述闪烁着思考者自己独特体会的光彩，更能为人文课增添思想乐趣。

人文教育课上要求学生们以冷静、理性、常识的方式谈论关于知识的问题，将科学与其他知识形式或内容相联系。在人文教育中，这叫作知识的“周边扩展”（contextualization），也是大学教育对学生“知识信息融会贯通”（contextualized information）的基本要求。知识的联系在古代就已经有了。例如，柏拉图的《美诺》篇里，苏格拉底在讨论“知识”的哲学问题时，用了几何学的例子。最早的古希腊科学家出现在公元前6世纪的米利都，他们第一次拒绝使用传统神话或宗教解释来言说周遭世界的现象，而代之以理性解释，也就是他们所谓的“理论”。他们对几何学和政治学抱有同样的热忱。几何学（本意是“丈量土地”）既是一门理论学科，也是一门实用科学。几何学与政治的关系是，因为土地是当时最宝贵的财产，要建立新的城邦，就需要仔细丈量土地，将其平均分割并分配给殖民者。

人文课上学生们讨论欧几里得的《几何原本》，关心的远不只是它的数学知识，而是它的人文价值。例如，希腊几何学是一个典型的语言概念逻辑系统，与古埃及以图像为本的几何学不同。它从一个最基本的关于“点”的定义（点只有位置而不占有空间）出发，延伸出线、角、圆等，终于构成了一个结构复杂的完整概念世界。最完美的点只能存在于人类的想象之中，任何画出来的、人类眼睛能看到的点，都不可能是真正的点，因为它必定不只是一个位置，而是占据了一点点空间。同样道理，我们能看到的直线必然不是真正的直线，我们能看到的圆必然不是真正的圆。真正的欧氏几何是一个只能用文字来表述、一个只有靠想象才能进入的世界。这个几何世界和文学世界、历史世界、伦理世界等在性质上并没有什么两样。欧氏几何于是引发了一系列至今仍使许多领域中思想家着迷的问题，如语言和理念的关系（是语言反映现实，还是语言构成现实）、理想和现实的关系（典型的柏拉图问题，“理念”和“现实”，哪个更真？）、人的逻辑能力问题（康德把逻辑和时空感确定为人的规定性，维特根斯坦把“伦理”和“逻辑”定为世界存在的条件）、“第一原则”问题（任何伟大的思想体系都可以归到像“点”的定义那样简单的基本理念吗？），等等。

这些问题可以对学生有很多关于“知识”问题的思想启发，往往会引起热烈的讨论。例如，有的学生会问，如果完美的“点”只能存在于我们的想象之中，如果我们能够想象永远不可能用眼睛看见的事物，那么我们神奇的想象能力是从哪里来的？他们还会争论，想象是不是人的一种知识能力（爱因斯坦说，“人类真正的智识表现为想象，而非知识”）？想象是人的天性还是神的恩赐？这种争论本身比它可能达到的任何答案都来得有趣且有教育意义。无论答案是什么，人的想象、人的理性、人的自由意志和尊严都会在新的凝视下显得神奇和神圣。对人的自由思想和想象的控制也会更显现出它的残酷和违反人性。又例如，正如任何可见的点都不如只能存在于理念中的点来得完美，是不是任何一个社会里的“好人”和任何一种现实中的“善事”，都不如只能存在于理念之中的“好”和“善”？社会的德性伦理建设能否通过“向某某好人学习”来实现？还是无可避免地必须诉诸某种理想的“好”和“善”？这样的好和善是否具有普世性？其知识和观念又是怎么形成的？

像这样的讨论会把学生的关注点从哲学认识论的一些问题引向伦理和意义的问题，而不只是局限在几何知识的特定内容。其实，前苏格拉底时期哲学家关心物质世界的构成，苏格拉底把这种关心转化为伦理以及人类在相互关系和社会组织中所起的作用问题，这个转变至今对人类充分认识科学的利与害，以及科学与统治权力的关系，仍然具有现实意义。这也是学生们在希腊思想课上阅读《几何原本》的人文教育意义所在。

（二）科学和“人的普遍问题”

人文教育课上讨论科学的目的与讨论其他文本（文学、历史、宗教、政治哲学等）的目的是一致的，那就是培养学生对“人的普遍问题”进行思考和提问的能力，其中包括知识与权力的关系问题（这也是法国杰出的“思想系统的历史学家”米歇尔·福柯最关心的问题）。

在阅读伽利略的《星际信使》时，知识与权力的关系问题相当突出。这个历史时期的人文阅读文本没有选牛顿，而是选了伽利略，是经过考量的。这不是因为伽利略在科学贡献上比牛顿更伟大，而是因为他在两个方面更符合人文教育课的教育目的——他让我们看到科学背后的人类心灵，也让我们看到，由于无法摆脱来自政治（当时是宗教政治）权力的限制，真实的知识体现的是人的一种怎样的被压抑的知识信念，它也同样映照出一种自由与屈从同在的科学家人格，至今仍然如此。人文教育顾名思义是“人的自由教育”，自由的人格是这个课程对学生培养的一个主要目标，然而，自由是有条件的，无视这一点，便不能真正懂得自由。

新竹“清华大学”校长徐遐生在为《星际信使》中文版所写的序里称赞伽利略“使科学为高等教育增色”。从科学上来说，伽利略实现了“实验与理论……的适当比例”。这是历史性的跨越，“对实用与抽象知识没有鉴赏力，现代科学不可能产生。古希腊时期，对理论与抽象能力的欣赏达到顶点，而重视经由实际应用试验的成果导致的经济利益，在古代中国达到最高点。可是这两个文明中，没有一个发展出物理科学，因为无一真正重视从事科学冒险所必需的两个面向。有理论而缺乏实验，就像古希腊时期，虽能产生美妙的数学与哲学（以及政治管理的民主原理），可是却无实际用途，也不能为物理的实现扎根；有实验而无理论，好比在古代中国，虽可以生成有限的财富、稍微改善医疗，及增进一些军事本领，可是却缺乏对潜存关联的深刻理解，因而无助于基本原理的进步”。

伽利略的《星际信使》为高等教育增色还有人文教育的方面。它让我们看到了人的丰富性和多样性，看到科学家在与权力体制（天主教会）发生灾难性冲突时，人格特征会变得模糊。尽管如此，他仍然可以是一个可亲近的人。而且，一个有公共意识的科学家，他不只是从事科学研究，他还要传播他所珍视的科学发现，为此，他需要具备运用语言文字的才能。

伽利略受当时的教会迫害，这是学生们都知道的。但是，通过阅读《星际信使》，他们看到的不是一个简单化了的“知识殉道者”，而是一个为了自身安全，很会讨好权力，与之妥协，也很善于为自己谋取有名有利学术职位的“聪明人”。这种讨好和妥协是因为他不得不应付权力对知识的武断审查。然而，虽然这是不得已的自我防卫策略，但却还是一种为追求真实和真理付出的道德和人格代价。

伽利略因此成为一个“不自由的知识人”的象征性人物，让我们看到了强制性权力控制下的知识人和知识的普遍处境。他不仅是一位科学家，而且更是一位具有文艺复兴时期特征的人物——复杂、多面、矛盾，有着与我们一样的平凡人性。这与我们在科学教育中常常碰到的那种脸谱化的“科学家”（“爱国”加“专研”）是完全不同的。例如，“文革”结束后不久，数学家陈景润成为“科学的春天”里的知识人格典型，他除了演算数学题之外，几乎什么都不会，什么都不关心。相比之下，伽利略则向我们展现了他作为社会和政治中人的全面投入和由此显现的鲜明个性。

《星际信使》不仅揭示了自然世界的微妙运作，也透露了科学背后的人类心灵。伽利略是一位细心的工匠，他制作了当时世界上最精细的望远镜。他是一位思虑缜密、一丝不苟的理论家。对从经验观察到的现象，他非常小心但又很大胆地进行了综合概括，深及其基本的原理。他是一位令人敬畏的观测者与实验家，对于可以采用新仪器来解决的急切问题具有灵敏的嗅觉，并对重大发现的重要性提出周到的诠释。

同样有意思的是，他是一位非常会说故事的人，说故事成为他的“科学策略”（现代的科学普及可以说都还在效仿他）。他在叙述中能一面说服读者相信他的观点，一面又预先回答哲学与宗教人士可能对他发动的思想审查和反对。他用读者熟悉的地球表面现象做模拟来描述阳光如何落在黎明的月球表面上，先照亮山顶而后才是山谷。他用引人入胜的方式引导读者理解，为什么出现在暗区内的孤立亮点暗示月球有崎岖的地形，而先前的研究者认为那只是光滑球面上的杂色斑点。这些地貌显示月球不是变化多端的女神，而是像地球一样的自然世界，在一个月内不断变换自然风貌。

不仅如此，伽利略还是一个政治投机分子，科学家们都十分愿意向有助于他们自身名利的权贵卑躬屈膝，从他那个时代到今天，并没有太大的改变。伽利略将《星际信使》献给佛罗伦萨的统治者美第奇家族，并将木星的四颗卫星以美第奇家族之名来命名，他因此如愿以偿获得这位欧洲最具权势的统治者的赞助。今天，人们不再把木星的那四颗卫星称为“美第奇卫星”，也不把它们当作归属于美第奇家族的东西。比起后来的科学家把研究成果归功于某个领袖或政党，或是冠以某种政治正确的名称，伽利略的讨好行为还不是最令科学蒙羞的，因为美第奇确实可以称得上是历史上少有的开明专制领导者。政治归政治，科学归科学，仍然是一个遥远的梦想。伟大的科学发明（如畅通无阻的信息网络）虽然能造福人类，但其运用不能违背统治权力的利益，同样的科学技术可以用来做好事也可以用来干坏事。科学家不是不食人间烟火、居住在象牙之塔里的“纯粹知识人”，他们生活在社会和政治关系之中，必须时时应付控制着他们知识活动的权力，并与各种制度限制小心周旋。

（三）科学不寻找绝对真理

17世纪，科学观念发生了根本的变化，对之产生过巨大影响的不仅是笛卡儿，而且还有培根，培根甚至还更有代表性一些。人文课上之所以选笛卡儿而非培根，一个重要原因是，笛卡儿让我们更为典型地看到理性与信仰（宗教的或意识形态的）在科学家那里可能发生的自相矛盾。一面秉持以怀疑来确定真实知识的原则，一面却屈从于某种不容置疑的“信仰”，这样的分裂人格在科学家和知识分子身上表现得特别明显，而造成这种分裂的往往不是科学家真的有什么“信仰”，而是因为他们对某些事情有所“害怕”。

学生们在人文教育课上阅读笛卡儿的《谈谈方法》，不难从字里行间读出他因为伽利略于1633年被教会迫害而感到的害怕，他是一个

“吓怕了”的科学家，统治权力对知识者的杀鸡儆猴手段在他身上是发生作用的。笛卡儿坚持理性的怀疑，他知道，这种怀疑精神可能摧毁人们认为是天经地义的政治和道德价值观，作为妥协，他倡导建立一种“临时的道德原则”，直到理性能找到并维持新的原则为止。比起他的同时代人培根来，笛卡儿对待宗教和上帝的问题要小心谨慎得多。这是因为他害怕像伽利略那样受到教会谴责，他于1633年被迫放弃对哥白尼学说的信念（相当于公开检查和承认思想错误），也放弃了发表与伽利略见解相似的《世界》（*The World*，1633年完成）一书的念头。

在阅读笛卡儿时，学生们讨论得更多的是现代科学方法的形成以及我们应该如何理解所谓的“理论”——科学的以及其他被称为或自称为“科学”的那种理论。人文课上的大学生对现代科学观念在文艺复兴和17世纪发生的根本范式转变很有兴趣，但他们对这之前的亚里士多德旧科学范式却往往了解甚少，因此需要向他们介绍亚里士多德对“心智”（mind）、“知识”（knowledge）和“科学”（science）的观点。这些观点也都与知识讨论的其他问题有所关联。在亚里士多德那里，“心智”（也就是“在头脑里发生的”）只限于“推理”和“理解”。人的感官、想象、意志等是指向心智之外的，因此不是纯粹的“智力”，它们只是人与外部世界之间的联系而已。在“我怎么感觉”与“外面有什么”之间是没有区别的，因此，感官经验直接向人们提供了外部事物的知识。

笛卡儿对17世纪新科学范式的形成有重要贡献，他把人的感官经验、想象和意志、推理和理解一起归入“心智现象”。他在“我怎么感觉”和“外面有什么”之间画了一道界线，提出了一个根本的怀疑：我们能确定自己所感觉到的事物吗？如果我们不能确信由感官所察觉的事物（例如，水杯里看起来是“弯”的筷子其实是直的），那么我们便不能从观察中推导出所谓的“科学真理”来。所谓的“科学观察”并不是纯客观的，而是人的意志解释行为，对它的科学性（可靠的知识性）决不能轻易下定论。但是，笛卡儿对绝对确实的否定并不彻底，他的怀疑论（“我思，故我在”）仍然是为了寻找某种在亚里士多德范式中无法获得的知识确定性。今天，我们可以比他更进一步地知道，在科学里是找不到绝对的确定性的，根本就不存在什么绝对的科学真理，更不要说是“宇宙真理”了。知识骗子们总是把自己的私利打扮成真理，并把谋取这种私利的手段夸耀为科学。

学生们在讨论中很感兴趣的是，任何科学理论的性质都是提出某种基本“假设”(hypothesis)，而不是从什么一定正确的原理推导某些“证明”(demonstration)。学生们对“担保”(warrant)的认知作用尤其感兴趣，因为他们许多都来自有宗教背景的家庭，对“信仰担保”与“科学证明”之间的区别已经有所了解。例如，平面几何的“勾股定理”有几十种不同的证明，但这并不比只有一种证明更增加“勾股定理”的可信性。但是，“信仰”或“信念”的担保是有可加性的，来自多个不同方面的支持越多，条件就越接近充分，担保就越有力，越令人信服，宗教历史的故事、事例和人物、道德感化、神学研究等都是在提出这样的担保。把理论看作“假设”，这其实已经是在把从理论得到解释的现象当作是一种“担保”了。

理论被人们相信，是因为它有经验的支持。理论中包含了一种由“担保”所支持的“信念”，信念发生在感觉官能和思维官能的相互结合中。例如，牛顿力学定律之所以被人深信，不仅在于他找到了开普勒原来分散的结果的统一内在原因，而且更在于它被以后无数成功实践所担保。但是，这些担保并不充分。更深入的研究发现与这个信念不符的实例。近代力学研究发现，当运动中物体的速度达到光速时，牛顿定律的结论与实验结果之间的偏差就很明显，这时就得用爱因斯坦的相对论力学了。然而，尽管牛顿力学的担保是有条件的，但在它使用的条件范围内却是完全可靠的。虽然相对论力学是比牛顿力学更具精确性担保的知识，但它并不降低牛顿力学的价值。人类日常生活中的事情都在牛顿力学有担保的条件之内，因此牛顿力学在日常生活中有比相对论更广泛的用途。

这样的科学知识对学生们了解其他知识及其运用范围和条件很有帮助。他们由此知道，科学的成就在于得出某种有担保的理论（即“假设”），而不是绝对确定无疑的知识（所谓的“放之四海而皆准”的真理）。人类诉诸理性的怀疑（不同于非理性的怀疑主义和犬儒主义）所得到的这个对“知识”的理解，不仅适用于自然科学，也适用于人文科学。

人文教育课上讨论科学，涉及许多与人类思想史、观念发展、哲学、政治、社会有关的问题，不要求面面俱到，只要求学生们开动脑筋，积极加入讨论。这样的讨论是一种“交谈”（conversation），学生们自己的思考、提问、回应和关心的问题成为交谈的主要内容。老师的任务是协助讨论，不是知识灌输（lecture）。这与自然科学课程上的“特殊知识传授”是不同的。因此，即使是同一门人文课，每次教的时候讨论内容也会有明显的不同。人文“讨论班”（seminar）每个班学生人数规定不超过二十名，这保证了他们每个人都有充分的机会加入交谈，也保证了讨论能以不限于形式的自发方式进行。这也是“交谈”这种知识活动本身的特点，交谈是自发自然的，它从学生们共同阅读的文本开始，从一个话题引向另一个话题，有时候岔开去，有时候又转回来，其过程和范围都是无法事先预测的。讨论的质量在很大程度上取决于学生的思考能力和人文素质。

在研究专门科学的人们看来，讨论科学的人文方式也许太不专业。但是，人文教育是一门帮助学生提高思考能力和精神素质，而不是传授特殊专门知识的课程。马丁·路德·金批评现代科学忽略了人的精神提高，他说，“我们的科学能力已经超过了我们的精神能力，我们的炸弹导向精准，但人却是在被误导”。美国生物化学家和杰出的科幻小说家艾萨克·阿西莫夫（Isaac Asimov）更是感叹道，“科学积累知识的速度超过了社会积累智慧的速度，这是我们生活最不幸的一面”。大学教育课上的科学讨论正是要让学生懂得，比起单单增加某一门自然科学的知识，更好地了解和懂得科学也许更加重要。

十七　蒙田《随笔集》
——引述与学问

学生们读蒙田的随笔，往往觉得“引文太多”，有的地方根本看不出为什么要用引文，徒增学究气而已，不但没有助益，反而妨碍了他们的流畅阅读，所以碰到引文，不如干脆跳过去。蒙田引述的往往是他阅读中碰到和积累的格言（还有名句、妙语、箴言等），有人统计过，蒙田散文里的拉丁文引文有1300多处。蒙田自己的随笔中也有许多被后人和读者认为是“可引述”（quotable）的名句、妙语、格言和智慧之言。其实，蒙田的随笔与格言有着历史的渊源。有关格言的历史知识可以帮助学生们更好地理解蒙田，并通过蒙田了解人类不同文化中都有的“智慧写作”。

（一）从格言到随笔

“随笔”并不是蒙田于1591年退隐乡居后一下子“发明”的，随笔的因子在蒙田之前早就在别的写作形式中存在，后来才慢慢演化成“随笔”。蒙田在这个变化过程中起了重要的“催化”作用，而催化毕竟不同于发明。在随笔演变、发展、成形的过程中，起关键作用的因子正是“格言”。和蒙田是同时代人的英国随笔作家培根在他自已38篇的《随笔集》(*Essays*，1612）的“献词”中说：“随笔是最近的事，但这个东西（the thing）却是古已有之。如果你细读塞内加的《给鲁齐留斯的道德书简》(*Moral Letters to Lucilius*)，就会发现，他写的就是随笔，也就是分散的沉思（dispersed meditations）。”

在古代希伯来语的“智慧书”(Wisdom Literature，包括诗篇、箴言、约伯记和传道书）里，尤其是在《德训篇》(Ecclesiasticus，又称《便西拉智训》，包含约书亚便西拉的智慧训言，是犹太文学中的“次经”的一种）和《传道书》(Ecclesiastes）中，就已经有了散文的雏形。在那里我们可以看到“散文”如何从一种粗浅的成语（proverb）或格言（maxim）发展而来。成语或格言是由某个人（他往往比其他人更善于观察、体会和表达）用简短、生动的话语所总结的与他人共同的经验。例如，古代社会中实行以物换物的交易，那时候就有了欺诈行为。有人对这个大家都有的普遍经验作了一针见血的概括，于是就有了今天我们在《德训篇》里读到的“钉子容易钉进石缝，罪恶容易钻进买卖”。像这样的话简洁有力，易记易传，于是便成为人们对共同经验和感受的现成表达。现成的表达最初说出来的时候，说话人是花了心思的，因此具有了“文学”的艺术和妙言特征。许多格言、箴言被收集起来，归成一集一集，多个小集又归在一起成为大集，《圣经》里“箴言”便是这种“集子的集子”。

人类对格言和箴言的爱好不只是与宗教有关，集成格言和箴言的爱好相当广泛，自古就有。集成格言和箴言经常是以主题来归类，如“友情”“诚实”，也有的则是以“某某名言”来归类，至今如此。格言式的智慧（gnomic wisdom）一向受到作家的青睐：蒙田喜爱格言、箴言，《堂吉诃德》里有许多成语，美国革命先贤富兰克林的《穷理查年鉴》(*Poor Richard's Almanac*) 也收集了许多格言。这些许多已成为今天人们眼里的"经典格言"。

格言转化为随笔有不同的方式，在蒙田那里都能找到不少例子。他早期的随笔有的把一些类似的格言放在一起，在思考中将之形成联系，接续成章；后来的随笔有时取一个格言的想法作为出发点，借题发挥，发表自己的高见，话越扯越远。到了后期，蒙田才更加集中地表达自己的思想，把格言用作自己话语的点缀和帮衬。

格言和随笔虽有渊源关系，但作用并不相同。格言是一般的说法，说的是过去的普遍经验，其作用是指导现在和未来的行为和行动。但随笔的作用却是评议 (criticism)，是作者发表自己对具体事物的看法。格言经常没有作者，古代人没有"作者"的概念，就算后来我们知道警句的原作者是谁，知道作者也不是理解警句的必要条件。但随笔却是个人的言论，谁在说话和说了什么话是相互联系的。像蒙田这样的随笔作者，他不仅要让读者知道他说什么，而且还要让他们知道为什么，随笔也因此成为与"理"有关的议论。蒙田说，"我写的是我自己"，意思是，我写的是我自己的看法，这些看法是我这个人的，不是别人的，也不代表别人。随笔各式各样，并不是所有的作家都像蒙田这么写随笔，所以，"写我自己"才成为蒙田随笔的特色。

蒙田喜欢引述他人，让学生们注意这个特点时，还可以介绍一个有用的概念："互文"(intertext)。随笔是一种"互文"特征很强的写作形式。"互文"指的是不同文本之间的联系，美国著名文学理论家乔纳森·卡勒 (Jonathan Culler) 说，互文就是"一个文本与其他文本"的关系。法国批评家热拉尔·热奈特 (Gérard Genette) 则称互文为"一个文本出现在另一个文本之中"。互文这个说法是20世纪60年代出现的，一般认为是法国文学批评家克里斯蒂娃 (Julia Kristeva)

首先运用的一个术语。克里斯蒂娃说，她是受到了俄国文学批评家巴赫金的启发。她说，“无论哪个文本，都是一个由引语构建的镶嵌图，都是吸纳和改变了其他文本的结果”。在克里斯蒂娃之前，人们早就认识到，任何一个作者实际上都受到其他作者的影响，与其他作家有某种联系。克里斯蒂娃认为，与其说是“作家主体间的关系”（intersubjectivity），还不如说是“文本间的关系”，所以应该用后者取代前者。用文本取代人，也就是把阅读的重点从“作家”转移到“写作”。

虽然学生们未必需要用“互文”的观念去阅读或解读蒙田，但知道互文对他们是有帮助的。这是因为，蒙田的文本有许多来自其他文本的引文，并以这种形式与其他文本有所联系。许多其他文本以引文的形式出现在蒙田的文本中。这些引述的文本成为蒙田文本的组成部分。在人文课上阅读蒙田时向学生们介绍互文，是为了提醒学生们，要充分了解蒙田的文本，就不能轻易地把他的引文当作是累赘或阅读障碍。

蒙田喜爱格言，不仅引用到散文里，还写在书房的房梁上（有57条之多）。这些格言引文都是从希腊、罗马作家那里取来的，包括奥维德（Ovid）、塔西佗（Tacitus）、维吉尔（Virgil）、贺拉斯（Harace）、西塞罗、塞内加和普罗塔克。蒙田的早期随笔几乎是各种引文语录的拼合，蒙田将此称为“镶嵌”（inlay）。他喜爱塞内加，普罗塔克也是他心仪的作家，他的随笔从普罗塔克各种著作中引文将近四百处。他喜欢普罗塔克笔下那些品格高尚、才能出众的英雄人物，觉得自己生活的时代太平庸了，只有以古人为楷模才能优秀起来。文艺复兴时期的许多人文主义者（humanists）也是这么认为的。

（二）随笔中的引文与知识

文艺复兴时期的人文主义者往往把来自古典著作的引文当作格言。伊拉斯谟（Erasmus，1466—1536）是16世纪欧洲北方文艺复兴的杰出代表，他编的《箴言集》（*Adagia*）里收录了三千多条引文。美国比较文学教授柯丽（Rosalie Colie）说，“蒙田开始写的随笔……是一些为细心选择的格言所作的评语。这种客观写作的目的很快被蒙田自己很强的个性冲溃了。事实上，随笔可以说是格言写作的一个副产品。在把格言放置到一种新语境的过程中，随笔发展成了一种独立的写作形式”。蒙田早期的随笔与伊拉斯谟《箴言集》里的一些条目甚为相似，伊拉斯谟对有的箴言也是先引述，然后再借题发挥，铺陈敷衍成他自己的一番议论。

蒙田早期的一些随笔，如《论懒惰》（“Of Idleness”）、《论哀伤》（“Of Sadness”），几乎就是从古典作品中收集相关引文，以此为主题说一番他认为合情合理、有说服力的道理。但是，他后来运用引文的方式逐渐有了改变。在后期的随笔中，引文成了他在对话中引入新声音的方式，而不仅仅是为他自己的论点和看法提供具有权威的支持。引文的这种变化同样也发生在英国文艺复兴时期随笔家培根（Francis Bacon，1561—1626）的随笔写作中。早期的培根随笔像是警句格言的汇串，后来的培根随笔则主要是作者自己要说的话，用到引语便时常会附带议论和有保留的说法。

今天，学术随笔和论文（尤其是学术论文）中的引文作用已经与一般的随笔有所不同，不能用一种引述方式为标准去要求另一种。最明显的不同是，一般的随笔用引文不需要注释，也就是有引无注。但是论文（学生的论述作文）是需要有引有注的。有引无注或有引有注其实是表面的区别，实质的不同在于，随笔和论文关心和提供的是两种不完全相同的知识。随笔关心和讨论的是“普通知识”，18世纪英国哲学家托马斯·里德（Thomas Reid，1710—1796）指出，普通知识是一种由普通日常语言表述的“常识”。相比之下，论文提供的则是专门知识，它使用的专业语言在非专家的普通人看来是一种难懂的“行话”。在人文课堂的讨论中，使用的是普通语言，讨论的是普通知识。

论文在引述时讲究准确和精确，为的是便利读者在有需要时进一步查找相关知识，为引文提供注释是为此目的服务的，不是炫学也不是装饰。相比之下，随笔的引文就要灵活得多，也更多样（当然不能太随意）。有的随笔作家用引文是凭记忆的，只要是原文的意思就可以了，蒙田凭记忆的一些引文就有不精确的。格罗姆·戈德（Graham Good）在讨论散文写作的《观察的自我：重新发现散文》（*The Observing Self: Rediscovering the Essay*）一书中就认为，蒙田这种“可能弄错”（fallibly）的引用法，在散文作家中大有人在，“再说，读者如果不是一个‘学人’（discipulus），也不会去寻找或核实那个引文”。话虽这么说，但在人文课写作时，老师还是会要求学生们在引文时做到准确和忠实原文。当然，引文也可以用自己的话来复述。老师还会要求学生们，在作文里无论是引文还是复述，一定要说明是引自他人。在人文课的这个要求里，伦理的要求（诚实、不剽窃）是与知识的要求结合在一起的。

学校对学生作文有“不得剽窃”的规定，这是指不能把别人的话冒充成我自己的话，而不是指不能把别人的知识当作我自己的知识。只要注明出处，直接、复述或释义地引用都是很正常的。剽窃（plagiarism）这个词在英语里最早出现于文艺复兴的1621年，文艺复兴时期与现代的知识观念不同，对剽窃也有不同的理解。我们现在很在意剽窃问题，但是，文艺复兴时期的人文主义者并不把剽窃视为一个学术伦理问题。蒙田在《论对孩子的教育》中说到一些我们今天会视为“剽窃”的作家，他写道，“本世纪有些作家轻率从事，在他们毫无价值的作品中，常常整段抄袭古代的作家，往自己脸上贴金，可效果适得其反，因为抄来的和他们自己的不啻寸木岑楼，高下悬殊，反使得他们自己的东西显得苍白无力，相形见绌，以致得不偿失”。蒙田批评的那些作者并非犯下了道德或知识伦理的过错，他们只是不善于“模仿”(imitation) 的写作，缺乏“借用”别人想法的技巧，因此留下了痕迹。这就像中国人所说的“熟读唐诗三百首，不会吟诗也会偷”，这里的“偷”并无道德伦理的谴责意味，只是指还没有学到融会贯通、化而无痕的境界，借用得比较生硬而已。

散文中的引文经常不是用来“支持”或“证明”某个看法，而且是用来提供说明或解释，或者形成某种“交谈”或“对话”。用引文是出于某种说话的需要、提供某种说话的方便。引文所作的应答或帮衬是一种说话的“方式”，而不提供什么特定的“内容”。这与专业或正规论文是不同的，当然，在随笔和正规论文中，如果迫于外在压力，有话不便直说，引文也都能起“借嘴说话”提供内容的作用。蒙田说，“我引述别人，是为了更能把话挑明了说”，“我让别人说我自己不便说的话”，“说一些可能让审查者神经紧张的话”。戈德说：“随笔与论文不一样，它的目的并不是添加什么‘确实无疑’(definitive) 的东西，也就是说，并不是为别人提供对某个现象的正确（不可更改）的解释。”一般情况下，“确实无疑的知识”可以成为论文与散文在交流目的上的区别。论文以确实无疑的知识为目的，一旦有了不同的新证据或新方法，那么以前确实的知识就会不再确实，结论就会被推翻和代替。但是，散文不以此为目标，也不自称确实无疑，所以即使有了新的、不同的看法，也不能推翻或代替原来的看法。

人文课上的阅读讨论与随笔的写作有一种自然亲缘和相似的关系，它们的知识性质也很类似。戈德指出，“随笔作家的知识不是来自他的学问，而是来自他的经验（常识）；随笔的‘真’不是因为某种方法或结果与某个正式著作整体的连贯一致。它的方法无须是协作的，它的发现也无须是确证的。它只要求让个人的经验能变通和灵活。随笔并不把某种话语规则强加于经验，而是让散文话语随经验就势而成。这样的知识会产生判断，但不是先于经验（常识）的判断（即先入之见）。它也会得出结论，但不是预知的结论……这些结论只是暂时的，不能脱离具体的情况。随笔的思考由特定的经验而生发，也回归到特定的经验”。

随笔提供和实现的与其说是“思想”，不如说是“思考”。随笔的真实知识是有限的知识，它基于经验常识，经验受到什么限制，这种知识就受到什么限制。随笔的思考随事件或对象的变化而变化，完全是随机的，如果一件事接着另一件事，那就有了一个叙述；如果一个对象接着另一个对象，那就有了一个描述；如果一个想法接着另一个想法，那便有了逻辑说理。在人文课堂上的讨论也是如此，知识是随机的，讨论的话题发展和转换都不是预先设计好的。学生们有什么说什么，只要是他们自己的思考就行。思考比它产生什么想法来得重要，学生们无须在意或顾虑自己的想法是否“新奇”、是否“有创见”，他们的思考与他们自己的体会是合为一体的，由此而生，回归于此，可以是他们自己的经验之谈，也可以是别人经验里也有的。只要是独立思考的结果，都是值得与他人分享的，也都是值得他人留意和倾听的。

十八　霍布斯《利维坦》
——血统继承与腐败问题

在我的人文教育课“从文艺复兴到18世纪启蒙”上，学生们先是阅读了马基雅维里的《君主论》（*The Prince*），几个星期后，又阅读了霍布斯的《利维坦》（*Leviathan*）中的一些章节。学生们对霍布斯所主张的统治者“无限主权”表示反感。但是他们对《利维坦》第二部分第21章《论臣民的自由》的一些内容却觉得还是能接受的。其中包括在21章结尾处霍布斯谈到臣民有权恢复人的绝对天赋自由的地方。

（一）天赋自由与血统继承

霍布斯讨论了四种恢复天赋自由的情况，其中一种是：“如果一个君主为他自己和他的继承人放弃主权时，臣民就恢复了绝对的天赋自由。”学生们的理解是，像美国这样的国家，没有君主（或其他专制统治者），也不存在君主为他自己和他的继承人放弃主权的情况，因此，人们享有绝对的天赋自由。很显然，学生们是从本来就拒绝“血统继承”的立场来阅读霍布斯的“血统继承”观点的。

这是典型的美国人的理解，与霍布斯原来的意思未必相符，但人文教育课的一个原则是，不反对学生从自己的问题意识出发，进行“有立场的阅读”(committed reading)。人文课上要求细读文本，但这不等于在阅读中死死盯住所谓的“文本原意”或“作者原意”。仅为“原意”而阅读，有可能把阅读变成为读而读，实际上无目的的精致游戏。思考能力强的学生往往不会满足于这样的阅读。这就像有独立见解的知识分子不会满足于自娱自乐的精致学术话语游戏，而是会时常做“有立场学问”(committed scholarship)一样。人文教育是一种提高学生公共问题意识的教育，所以会鼓励他们进行一些“有立场的阅读”，并为之提供必要的引导和训练。

霍布斯自己是怎么看待“血统继承”的呢？所谓“血统”，当然是与君王(绝对的统治者)或统治集团有“二代”关系的。但是，不是所有的“二代”都自然而然就可以成为继承人的。“二代继承人”必须是君王亲自“挑选”出来的。霍布斯说，“根据自然之理，虽然(君王)可以确定谁是他的儿子、谁是他最近的亲属；然而……他的继承人是谁，却要取决于他自己的意志。因此，他如果自己愿意不要继承人，那就没有主权，也没有臣服关系可言了。如果他死去时没有众所周知的亲属，也没有宣布继承人是谁，情形便也是一样。因为这时便不可能找出继承人，因之也就没有服从的义务了”。霍布斯所说的君主“自己愿意不要继承人”的情况在人类历史上是很难找到例子的。

即使在没有君主的国家里，以某种形式确保挑选继承人的特权也往往是保障制度继续存在的根本条件。民主制度是个例外。例如，美国是一个从制度上防止任何个人或政党挑选接班人的国家，更不要说是从血统继承来挑选接班人了。这不是因为美国人没有基本的制度需要守护，而是因为他们要守护的是一种与“血统继承”无关，会因

“血统继承”遭到危害的制度。在美国的民主制度里，主权不是来自一个人或一小群人的父辈的政治血统，而是来自全体公民的选举结果。

我班上学生在读到霍布斯“血统继承”论的时候，会联系起他们在马基雅维里的《君主论》里读到的两种君主国——世袭君主国和混合君主国。在世袭君主国里，起作用的是一种由血统维持的政治制度。在那里，“血统继承”的好处是，新君主有自然的血统合法性，一般老百姓无法与他相争，早已习惯于接受君主这一家的统治。因此，无论新君主如何平庸，只要能当好维持会长，就算是成功。马基雅维里写道，“在人们已经习惯了在君主后裔统治下生活的世袭国里保持政权，比在新的国家里困难小得多。因为君主只要不触犯他的皇宗皇祖的制度，如遇有意外事件，则随机应变，这就足够了”。这样的君主总是保守的，特别害怕任何可能的威胁性，因为，马基雅维里说，新君主“通常的能力”虽然“总是能够维持他的地位”，但一旦“遇有某种异乎寻常的格外强大的力量……有可能被篡位”。但是，由于他的血统，“即使他被夺权了，当篡夺者一旦发生祸患的时候，他就能够光复旧物”。血统统治者最害怕的是与他有着相同血统的篡夺者，因为他会极难从这样的篡夺者那里“光复旧物”。所以，血统统治者之间的血亲残杀是相当常见的。

马基雅维里称另一种君主国为“混合君主国”，是因为那里统治血统在起作用，但那血统却是新建立的。与旧的君主血统制度相比，“它不是全部是新的，而只是一部分是新的”，所以“从整个来说，它可以称为混合国”。在这种新旧因素混合的制度中，“变动主要是来源于一切新君主国所固有的困难。这就是，人们因为希望改善自己的境遇，愿意更换他们的统治者，并且这种希望促使他们拿起武器来反对他们的统治者”。这种新君主国本身就往往是推翻了另一个君主国后建立起来的，当时人们也曾因为希望改善自己的境遇，而拿起武器来帮助推翻前一个君主国。马基雅维里写道，“可是在这件事情上，他们上当受骗了，因为后来经验告诉他们，他们的境遇比以前更恶劣了。这种情况是由于另一种自然的、通常是必然的情况造成的。这是因为，新的君主为了犒赏他的军队和巩固占领地区的统治，通常会不可避免地盘剥新的属民，因而激起他们的怨愤”。这也就是俗话说的，赶走了饱蚊子，又来了饿蚊子。

在阅读和讨论“血统继承”问题的时候，学生们自然联想到了英国君主制。然而，英国奉行的只是虚位君主制，依英国政治惯例，政权由首相、内阁及由上议院及下议院组成的英国国会完全掌握，而君主则为国会无党派成员。君主的实际角色限于非党派功能（如颁授勋衔）。这个角色从19世纪起就确定了。一个同学告诉大家，英国作家和记者沃尔特·白芝霍特（Walter Bagehot）在《英国宪法》（*English Constitution*，1867）一书里说过，君主只是英国政府“庄严”的部分，而非实用部分，“上下两院如果作出决定，就是把女王本人的死刑判决书送到她面前，她也不得不签字”。

于是，有的同学说，按白芝霍特的说法，女王的“天赋自由”甚至还不如一个霍布斯笔下的臣民。霍布斯说，任何一个臣民在他对于主权者的承认中都不包含这么一条：“在他命令我的时候，我就有义务要杀死自己。”而女王却不能不在她本人的死刑判决书上签字。这令我想起了现为英国王室第一顺序继承人的查尔斯亲王所说的，“像君王制这么古怪的制度，如果没有人民的态度，是不可能存在下去的。说到底，如果人民不要这个君王制，他们就不会有君主制”。让人民决定他们所要的制度，如果人民不同意，任何血统继承都没有合法性。就对血统继承的认识而言，查尔斯亲王的这个豁达见解看来确实是比较开明的。

（二）腐败从认知开始

在人文课上，学生们会因为不同的文化背景或经验而在阅读中思考不同的问题。我有一个从墨西哥来的学生，在读《利维坦》（*Leviathan*）时，他对霍布斯所说的“腐败”表现出一般美国学生少见的兴趣。这恐怕与墨西哥社会存在着严重的腐败有关。霍布斯直接谈到腐败的地方非常有限，而且他所说的腐败也与我们今天所说的那种以贪腐为主的腐败有很大不同，但这位学生却还是想用“霍布斯看腐败”为题来写他的期末论文。为此，他在我办公室接待时间来找我谈过几回，告诉我又找了哪些霍布斯的作品来读，收集到哪些研究材料，有什么写作计划，令我印象非常深刻。在他收集的材料中有一篇是英国曼彻斯特大学政治学讲师布劳（Adrian Blau）写的《霍布斯论腐败》（“Hobbles on Corruption”）。

布劳在文章里讨论的主要是“认知腐败”（cognitive corruption），这是一种由于思维扭曲、心态变异、逻辑混乱而造成的败坏（歪念）。以这样界定的“认知腐败”来看，奴性、趋炎附势、自以为老子天下第一、掌握了宇宙真理、把毒枭当英雄来看待、把帮规当原则来信奉、把希特勒这样的人物当伟大领袖来尊奉，都可以归入这一类“歪念”的腐败。这样对待“腐败”与我们今天把腐败只是限定为金钱、女色的贪污腐化或者杀人越货、强奸偷窃的歪念显然是有差别的。

我问这位学生，为什么对“认知腐败”这么感兴趣。他说，我们今天深受其害并因而痛恨的腐败都是从某种认知的扭曲和谬误开始的，也是由某种错误和有害的观念所支持的，这些观念有的看上去很“合理”，因此有极大的欺骗性，特别有害。正如布劳所说，霍布斯的认知腐败观包括了“理智、欲望、思考、教育、观念灌输等一系列因素”，因此，“认知”也就可以理解为几乎所有与政治和社会有关的观念。观念的败坏是一切政治和社会败坏的开始。例如，墨西哥的毒枭用暴力和金钱营造了毒品帝国，对于党徒运用的是利益均沾、祸福同当、绝对服从上级、老大说了算的控制手段，这种对党徒的控制就是建立在扭曲的社会公正、组织纪律、劫富济贫等观念之上的。我们不认同他们的价值观，所以认为他们和他们对社会的影响是腐败的。但是，在毒枭党徒们看来，世界本来就是一个充满暴力的丛林世界，没有暴力也就没有秩序，他们并不认为自己是错的。这位学生用自己的经验来理解“认知腐败”，论证霍布斯对腐败是什么的看法，让我这个当教师的也受益于他的思考。

霍布斯所说的“腐败”是指人重新回到原初的“自然状态”，而人如何才能脱离自然状态正是他政治学说的重心所在。霍布斯认为，人只有借助政治的力量才能摆脱自然状态，进而有可能在文明状态中找到一种生命比较安全，财产比较有保证的生活秩序。霍布斯认为，人的本性主导着人的自然状态，人天生就是自私自利、残暴、好斗、贪婪的，在自然状态下，人才有机会为所欲为，对无力与自己为敌的他人肆意欺凌、弱肉强食；而弱者则只能生活在永远的不安全感和害怕之中。自然状态是一个人性恶的败坏状态，也是一个“意义的无政府状态”，人类需要强有力的政府，就是为了限制和改变这种状态。

霍布斯的腐败观为理解他的政治观提供了一个独特的视角，他所主张的至高无上的“主权者”(国家) 并不是一个至高无上的自私自利者。人民放弃权利，是为了交换主权者提供的公正统治和由它保护的安全、和平与文明秩序。霍布斯在《利维坦》中说，人民放弃的权利被授予一人或由一个集体来代表，“像这样统一在一个人格之中的一群人就称为国家，这就是伟大的利维坦（Leviathan）的诞生，用更尊敬的方式来说，就是活的上帝的诞生……承当这一人格的人就称为主权者，并被说成是具有主权，其余的每一个人都是他的臣民”（第十七章“论国家的成因、产生和定义”）。

生活在国家里的人，应该是“人造的人”而不是“自然的人”。霍布斯用人的构造来想象国家的构造：主权是灵魂，官员是关节，赏罚是神经，资产是财富和实力，人民安全是事业，公平与法律是理智和意志，和睦是健康，动乱是疾病，内战是死亡，等等。政治的腐败是对国家机体的严重毒害，它包括政治派别为了一己私利而专制跋扈、官员为了自肥而利用职权接受贿赂，关键都是因为私利而成为国家的“疾病”。

“腐败”（corruption）的原意是“彻底崩坏”，在哲学和神学里一般是指精神或道德因偏离某种“理想”状况而污秽和不纯洁。今天，我们把贪污受贿、沉溺酒色视为腐败，也是相对于某种“道德纯洁”理想而言的。霍布斯说的“腐败”与此不同，它是重新沉沦到一种虽自然但野蛮的自然状态之中，在这种自然状态中，每个人都像一只孤独的野兽那样行动，只受求生和自我满足这两种基本冲动支配，不受道德约束。这与后来卢梭的“高尚的野蛮人”相反。在卢梭那里，人是被社会败坏的，而霍布斯则把政治组织化的国家和社会看成是对抗败坏的唯一可能途径。而且，他不是用灵肉两分的观点来把肉体的“污秽”与灵魂的“纯洁”对立起来，而是用人的身体来想象国家的健康，用人的疾病来认识腐败对国家的危害。这可以说是一种“具身认知”（embodied cognition）

或“具身想象”(embodied imagination)。

(三) 腐败的具身想象

在我们今天所熟悉的道德评判和谴责用词中，使用频率最高的恐怕要数“腐败”和“堕落”了。这两个词以及类似的“污秽”“肮脏”“低下”等，都体现了“具身想象”对我们道德想象的影响。对道德的具身想象用人身体的感官直觉来对人的社会行为作出对错、好坏、善恶的辨别和判断。但是，这种具身道德想象的作用往往是利弊参半的，其直觉判断需要通过理性思考和甄别才能确定。

说起身体与伦理或道德行为的关系，人们一般首先想到的是举手敬礼、握手、打躬作揖、跪拜等“礼貌”行为，这类身体语言表现为一个人的“礼貌行为”或“教养”(礼教或家教)，也常被视为好的，具有正面道德意义的行为。与此相反，带有侮辱性的身体表示（很多是手势）则被视为不道德的社会行为。

在不同的社会文化里，人们对什么是侮辱性的身体表示，某种身体表示有怎样的侮辱含义会有不同的理解。英国著名动物学家和人类行为学家德斯蒙德·莫里斯（Edmund Morris）在《手势语言》一书（已有中文译本）里对此有许多精彩的介绍和分析。在一些社会里的善意手势在别的社会里甚至可以带有侮辱，因此成为一种非道德或反道德行为。譬如，用手指做个圈表示称赞（也就是OK的手势），在有些国家里是一种下流不堪的手势。“拥抱”这种身体语言，尤其是公开的异性之间的拥抱，在有的国家里是亲密的表示，在有的国家里则是完全不被接受的禁忌行为。

在过去十几年里，许多心理学家对身体与道德意识或行为的关系进行了“具身道德”（或称“身体化道德”，embodied morality）的研究。具身道德与社会文化的身体与道德联系不同，它是人的直觉本能，不是社会文化习惯。它有一种超越社会文化差异的普世性。例如，在人类的具身感知中，任何一个文化中的“神”（代表“善”）都存在于人的头顶“上方”，而“魔鬼”（代表“恶”）则都是隐藏在人脚下的“下界”。

心理学家的“具身认识”（embodied cognition）研究发现，这种上下意识与人身体的直立姿势有关。人类是以身体存在于他们的世界里的，人的身体对认识和认识过程都起着甚为关键的塑造作用，因此，人在认识过程中的许多喻说方式都与身体有关，也都直接反映了人的身体经验。由于人的直立，形成了善恶的道德上下区分，善或好的在上（高尚、崇高、天堂），恶或坏的在下（卑下、沉沦、地狱）。与“上”“下”有关的语言表述并不只是修辞的比喻，而是一种非常基本的认识方式，离开了这种认识方式，善恶、好坏的概念甚至都难以形成。

上下的观念也影响着人们对“权势”的看法，有研究者发现，多层建筑中的结构、机关里，领导的办公室大多在顶层，绝对不会放在地下室里。在人们的观念里，有权有势的被看作在上，无权无势的被看作在下，而革命就是要“推翻”在上的，把他们“打翻在地，再踏上一只脚”，让他们处在低而又低的位置。

不仅是身体的直立，身体的洁净也是一个重要的具身意象。身体的干净、清洁、整洁、不玷污，常常与道德上的“好”和“善”联系在一起（人品高洁、一身正气），而身体的污秽、腌臜则不仅使人觉得“形秽”，而且更会被当作是猥琐、鬼祟、阴暗、下作的“坏人”（内心肮脏、人品低下）。洁净的具身感知，它特别强烈的生理和心理表现就是“恶心”（disgust），这是人具有自我保护作用的心理进化机制。恶心对污腐之物的反感，如腐烂的食物、难闻的气味、尸体，使人远离侵染和毒害之源。但是，具身感知是一种直觉本能的非理性反应，它虽然可能有用，但并不可靠，而且还会造成误导。例如，恶心不能察觉有毒的蘑菇、鱼类和人自己生产的毒大米、毒奶粉、毒馒头、毒火锅。恶心也会排斥味道不好闻，但却无毒害的奶酪、臭豆腐、松花蛋。

社会道德对某些行为的厌恶和恶心也是一种具身反应，也同样是利弊参半，需要细加辨析。重庆北碚区委书记雷政富与二奶淫乱视频、薄熙来的伪善和贪官污吏的道貌岸然固然叫人觉得恶心，但恶心未必能察觉那种隐藏得更深的腐败毒害（如绝对权力的那种专制毒害），也可能把无害或有益的东西反倒当成了有毒害的。

英国杰出的人类学家玛丽·道格拉斯（Mary Douglas）在《洁净与危险》（*Purity and Danger*）中指出，“有些时候，人们由于高度纯洁的主张而趋于欺骗……如果非要从身体意象中选择若干与生活秋毫无犯的方面，我们就必须准备经受扭曲和变形的拔高”。例如，非洲一个叫查伽（Chagga）的部落里，男子在成人仪式上惯常假装他们的肛门被终身封闭。经历了成人仪式的男子被认作再也无须排泄。这就将他们与非得排泄不可的妇女儿童区别开来（Raum）。可以想象这种假装洁净会使查伽的男人们陷入怎样的伪装和困惑状况。各种各样对完美英雄和高大全的具身想象似乎也都与之相似。

霍布斯把自己的政治学说视为一种“科学”，他对人类或人类的任何部分（所谓的“先进分子”）都没有“高度纯洁”的幻想。他讨厌人的自我欺骗。他对政治的理解受到当时的科学探究精神影响，他的认知腐败的观念里就包含了他那个时代对政治心理学的认识，至今对我们仍有启发作用。当然，霍布斯对“腐败”的理解之所以对我们而言有思想讨论的价值，恐怕不是因为他对之作出了什么特别科学的定义，而在于他指出了腐败对社会的根本危害，那就是，一己私利的统治不仅破坏公共的利益，而且是社会整体腐败的根本原因。在任何一个社会里，腐败，尤其是大面积的、制度性的腐败，都不是突然发生的，而是从观念的扭曲和败坏开始，一点一点地蔓延，而终于导致社会的彻底道德堕落和解体。

十九 洛克《政府论》
——人文阅读中的词意和理解

在人文阅读中，学生们常会碰到一些他们不熟悉的字词或概念，如洛克的tabula rasa（“白板”），卢梭的amour-proper（“自尊”）和 amour de soi（“自爱”）。由于这些术语一看就是陌生的，学生们往往会去查找它们的意义，不然根本就没法知道它们是什么意思。如今最方便办法的就是上网。这些概念的含义以前也许是某专业的特别知识，如今既然唾手可得，也就可以说是成了在线的“普通知识”(常识)。

与此相比，反倒是看似普通的字词，它们的概念意义比较容易被忽视。这些字词是学生们熟悉的日常词汇，他们觉得自己一看就能明白意思，所以经常会先入为主，不求甚解，因此妨碍对阅读文本应有的理解。经典政治哲学家们除了迫不得已的专门概念，一般使用的都是日常语言。这对学生们的阅读是便利的，但也会造成理解上的问题，学生们会因为不够留意一些概念而不能充分理解它们在文本中的重要性和特殊意义。帮助学生了解看似普通的用词在文本中的特别含义和与整体意义的关系，是人文课上老师应该做的事情。

（一）什么是“财产”

在阅读洛克的《政府论》下篇时，我的学生们就有忽略常用字特殊含义的情况。例如，《政府论》第五章讨论的是“财产”。财产对大多数学生来说，无非就是他们或他们的父母占有的东西——个人电脑、衣服、首饰、房子、汽车、存款等。学生们往往会用他们自己头脑里的财产概念去了解洛克的“财产”概念。洛克对这个概念并没有作特别的定义，他是用一系列的例子来说明什么是财产的，例如，他说，“野蛮的印第安人既不懂得圈用土地，还是无主土地的住户，就必须把养活他的鹿肉或果实变为已有，即变为他的财产的一部分，而别人不能再对它享有权利”。可以这么理解，财产就是可以据为已有，别人不能分享的东西。

洛克又举例说，当一个人用劳动和双手把橡树落在地上的果子捡起来时，橡实就成了他的财产，“是劳动使它们同公共的东西有所区别，劳动在万物之母的自然所已完成的作业上面加上一些东西，这样它们变成为他的私有的权利了”。洛克在这里告诉我们，财产不只是一个人占有的东西，而且更是一种“权利”，“由（一个人）使这件东西脱离自然所给予它的一般状态，那么在这上面就由他的劳动加上了一些东西，从而排斥了其他人的共同权利。因为，既然劳动是劳动者确定天然的所有物，那么对于这一有所增益的东西，除了他以外就没有人能够享有权利”。

是自由的人用自己身体的劳动，使得本来属于自然的东西变成他的财产。这样理解财产，可以看出洛克为什么将自由、生命、财产三者视为不可分离的自然权利。在这三者中，自由的人联合成共同体，缔结了社会，政府由此产生。洛克说，“人们联合成共同体的重要和主要目的就是为了保护他们的财产”。这么直截了当地把政治的目标定位于保护私人财产，在有些同学听来似乎太俗气，也太简单化了。他们会想起亚里士多德“人是政治的动物”的说法，在洛克那里，人成了财产的动物。

其实，不能脱离每个人的自由生命都具有同样价值这一信念来理解人的财产。自然赋予任何人的财产都是有限制条件的，因为任何人都没有浪费其他人生存资源的权利。

洛克说，“‘上帝厚赐百物给我们享受’（《新约》提摩太前书，第六章，第十七节）是神的启示所证实的理性之声。但上帝是依据什么限度给我们财产的呢？是以供我们享用为度。谁能在一件东西败坏之前尽量用它来供生活所需，谁就可以在那个限度内以他的劳动在这件东西上确定他的财产权；一旦超过这个限度就已经不是他的份所应得，就应归他人所有。上帝创造的东西不是供人们糟蹋或败坏的”。物质是为了维护生命而不是满足贪欲的，谁都可以尽其所能尽可能多地采集野生果实，尽可能多地杀死、捕捉或驯养野兽，但是，“如果它们在他手里未经适当利用即告毁坏；如果在他未能消费以前，果子腐烂或者鹿肉败坏，那么他就违反了自然的共同法则，就会受到一定的惩处；他侵犯了他的邻人的应享部分，因为当这些东西超过了他的必要用途和可能提供给他的生活需要的限度时，他就不再有权拥有权利”。

洛克如此突出财产，指的并不是人可以占有的物品或钱财，他要强调的是，财产是与每个人，每个人的身体（他的劳动）联系在一起的，也是一种由“自然的共同法则”所规定的人与“邻人”的恰当关系。每个人从出生的那一刻起，就已经是财产的拥有者了，那就是他自己的身体。对他来说，财产不是某些占有物，而是一切，包括他的生命、自由和劳动成果。这些就是最原初意义上的，也是最本质意义上的财产。财产在英语中是property，在最本质的意义上，财产就是“适合于我和人类的东西”（things proper to me and human beings）。

应该对学生说明的是，对洛克“财产”概念这样解释，这不是在词义上对“财产”做普遍的“定义”（definition），而是对这个概念在《政府论》中的意思提供“规定”（stipulation）。Stipulate的意思是“用作全部协议中的一部分”或“在全部协议中如此规定”。对洛克的“财产”观作stipulation，也就是把它作为对洛克《政府论》整体意义一部分来理解它的意思。

（二）什么是“上天”

洛克是在第十四章“论特权”中谈到“上天”（heaven），这个看似普通、人人都懂的“上天”是另一个需要作为整体意义的一部分来理解的概念。洛克在这一章里所论的“特权”（prerogative），在他那个时代，指的是“君主国家和组织良好的政府”的特权。君主特权（royal prerogative）是由普通法（有时候是民事法）保留给君主的特别权利或赦免权，也就是法外的权利。今天，特权指的是“行政特权”，自从美国建国以来，美国总统就开始以某种方式行使行政特权。第一任总统乔治·华盛顿就曾拒绝把某些材料交给第一届国会。美国的林肯总统在南北战争时期就曾经终止“人身保护令”（habeas corpus）。人身保护令是以法律程序保障基本人权及个人自由的重要手段。任何人士如果被拘押，皆可以由自己或他人向法院挑战拘押的合法性，并迅速获得裁决。在别的国家，人身保护令在国家紧急状况下也曾被暂停。

洛克认为，立法者不能够预见并以法律规定一切有利于社会的事情，因此，“不能规定的事情必须交由握有执行权的人自由裁量，由他根据公众福利和利益的要求来处理”。这就是行使行政特权，它必须具备的合理条件是“公众福利和利益”。洛克举的例子是城市发生火灾时，把无辜人家的房屋拆掉来阻止火势蔓延。之所以允许这么做，是因为“遇到这些场合，严格和呆板地执行法律会产生负面作用”。这使我们联想到，为了城市建设，把无辜人家的房屋拆掉的情况。

洛克认为，允许在某些特殊情况下让政府行使行政特权，一定会有“一个有关特权的老问题，即，谁来判定这个权力是否使用得当呢？”洛克对此写道，“我的回答是：在赋有特权的经常存在的执行权和一个由执行权来决定召集的立法机构之间，裁判者在世界上不可能有；同样地，假如执行机关或立法机关在掌握权力后，企图或实行奴役人民或摧残人民，在立法机关和人民之间也不可能有裁判者。在这种场合，就像在世界上没有裁判者的其他一切场合一样，人民没有别的补救办法，只有诉诸上天”。人民只有诉诸上天，是因为统治者们在为所欲为，在“行使着一种人民从未赋予他们的权力（绝不能设想人民会同意由任何人为了危害他们而统治他们）”。

洛克所说的“向上天诉求”指的是什么呢？共同体的法治秩序发生了危机，以至于人世间无说理之处，无可以诉告的公正权威，这时候诉求上天，是不是指绝望哀告、束手无策、听天由命、求老天开眼呢？洛克认为不是这样的，他说，“在人世间无处告诉”，而情况非常糟糕的时刻，人民“有权诉诸上天”，而不是“只好诉诸上天”。诉诸上天是人民的“一种先于人类一切明文法而存在的，并驾乎其上的”权利。人民“为自己保留有属于一切人类的最后决定权：决定是否有正当理由可以诉诸上天。这种决定权他们是不会放弃的，因为屈身服从另一个人使其有毁灭自己的权利，是超越出人类的权力以外的，并且上帝和自然也从来不许可一个人自暴自弃，以至对自身的保护也忽视了”。

人民诉诸上天，是他们要行使自己不自暴自弃，而让一个坏政府解体的决定权，“这种决定权，非到弊害大到为大多数人都已感觉到和无法忍耐，并且认为有加以纠正的必要时，是不可能行使的”。洛克在《政府论》第19章里专门讨论了“政府解体”的问题。当人民与政府中的立法和行政发生了严重的冲突，以致社会信任被瓦解的时候，由谁来作裁决政府该不该解体呢？洛克的回答是，由人民来作裁决。这也就是人民进行革命的权利。美国革命时的《独立宣言》所宣告的就是美洲人民的这种权利，他们正在以这种权利为根据，诉求以武力更换政府，建立新的社会契约。

在神学之外，“上天”成为另一种对神法和自然法的表述，洛克把“上天”当作一种最后的裁判权威，将这一权威放置在人类关于正义、公正、公义的理性认知磐石上。人民的权利如果享有法律的保护，本无须求助于上天，只是在“集体或任何个人被剥夺了权利，或处在不根据权利而行使的权力的支配之下，而在人世间又无处告诉时……那就有权诉诸上天”。上天的权威先于并高于一切人为的实在法，“假如执行机关或立法机关在掌握权力后，企图或实行奴役人民或摧残人民，在立法机关和人民之间也不可能有裁判者，在这种场合，就像在世界上没有裁判者的其他一切场合一样，人民没有别的补救办法，只有诉诸上天”。洛克所说的“上天”是人类由于理性而认识的一种比政府更高的权威，也是对他们自己最后权利的坚持，正因为如此，他们才不至于在强权面前成为俯首帖耳的臣民。一个群体中的人们如果集体丢弃或放弃了“上天”的意识，那就陷入了一种彻底的、无以自救的自暴自弃和道德堕落之中。

二十　帕斯卡尔《思想录》
——公共生活中的“原罪”

有一次，我和学生在课堂上讨论17世纪思想家帕斯卡尔《思想录》中的第131节，这一节讨论的是基督教的“原罪”问题，也是帕斯卡尔在讨论“人的境况”（The human condition）时，最关注的问题之一。原罪的《圣经》故事是大家都知道的，上帝创造了第一个男人亚当和第一个女人夏娃一起生活在伊甸园中，上帝要他们和他们的子孙永远服从上帝的命令，治理这个世界。可是亚当和夏娃违背了上帝的戒令，犯下了原罪，这原罪传给了他们的后代，以致所有的人至今都是有罪的。人类必须等到耶稣重新来到这个世界，重新解救人类，才会有机会解脱原罪，重新回到上帝在创世时与人类的原初关系。

在第131节中，帕斯卡尔本人对原罪的解读是传统的。他碰到了一个自己无法解答的问题：要当下生活在这世界上的人类为他们六千年以前的先人承担原罪，这是公正和正义的吗？帕斯卡尔认为，人类无法回答这个问题，因此，这个问题对人类来说成了一个“谜”（mystery）。人类处在一个两难的境地之中，一方面是无法解答这个问题，另一方面则又无法抛开这个问题来生存。这也就是帕斯卡尔所说的，“不能想象没有这个谜的人类”。这样一来，怀着这个不解之谜而生存，便成为人类的宿命。

我的不少学生都来自基督教家庭，他们熟悉“原罪”故事和对它的传统解读。但是，他们似乎并不同意帕斯卡尔的解读。有的学生认为，一个人的原罪是不能传递给另一个人的，每个人也无须为他人的罪承担责任（这和中国以前的阶级成分论家庭株连是针锋相对的）。这显然是一种自由个人主义的原罪解释：任何一个人都不应当为别人在很久以前所做的事情承担责任，他只能对他自己所做错的事情承担责任。

有一位学生说，罪在人类中一代一代传递，不仅实际上不可能，而且在道义上也是非正义的。不少其他学生同意这个看法。在美国的个人责任民主文化中，这种看法最能为青年学生所接受。

还有一位学生说，她在人类学课上学到，可以不直接从字面上阅读原罪的故事，而是把它当作一个“神话”，一个象征，从它看到每个正常个人所必须经历的一种转变，那就是，人类的道德天真（单纯无知，无自我意识）必然要转化为具有自我意识的道德自决。按照这样的理解，原罪不是一代一代相传的，所以与人类历史没有关系。原罪是每个人自己的事，每个人在一生中都可能有某个原罪，对他个人一生中都有影响。

另外有一位学生从社会学来引申这一观点，提出原罪的“传递”可以理解为一种“被破坏”的后果，那就是，如果最初的道德盟约或其他规则被破坏，那么，由此造成的道德破坏或伤害可能遍及所有他人，甚至子孙后代。这在世界历史上是有例证的。

我觉得后面这两位学生的看法特别具有现代公共意义。在历史的某一时刻，恶进入了这个世界。一旦这个恶（非正义）进入了这个世界，并且开始存在在那里，它就在起破坏作用了，这个世界也就不再是原来的那个样子了。这个恶或罪无可避免地会改变所有的人际关系和个人行为，普遍程度可以超过一般人的想象。这些受影响的人们于是有了不道德的行为，造成并强化一种普遍的、人人作恶的生存处境。

在这个处境中，每个人都参与了恶，都在影响或鼓励其他人像他自己那样参与罪和做恶事，没有一个人是与其他人隔离的。每个看来是个人的自由行为，其实都并不是出自他自己的个人选择。他所做的选择、做出的行为，都与他所身处的那个社会和那个社会中的他人密切有关。在美国，奴隶制就是这样一种原罪。

这样解读原罪与每个人的关系，与阿伦特和哈维尔对极权社会的分析——极权主义败坏人类道德生存处境——相当一致。这种原罪是从某个观念、某种主义、某种信念，还是从某个人物、某种暴力、某些事件开始的呢?

即使我们对这样的问题不能得出一个明确的解答，那也不会削弱了讨论“原罪”问题的人文价值意义。如帕斯卡尔所说，这些问题可能对我们是一个“谜”。但是，又和帕斯卡尔所说的不同，我们讨论这个“谜”并不是为了把它当作我们今后生存的一个“宿命”，而是为了反抗和改变这个宿命。

“原罪”是一个源自基督教的概念，也是基督教信仰的核心之一，对于中国人来说，是相对陌生的。宗教信仰的真正意义在于使人达到一种新的自我认识，对人的存在奥秘有新的理解。如果基督教的原罪观念有助于我们的这种自我认识和理解，那么它就不仅仅是一个与信徒或神学家有关的问题，而且也是一个关系到其他人如何认识自己生存的问题。

在人类文化所创造的观念里，也许“罪”和“原罪”是最难于为人所接受的。正如刘宗坤在《原罪与正义》中所说，“人们宁可相信自己的善行和无辜。因为，承认人的罪性意味着认可自己存在的有限性，自己的不成熟，人性的偏差和软弱。毕竟，对于任何一种文化中的人来说，承认自己本性中这些负面的方面都需要更大的勇气，所以在任何时代，‘罪’的问题都容易为人有意无意地忽视”。帕斯卡尔提出“原罪”的问题，意义正在于此。尽管“罪”难以让人接受，但却是人必须接受的一个现实，因为没有对“罪”的洞察和反省，人就根本谈不上对自己有所理解，更谈不上要求自己有所改变。接受“罪”不是为了寻找深陷其中不能自拔的理由或借口，而是为了寻找人让自己变得更好的途径和出路。只有这样，我们才不至于白白浪费为“罪”的破坏所付出的代价。

二十一　伏尔泰《老实人》

——神迹与奇迹

在我的“文艺复兴至17、18世纪思想”课上，学生们阅读伏尔泰的《老实人》，用的是美国翻译家洛威尔·贝尔（Lowell Bair）的英译本，这个版本前有一篇法国著名作家莫洛亚（André Maurois）写的导读《费尔奈的智者》（“The Sage of Ferney”）。莫洛亚在导读里说，一直到伏尔泰隐居法国瑞士边境小城费尔奈的时候，他才成了真正的伏尔泰。那个时候，他那些从事思想自由启蒙运动的百科全书派朋友在巴黎已经身处险境，而正是在偏远的费尔奈，伏尔泰继续并领导了法国的启蒙运动达二十年之久。

伏尔泰是理性主义的一位思想领袖。他抨击的主要对象就是基督教，他信心满满地说，“十二个人建立基督教，我听厌了。我要向他们证明，要摧毁基督教，一个人就够了”。这个人当然就是他自己。他给朋友的几乎所有信件都以“Ecrasons l' Infâme”（我们必须摧毁可耻的东西）作为结束语，有时候索性只用缩写“Ecr. l' inf.”什么是可耻的东西呢？伏尔泰心目中可耻的东西，头一件便是迷信，迷信是一种偏执，它给人类带来了许多不必要的不幸。莫洛亚在导读里介绍说，费尔奈时期的伏尔泰是个“破坏者”，他要让人们看到，全能的神，天上人间的创造者，居然只选中贝都因人（Bedouins）游牧民族中的一个小小犹太人部落，相信这样的神话有多么荒唐。伏尔泰要告诉世人，《圣经》里有太多这种自相矛盾、令人难以置信的事情。《新约》讲的是道德，但不过是无知者道听途说的无稽之谈。

（一）理性主义与神迹

莫洛亚的这些话给我的学生们很深的印象，他们大多来自有基督教背景的家庭，未必会认同伏尔泰对基督徒的抨击，但他们对伏尔泰从理性主义的角度来看待《圣经》却是能够理解的。他们大多知道《杰斐逊圣经》(*Jefferson Bible*)，作为启蒙思想家和美国建国之父之一的杰斐逊也是从理性主义的角度来看待《圣经》的。他虽然不否定基督教，但并不喜欢《圣经》，尤其是其中涉及“神迹”的部分。1804年，时任美国总统的杰斐逊对詹姆士王版本《新约圣经》进行了彻底的删除，凡是与耶稣“神迹”有关的段落，比如“童贞女之子”和“复活”的事迹，皆予以删除。后来便有了名为《拿撒勒（Nazareth）的耶稣之哲学》的《杰斐逊圣经》，其篇幅只有原文的十分之一。在《杰斐逊圣经》中，耶稣仅是一位终其一生在加利利（Galilee）地区传播寓言和格言的智者，也被戏称为“美国耶稣”。这是一位具有启蒙主义色彩的世俗化的耶稣，是否就是今天美国大多数基督徒或我的学生们心目中的耶稣，确实很难说。但我的学生们能够理解杰斐逊为什么这么做，因为他们谈起神迹的时候，自己也总是会自然而然地试图提供某种合乎自然规律的理性解释，这是他们受到现代教育的结果。

《圣经》是美国学生最熟悉的文本，但大多数学生很少对它做过深入的思考。对他们来说，读《圣经》往往是一件从小就做的事情，出于习惯和家庭文化。人文课堂为阅读和谈论《圣经》提供了一个完全不同的环境。这是人文课堂的可贵之处。不管有没有宗教信仰，或是有怎样的宗教信仰，走进这个课堂的学生们有自己的观点，对奇迹有他们自己的看法，也有机会接触不同的观点和看法。在讨论中他们只是交换不同的看法，不是试图改变彼此的观点。

我给学生们念了关于“奇迹”的两段意见相反的话，第一段是美国著名无神论者理查德·道金斯（Richard Dawkins）说的，“奇迹，顾名思义就是违背科学的”。第二段是宗教和哲学教授罗伯特·拉迈尔（Robert A. Larmer）说的，“相信奇迹完全是合理的，奇迹不仅不给宗教信仰造成困扰，反而证明神对创造的热爱并还在继续这样的创造”。

有同学认为，虽然他们说“奇迹”都是用miracle这个字，但无神论者道金斯可能是指自然界的“奇迹”，因为他提到了显然是指自然科学的“科学”。而拉迈尔教授指的则是“神迹”（God’s miracle），因为他说的是在神创造世界时发生的事。还有的学生提出，对奇迹的科学解释并不能否定宗教意义上的神迹。神迹与神意或天命一样，乃是宗教赋予神的基本神性之一。对于神可创造神迹事件的信仰，是一切宗教的特性。宗教赋予神的意志、智慧和能力是超人的、超自然的，按照一神论宗教的说法，就是无所不知的“全知”、无所不能的“全能”。作为神迹事件有两大特性：一是“特殊”，二是“反常”，既然神异乎自然常规，当然不能用自然法则作出解释。

我提议学生们带着这样的问题阅读《老实人》，并考虑一下，非神学的角度是否足以理解神学的观点，并提供相关质疑。伏尔泰写《老实人》，是为了批判德国数学家和哲学家莱布尼茨（Gottfried Leibnitz）提出“这是所有世界中最好的世界”的“前定论”

（predestination）。前定论是一种理性主义的决定论，莱布尼茨相信，上帝创造的世界是和谐的；作为全知、全能和至善的创造主，上帝一次性地将最高的理性原则赋予所有的单子，然后让每个单子按照自己的内在原则自由发展。在莱布尼茨看来，机械论者和偶因论者都没有认识到物体的相互作用只不过是单子的一种不够清晰的表象，实际上起作用的是前定和谐原则，他们都把上帝贬低为一个不断摆弄时钟的蹩脚钟表匠。在莱布尼茨的前定和谐理论中，上帝表现为一个高明的钟表匠，他把一种自己运动的先天法则赋予了他所创造的钟表——宇宙，让这个钟表的每一个零件都有条不紊地按照各自的内在原则而运行，同时又保持整体的协调一致，而上帝则再也不用随时来摆弄这些小零件。

在莱布尼茨看来，《圣经》福音记录的就是这样的"小零件"。《圣经》福音有三类由耶稣创造的奇迹：第一是自然界的神迹，例如在水面上行走，平息风浪；第二是医疗的神迹，例如治好盲人、医治又聋又哑的人；第三是复活的神迹，例如使拉撒路复活，使寡妇的儿子复活，而耶稣复活则是最重要的神迹。

不信神的人们会把这些神迹视为迷信，但是信徒们会认为，神迹是神以非同寻常的方式做他平时所做的事，而不是做非同寻常的事。相信耶稣复活的神迹，这不只是一个可信可不信的事件，相信这个事件才会建立起基督教信仰，才能成为一个信徒。在《新约》里，耶稣说，奇迹是对神的信仰的力量创造的（《马太福音》17:20）。耶稣升天后，耶稣的使徒们向上帝祈祷，要求能让他们以上帝之名造奇迹，以向世人证明耶稣还活着（《使徒行传》4:29-31）。因此，神迹不只是宗教书里的奇迹，神迹与信神的目的是合为一体的，神迹是用来坚定信仰的，有信仰的人不会怀疑神迹。莱布尼茨以捍卫"神迹"的正当性闻名。但是，他捍卫的不是《圣经》福音故事里的那种小神迹，而是上帝创造世界和谐的大神迹。他是从哲学而不只是神学来肯定神迹的，神迹支持了他的哲学乐观主义，其著名的表述就是“我们的宇宙，在某种意义上是上帝所创造的最好的一个”。这正是伏尔泰在《老实人》里百般嘲讽的，伏尔泰攻击的其实不是莱布尼茨的神迹观，而是他的哲学乐观主义。

（二）关于“奇迹”的说理

莱布尼茨的神迹观与我的学生们对“奇迹”和“神迹”的了解有很大的距离。他们不是哲学家，当然不可能，也无须期待他们像莱布尼茨那样考虑问题。他们关心的主要还是《圣经》里的“小神迹”。在讨论《圣经》奇迹的时候，有学生提出这样一个问题，科学解释使得“奇迹”变得可信，还是反而不可信？按照一般常识的理解，科学能解释的奇迹是可信的，因为这样的奇迹确实会在自然界里发生。按照宗教的理解，这样的奇迹与可信不可信没有关系，因为那是“自然现象”，虽然也是“神迹”（由神创造），但并非最本质意义上的“神迹”（只有神才知道为什么），因此，凡是科学能解释的奇迹都不是神迹。

尽管可以把“奇迹”与“神迹”加以区分，但我班上的学生们还是会想知道，基督教是如何应对无神论者的挑战的。无神论的一个基本论点是，神迹是编造出来，用以证明神的存在的，可以用科学来证明神迹不过是自然现象，所以神是不存在的。基督教人士应对这一挑战的策略有两种。

第一种策略是强调和说明无须用神迹来证明的“神性”（《杰斐逊圣

经》就是这样)。事实上，基督教在世界不同地区的传道策略是不同的，在文化程度较高的北半球地区已经很少再借助“神迹”来传教，但在南半球的许多地区，布道的方式比较传统，仍然在讲神迹，这是因为那里的受众大多数生活在贫困、疾病和落后的状态中，他们期待基督教能对他们的生活有“神奇治疗”的作用，神迹便成为这种神奇治疗的象征。

第二种策略是用理性说服的方式重新解释神迹奇在哪里和为什么可信。在人文课上理解这些理性说服方式是学生们学习公共说理的生动材料，当然，这并不意味着他们就一定会被说服。例如，无神论者有这样一个说法：“神迹不过是自然现象，被没有受过教育的人误以为是神迹。”对此，宗教说理的反驳是，无神论者忽视的是《圣经》中自然现象（如地震、瘟疫、山崩）发生的“时机”(timing)，而神迹的神奇便在于“时机”。例如，《圣经》讲到亚伦（Aaron）协助摩西率领以色列人出埃及，亚伦把杖伸到尼罗河水里，河水立刻变成了血。无神论者认为，这是冲进尼罗河里的红土所致，夹杂着一种红色的叫“鞭毛藻”(flagellates) 的有机物。对这种自然现象解释的反驳是，《圣经》上说的是河水变成了血，不是说变成红土泥浆。仔细阅读《出埃及记》(7:14-21) 就会发现，这个神迹发生的时刻是当亚伦按摩西的指示用手杖伸进水里，就算尼罗河变色是自然现象，亚伦不早不迟就在这一刻将手杖伸进水里，这个时机也是一个奇迹。又例如，就在以色列人准备进入应许之地（Promised Land）的时候，上涨的约旦河挡住了他们的去路。《圣经》上是这样记载的：“他们到了约但河，脚一入水(原来约但河水在收割的日子涨过两岸)，那从上往下流的水，便在极远之地、撒拉但旁的亚当城那里停住，立起成垒；那往亚拉巴的海，就是盐海，下流的水全然断绝。于是，百姓在耶利哥的对面过去了。”(《约书亚记》3:15–16)。这是由于地震还是山崩造成的呢?《圣经》上没有说，但是，这件事不早不迟发生在这个时刻，这才是真正神奇的，因为它确确切切发生在耶和华预言它会发生的那个时刻（《约书亚记》3:7）。

对于这种“恰巧”说的奇迹理解，有学生提供了一个现实生活中的例子。2014年3月8日，《奥克兰论坛报》刊登了合众通讯社的一篇报道《盲人在地铁上跌倒未死真“奇迹”》（“Blind Man's Subway Fall ‘Miracle’”）。报道说，2014年3月7日一位47岁的盲人在洛杉矶的一个地铁站台边行走时跌倒在下面的铁轨上，一撞正好落入一个刚够他身子大小的凹坑（alcove），这时火车在他身上驶过，他毫发无伤。洛杉矶交通部门的发言人保罗·冈萨雷斯（Paul Gonzales）对记者说，要是这位盲人撞向另外一个方向，后果不堪设想。他还说，“我称这为奇迹，到现在还想不出用什么别的字来说这件事”。盲人获救是因为他恰巧在那个时刻落入了一个恰巧能让他容身的凹坑。如果不是在火车开过的前一刻落入凹坑，仅仅落入凹坑并不是一个奇迹。如果他落入了一个很大的地下通道，那也会不够奇迹。如果他落入一个不够大的凹坑而不幸遇难，那更不能称为奇迹，甚至有人会说，落都落入凹坑了，还是难免一死，那是命中注定有此一劫，只能算他倒霉。所谓“倒霉”，也就是奇迹的背反面。

（三）“理解”《圣经》

人文课上阅读《圣经》涉及如何理解《圣经》的方法问题，不同的理解方法对“奇迹”会有不同的解释。在神学家和宗教人士那里，对于《圣经》中述及的奇迹有两种不同的理解方式，一个是把奇迹当作确有其事，称“圣经字面意义派”（Biblical Liberalism）；另一个是“寓意理解”，将奇迹视为比喻（figure of speech）、寓言（allegory）或阐述（exegesis），认为奇迹不能从字面上去理解，而是另有深意或寓意。“寓意理解”不是要否定奇迹，而是要换一种角度来看待奇迹。

在人文讨论班上，极少有学生会坚持严格按字面意义去理解《圣经》中的奇迹，这与他们在学校里接受的科学教育和知识结构是分不开的。例如，《圣经》里有一个巴兰（Balaam）和会说话的驴子的故事。（《民数记》21:21-35；22:1-40；23:1-30；24:1-25）如果按字面理解，那就只能要么就是相信确实有过会说话的驴子，要么这个故事就是假的。但是，在要么是真的，要么是假的之外，还有没有别的可能呢？

公元1世纪的犹太拉比萨阿迪亚·果昂（Saadia Gaon）和公元12世纪的犹太教哲学家迈蒙尼德（Maimonides）都曾提出，不能从字面意义去理解这个故事，这类故事有先知预言的性质，预言是一种梦境和幻觉。某些人能有这样的梦境和幻觉本身就可以看作是“凭常理无法解释”的奇迹，因此先知才被视为具有超凡能力的“异人”。圣经学者约瑟夫·贺思（Joseph H. Hertz，1872—1946）提出，会说话的驴子的故事“描述”的是在下意识层次上不断发生在巴兰灵魂中的心智和道德冲突，驴子说话不过是对巴兰的一次警告，叫他不要违背神的诫命，因为贪婪而走上不归之路。像这样的解释与文学阐述已经非常接近，文学专业的学生往往对此特别能够理解，其他学生也都有兴趣并能接受。

在《老实人》第十四章（“赣第德［Candide］与卡肯波［Cacambo］到巴拉圭的情形”）里有一个提到“奇迹”的地方。“奇迹”也是“凭常理无法解释”的意思。小说男主角赣第德流落到了南美的巴拉圭，意外地碰到了一个故国同胞，两个人都惊喜万分，赣第德大喊，“真是奇迹！”结果更大的奇迹是，这位同胞居然就是他念念不忘的旧情人的哥哥。

《老实人》里有很多这样看起来命运突变、匪夷所思的奇迹，但是，作者每一次又都为读者揭示事情发生的原因。学生们都能明白，这是伏尔泰在告诉他们，世界上并没有无缘无故发生的事情，只不过是我们不知道什么原因罢了。但是，尽管学生们明白伏尔泰的用意，他们在讨论《老实人》里这类“奇迹”（奇事）的时候，还是会对故事里古怪情节变化的可信性表示怀疑，这就像非基督徒即便可以接受对奇迹的寓意解释，但仍然会对《圣经》神迹觉得难以相信一样。

《老实人》是一个小说，情节剧烈变化，人物命运旦夕祸福，随时会厄运临头，但也随时会峰回路转，遇上好运。赣第德惊呼“真是奇迹！”是在他遇上好事的时候。奇迹不只是出人意料的事，而且是出人意料的好事，出人意料的坏事不会被看成是奇迹，只会被当作“厄运”。《老实人》本来就是一部讽刺小说，伏尔泰安排不近情理的命运变化，自有他的用意，他要挖苦的是莱布尼茨的哲学乐观主义：“这是所有世界中最好的世界。”在伏尔泰眼里，这种乐观主义是盲目的。

《老实人》故事跌宕起伏，情节变化诡异莫测，人物命运完全不操纵在自己手里，人的自由意志似乎完全不起作用。这又可能导致一种对人生命运的悲观主义。小说主人公的两位“导师”潘葛洛斯（Pangloss）和马丁（Martin），所代表的正是“乐观主义”和“悲观主义”两个极端。“乐观主义”和“悲观主义”的分歧也是“决定论”与“偶然论”的分歧——人生到底是“冥冥之中，皆有定数”（决定论），还是“一切皆为偶然”（非决定论）。这两种都是绝对“理性主义”的人生态度。它们看起来互相对立，其实都同样以为，人类可以本能地掌握一个基本原则，随后依据这个原则推导出其余的所有知识。

《老实人》让学生们看到，这两种极端理性主义的人生哲学都不可取，这正是伏尔泰这位理性主义者对理性主义的批判。《老实人》

里有一个有决断、自强不息的人物。他比潘葛洛斯和马丁这两个人物都更真实、温暖、可信。他叫卡肯波，是一个来自欧洲理性主义世界之外的“局外人”。他是赣第德从南美洲卡提市带来的一个随身听差，“这类人在西班牙沿海以及美洲殖民地一带是常有得碰到的。他是一个四分之一的西班牙人，父亲是吐骨门地方一个杂种；他做过歌童，当过庙里香火，上过海船，住过庙，挑过杂货担，当兵打过仗，最末了当听差”。由于他的务实机智、灵活处世、善于把握机会，他没有像其他人物那样频繁地遭受厄运，当然也就不像他们那样需要好运的奇迹。对卡肯波这样的人，人生也许确实充满了偶然和不确定，祸福无常又难以预测。但是，他的自由意志，他的判断、选择和行动帮助他把握自己。他也因此不至于完全成为被命运、神意，或是被社会和政治环境力量所支配和控制的玩物。

二十二　美国《独立宣言》
——“檄文”的说理与修辞

美国《独立宣言》很短（在我们的选读课本里只有三页），学生们对它的时代背景已经在中学历史课上有所了解，这个文本的内容也是他们基本上都熟悉的，这些都是他们在人文课上重新阅读并在讨论时已经具备的普通知识。在人文阅读课上，学生们讨论得更多的是《独立宣言》的内容与修辞的关系，也就是如何从修辞角度去理解它的特殊说理方式。《独立宣言》是“文艺复兴至17、18世纪”课上的读物，这门课是学生们在二年级第一学期必修的。这时候他们已经完成了一年级时两个学期里必修的两门写作课，其中一门是说理写作（Persuasion and Argument）。因此，学生们从说理和修辞来讨论《独立宣言》是有知识准备的。

（一）檄文是一种宣传

把《独立宣言》作为一个公共说理的读本，是为了让学生们看到，这个宣言的说理方式与他们在写作课上学到的一些公共说理要求有不同的地方。这是因为，《独立宣言》从本质上说是一个起宣传作用的文本，而一般公共说理的目的并不是宣传，而是探究、说服和协商。《独立宣言》是在没有办法说服英国人或与他们协商的情况下作出的“宣言”，它是起控诉和谴责作用的“檄文”，是一种非常特殊的说理。

说理的目的在很大程度上取决于以谁为听众、要达到什么说服或影响的效果、劝说或促使对象有怎样的行动等。说理的目的则又直接影响选择怎样的说理方式和语言修辞。对于一般的公共说理来说，宣传说理的一些政治话语修辞因素是需要避免的（学生们在课堂讨论时注意到了这些修辞因素），因为它们诉诸听众的情绪胜过理性思考。在美国，常见的政治话语有竞选纲领、各种竞选演说、提案、政策提议，它们都在不同程度上具有宣传话语的特征。

但是，一个民主国家里的宣传与专制国家里的宣传是有重要区别的。民主国家里的宣传不是一家独语，而是随时可能遭到公开辩驳，所以必须遵守一定的说理规范才能发挥宣传效果。宣传所使用的修辞手段经常与“演说”类似，有效不等于就好，分析宣传修辞手段是为了在公共说理中避免而不是模仿这些手段。这样的分析是带有批判性的。在人文教育课上阅读《独立宣言》，正是为了批判地分析它的修辞手段，而不是一味去赞美它。这是一种“去神圣”化的讨论。每个国家都有它自己的重要政治历史文献，但是，并不是所有的国家都会允许学生们在课堂上以这样的方式讨论这类文献。

在讨论《独立宣言》时，有学生提出，《宣言》里大量使用了感情色彩明显的词汇（loaded words），如幸福、自由、暴政、滥用职权、强取豪夺、大肆掠夺、蹂躏、残害生命等，这是典型的宣传修辞手法。

有学生回应道，这样的修辞手法是由《宣言》的“檄文”性质所决定的，应该视为合理的运用。这是因为，檄文是一种抗议，抗议者们是因为痛感于自己所遭受的不公不义才抗议的，自然会有强烈的情绪，不可能有事不关己者的客观冷静。还有学生说，《宣言》的目的不仅是要让公众知道为什么要独立，而且是要使他们为独立有所行动。所以，仅仅诉诸理性（logos）是不够的，还需要诉诸情感（pathos），修辞是从情绪上动员公众行动的有效手段。

还有学生说，宣传成功的一个关键就是说听众要听的话。杰斐逊写的《宣言》初稿里，对英国人的控诉有四分之一是关于奴隶制问题的，他把美洲殖民地的奴隶制归咎为英王的过失。但是，《宣言》签署者中的温和派人士认为这太过激进，他们为了争取更多人的支持，要求删去了关于美洲奴隶制的内容。

另一位学生说，他在传媒课上学到，媒体报道要做到客观中立、不偏不倚，要避免使用具有强烈负面和谴责意味的字词。例如，英国广播公司BBC 编辑指引建议，尽量避免在新闻报道中使用“恐怖袭击”或“恐怖分子”的字眼，在新闻报道中主要采用一些“事实性”的词语。例如，以“暴力袭击”（violent attack）取代“恐怖袭击”（terrorist attack）；以“丢炸弹的”（bomber）、“袭击者”（attacker）、“枪手”（gunman）、“武装分子”（militant）等来取代“恐怖分子”（terrorist）。BBC在新闻报道中引用他人言论时，会保留其中可能出现的“恐怖袭击”或“恐怖分子”等用语，无须删减，但需把有关词语加上引号，以示有关词语并非BBC所言。

对新闻语言的自我克制，学生们看法不一。有的认为太刻意中立、不偏不倚会使媒体脱离公众，因为公众从媒体寻找的不只是“客观信息”，而且还有群体的和情绪的“认同”。公众对于发生的暴力事件，如“9・11”袭击或公共场所的大规模枪击，都会有强烈的情绪感受。他们的情绪一定会在对语言修辞的直觉反应上表现出来。

有学生说，情绪并不一定妨碍理性、客观的思考。像《宣言》这样的檄文一开始就有敌对意识，是先有了强烈的情感和情绪动力才会去写的，而且文字也需要有充沛的情感。但是，我们平时的说理不应该有敌对意识，所以即使有情绪化的动因，也需要把这样的动因与克制情绪化的写作过程区分开来。

还有学生认为，克制情绪化有利于避免以偏见看待具体的暴力事件，如果随便把个人或少数人的泄愤杀人说成恐怖事件，那就可能会淡化“暴力”的特殊严重性和邪恶。在我们自己的说理写作里，避免使用感情色彩明显的词汇，不应该是一条绝对的禁令，而应该是一个克制、适度的理性表述意识，要靠说理者自己去自觉遵守。

（二）檄文里的“定义主张”

有学生提出，《宣言》还有一个特点，那就是对关键概念不加定义或解释，让听众在并不一定真明白的情况下觉得自己明白了，这也是一种宣传手法（标语、口号经常使用这种手段）。例如，《宣言》的“序言”里说，“在有关人类事务的发展过程中，当一个民族必须解除其和另一个民族之间的政治联系，并在世界各国之间依照自然法则和自然神明，取得独立和平等的地位时，出于对人类公意的尊重，必须宣布他们不得不独立的原因”。《宣言》并没有对“自然法则”(Laws of Nature) 和“自然神明”(Nature's God) 作出定义或解释。这在说理上是不是一个缺陷？

学生们对这个问题有不同的看法，有学生说，《宣言》在这里说的是“自然法”，自然、神明、老天是一般人都懂的概念，不用定义或解释也没有关系。事实上，我们在说话的时候不可能也不需要对所有用到的概念都一一解释。说话者需要依靠与听话者之间的某种默契或共识来对他们说话，否则起不到说服的效果。

还有学生说，自然和神明的意思是由“前言”里的第一句话来说明的：“我们认为下面这些真理是不言而喻的：造物者创造了平等的个人，并赋予他们若干不可剥夺的权利，其中包括生命权、自由权和追求幸福的权利。”这句话包含了“自然法”的意思：人是上帝创造的，人天生是平等的，人都要追求幸福，自然如此。

有学生提出，应该从《宣言》说理的目的来理解自然法则和自然神明的说法，“自然法”是《宣言》要求独立的理论根据，就像阶级斗争是马克思主义革命的根据一样。所有的理论根据说起来是“理论”或“科学”，其实是一个“信念”，它们的真实性是没有办法证实的，也是没有办法证伪的，所以才成为“真理”。任何一个革命都不能缺少这样的理论根据。

有学生说，“前言”里的这句话也很重要：“为了保障这些权利，人们才在他们之间建立政府，而政府之正当权力，则来自被统治者的同意。任何形式的政府，只要破坏上述目的，人民就有权利改变或废除它，并建立新政府。”这是一个说理中的“定义主张”(claim of definition)。“定义主张”的说理结构一般有两个部分，第一个部分是设立标准，例如，好的父母关心子女。第二个部分是用这些标准来衡量“定义主张”的对象并得出判断性的结论。例如，约翰的父母抛弃了他，他是在孤儿院长大的。所以，约翰的父母不是好父母，不配当父母。《宣言》的说理就是这样的。它是说，好的政府要保障人民的权利，英国政府没有保障美洲殖民地人民的权利，所以英国不配当统治者，美国要独立。

有学生说，《宣言》的整篇结构都可以看作这一“定义主张”说理的扩展。在“序言”里先是设立了政府的“义”的标准，然后是27项对英国国王和议会“不义”的指控（indictment），一一指出英国坏政府所行之“恶”和造成的“害”。接下来是殖民地的“冤屈”和“仁至义尽”：“在这些压迫的每一阶段中，我们都曾用最谦卑的言辞请求救济，但我们一再的请愿所得到的答复却是一再的伤害。这样，一个君主，在其品行格已打上了可以看作暴君行为的烙印时，便不配做自由人民的统治者。”结论是，我们不得不造反，宣布独立，这是被逼的。“逼上梁山”几乎是所有造反和革命的最重要的理由，当然，也经常被用作一个借口。

（三）檄文里“不言而喻”的首要原则

《宣言》是一个“檄文”，但也是一个说理的檄文。它的说理可靠性来自一个三段论证，大前提本身是一个“不言而喻”的真理，如果谁不同意这个真理或它的真实性，《宣言》的说服力就会大大减弱或者完全丧失。修辞逻辑的“大前提”就是政治上的“基本原则”。

有学生提问，在政治上有没有“基本原则”呢？学生们对这个问题意见不一。有学生说，有没有不重要，重要的是需要不需要。常态民主政治也许并不强烈地有这个需要，例如，美国两党竞选并不需要每次都打出宪政法治、公民政治的旗号。但是，非常态的政治就特别有这个需要，例如，戈尔巴乔夫提出了“公开性”的口号，开放了舆论环境，则需要把“公开比不公开好”作为“不言而喻”的真理。美国独立也是一样，《宣言》是独立的檄文，所以需要一个“不言而喻”的基本原则。

有学生说，他上过的“美国政治”课上也曾经讨论到政治“基本原则”和“首要原则”的问题，他们在课上阅读的是《联邦党人文集》第三十一篇。在这篇文章里，汉密尔顿认为政治上是有“首要原则”的。汉密尔顿是这么说的：“在各种讨论中，都有一定的基本真理或首要原理，它们必然作为以后一切推论的根据。这些真理含有一种内在的证据，它能先于一切思考或组合得到人们的赞同。在产生并非这种结果的地方，必然是由于知觉器官的某些缺点或失常，或者由于某些强烈的兴趣、情绪或偏见的影响。几何学原理就具有这种性质：‘整体大于部分，等于同一事物的东西彼此相等，两条直线不能围成一个平面，凡是直角彼此都相等。’伦理学和政治学的其他原理也具有同样的性质：例如没有原因就不能有结果，手段应当与目的相称，每种权力应当与其对象相称，注定要影响一种自身不能进行限制的目的的权力，也应不受限制。后两门学科中还有其他的真理，如果它们不能自称属于公理之列，仍然是公理的直接推理，本身又是如此明了，而且如此符合常识的自然而纯朴的支配，以致它们以几乎同样不可抗拒的力量和信念唤起健全而无偏见的人们的同意。”

有同学说，汉密尔顿说的“原理”并不都是几何学原理。有些原理其实是“常识”(common notions)，像“整体大于部分”这样的原理，既适用于几何学，也适用于伦理学或别的学科。又有同学说，从常识来说，似乎没有专门的“几何学原理”或“政治学原则”。但是，也有同学说，像“两条直线不能围成一个平面”便只能是几何的原理，而汉密尔顿说到的那些与“权力”有关的原理只能是政治的原理。于是有学生问：政治的原理只是汉密尔顿所说的那些吗？例如，说“只有符合公民私人利益的公共利益才是最能有效保障的公共利益”。马上就有学生说，当然不是。主张专制的政治学说自有另一套政治原理。

还有同学提出，即使美国的建国之父们对什么是美国最根本的政治原理也会有不同的看法。《独立宣言》比《联邦党人文集》早问世十一年，但是汉密尔顿在说到政治原理时却没有提到杰斐逊在《宣言》里所说的“不言自明”的政治原理，是汉密尔顿认为那些不是真理呢，还是认为它们不是“不言自明”的呢？对这样的问题当然不可能有确定的答案，但却是有意义的提问和追问，因为有了这样的提问和追问，所有那些被称为“绝对真理”的政治基本原则都会显现出它们的不确定性来。人文课上的讨论有难以预测的延展性，讨论如何发展，在很大程度上取决于学生们的兴趣、知识准备和现场思考。他们的思考和交流并无一定的轨迹，几乎完全是即兴展开或现场发挥，也正因如此，给讨论带来了许多出其不意的思考乐趣。

第二部分

列奥·施特劳斯与人文教育

一　人文教育和民主政治
——施特劳斯心目中的“伟大著作”

列奥·施特劳斯的人文教育观的基本特征是它的双主题环扣结构，一个主题是伟大著作，另一个主题则是政治哲学。这两个主题不只是并列存在，而且更是互相环扣，缺一不可。这个人文教育观并不是纯理论的理念设计（尽管有论者这样看待），而是施特劳斯对自己学术实践的理论总结。施特劳斯的政治哲学是通过他对许多古典伟大著作——古希腊的柏拉图、亚里士多德、色诺芬，中世纪伊斯兰哲学家阿尔法拉比（Al-Farabi）、迈蒙尼德（Moses Maimonides）、西方思想家马基雅维里、霍布斯等——的阅读来建立和阐述的。他对这些著作的阅读都是从政治哲学的需要和有限选择出发的。除了喜剧家阿里斯多芬之外，施特劳斯对古希腊如此辉煌的戏剧，尤其是悲剧，几乎没有任何评述，可以说是他有限选择的一个证明。

在《什么是人文教育》一文中，施特劳斯写道，“人文教育是文化教育或以文化为目标的教育。人文教育的产品是有文化的人”[1]。人

[1]　Leo Strauss, “What is Liberal Education?” In Leo Strauss, *Liberalism: Ancient and Modern*. Allan Bloom, ed. Ithaca: Cornell University Press, 1989, p. 3.

文教育的关键是老师，“老师们自己是学生，而且必须是学生。但却不能如此无限推延，最终必须有那些不再是学生的老师。那些不再是学生的老师是伟大的心灵。因为事关重大，可以说得更明白一点，他们是最伟大的心灵。这样的人是极端少见的。在课堂里几乎没有遇到他们的可能……这样的人只能在伟大的著作中遇上。人文教育因此便是仔细阅读伟大心灵留下的伟大著作”。在阅读伟大著作的过程中，“比较有经验的学生”（像施特劳斯自己）帮助“比较没有经验的学生，包括初学者”。[1] 人文教育因此与阅读伟大著作有了不解之缘。

施特劳斯是从优秀生活秩序（“政体”）的特征和需要来为伟大著作的人文教育作辩护的。这不是一般的辩护，而是哲学辩护。从哲学来贯通“政体”和人文教育的关系，当然是一种哲学辩护，但是，更准确地说，这是一种政治哲学的辩护。施特劳斯写道：“人文教育是一种读写教育，一种用文字和通过文字的教育。读写的重要性昭然可见。每一个选民都知道：如果人民能读写，那么民主则能存在；如果人民不能读写，则民主便会灭亡。”[2]

今天，我们要真正认识读写的重要和政治意义，就必须了解民主与德行和知识的关系。民主是一种有德性则存在，无德性则灭亡的生活秩序。在理想的民主生活秩序中，所有的或大多数的成人都是有德性的人。由于德性需要智慧，民主是一个需要所有人或大多数人都有很高理性和知识程度的社会，也就是一个理性社会。民主原来是指贵族政体，然后扩大，成为人们普遍都能有德性、智慧、理性的政体。

---

[1] Leo Strauss, “What is Liberal Education?” p. 3.

[2] Ibid., p. 4.

这样的民主理想确实显得高不可攀，因为它是一个纯粹的理想，还从来没有能成为现实。一直到今天，许多人还是在怀疑，这样的民主有可能吗？确实如此，除非绝大多数的人都成为有德性、有智慧、有高度理性的个人和公民，否则这样的民主是不可能的。但是，人文教育则至少可以帮助这种不可能在向可能的转变中迈出一步，帮助优秀民主这件不太可能的事情变得比较有可能。

（一）让人优秀起来的人文教育

施特劳斯引用一位伟大思想者的话说，"如果存在一个有如众神的人民，那么他们一定是生活在民主的治理之中。完美的（民主）治理更适合于神，而不是人"[1]。怎么来理解这句话呢？第一种可能的理解是，完美的民主要求人人（至少是绝大多数人）完美，而完美的专制（僭主政体或寡头政体）只需要一个或者少数统治者完美就行。专制者有德性、智慧和高度理性，把一切设计好，完全按他的意志贯彻，他统治的世界就能成为一个完美的乌托邦。由于一个人的优秀比无数人的优秀更为可能，所以好的专制是比好的民主更为务实的选择。第二种可能的不同理解是，专制是一种有内在缺陷的政体。正如施特劳斯在《论暴政》中所揭示的，专制制度存在的条件是臣民们普遍地"不勇敢""不正义"和"不智慧"。因此，再完美的专制统治，在它的治下也只能是既无德性，亦无城邦，根本不可能出现"德性的城邦"。[2]

[1] Leo Strauss, "What is Liberal Education?" pp. 4-5.

[2] Leo Strauss, *On Tyranny*. Chicago: University of Chicago Press, 2000.

施特劳斯采取的似乎是第二种解释。在他那里，人文教育可以帮助不完美的民主政体，让它能够为自我完善而积累“优秀”和培养“优秀者”（“贵族”的原义即为“优秀”）。人文教育让那种本来只能为少数人所拥有的优秀“扩大为人们普遍的优秀”。施特劳斯认为，“现代民主离普遍优秀还差得很远。现代民主并不是由大众在统治，因为大众事实上不会统治。现代民主是由精英来统治的，精英也就是那些因某些原因处在上层或有机会爬到上层的人。民主太太平平地运作，对大众而言，最重要的一种德性据说是对选举淡漠，即缺乏公共精神（以免他们选出平庸的统治者）……现代民主（的主体）是那些除了体育新闻和漫画之外什么也不阅读的公民”。施特劳斯的看法是，这样的民主“根本不是大众统治，而只是一种大众文化”。大众文化的问题在于它“很容易被既无思想又无道德的势力所利用”。[1]

然而，即使是思想和道德水平甚低的大众文化也会感觉到有自我提升的需要。而且，正因为大众文化的思想和道德水平有限，所以它才特别需要提升。连最普遍的大众娱乐文化也需要经常有新的东西。但民主所要求的更新则更重要，“即使我们把民主只是当作保护疲软大众文化内核的坚硬外壳，从长久来说，它也需要有一些完全不同性质的特性：奉献、专注、广度和深度”。这就是人文教育在当今民主中的作用所在，“人文教育是大众文化的解毒剂……人文教育是一部梯子，借助这部梯子，我们可以试图从大众民主向民主原先所设的高度攀登。人文教育是一种必要的努力，凭借这个努力，我们可以在民主大众社会中奠基一个贵族政体”[2]。这里的“贵族”指的是社会的“优秀者”。

---

[1] Leo Strauss, “What is Liberal Education?” p. 5.

[2] Ibid.

施特劳斯对人文教育的理解，重点显然是放在人文教育与现有民主（他所生活于其中的20世纪五六十年代的美国民主）的关系上的。这里面包括了他对现有自由民主政体的不满（素质不高），也包含了他对现有政治学的批评（这种政治学算不上人文教育，它只是满足于描述现有民主的特征，而不能为它提出优秀的标准和完善的理想）。施特劳斯甚至认为，政治学（"政治科学"）只有一个主题，那就是"比较民主原先的概念，那个可以称作为理想的民主和民主现在的样子"。[1]

有多少人能够同意施特劳斯这个相当狭隘的政治学观点呢？他的政治学观点是否被别人接受，这并不重要。重要的是，这是施特劳斯自己的观点，也是他讨论人文教育的基本前提。如果我们要理解施特劳斯的人文教育观，就不能丢开这个前提。

施特劳斯忧虑的是，由于民主从一种"政体"，即"生活秩序"，弱化为一种"大众文化"，民主忘记了它原先的伟大——由众神组成的人民，他们选择的一定是民主政体。正如富勒（Timothy Fuller）在对施特劳斯人文教育观的分析中所说的，"在一个不再承认人的伟大的时代里，在一个人的伟大被掩藏起来的年代里，记忆人的伟大是通过阅读伟大著作来实现的"。对施特劳斯来说，阅读伟大著作还有一个与他作为政治哲学家特别有关的任务，那就是，"对（现有）社会科学的方法论作哲学批判，重新思考传统政治科学，也就是古典意义上的政治哲学的目标"。[2]

---

[1] Leo Strauss, "What is Liberal Education?" p. 5.

[2] Timothy Fuller, "Reflections on Leo Strauss and American Education." In Peter Graf Kielmansegg, Horst Mewes, and Elisabeth Glaser-Schmidt, eds. *Hannah Arendt and Leo Strauss: German Émigrés and American Political Thought After World War II*. Cambridge University Press, 1995, p.70.

施特劳斯所着意批判的是那种既不关心德性，也不思考人的存在目的的“专业研究”。这种专业研究只满足于对眼前现象的实证描述，为它们的现实发生提供“历史主义”的合理性辩护。各种社会学科（政治学、社会学、大众文化研究等）中，这样的“专业研究”俨然已成为今天学术的主流规范。对此，施特劳斯提出了一种不同的思想途径，他称之为“哲学”。

施特劳斯所说的这个意义上的哲学，它不是一个专门的学科，而是一种与实证描述和历史主义辩护不同的知识和求知范型。在哲学这个人文学科中同样存在着施特劳斯痛斥的实证描述和历史主义，他所说的哲学正是这种学科“哲学”的死对头。

不知道什么是真正的哲学，就不可能知道什么是人文教育。人文教育的原意是“自由教育”，它从一开始就“包含政治的意义”。施特劳斯指出，“原先，人文的人指的是行为与自由相一致的人，他的反面是奴隶”，“受过人文教育的人，便成为gentleman”。[1] Gentleman这个字常被译作“绅士”，其实是特指那些受过自由教育、崇尚德性的人，与中国传统所说的“士”更为相似（取“士可杀不可辱”中的那个“士”的意思）。在有更好的译法之前，我想称这样的人为“士”，而不是“绅士”。

施特劳斯说，“人文教育是为了成就完美的士，使人真正优秀起来的那种教育。人文教育在不断提醒（人）自己，人是优秀的，人是伟大的。人文教育以什么方式，通过什么来提醒我们人的伟大呢？我们知道柏拉图说过，最高意义上的教育是哲学。哲学就是追求智慧，追求关于

[1] Leo Strauss, “Liberal Education and Responsibility.” In L. Strauss, *Liberalism: Ancient and Modern*. Allan Bloom, ed. Ithaca: Cornell University Press, 1989, pp. 10, 11.

最重要、最高尚、最整全事情的知识。柏拉图说，这种知识就是德性和幸福”。[1]

这样的哲学所追求的那种被称作为“德性”和“幸福”的知识都是一种完美的理想，一种最终境界，而不是现实。所以，施特劳斯认为，“我们不可能成为哲学家——我们也不可能获得最高形式的教育”，“我们不能成为哲学家，但我们可以爱哲学，我们可以试着行哲学。行哲学……主要就是倾听伟大哲学家之间的对话……也就是学习伟大著作”。[2] 以为谁在学校哲学系里教书，谁就自然是哲学家，“那就像以为谁在艺术系教书谁就是艺术家一样荒谬”[3]。

伟大著作的课程在美国常常遭到文化多元论者的批评，它被指责为“西方文化中心论”，因为伟大著作都是“西方的”伟大著作。施特劳斯说，“我们应当倾听的伟大心灵当然不全是西方的。只读西方伟大著作，不读印度和中国的伟大著作，虽然不幸，却是没有办法。这是因为我们不懂它们的语言，也不可能学习所有的语言”[4]。施特劳斯是在1961年说这个话的，事实上，伟大著作后来也在不断加入其他文化的伟大著作。就施特劳斯所理解的人文教育与伟大著作的关系而言，其他文化思想的伟大著作不易（不是不可能）进入现有西方伟大著作课程，还有一个施特劳斯没有说出的理由，而且是一个很重要的理由。那就是，其他“文明”或“文化”中找不到一个可以与西方文化相比或匹配的“民主”源头。照施特劳斯的说法，比较民主的现状与民主原先的理想高度，这是哲学通过伟大著作唤回“自由教育”与政

---

[1] Leo Strauss, “What is Liberal Education?” p. 6.

[2] Ibid., p. 7.

[3] Ibid.

[4] Ibid.

治的基本联系和人文记忆的根本使命。在没有这种民主记忆可以唤回的文化中，人文教育的意义又如何设定和证明呢？

（二）人文教育和自由民主

在没有民主传统的社会中，在没有民主源头可以回溯的文化中，人文教育的这种与民主政治的内在关联还有没有意义？如果有的话，又需要如何去理解这个意义呢？对这些问题没有简单的答案。任何一个没有民主传统，因此对民主既渴望、向往，又不确定，甚至怀疑、害怕的社会，都会不断地叩问并试图回答这些以及其他有关的问题。一些对施特劳斯的政治哲学，尤其是对施特劳斯批评自由民主感兴趣的学者最容易得出的简单结论就是，既然现有的自由民主，尤其西方自由民主这么低质，这么不完美，那么，还没有民主化的国家就决不能步西方的后尘。

这样的理解与施特劳斯批评自由民主的现状，并设想以人文教育改变这一现状的初衷是不符合的。施特劳斯不满意自由民主的现状，但他说得很清楚，“我们不要忘记一个明显的事实，那就是，就在民主把自由给予所有人的时候，民主也把自由给予了那些关心人的优秀的人”[1]。后面的这种人就是哲学家。自由民主社会不迫害、更不杀死它的哲学家。这同另外一些不同政体对思想异见者的压制与迫害是有本质区别的。施特劳斯批评而不是反对自由民主，他是民主的朋友而不是敌人，他说，“正因为我们是民主的朋友和盟友，我们才不能奉承

[1] Leo Strauss, “Liberal Education and Responsibility ,” p. 24.

民主”[1]。在对待民主的态度上，甚至受过良好人文教育者也会因不满意它，而走上政治极端，“我们不能期待人文教育让所有得益于它的人都以同一方式理解他们的公民责任或在政治上达成一致”[2]。

人文教育要能起作用，需要有一个基本的大环境。现代民主宪政体制就是这样的大环境。在这个大环境中，人文教育起的是提升公民素质的作用，而人文教育的自由、独立思想则绝对受到公民权利和政治权利的保障。在政治和思想专制的政体中，人们虽然可能很向往这样的人文教育，但事实上并没有实现这种教育的大环境。人文教育的原意是自由教育，政治自由是它必不可少的保障条件。施特劳斯的人文教育观在这一点上非常清晰，也非常坚定。他担心的是，许多人在自由民主政体中生活得太久，以致忘记了政治自由与人的优秀和人的德性的关系，而把“自由”庸俗化地理解为谁都可以想怎么就怎么，沉沦到一种没有普遍德性理念的个人主义和相对主义中去。个人主义和相对主义并非自由民主特有的弊病。钳制思想和放纵物欲并行的专制制度更容易令人丧失普遍德性，更容易孕育极端个人主义、道德虚无主义和相对主义，而施特劳斯对改变这种情况则完全不寄予希望。

施特劳斯所担心的那种自由民主的低质化和德性理念丧失，起源于教育的一时缺失，而不一定是民主政体的内在缺陷。自由民主政体中普通民众（大众）和他们的代表（精英）失去了他们原先拥有的那种德性，是现代教育机制，尤其是大学体制缺失的结果。美国这样的“现代共和”直到今天仍然难以成为真正优秀的体制，就是这个原因。施

[1] Leo Strauss, “Liberal Education and Responsibility,” p. 24.

[2] Ibid.

特劳斯写道，“按照现代共和原先的理念，我们目前的困难似乎起因于（普通）人民宗教教育的衰败，也起因于人民代表们人文教育的衰败”[1]。施特劳斯强调大众德性教育（通过宗教）和精英德性教育（通过人文教育）对现代共和政体总体素质的影响。这是因为，普通人德性素质越佳，就越有可能选举出高素质的精英代表。而精英代表的德性素质越佳，则越有可能重视社会的集体德性，帮助社会辩明“德性城邦”的方向。

施特劳斯的人文教育观是精英式的。他认为，人文教育的对象不是共和政体中的所有人，而只是那些“代表”一般民众的精英。强调人文教育的重要目的乃是“考虑教育能否，或者在什么程度上可以，并应当改善未来的公务员教育”。[2] 他说的“公务员”(civil servants) 指的是担任各种公职的“官员”。在不同的政体中，官员都会经过某种教育或选拔程序。我们知道，这种教育完全可能与自由教育没有一点关系，甚至完全背道而驰。我们也知道，这种选拔程序可能与民众的民主选举意向无关，它只是在专制利益集团内部进行，不符合或者甚至完全违背民意。

然而，即使在没有自由民主传统的社会中，教育也还是能发挥一些德性或德性培养的作用。一般人和精英所受的教育方式和途径也会有类似于施特劳斯所说的“宗教”和“自由”的区别。例如在传统的中国，一般人的德性教育是通过通俗戏文、童蒙书、善书、家训、儒佛故事和语录等。而精英（“士”）的德性教育则通过比较系统的圣贤经典。教育起到的是奠定、维护和再生特定生活秩序的作用，在政治

[1] Leo Strauss, “Liberal Education and Responsibility,” p. 18.

[2] Ibid.

意义上，这种生活秩序就是政体。在西方，起源于自由教育的人文教育是古代民主和现代共和政体的有机部分，也是自由、民主、共和传统在西方得以延承的文化命脉。现在人们所说的“西方”其实并不是什么整一的文化实体。所谓的“西方”，其实包含着丰富的多样性，是一个多元化的概念。然而，多样式的不同西方社会却都拥有一些它们能够分享，并愿意认同的共同资源，包括关键的政治理念、文化源头、思想传统、伟大著作和杰出思想家。这恐怕才是所谓的“西方”和“非西方”最重要的差异所在。“非西方”常常被笼统地称为“东方”，但是，在许多不同的东方社会和文化之间，缺乏的正是那种能联整不同“东方”的共同性。

施特劳斯只是在“西方”这个特定的传统中描述和分析人文教育的发生和变化。这种描述和分析对于“非西方”社会中关心德性教育的人们会有一些提示的作用。

（三）让民主优秀起来

人文教育的目标是人的“优秀”(aristoi)。优秀是与不优秀比较出来的，少数的优秀者也是与多数的不优秀者比较出来的。优秀者是精英，但不是因权势、门阀、地位而封的精英。他们是因德性和精神目标优秀而自然成就的精英。在没有精英和非精英区别的社会里，要么是所有人或绝大多数人都很优秀，要么就是社会集体都很平庸，而后一种可能远远大于前一种可能。事实上，一个社会再民主，社会中的精英共识和非精英共识之间也还是会存在差异或相当大的差异，这是任何一个民主社会都需要优秀领导人的根本理由。民主不是民粹，民主为了不沦为庸民政治、暴民政治或乱民政治，不仅需要有好的民主宪政制度，而且需要有优秀的领导人。在施特劳斯心目中，与这种优秀领导人最接近的是美国的建国之父们如林肯和英国的丘吉尔。

施特劳斯的教育理念无疑是精英的、贵族的，它强调鉴别“优秀”和“平庸”的区别。学习伟大著作，与大师交谈，是施特劳斯心目中人文教育的核心。这种人文教育只有少数人才会重视，也是为少数人安排的教育。这种人文教育除了体现哲思这一最高人生价值之外，它的现实作用就是“给民主大众社会打下一点贵族的基础”，也就是说，为平庸的大众文化和大众民主向优秀的高度提供一个阶梯。大众民主需要有贵族优秀的平衡。这使人想起了亚里士多德所说的“混合政体”。在教育的贵族理念和大众民主制度之间可以建立起相辅相成的关系。这是一种对民主优质化的积极期待。赞同和支持民主不是无条件的，只有当民主的原则包含让所有人都优秀，都成为贵族的要求时，民主才是一种有德性目标的、值得赞同和支持的政体理想。[1]

民主政体的优秀领袖是从“士”(gentlemen) 中产生的。“士”的原意是优雅和高贵 (gentil) 的人，他们因知书达理而高贵，敬仰的是哲人，因此，“士的德性折射哲人的德性，我们可以称此为德性的政治折射”[2]。如果说士是高尚和高贵的人，那么哲人可以称为“圣贤”(或者至少“贤者”)。在共和政体中，士成为统治者，不是因为他们有枪杆子，而是因为他们有折射圣贤德性的政治德性，“这是士统治的最根本的 (合法性) 理由。士的统治折射哲人的统治，哲人在天分和教育上皆

[1] See Will Morrissey, “Mixed Regime and American Regime.” In Kenneth L. Deutsch and John A. Murley, eds. *Leo Strauss, the Straussians, and the American Regime*. New York: Rowman & Littlefield, 1999.

[2] Leo Strauss, “Liberal Education and Responsibility ,” p. 14.

为最佳者”。哲人不以统治为己任，哲人终生追求的是人文智慧，施特劳斯称这种追求为永不停止的“成人教育”。与此相比，士的教育只是在青少年时接受的，不过是一种“游戏性教育”（playful education）。一旦士变成了“严肃”的治理者，便无暇再回到以前的悠闲生活，也不可能有哲人那种永不停止的成人教育了。[1]

士的政治德性折射并在现实事务中体现哲人所追求的人的最高、最优秀的德性，必须看到，这只是一种政治的理想。古代人对真正的贵族政体（即优秀者治理）成为现实并不抱幻想。他们所希望实现的无非就是社会精英（有身份、有教养者）能够与普通人（一般民众）分享权力，这样普通人就能够从精英者中选举出国家的治理者，并在他们任期结束的时候，要求他们为任内的行为负责（定期选举，好的还有机会，差的即被淘汰）。在这个过程中，人民所起的作用便是现代共和最重要的关键。人民得有好的素质，才能辨明谁值得当选。而那些由人民选举，代表人民的人则应当是那些受过良好人文教育的人。公民素质差，他们所选出的人民代表的素质就一定好不到哪里去。因此，普通人的教育也非常重要，只有教育才能让他们变得优秀起来。“优秀”与形式化、文凭化的“教育程度”并不是同一回事，文凭可以是假的或者“真的假文凭”，但优秀必须是真的。

在历史中，完全靠优秀的精英或精英的优秀来提升整个社会，从来没有成为过现实，“经典著作从来就不曾对真正的贵族（优秀）政体成为现实抱有过幻想”[2]。在现实世界里，精英成为人民的代表，经常并不是因为他们有德性或优秀，而是因为他们有手段、有背景、会耍

[1] Leo Strauss, “Liberal Education and Responsibility ,” p. 14.

[2] Ibid., p. 15.

权术。施特劳斯引述美国建国者之一的汉密尔顿的话说，“要奸猾手段的常常可以赢得选举”，但是，“只要选民不堕落”，他们就有很好的机会能够选举出“那些最有见识、最有德性追求社会共好”的代表。[1]这也就是公民素质的重要所在。在人民从来没有民主选举机会的社会里，自然也就没有真正的人民代表可言。

施特劳斯似乎并不像汉密尔顿那样对民主共和的代议制度具有信心，他写道，“在最佳情况下，那些可能保持权力平衡的会是一些从事知识职业的人。在最佳情况下，汉密尔顿的共和制度会是知识职业人士来统治的”[2]。在汉密尔顿的时代，那些知识人士大多是律师。律师中固然有许多正义人士，但也有许多“心术不正”的。职业训练并不能决定“士”是否真的具有优秀德性。用今天的话来说，技术官僚或者官僚的高学历化并不是解决公共政治德性缺失的有效办法。有时候情况恰恰相反，技术官僚可能是那些为了功利目的或政绩工程，而最不把人和人的德性优秀当一回事的人。

这种情况与哲学和科学在现代学问中的分道扬镳直接有关。一直到17世纪以前，哲学和科学所探索的同样都是德性和人在宇宙中的意义，哲学家所关注的“政治的科学”就是这一意义上的“科学”，哲学家的人格也就是“哲学家科学家”(philosopher-scientist)。到了今天，只剩下一个可怜的“博士”(Ph. D.，哲学博士)还在提醒人们，科学曾经对人之为人、对人的优秀有过多么高远的理想。[3] 现在的科学已经绝大部分沦落为工程技术人员的技艺，甚至还成为各种实用主义社会科学知

[1] Leo Strauss, “Liberal Education and Responsibility ,” p. 16.

[2] Ibid., p. 17.

[3] Ibid., p. 22.

识的模式。从事这样“科学”的专家们目光短浅，心灵贫瘠，以拥有某种没有灵魂的专门知识而沾沾自喜。他们目空一切，对政治没有理念，对人类的德性目标不感兴趣。他们有奶便是娘，随时乐意被任何统治权力所招募，成为技术官僚机器的驯服部件。

坚持知识和生活方式之间的有机联系，这是当今知识人不容推卸的职责。他们应该知道，“如果选择一种生活方式就是选择一种知识方式，那么选择一种知识方式也是选择一种生活方式”[1]。哲学家是对这二者关系洞察特别敏锐的人，哲学家提醒民主社会中的人们，民主应该优秀起来。民主具有伟大的德性理想，民主也可以帮助尽可能多的人达到这个理想，但民主本身并不就是这个理想。现有的民主目前还不完美，这是提升和优化民主的理由，不是怀疑、抛弃或仇视民主的理由。不完美的民主，它的对面是不断完美的民主。批评不完美的民主是为了优化民主，不是不要民主，更不是仇视民主。

从民主来着眼的人文教育选择一种让人优秀起来的知识方式，进而选择一种提升人生存品质的生活方式，这种生活方式也是一个政治秩序和一个政体。人文教育是向伟大的人和他们的伟大著作学习，伟大的人和伟大的著作的本质标志都是人的自由，人文教育因此必须是“自由教育”。人文教育注重的伟大是人的伟大，不是某个人的伟大。某个人的伟大可以来自他享有的权、势、财、名。正如施特劳斯在《论暴政》中所说的，古代暴君希耶罗（Hiero）拥有那些可以让统治者伟大并幸福的所有东西，但他还是对诗人西蒙尼德（Simonides）承认，他是世界上最不幸福的人。因为正义不在他那边，所以他害怕所有被他统治的人，尤其是那些有德性的人（“勇者”“正义者”和“智者”）。与

[1] Timothy Fuller, “Reflections on Leo Strauss and American Education,” p. 73.

人文教育相一致的是民主的理念。尚不完美的现代民主是建立在丘吉尔所说的那种“低而坚固的基础”上的。这是施特劳斯非常欣赏的一句话。[1] 民主的起点永远是低的，因为它要尽量多地包容所有的人，所有那些受过和没有受过良好教育的人。但民主并不能只在人起码的自我利益和个人权利的低层次上运作，民主必须在人的自我教育过程中向上提升，变得更加优秀。这是民主的人民需要教育，尤其需要人文教育的根本理由。

[1] Leo Strauss, *Natural Right and History*. Chicago: University of Chicago Press, 1953, p. 247.

二　人文教育的美国家园和外乡人列奥·施特劳斯

我能够接受列奥·施特劳斯对人文教育的不少想法，我在美国大学里教授从古希腊到18世纪的“伟大著作”阅读课二十多年，施特劳斯的人文教育思想正是以伟大著作为核心的。和施特劳斯一样，我教授的人文教育课程也是伟大著作的经典阅读，例如，在“古希腊思想”讨论班上，我和学生们每天的功课就是细读和讨论那些伟大的史诗、戏剧、历史和哲学。这样的伟大著作是我所任教的“人文学院”的核心课程，自然会令我思考种种有关人文教育的理论阐述，其中就有施特劳斯的。

但是，每当我坐在课堂里，面对我的美国学生而又想起施特劳斯的时候，我都会觉得，对美国这个人文教育的家园来说，施特劳斯是一个“外乡人”。当然，我自己也是一个外乡人。然而，由于我没有施特劳斯的那种欧洲文化优越感，在感觉上，我比他容易入乡随俗。我也比施特劳斯更能认同美国日常生活秩序的基本价值，更愿意认同美国的自由民主政体。正因为如此，我能够明显地感觉到，最具施特劳斯特色的人文教育思想与一般美国人的基本价值观之间存在着不小的距离。在施特劳斯那里，人文教育是一个理论和哲学理想；在美国大学里，人文教育是一种实践和课堂运作。厘清这二者间的不同有助于我们了解人文教育在美国的一些实际情况。

（一）人文教育和“伟大著作”

施特劳斯的人文教育观是精英式的。他认为，从历史的传统来说，人文教育一直就是为少数人的教育，也应该如此，这是由人文教育与政治秩序中的“统治者”的特殊关系决定的。人文教育的对象是“统治者”，统治者永远是少数人，他们是“为社会定调的人”。在古代，人文教育的对象是“绅士”(gentleman)。在现代，它的对象则是那些代表或准备代表人民的人。人文教育的目的是要让这些社会精英通过与伟大心灵的对话，通过了解人的伟大，而成为有德性的、具有人的优秀的人。与伟大心灵对话的途径就是阅读伟大著作。施特劳斯认为，现今美国这样的民主虽然自由，但缺乏德性目标。这样的民主以个人的自我利益保护为基准，水准太低、太平庸。人文教育的目标是，通过让一部分人先德性起来，先优秀起来（用他的话来说，先成为“贵族”），然后让民主政治中的其他人也都渐渐变得有德性、变得优秀，一起形成一个“普遍优秀”的政体。[1]

施特劳斯人文教育观的精英主义不符合美国一般人的价值观，更不可能在现有的教育体制中得到实施。首先，谁是那些应该受到人文教育（更确切地说，那种施特劳斯式人文教育）的学生呢？美国最精英的少数

---

[1] See Leo Strauss, “What is Liberal Education?” “Liberal Education and Responsibility.” In L. Strauss, *Liberalism: Ancient and Modern*. Allan Bloom, ed. Ithaca: Cornell University Press, 1989.

常春藤学院每年招收的学生只占美国大学新生的百分之三，但这些学校大都以“学术研究”著称，未必就把伟大著作当作核心教程。伟大著作从1920年在美国成为大学课程的一个重要部分，先是出现在哥伦比亚大学，随后成为芝加哥大学、圣约翰学院（这两个都是施特劳斯任过教的学校）和许多其他大学的核心教程。这些大学中相当一部分是具有宗教背景的人文学院（liberal arts colleges），这在下面还要谈到。我所任教的加州圣玛丽学院（天主教背景）就是其中的一所。较大的研究性综合大学有的也设有小型的人文学系（program），学生可以以这样的系科专业获得学位。但绝大部分被称为“人文教育”的课程是作为通识教育（general education）的课程来开设的，有必修的，也有选修的。本科生在毕业时都会有人文教育课目的一定学分要求。我所任教的大学规定所有的学生必须修四门伟大著作的课程（每学期修1门，每周课时为3小时），依次分别是古希腊思想，罗马、早期基督教和中世纪思想，文艺复兴和17、18世纪思想，19、20世纪思想（见附录讨论班1—讨论班4，文本有时会有部分变动）。与此同时，学校还有一个叫“完整学习”（Integral Studies）的小系，学生可以以此为专业获得学位，这种完整学习延承的是文艺复兴和启蒙运动的传统，比任何其他专业系科都强调“完人”而非“专业”教育。在受工作职业市场左右的美国，完整学习专业的学生相对很少，但毕竟还有，而且选这个专业的往往也是非常好学认真的学生。

由于多元文化教育在美国已经成为一种主流思想，以西方文明和西方伟大著作为核心的人文教育一直受到很多批评。现在还在要求学生必须以此为核心教育课程的大学大概也就不过是百分之二十而已。在这种情况下，在美国大学中念书的学生，绝大部分并没有机会受到人文教育，至少没有机会受到施特劳斯所说的那种伟大著作的人文教育。在美国大学里，绝大部分的教授与人文教育并没有直接的关系。许多文科（humanities）教授都可能教过一些“伟大名著”，但这和人文教育课程中的“伟大著作”是很不一样的。人文教育的伟大著作教育是专门，而不是顺带地学习一些伟大名著。它的教学要求和教学大纲是以人文教育的理念，而不是专业科目（英语文学、政治学、社会学、人类学、比较文学等）的要求来设置的。

人文教育的教师来自不同系科，不是同一专业出身。师资多元化是人文教育的基本特色和要求。不同学科背景的教师之间形成积极的知识对话，为人文教育提供不同的知识视角。在课堂上，他们与学生一起探索一种专业知识之外的“别种知识”。科罗拉多学院富勒（Timothy Fuller）教授在一篇讨论施特劳斯和美国教育关系的文章中提到了他自己学校的人文教育。科罗拉多学院只有1900名学生，在富勒写这篇文章的1995年，他学校新聘的教授中，“有一名是研究沙丘动力学的地理学者，一名是研究18世纪法国文学及加勒比海法语文学的专家、一名计算机科学家、一名拓扑学研究者、一名亚洲和中东政治专家，还有研究拜占庭艺术、病理心理、苏联历史、当代美国历史、18世纪英语讽刺文学、基因学等等的专家，还有一位是柏拉图《智者》的译者和评论者”[1]。

我任教的学校有一个专门的“大学讨论班课程”（Collegiate Seminar Program），是许多系科中独立的部分，它的唯一任务就是伟大著作教育

[1] Timothy Fuller, “Reflections on Leo Strauss and American Education.” In Peter Graf Kielmansegg, Horst Mewes, and Elisabeth Glaser-Schmidt, eds. *Hannah Arendt and Leo Strauss: German Émigrés and American Political Thought After World War II*. Cambridge University Press, 1995, p. 62.

（人文教育的那种经典阅读）。大学讨论班课程的指导委员会由12位来自不同系科的教授组成，他们决定循序渐进的四种讨论班课程的具体阅读文本、写作要求、讨论方法和来宾演讲、特别活动等。大学讨论班课程是学校人文教育的核心部门，它的工作是不能由其他系科代替的。我所任教的英文系是人文学院中最大，也是最重要的系科（因为它的教授还负责所有学生必修的“写作课”），英语系也开设一些非英语专业学生可以选修的普通课（如“文学阅读”），当然也会在一些课程中教一些经典的或重要的著作。但是，这不是专门意义上的人文教育伟大著作经典阅读。与伟大著作关系相对密切的历史系、哲学系、政治系的情况也是如此。伟大著作的人文教育有明确的学科特征、目标和界限。伟大著作教学由大学讨论班课程负责，也只能由大学的这个特别部门来负责。

从建制、目标和实际教学来说，学生们必修的伟大著作教育与施特劳斯所说的伟大著作人文教育都有相当大的差异。我校的学生来自不同的阶层，有不同的经济和种族背景，很难说谁是或谁不是精英。无论一个学生日后以什么专业毕业，大学讨论班是他的基本学分要求。所有学生一律平等，没有精英、非精英的区别。施特劳斯不喜欢这种美国式的“人人平等”观念，将此视为一个“高尚的谎言”。美国大学里的“不平等”是显而易见的，例如，虽然学生人人必修伟大著作课，但由于个人资质、努力、兴趣等方面的实际差异，学生们的实际学习结果会大不相同。有的学得很认真，有的敷衍了事，有的学得好，有的学得不好。但是，尽管他们的学习成绩不同，但成绩并不会将他们区分为两种不同类型的“优秀者”（精英）和“一般人”（非精英）。在这个意义上说，美国大学教育实质上并不是不平等的。

（二）美国人不信任精英

由于在美国人与人平等的价值观深入人心，一般美国人对精英/非精英的说法都会非常反感。美国人把资质、兴趣、才能的差异视为“差别”和“不同”，而不是“高下”或“优劣”。因此，美国人比许多其他国家的人更关心那些看上去是“低下”得没有希望的人群，包括社会弱势、残疾、智障学生。美国的“平权法”要特别予以帮助的正是这些群体。这样的政策并不只是政府说了算的，而是有相当的社会共识。“同情”和“爱”是美国社会的基本道德价值观（与基督教价值有关），这个价值观才是“平权法”实实在在的社会共识基础，用托克维尔的话来说，是美国的“民情”（moeur）基础。在美国大学课堂里，学生当然有学习好差之分，但一般教师不会把这种差别与是不是精英联系起来。和任何课堂教学结果（也只是成绩结果而已）一样，总是“优”和“差”两头小，而“一般”中间大。“精英”这道线划到百分之五还是百分之十？凡是不相信分数与学生的思想、判断、创造能力之间有直接或必然联系的人，大多不会太拿这种百分数当一回事。

施特劳斯所说的“精英”是政治意义上的。而政治精英恰恰是美国人最不信任的一种精英。一般美国人相信，人民是政治权力的主人，谁成为政界的要人，那不一定是因为他天生优秀或者教育优秀，理应掌权代表人民，而是因为人民选举了他，愿意把权力暂时委托给他。因此，美国人一点也不崇敬或崇拜成为政要的精英，反而对他们有一种天然的防备，一有机会就对他们报以嘲讽和挖苦，只要看看每天报纸上的漫画就知道了。施特劳斯不喜欢美国式的民主，认为这种民主中民众势力太大，弄得政治人物为了当选，只能千方百计地讨好民众，降低了民主的水准。

在美国，就是真的精英，也极少有愿意在众人面前自称是精英的。成功的美国人喜欢谈的是自己如何出身贫寒、白手起家，而不是自己如何如何有一般人没有的显要背景。他们说的自我造就当然不一定都真有其事，但有一点是肯定的，那就是，他们不想在身份上显摆自己的特殊。在美国的平等或平民价值环境中，当精英、赞精英、拿精英就当优秀，这些都不招一般美国人喜欢。

在美国的大学课堂里，人文教育是作为公民能力、独立思想、学习能力和人的自我认识的教育来进行的。比起培养和造就精英来，这些目标更贴近美国人的自我实现价值和理性社会的现实交际需要。在美国，表达自己的要求，与他人沟通协议、理性辩论、宽容妥协，不仅是基本的能力需要（因为它们能帮助人取得社会成功），而且也是基本的价值（因为这些被认同为社会之好）。

美国人不喜欢精英政治，至少在理论上不能接受“精英”比“一般人”优越的说法。他们更不能接受任何提倡优越者独掌政治权力的理论。在美国人看来，再优秀的少数精英，由他们垄断政治就是不民主的政治。民主的基本原则就是，每个人都拥有他自己那一份小小的政治权利，它叫作“选票”。这份政治权利虽然很小，甚至微不足道，但却是每个公民神圣不可剥夺的基本权利。个体公民可能会运用，也可能会不运用，甚至会误用这份小小的政治权利。但美国人拒绝任何人，不管他多么优秀，多么有德性，以此为理由强行夺走任何个体公民的这份权利。民主制度中的每个公民之所以有尊严，乃是因为没有人可以夺走他的这份权利。民主制度中的所有公民之所以有集体尊严，乃是因为他们只接受一种领导者的治理，他们是公民们选出来的代表，不是自命为优秀的“精英”。

一般美国人并不认为少数精英，尤其是掌权的精英比他们在道德上更优秀。“精英”与“优秀”根本就不是一回事。美国人普遍认为，权力就是腐败，绝对的权力就是绝对的腐败。这也是为什么大多数美国人相信，由于普通人能免于权力的腐败，所以普通人比当权者更能保持正派的日常道德。普通人至少不需要为了政治权力去说谎使诈、损人利己。他们更不需要为了维护什么官方立场而在许多是非问题上耍滑头。这不是说普通人一定比掌权者人品高尚，而是说，普通人至少不需要像有些掌权者那样，在权力机器中不得不自我糟践。许多美国人相信，普通人确实会做出蠢事和坏事，但经常是因为精英在蛊惑和挑唆他们。普通人也确实可能变成刁民和暴民，但总是先有了暴政，然后才有刁民或暴民，而不是先有了刁民或暴民，然后才有暴政。

这些美国人当然不会接受施特劳斯精英人文教育观后面的那种精英民主政治立场，不是因为不能理解而不接受，而是因为价值观不同，虽然理解，也照样不能接受。麦维斯（Horst Mewes）这样评价道：“我们似乎对施特劳斯有这样的看法，那就是他不是一个真正的民主主义者……我认为……施特劳斯代表的是一种（美国）联邦党人的民主共和立场。这种民主立场的原则是，应当由选举产生的，具有自然优秀（贵族）素质者来进行代议治理。我认为，按照美国建国者（联邦党人）的自我理解，（精英治国）是真正的民主。不管我们现在是否还把这看成是真正的民主，施特劳斯的政治理论是（精英代议理论中）最为深刻的。问题是，这是一种目前（在美国）极不受欢迎的民主理论，这一点是再明显不过的。由于他说的政治包含着人之优秀的理论，它显然是一种要求（政治）完美的理论。”[1] 麦维斯所说的“政治完美”就是施

[1] Peter Graf Kielmansegg, et al. “Discussion.” In Peter Graf Kielmansegg, Horst Mewes, and Elisabeth Glaser-Schmidt, eds. *Hannah Arendt and Leo Strauss,* p. 189.

特劳斯所说的“政治优秀”。美国联邦党人的自然贵族政治和施特劳斯的优秀者精英政治似乎都不是当今大部分美国人的选择。

（三）美国民主社会的外乡人

1933年纳粹在德国取得政权，在这之后，辗转来到美国的德国移民学者中，有的后来在哲学和政治理论领域中取得了很大成就，产生了很大影响。和汉娜·阿伦特、赫伯特·马尔库塞（Herbert Marcuse）、汉斯·摩根索（Hans Morgenthau）等人一样，施特劳斯是他们当中非常杰出的一位。有论者就此写道，“这些学者的共同之处，不仅仅在于他们的德国犹太人身份，而且在于他们都被（纳粹）赶出德国，在美国找到了新的家园，都成为美国重要的政治理论家和哲学家”。这些德裔犹太学者都曾在德国接受教育，“带着他们祖国和欧洲大陆的教育传统印记”。战后，在他们可以回到德国和德国文化中去的时候，他们选择了留在美国，“但是，他们却一直是介于两个不同世界中的知识者公民，不充分，也不明确属于其中任何一个。他们已经不再是德国人，但却又没有简单地就变成了美国人”。在相当程度上，他们仍然是他们所移居的美国新家园中的“外乡人”。[1]

在一些对施特劳斯和阿伦特的比较研究中，美国论者常常会感觉到一个共同点，那就是他们的“欧洲”政治理论与美国现实民主社会之间有距离。例如，他们对美国民主制度的运作（选举、权力制衡、争取社会权利、社会问题的政治决断等）不感兴趣。他们关心的是“纯粹”政

[1] Peter Graf Kielmansegg, “Introduction.” In Horst Mewes, and Elisabeth Glaser-Schmidt, eds. *Hannah Arendt and Leo Strauss*, pp. 1-2.

治，这种政治是“高尚”的。相比之下，美国民主社会的日常政治则要平庸得多。美国的民主政治总是以直接或间接满足某种社会现实需要为目的，而民主程序（如议案、提案、决议、争议、法庭裁决）则是实现这些目标的过程和保证。这也是民主法治日常化的体现。因此，在美国人（包括许多美国政治学者）看来，如果一种政治观念（如阿伦特的政治与社会两分说、施特劳斯的哲人式“政治哲学”）抽掉了特定的社会问题和目标，把社会领域仅仅当作一个自我调节的非政治领域，这种政治观念就会脱离民主政治的日常内容。在这些美国人看来，那种德国理想主义式的“真正政治”虽然理想高远，也正因为它理想高远，对于日常民主政治来说，实在是太空洞了。

施特劳斯和阿伦特那样的政治见解并不只是一些理论观念，而且更是表现出对美国民主状况的实际不赞同。这种对美国民主的不赞同，在它背后不是一种对专制的向往，而是一种对精英政治理想的憧憬。它只把优秀的政治视为真正的政治。在它看来，美国由大众和普通公民主导的代议民主是够不上这个标准的。在阿伦特那里，优秀的政治是积极参与的公民政治。积极参与的公民才是真正的公民，他们参与共同体的事务，以此为他们的人生目的和价值所在。如果这样的公民只有少数，那就只要少数人参与就行。但是，美国民主并不这样看待公民参与，它要求尽量多的人参与进来，有没有受过好的教育，是不是具有精英认可的素质、能力、水平都不要紧。

美国民主的价值信念是，政治不能只是掌握在少数人手里，这些少数人再优秀也是不够的。即使是那些只选择过他们自己私人生活，不愿意直接参与公共事务的公民们，少数优秀者（精英）也必须对他们负起责任。“代议”或“代表”指的就是这样一种责任。积极的人代表不积极的人，但不能代替他们，更不能无视他们，排斥他们，不把他们当一回事。高尚的、纯粹的政治观是用来透视极权政治的堕落和伪善的，不是用来证明自由民主政治低劣或不可接受的。在高尚而纯粹的政治尚无法成为现实的时候，不管自由民主现实离理想目标多么遥远，它都是一种比极权高尚、比专制优秀的政治实践。

施特劳斯的政治哲学在美国影响很大，这主要是因为他的学说已经由他的弟子们形成了一个所谓的“施特劳斯学派”。施特劳斯政治哲学的一个基本主题就是现代西方文明的衰败，为此他要恢复古代哲学的理性，以帮助现代人思考如何在政治观中重新注入“自然正当”的理念。施特劳斯的矛头针对的是“现代”，而美国恰恰又是一个没有“前现代”的国家。生活在美国就是生活在现代，现代的美国人不能不觉得施特劳斯是一个来自旧大陆的异乡人。

施特劳斯对现代和现代理性的极度失望与他对自由民主的大力批判是联系在一起的。自从加拿大学者唐格维（Daniel Tanguay）的《列奥·施特劳斯：思想传记》（2003年法文版，2007年英文版由耶鲁大学出版社出版）出版后，人们对于施特劳斯反现代的“犹太问题”背景有了更清晰的了解。[1] 美国纽约市立大学研究生中心的理查德·沃林（Richard Wolin）曾在极有影响的《高等教育纪事报》上撰文，评论施特劳斯在美国被视为“陌路人”的一些原因，其中就有他对现代性的那种绝望的否定。沃林提到，施特劳斯一生背负着“犹太问题”。魏玛时期的自由民主和世俗化犹太复国主义（施特劳斯视其为现代主义的一个变种）都没有办法解决犹太人因被歧视而产生的深刻认同危机，“施特劳斯的早期著作让我们看到，他是多么专注，多么系统地想把握各种对现代的犹

[1] Daniel Tanguay, *Leo Strauss: An Intellectual Biography*. New Haven: Yale University Press, 2007.

太反应，因为在现代中，（犹太文化的）那种与传统的有机联系被不可修复地切断了”。[1] 施特劳斯对自由主义，进而对自由民主的幻灭，是他从一个犹太人的视角看到的那个“现代”，对许多美国人来说，这个犹太视角不是他们的视角，而是一个“外乡人”的视角。

沃林的这一观点受到唐格维《列奥·施特劳斯：思想传记》的影响，他和唐格维一样认为，施特劳斯是在为“犹太问题”遍寻现代路径而不可得的情况下，才回到古代去的。沃林写道：“施特劳斯寻找犹太真实性进入了死胡同……由于他排除了种种被最终称为‘现代’的一切可能，由于他认定一切‘现代’的可能都是虚假的，他才经由中世纪伊斯兰哲学家阿尔法拉比（Al-Farabi）和迈蒙尼德（Moses Maimonides）回到古希腊的政治思想。施特劳斯因此认为，雅典的城邦政治才是人类曾经完美无缺地提出最高尚和最美好生活问题的地方。”[2]

沃林对施特劳斯的反应很有美国特色。沃林认为，如果施特劳斯所看到的出路只是回到古代，那么他对现代自由民主和现代的批判便只能是一种“令人困惑的教条”。沃林还认为，“一个（像施特劳斯这样）以教授政治哲学为生的人，居然像柏拉图那样不信任日常政治，真是一个奇怪的立场”。不仅如此，“在那些施特劳斯公开表达政治观点的不多时刻，他的说法会叫人毛发倒竖。例如，1933年5月，那是希特勒刚上台后不久，施特劳斯在给洛维特（Karl Lowith，他们同为海德格尔的学生）的信中写道，‘德国向右转，驱逐（德国犹太人）’，不能单凭这一点就说，我们应该拒绝右翼的原则。恰恰相反，只有根据右翼原则（法西

[1] Richard Wolin, “Leo Strauss, Judaism, and Liberalism.” *The Chronicle of Higher Education*. 52.32（April 14, 2006）.

[2] Richard Wolin, “Leo Strauss, Judaism, and Liberalism.”

斯主义、威权、帝国）原则的基础，而不是用那些关于‘人的不可剥夺的权利’这种可笑而且可怜的理由，我们才能去抗议那些卑鄙的无足轻重的人（指纳粹和希特勒）”。[1] 这样的施特劳斯让人联想到纳粹时期的桂冠法学家卡尔·施米特（Carl Schmitt）。

但是，施特劳斯与施米特毕竟是不一样的。施特劳斯不喜欢也不投靠纳粹，但他却并不认为纳粹剥夺公民的权利本身就是一种政治罪恶。他认为，除非人们能够从理论上证明法西斯、威权、帝国这样的右翼政治原则有什么不对，否则这样的原则就不算错误。从“纯粹政治哲学”的角度来看，这样的想法也许可以成立。但是，对于极其看重公民权利的美国人来说，没有什么是比公民自由和权利更值得捍卫的了。施特劳斯居然不把剥夺公民权看成政治罪恶，这怎么能让美国人不“毛发倒竖”呢？

美国人有理由把公民的政治权利视为争取和保卫其他一切权利的权利。一旦公民们被剥夺了起码的政治权利（如言论自由的权利），就会不再能在公共言论空间公开发表自己的看法，就会不得不在国家暴力的恫吓下随时为自己的一言一行担惊受怕，生活在恐惧之中了。在这种情况下，他们又如何去在“理论上”证明那些法西斯、威权和帝国的专制原则是谬误的呢？当人民丧失了权利，当专制可以为所欲为的时候，专制还用得着靠“坚实的理论”来支持它的暴力统治吗？专制所提供的任何“理论”依据不是都会成为理所当然的真理吗？无论如何荒谬不经，专制的理论不是都会被生活在专制秩序下的学者、教授反复论证为最正确、最有创见的理论发展吗？难怪像沃林这样的美国学者会把施特劳斯看作不值得信任的外乡人，怀疑他的政治哲学一面

[1] Richard Wolin, “Leo Strauss, Judaism, and Liberalism.”

说“加强”自由民主，一面却是在挖自由民主的墙脚。

（四）美国政治不是古书里的政治

施特劳斯很少对现实政治发表看法，照他自己的说法，他是一个一辈子“读古书”的人。然而，恰恰是他那套读古书的方法和目的，让许多美国人，包括美国学者，觉得他是一个摸不透、看不清的外乡人。施特劳斯从纯粹政治观来谈政治，很容易忽视日常道德在现实民主政治中的作用。对于许多美国人来说，日常生活道德，起码的做人正派——诚实、有信用、同情关爱别人、爱自己的家庭、朋友间的忠诚等——都是具有政治意义的个人品质。许多别的国家人民也有类似的日常道德意识，只是没法用它来要求政治权力人物罢了。在那些国家里，日常道德很容易受到普遍侵蚀，随之而来的便是整个社会的道德虚无主义和犬儒主义。

美国民众不信任今天这么说，明天那么说的政治家，不管他的“领导才能”多么优秀。事实上，当一个政治人物不再受到民众信任，不再被他们认同为自己的代表时，无论他的才能多么出色，他都已经不再是什么“领导”，也无领导才能可言了。在美国，绝对不可能设想民众会拥戴一个今天整这个，明天整那个，用仇恨来领导国家的领袖。这倒不一定是因为美国民众有什么高明的政治理论，而是因为他们大多鄙视这种不正派、没道德的人。在美国选举的时候，除了民众关心的社会问题，政治人物是否诚实可信常常是民众的首要考量。美国人会觉得，那些口是心非、说一套做一套的人物是民主最危险的敌人，因为他们可能借人民的意愿获得权力，随后再运用这个权力来压迫人民，剥夺人民的权利。人民当然不可能指望这样的人来诚心诚意地维护民主的政治秩序。

美国的民主理想也许不高，但一般美国人却有较好的公共日常生活道德传统，一则是因为受基督教的影响，二则是因为社会规范和秩序没有受到过暴力革命的剧烈破坏。美国民主社会最重要的条件之一是美国人一般比较正派、有道德心、有正义感。对美国现代民主的日常生活道德基础，美国政治学者乔治·卡提卜（George Kateb）写道，"任何一种对道德关心的无视……都与现代民主的前提不符。现代民主制度如果只是一个（抽象）理念，如果凌驾在明明白白的日常道德之上……那它就是一个毫无意义的制度。现代民主是一种比任何其他制度都充分渗透着日常道德的政治，现代民主政治的目的绝对不是超越道德的，也不能为它自己创造一个非道德的理由"[1]。

在施特劳斯的政治哲学中，普通人的日常道德只是一种由"高尚谎言"维持的社会秩序，与哲人所能洞察的"自然正当"是完全不同的。哲人自己不把"高尚谎言"当作可靠的知识，但能理解并承认它对普通人的社会作用。哲人和普通人对"德性"有不同认识，这形成了德性的"隐微"和"显白"意义的区别。施特劳斯自然可以保持他对古典文本隐微意义的正当兴趣，但这种兴趣如果变成一种表述方式，运用到公共生活中去，民主社会中的人们就未必都会将此视为正当。民主政治的基本特征是公开，这是公共交际真实原则的基础。施特劳斯称赞哲人将话语真实含义隐藏起来的本领，这足以使得那些习惯公开言论的美国人对施特劳斯本人话语的公开性和真实性有所怀疑。

[1]　George Kateb, "The Questionable Influence of Arendt (and Strauss)." In Peter Graf Kielmansegg, Horst Mewes, and Elisabeth Glaser-Schmidt, eds. *Hannah Arendt and Leo Strauss*, p. 38.

施特劳斯说自己是自由民主的“朋友”和“盟友”，卡提卜问道，该如何去理解这一自白呢？是把它当作一个“显白”表述，还是当作一个有待另作解读的“隐微”说法？卡提卜觉得很难把施特劳斯的自白当作一个显白表述，原因是，“无论是古代民主，还是现代民主，他都几乎从未赞扬过。相反，他表达的是一种清楚明了的反民主情绪，所以，如果按照一般人（直截了当）的阅读方法，我们只能说施特劳斯不是民主的朋友或盟友。充其量而言，他对民主的支持只不过是勉强的，心里看不起，但又另有用意”[1]。

施特劳斯的政治哲学中确实不断在暗示，人民（大部分、大多数人民）需要的是统治，而不是自我治理（因为人民在政治上是无能的）。对人民需要有不间断的、不择手段的限制和约束（因为人民不懂规矩，无法无天），而且，在现代民主时代，人民宰制了社会，以致庸俗的大众文化大行其道，有品质的文化标准荡然无存。[2] 一般美国人会问，民主的朋友和盟友有这么糟践民主的吗？既然对施特劳斯是“民主的朋友和盟友”的显白真实性有所怀疑，人们自然也就会试着用施特劳斯所津津乐道的隐微读法来解读他自己。卡提卜的结论是，无论施特劳斯有过什么对民主的善意表示，他其实都不能算是民主的真朋友，至少不是美国民主的真朋友或真盟友。卡提卜认为，施特劳斯不能成为美国民主的真朋友，因为他一直就是美国文化的外乡人，“施特劳斯对爱默生、梭罗、惠特曼（这样的美国思想家）不感兴趣（尼采至少还对爱默生很感

[1] George Kateb, “The Questionable Influence of Arendt (and Strauss),” p. 39.

[2] See Leo Strauss, “What is Liberal Education?” “Liberal Education and Responsibility,” “The Liberalism of Classical Philosophy,” and “Perspectives on the Good Society.” In L. Strauss, *Liberalism: Ancient and Modern*. Allan Bloom, ed. Ithaca: Cornell University Press, 1989.

兴趣)。施特劳斯似乎从来没有认真看待过美国民主或者任何民主的现实。施特劳斯那种不适当的欧洲理论使得他无法对（美国民主）作出观察和有用的批评”。[1]

施特劳斯这个外乡人暗示，他是一个“哲人”，哲人对在新家园中的所见所闻未必都需要有显白议论。既然他对美国民主有许多显白的“冒犯”，那么在他这些冒犯背后是不是也隐藏着一种对它的同情和期盼呢？对施特劳斯因此可以作正反不同的解读，如何解读施特劳斯，这在相当程度上取决于解读者本人的政治取向。反对民主的人会用他对自由民主的批评来否定民主，进而暗示专制是一种不坏的替代，中国的一些所谓施特劳斯专家便是如此。但坚持民主的人则会用这种批评来为民主的提升设立更优秀的标准。对于后一种人来说，施特劳斯对待民主的哲学思考比他对民主究竟说过什么来得更为重要。有论者对此指出，“施特劳斯的哲学探索可以理解为是要努力恢复西方文明在历史上有过的成就，那是一个与现代专制国家完全不同的人的城邦。现代专制国家既消灭了城邦，也消灭了人”[2]。像施特劳斯这样的外乡人似乎不可避免地带着他自己的视角和问题意识行走他乡。他们（无论是阿伦特还是施特劳斯）不可能也不需要总是完全入乡随俗。施特劳斯思想的特立独行使他“不仅成为20世纪学术世界的外乡人，也成为现代民主世界的外乡人”[3]。

---

[1] George Kateb, “The Questionable Influence of Arendt (and Strauss),” pp. 41-42.

[2] Jurgen Gebhard, “Leo Strauss: The Quest for Truth in Times of Perplexity.” In Peter Graf Kielmansegg, Horst Mewes, and Elisabeth Glaser-Schmidt, eds. *Hannah Arendt and Leo Strauss*. p. 104.

[3] Peter Graf Kielmansegg, “Introduction,” p. 7.

（五）人文教育的美国家园

美国的人文教育传统由两个部分构成，一个是文艺复兴，另一个是宗教改革。前一个侧重在人的“自由”教育，后一个侧重在人的“志业”教育。自由教育可以是个人的、内向的，而志业教育则一定是社会的、公民的。文艺复兴的理想是“文化的人，在思想和精神上自由的人，不只局限于职业和专业的人”[1]。这种思想和精神的自由给人带来心灵的解放，帮助他实现思想和艺术的伟大创造，帮助他成为文化的优秀者，用施特劳斯的话来说，也就是文化贵族。在美国人文教育中，与文艺复兴传统平行的是宗教改革，尤其是加尔文新教的宗教改革传统。这个传统中的“世俗僧侣”(听上去像是一个矛盾的名称，其实未必)，他们的精神核心是关心现实世界的日常事务。对于这些新教徒来说，“没有什么比把他们的（宗教）信仰转变为（政治）制度，并在面对日常生活……的‘良心问题’时为实践提供全面的细节引导更为重要了”[2]。

在美国新教传统中，受教育者要从事的是精神生活的世俗志业，这也是许多美国人对待知识和教育的基本态度。来到美国这个新大陆的新教移民，他们最早所办的一件大事就是创立哈佛学院，而哈佛学院所设置的正是一种被称为“人文”(humanistic）的课程。在这个传统中“人的训练”(humanistic training）和“自由教育”(liberal education）是同一个

[1] David Little, “Storm over the Humanities: The Sources of Conflict.” In Daniel Callahan, Arthur L. Caplan, and Bruce Jennings, eds. *Applying the Humanities*. New York: Plenum Press, 1985, p. 32.

[2] David Little, “Storm over the Humanities,” p. 34.

意思。[1] 哈佛学院的目标是提供志业的教育，为的是“满足培养地方行政官和民间事务管理者的需要”。哈佛提供的“人文”知识和教育包括与之一致的“逻辑、修辞、解释等技能”。总会有学生会向往一种“沉思”的生活，然而，这种向往在美国并不总是受到鼓励。美国的新教有一种很强的世俗和平民精神，它憎恶那些四体不勤的“思想者”，因为“那些帮助奠基（基督教）的使徒和先知都是那些干苦力的、打鱼的、修帐篷的。而耶稣基督自己就是一个穷木匠”。[2] 在美国，平民与贵族，包括与思想精英之间的分野和对立，可以说是深深地印刻在它的这一部分人文教育传统之中。主张精英教育的施特劳斯被大多数美国人看成是一个不入乡随俗的外乡人，是一点不奇怪的。

在美国，人的自由教育和人的志业教育以及它们之间的张力和互动形成了美国特定的人文教育特征。我在美国大学任教，经常会感觉到这些特征对课程设置和实际课堂日常教学的影响。我所任教的是一所有着天主教背景的大学，尽管和加尔文新教有所不同，但在美国式人文教育中结合自由教育和志业教育上却是一致的。在美国有许多各种基督教背景的大学，它们都有各自的具体宗旨（mission）。我们学校的宗旨是，“这是一所将人文艺术贯彻于和丰富所有求知领域的学校，它特别重视和培养的是这样一些技能和习惯：它们给人以自由、深层探索存在的奥秘、在知识发现的真实面前真实地生活。师生获得的这种自由引导他们对真实的本质充满好奇，反复观察，询问究竟，不只

[1] David Little, “Storm over the Humanities,” p. 35.

[2] Cited in Perry Miller, *Roger Williams: His Contribution to the American Tradition*. New York: Atheneum, 1962, pp. 201-202.

是为了知道表象事实，而且也是为了知道最基本的原则”。在探索生存的深层奥秘时，人同时经历“人的思想和精神这两个紧密结合在一起的旅程”，进行的是“信仰和理性的对话”，捍卫的是“属于每一个人的善良、尊严和自由”，培养的是对“社会和伦理问题的敏锐感觉”。

不难看出，这是一个非常美国化的人文教育宗旨，它结合了人的自由教育（个人的思想和精神）和人的志业教育（关注社会和伦理问题）这两个传统。它还强调“信仰”和“理性”的对话，强调单凭人的理性无法整全地揭示存在的奥秘，因此永远不能排除人对“启示”的需要。然而，这样一个美国化的人文教育宗旨却并不以“本土创新”自居，因为它的第三个结构成分——圣约翰·拉舍尔（或称圣约翰洗礼者拉舍尔Jean-Baptiste de La Salle）教育，直接来自17世纪的欧洲。

拉舍尔是法国天主教士、教育家和改革者，也是“基督教学校修士会”(Institute of the Brothers of the Christian Schools）的创始者，这是一个天主教的教团组织，专注于教育和相关事务，致力于为贫苦的学生提供免费教育。它在今天世界的84个国家约1000个教育机构中发挥着作用，有大约 6000名基督教修士（Brothers ）和 75000名世俗人员担任教师、辅导员和指导员等工作。它的五个核心原则是，信仰上帝、关心贫困学生和社会公正、高质量的教育、包容的群体、尊重每一个人。拉舍尔出生在法国兰斯（Reims）的一个富有的家庭里，11岁入修道院行削发仪式，16岁被任命为兰斯座堂的法政牧师，并在27岁时正式升任神父。在拉舍尔的时代，少数的富人和大多数的穷人生活在一个贫富悬殊的社会里。受教育是少数人（社会精英）的特权，而大多数穷人的孩子却只能在缺乏教育的状态下自生自灭。拉舍尔从1680年29岁时即已经开始帮助穷人孩子教育的事业。为了更有效地从事这项事业，他离开了家，放弃了神职，捐出了所有的财产，开始创建一个办学团体，也就是今天已广为人知的“基督教学校修士会”。我们学校现在还有一些这样的“基督教修士”，他们都有专门学科的博士高学历，薪俸和一般教授相同。他们全都终身不娶，没有家室，吃住在学校，薪俸全部捐给教育。这些“修士”选择了终身利他的生活方式，称得上是有德性的人们。这是他们为自己选择的生活方式，从来不将此强加于别人，从来不劝导别的教授像他们一样生活，也从来没有道德优越感。我在这学校教了二十多年书，从来没有一次听说过学校表扬他们的“先进事迹”或“高尚情操”。他们的存在本身就成为一种具有人文教育意义的日常生活提示：人可以通过自己的自由意志选择一种因为有德性而优秀的生活。

以人的德性和优秀为目的的人文教育并不只是发生在课堂上。在美国，大学人文教育是为所有的大学生而不是少数特殊学生准备的。人文教育的目的是培养对人自己的潜在优秀能力有认识、有信心的公民，他们有教养、有公共责任心、有道德关怀。美国的共和制度和民主政治是这种人文教育能够得以实施的政体保障。人应当如何才算有德性，才算优秀呢？探索这样的问题成为哲学所追求的最高智慧。人文教育即以探索这样的问题为其核心。追求德性和人的优秀，这是人对自己所负的责任，因此成为一种“内向”的教育。它注重个人的心灵品质，有一种自然的出世和精英倾向。但是，另一方面，人文教育又是入世的教育，它的核心是关注政体与公共生活秩序间的致密关系，除了人性，没有什么比政体更深刻地影响公共生活秩序的形成了。[1] 人文教育不能不关注政体问题，因为政体本身就是一种最根本

[1] Thomas Pangle, *Leo Strauss: An Introduction to His Thought and Intellectual Legacy*. Baltimore, MD: The Johns Hopkins University Press, 2006, p. 94.

的公共生活秩序。

人文教育是现代自由民主政体不可或缺的有机部分，现代自由民主是人文教育存在的基本条件。施特劳斯知道，没有自由民主的思想宽容，也就没有安置他批评自由民主讲坛的地方。他说，“我们必须看到，就在民主把自由给予所有人的时候，民主也把自由给予了那些因关心人的优秀而批评民主的人”[1]。在那些批评美国自由民主的外乡人当中，施特劳斯如果不是美国自由民主最大的受惠者，也至少是受惠者中的一个。

自由民主的美国在纳粹德国不能见容犹太人的时候，收容了施特劳斯，后来又给予他属于一位杰出学者的应有尊敬。施特劳斯在美国的命运比两千多年前希腊哲人在雅典的命运要好得多。面对着当时的希腊城邦政治，希腊哲人没有足以用来保护他们自己的自由公民权利。苏格拉底服刑喝了毒酒。柏拉图尝试建立的那个哲学城邦在失败中终结。亚里士多德在政治迫害的威胁下，匆匆逃离雅典，得胃病死了。亚里士多德说，他之所以离去，是不想让雅典人“第二次对哲学犯罪”。

在国家权力可以随意对哲学犯罪的地方，是不可能有心灵和思想自由的，而人文教育所坚持的正是人的心灵和思想自由。美国这个自由民主的国家不杀害、也不迫害居住在它家园中的哲人，哪怕这个哲人原本来自外邦，而且在认同上也一直都是一个外乡人。施特劳斯有逃离纳粹专制的经验，他在批评美国的自由民主的时候，毕竟还是没有忘记称赞美国自由民主对人文教育的保护。人文教育是一种存在

[1] Leo Strauss, “Liberal Education and Responsibility.” In L. Strauss, *Liberalism: Ancient and Modern*. Allan Bloom, ed. Ithaca: Cornell University Press, 1989, p. 24.

于自由民主政体中的自我再生和自我更新体制，它的优秀标准不只来自哲人的价值理想，更来自民主社会中绝大多数人所坚持的自由信念和共识。这样的民主社会信念和共识才是人文教育在美国的真正精神家园。

三　神的律法和人的政治

——《列奥·施特劳斯：思想传记》

许多对列奥·施特劳斯的研究都是从正面或反面来从他的政治哲学中探寻某种深奥的“微言大义”，与这些研究著作相比，加拿大学者丹尼尔·唐格维（Daniel Tanguay）的《列奥·施特劳斯：思想传记》是一部在显白的思想表层上描绘施特劳斯思想踪迹的论著。唐格维是一位说法语的加拿大学者，在法国接受专业教育，他为读者提供了一个欧洲视角的施特劳斯研究。唐格维并不排斥对施特劳斯的“微言大义”阅读，也不否认施特劳斯通晓隐微式写作，但他奉劝读者千万不要为“隐”而舍“显”，要收获宝贵的东西，其实只要弯弯腰就能做到。施特劳斯自己就是这么说的，“那些在事物表层里，也只是在表层里的问题，才是事物的核心”[1]。

唐格维把自己任务规定得非常明确：“回到施特劳斯文本的表层，以此来捕捉核心的问题。”[2] 唐格维认为，施特劳斯思想的多种二分对

---

[1]　Leo Strauss, *Thought on Machiavelli*. Chicago: University of Chicago Press 1978 [1958], p. 13.

[2]　Daniel Tanguay, *Leo Strauss, Une Biographie Intellectuelle*. Editions Grasset & Fasquelle, 2003. 英文版Daniel Tanguay, *Leo Strauss: An Intellectual Biography*. Trans. Christopher Nadon. New Haven: Yale University Press, 2007, p. 4。

立，如古今之争、哲学与诗歌之争、自然正当与历史之争，都包含着一个核心的问题，那就是神学和政治的关系。神的律法和人的政治之间到底是什么关系，这是施特劳斯这个犹太人在青年时期就对之有切肤之痛的现代问题，也是他日后在各种哲学思考中始终关注的问题。但是，一直到生命终了，施特劳斯都没有为这个问题找到明确的解答。唐格维的目的当然不是要替施特劳斯去回答这个问题，而是要在一个显豁的意义层次上描述施特劳斯探索这个问题的心路历程，并由此详细揭示施特劳斯思想与西方文明传统的多重内在关联。

（一）犹太问题和魏玛问题

1920年代是施特劳斯思想的形成期，施特劳斯面临的最重要的现代问题就是犹太人，尤其是德国犹太人在一个现代自由民主社会中的生存处境。施特劳斯对神学－政治的思考与这个犹太问题有着密切关系，而这个犹太问题正是他早期著作《斯宾诺莎的宗教批判》的中心议题。在斯宾诺莎这个公开放弃犹太宗教信仰的犹太人思想家那里，“犹太问题”只有两种可能的解决，一个是与犹太人所居住的那个自由国家同化，另一个是在政治上犹太复国。斯宾诺莎自己偏向于第一种解决，这和他一直主张自由国家有关。斯宾诺莎认为，自由国家既不是犹太人的，也不是基督徒的，自由国家把宗教从公共生活领域驱逐到个人生活领域中去；自由国家要求一种自由主义的犹太教，要不就应该为在自由国家中的同化而放弃犹太教。

犹太人在西方自由国家的“政治解放”和“同化”并没有解决犹太问题，犹太人仍然是社会歧视和仇恨的对象。这是生活在德国魏玛时期的青年施特劳斯所面临的生存问题。在这个问题后面有一个更深层的问题，那就是自由民主所没有能解决的神学－政治问题。这个问题在犹太复国主义那里是否能得到解决呢？青年施特劳斯深深介入犹太复国主义的讨论和思考，就是想为这个问题找到一个答案。

犹太复国要建立一个独立的犹太人国家。施特劳斯参加了政治犹太复国的活动，但对这一运动却并不盲从。他看到，政治犹太复国要建立的是一个非宗教的现代犹太国家，以此解决犹太问题。但是，这个政治解决方案是有限的，因为犹太问题就像神学－政治问题一样，并不能简单归结为一个政治问题。不可能建立一个只有政治制度而没有犹太文化内容的“空壳”犹太国家，而犹太文化的宗教性却又必然会使政治犹太复国变成宗教犹太复国。以政治犹太复国来解决犹太问题的世俗方案无法应付一个从本质上不可能排除宗教成分的问题。这决定了施特劳斯对神学－政治问题的基本看法，“有限的、相对的问题可以解决，而无限的、绝对的问题则无法解决”[1]。施特劳斯和斯宾诺莎面对的都是这样一个问题。

斯宾诺莎为犹太问题设想的两个可能解决方案成为现代思想的一个奠基，使他成为一位真正的现代思想家。现代性的“最激进，也是最真实的特点就是向宗教全面开战”，也就是它的“反神学怒火”。解决神学－政治问题的现代方案是一个世俗的方案，它能否成功，完全取决于它的宗教批判能否彻底有效。在《斯宾诺莎的宗教批判》（1930）中，施特劳斯要检视的正是斯宾诺莎这位伟大的现代思想奠基者是否彻底有效地击垮了宗教。他的结论是，现代宗教批判成功地嘲

---

[1] Leo Strauss, “Preface.” In *Jewish Philosophy and the Crisis of Modernity: Essays and Lectures in Modern Jewish Thought*. ed. Kenneth Hart Green, Albany: SUNY Press, 1997, p. 143.

笑了宗教，进行了反宗教宣传，但并未彻底有效地批判和击垮神学的神启教义学说。[1]

唐格维认为，“施特劳斯对斯宾诺莎的研究使他确信，为了真正理解现代政治就必须认真研究霍布斯。这两个研究领域看起来分属两个不同领域，其实是紧密联系在一起的”。施特劳斯从1920年代就对霍布斯发生兴趣。卡尔·施米特发表《政治的概念》（*Der Begriff des Politischen*，1927）一书后，施特劳斯对霍布斯更加重视。[2] 施特劳斯早年对霍布斯的兴趣本身就是魏玛时期知识分子重新重视霍布斯的一部分。霍布斯的政治学说是一个动荡、内乱社会的产物，是英国处于内战时期的世俗国家理论，“霍布斯一生都处于不安和恐惧之中，这种情绪反映在他的思想中，使得保全生命成了霍布斯最关切的问题”[3]。当时不少德国知识分子认为，他们身处的现代自由政治秩序与霍布斯所描绘的那个充满焦虑的世界有相似之处，因此对现代自由的前途极为悲观，对自由民主充满了怀疑、不安和厌恶，并作了强烈的思想和理论反应。

德国的魏玛共和国只存在了十四年（1919—1933），但它却极为深刻地影响了许多德国知识分子的思想形成。一直到今天，如何评价魏玛共和国仍然牵动对自由主义、自由民主、宪政法制、国家主权等一系列重大问题的思考和争论。有的人称赞魏玛共和试图建立当时最完善的自由民主国家，称赞它文化勃兴的“古典现代主义”。有的人则把魏玛共和看成是德国“特殊道路”的不幸产物，是德国19世纪的君王专

[1] Leo Strauss, *Spinoza's Critique of Region*. Trans. E. M. Sinclair. New York: Schocken, 1965 [1930].

[2] Daniel Tanguay, *Leo Strauss: An Intellectual Biography*, p. 100.

[3] 浦兴祖、洪涛主编：《西方政治学说史》，复旦大学出版社，1999年，第212页。

制转化为20世纪纳粹极权的中间通道。魏玛共和于是成为一个关于西方民主中始终包含着威权专制诱因的警示。还有的人则把魏玛共和的失败看成是自由主义和自由民主的失败，看成是启蒙理性和现代性必然走向恶质极端的证明。于是，魏玛成为一个理解当代西方，包括美国自由民主的模式，而魏玛的失败则被拿来当作自由民主不可避免的宿命。[1]

施特劳斯思想的“魏玛印记”不仅与政治－神学（作为同化的德国犹太人和犹太复国同情者）和自由主义（作为对魏玛共和的失望者）有关，而且与当时震撼法学界的关于“实证主义”的争论有关。实证主义是用来支持自由主义“价值中立”的，由此推导出相对主义、虚无主义、历史主义的合理性。施特劳斯后来提出普遍性的“自然正当”，批判的对象正是自由主义的相对主义、虚无主义和历史主义。德国在一战中战败以后，战前君主统治时期的威权政治传统和君主议会制度受到了深刻的质疑。社会民主党、天主教和自由派人士的联盟开始了魏玛共和，新的自由运动奠立了民主宪政，但是，不同政治势力在政治理念、信仰、利益上南辕北辙。魏玛宪法成为维持基本政治稳定的关键条件，而“中立”地解释宪法，不管是不是权宜之计，都可以说是势在必行。法理学因此也就努力放弃以前的形而上和自然法传统，转向法学实证主义和“法科学”。

魏玛时期的德国似乎成为欧洲政治最自由、思想最活跃的国家。但这只是一个表象，在这个表象下面是深刻的经济危机和政治派别争斗。魏玛宪法虽然设计精美，但却是“一个流产的内战与彻底政

[1] Ellen Kennedy, *Constitutional Failure: Carl Schmitt in Weimar*. Durham: Duke University Press, 2004.

治僵局的产物”。无论是在极右还是极左政党那里，魏玛宪法都被视为缺乏正当性。坚持法律和国家中立的法学实证主义几乎完全脱离了当时强烈意识形态化的政党政治斗争现实，因此，“来自左右两派的许多法学家都坚持，法律和政治不可能按照实证主义者认为的那样彼此分离”[1]。施米特是当时对自由主义实证法学批判最力的右翼法学家，但许多左翼社会主义的法学和政治学者，如基希海默（Otto Kirchheimer）、纽曼（Franz Neumann）和法兰克福学派的成员也从施米特那里取得理论灵感。就批判自由主义而言，施米特至今对左、右翼知识分子仍有影响（在中国也是如此）。魏玛时期的许多天主教和新教神学家都加入了反自由主义的行列，对民粹国家主义和反犹主义的兴起和取代魏玛自由宪政起到了推波助澜的作用。

施特劳斯并没有直接介入当时的法学争论，但他的神学－政治研究却是魏玛时期神学和法学与政治哲学紧密互动的一部分。他所关注的神学－政治问题令人想起了施米特在《政治神学》中的断言，“关于国家的现代理论的一切重要概念都是世俗化了的神学概念”[2]。在现代学说中，神学与政治的联系有多种不同的表述，如绝对的君主是全能上帝的世俗化版本、政治的例外状态是世俗化的神显奇迹、王朝和民主的对立（两种对立的合法性原则）是宗教超验与经验意识对立的世俗化。

相比起施米特来，施特劳斯的神学－政治讨论则更强调“世俗化”的历史断裂，而非延续作用。在施特劳斯那里，对神学世俗化的可能是有限度的。他认为，在世俗化的过程中，神学－政治概念在被

[1] Jan-Werner Muller, *A Dangerous Mind: Carl Schmitt in Post-War European Thought*. New Haven, Yale University Press, 2003, pp. 24-25.

[2] Carl Schmitt, *Political Theology*. Trans. George Schwab. Cambridge: The MIT Press, 1958, p. 36.

改变中也改变了它们自己的性质，变成完全现代的概念。施特劳斯的这一学说和他对古、今之争的讨论都是为了同一个目的，那就是，要强调“现代性”对西方文明传统的割裂而非延续作用。他所关注的这个“现代性”发生在启蒙已经战胜了神启宗教，现代世界已经脱离了神学世界的历史关键时刻。

（二）先知、哲人和自然正当

施特劳斯不满意现代神学对古代神学的现代理性化解释，他同时要在正统神学和无神论之外看看有没有别的不同立场，这是他对中世纪先知学发生强烈兴趣的一个主要原因。他的第二本书《哲学和法》（1935）便是他对中世纪启蒙思想的集中研究。在这本书里，施特劳斯关心中世纪犹太思想家的神学－政治问题，进入了一个新的阶段。

20世纪20年代末30年代初，施特劳斯对犹太哲学家迈蒙尼德（Moses Maimonides，1135—1204）和先于他的中世纪伊斯兰思想家，尤其是伊斯兰亚里士多德主义者阿尔法拉比（Al-Farabi，872—950）产生了兴趣。施特劳斯在中世纪先知学中看到了哲学和神启宗教之间的一种可能的妥协。中世纪的犹太和伊斯兰哲学家在先知学中为“神启”提供了一种自然条件的解释，其中的关键在于，迈蒙尼德和伊斯兰亚里士多德主义者们以政治来解说“先知”的意义。按照他们的解释，“先知”与其说是一个神学问题，还不如说是一个政治问题。用施特劳斯的话来说，在先知学里，神的“律法”基础是由哲学来奠定的。按照这种对先知学的政治理解，“先知是导师和统治者合二为一，是哲学家和立法者并为一体”。先知所宣示的“法”召唤人以对神意的完美理解来完善自身，以此成就完美的城邦。法的另一个作用是协调人的普通生活。法要求“人的生活有统一而完整的秩序”[1]。

只有先知才能建立完美城邦，伊斯兰亚里士多德主义者的这种想法使得他们成为柏拉图思想的真正传人。在他们那里，先知就相当于柏拉图的哲人王。因此，神法也就体现为柏拉图所认可的最佳生活秩序（regime，政体）。柏拉图的学说使得迈蒙尼德和伊斯兰思想先驱从此能够把神法建立在哲学的基础之上。

神法与哲学一致，启示之神与哲学理性一致，这似乎让神学和政治找到了一个可以维持相互平衡的解决方案。哲学家－先知建立完美城邦，神圣律法于是成为城邦之法，城邦之法约束所有的城邦中人，包括哲学家自己。法指引哲人和普通人走向完美，但哲人有哲人的完美，普通人有普通人的完美。哲学使法合理，法也使哲人合理。这种和谐与协调其实只是表面的，表面下的潜在紧张，那才是施特劳斯在《哲学与法》中最关心的问题。为了探索这个问题，施特劳斯加强了对先知学的政治解释，得出了与传统解释（神－哲和谐）不同的结论，这个结论便包含在他关于“隐微写作”技艺的著名学说之中。

隐微写作技艺的关键是神学与哲学之间的紧张关系。在施特劳斯那里，这一紧张关系的一个特定表现就是伊斯兰亚里士多德主义者与迈蒙尼德之间的紧张关系。前者所持的是严格的政治解释（纯理性的自然法真理），后者所持的则是一种政治兼宗教的解释（神启真理补充理性真理）。在施特劳斯之前，研究者对迈蒙尼德的解释是，迈蒙尼德所说的神启，指的是人的理性无法独立把握的神性真理。这与伊斯兰亚里士

[1] Leo Strauss, *Philosophy and Law: Contributions to the Understanding of Maimonides and His Predecessors*. Trans. Eve Adler. Albany: SUNY Press, 1995 [1935], p. 71.

多德主义者不同。但是，施特劳斯强调的是，迈蒙尼德与伊斯兰亚主义者之间有继承关系，迈蒙尼德的理论是依靠伊斯兰亚里士多德主义者，尤其是阿尔法拉比的理论才得以建立起来的。因此，施特劳斯是在用伊斯兰亚里士多德主义解释迈蒙尼德。施特劳斯的这个解释发生在他思想发展的关键时刻，也就是从1935年到1941年，在他写作《哲学和法》与《迫害和写作的技艺》的第二、三章（“迫害和写作的技艺”和“《迷途指津》的文学特征”）之间。[1] 这是一个既意味深长又很自然的“巧合”。

在神学和政治这两个不同角色中，施特劳斯这时候已经倾向于哲学。这也是阿尔法拉比的选择。在阿尔法拉比那里，施特劳斯找到了一个可以帮助他重新理解柏拉图的思想大师，也找到了一个他所理解的“哲学生活”的楷模。哲学家能单独领会的“隐微写作”代表一种可以与显白写作相区分，不受“必要知识”限制的真实知识。隐微写作成为哲学求知方式的特殊标志。

施特劳斯认为，哲学最关注的问题是“自然正当”(natural right)，而探索超越历史限制的自然正当是哲人的志业。施特劳斯所说的自然正当是由哲学家发现的，不是神学家所说的那种来自上帝的自然正当。首先要有哲学家，才会有哲学所作的那种对“自然”和“神”的区分。而且，哲学家是那些按照人的最高自然目的（即思想）生活的人，就在哲学家实现人的自然理想时，他们也最能把握什么是真正的自然正当。

---

[1] Leo Strauss, *Philosophy and Law: Contributions to the Understanding of Maimonides and His Predecessors*. Leo Strauss, *Persecution and the Art of Writing*. Chicago: University of Chicago Press, 1988 [1952].

哲学家所洞见的自然正当并不就等于普通人心目中的“正义”(justice)。能够把握自然正当的人太少了，普通人把握不了。普通人能懂得的只是“正义”，“正义”是一种冲淡了的、无须坚持到极致的自然正当。正义的政治秩序低于哲学家更纯粹的自然正当秩序。哲学家并不因为把握了自然正当而凌驾在正义之上，因为哲学家也生活在城邦之中，也是城邦自然的一分子。哲学家也必须服从城邦的正义，“正义”是一种“公民正当”，“公民正当要求以习俗正当来冲淡自然正当”。[1] 神学家所说的自然法绝佳地说明，习俗正当只有与自然正当相一致，才能成为具有政治意义的好，也才能成为政治意义上的正义。

施特劳斯认为，从古代“自然正当”到现代人的“自然权利”，这个断裂在霍布斯那里表现得最为清楚。霍布斯将自然法融合于新出现的现代科学和马基雅维里的政治现实主义之中。这使得自然法和自然正当之间的关系发生了变化。霍布斯是第一个对“自然法”和“自然正当”作出区别的，从此改变了现代人对自然法的实质性认识。[2] 施特劳斯对霍布斯的批判有一个着重点，那就是揭示“自由民主的悖论”或“现代启蒙的悖论”，他认为这是揭示自由民主政治与神学之间恩仇关系的关键。

自由民主或现代启蒙的悖论指的是，自由民主“需要为它的理念提供十分坚强的合理性说明，然而，在自由民主的整个历史过程中，它都对这种需要缺乏感觉”[3]。自由民主的合理性（尤其是绝对平

---

[1] Leo Strauss, *Natural Right and History*, pp. 152-153.

[2] Leo Strauss, *Political Philosophy of Hobbes: Its Basis and Its Genesis*. Chicago: University of Chicago Press, 1984 [1936], pp. xv, 156.

[3] Leo Strauss, *Gesammelte Schriften*. 3 vols., eds. Heinrich and Wiebke Meier. Stuttgart/Weimar: J.B. Metzler, 1996-2001, 3: 243-245.

等的个人）原本来自基督教，但却误以为是来自现代启蒙。事实上，自由民主越深入人心，它的现代启蒙就越彻底地在破坏基督教的神启真理，它自己的合理性基础就越随之遭到破坏。基督教曾经是自由民主的道德屏障，自由民主的壮大却又必然要求拆毁这道屏障。上帝死了，上帝的道德教诲自然成为无根之木。霍布斯的政治学说起到的正是这样的破坏和颠覆作用，它去除了自由民主的超验根基，把自由民主放在一个与神无关的根基上。这是施特劳斯特别重视霍布斯的根本原因。

（三）古今之争和回到古典

施特劳斯仔细阅读欧洲政治哲学传统的古典文本，可以说是想为政治－神学问题寻找一个比启蒙思想家所能提供的更好的回答。施特劳斯的研究是从他自己的特定问题意识出发的，不是一般意义上的思想史研究。这个问题意识不仅与他的犹太思想者身份有关，而且还与他对启蒙现代性的失望有关。他把现代性比喻成“第二洞穴”，这个洞穴是由现代的历史主义形成的。历史主义坚持每个人都是历史的产物，摆脱历史的限制是不可能的，没有必要也没有可能走出这个洞穴。施特劳斯要给这个洞穴中的人带来洞外的认知光亮，那就是，人有可能探寻不完全受历史制约的，具有普遍意义的政治知识，那便是古典的政治学知识。这种复古“要复归的不是一套清楚规定的（古代）教义，而是一种探索性的生活方式”[1]。

---

[1] Daniel Tanguay, *Leo Strauss: An Intellectual Biography*, p. 45.

施特劳斯在政治－神学问题研究中发现，在苏格拉底－柏拉图那里可以找到一种与现代历史主义不同的对待政治知识的方式。这种“另类”方式提醒人们，在历史相对论和对任何普适概念的怀疑主义之外，还存在着别的理论推想途径。施特劳斯认为，西方政治哲学的衰落，根本原因在于它把自己锁闭在启蒙现代性所建构的相对主义和怀疑主义洞穴之中。只有与现代不同的古典政治哲学才能带领思想者走出这个洞穴。唐格维描述了施特劳斯这一思想的形成过程：从早年的斯宾诺莎和霍布斯研究开始，经由对中世纪犹太思想家迈蒙尼德和中世纪伊斯兰启蒙思想阿尔法拉比的研究，得出中世纪启蒙不同于并优于现代启蒙的结论。施特劳斯著作中的一些其他突出主题，如显白－隐微写作、精英式人文教育观、哲学与诗的争论、雅典和耶路撒冷的冲突，都可以放到这个基本结论的思想脉络中去恰当把握。

施特劳斯看重中世纪的启蒙思想，是因为他认为，中世纪启蒙思想家知道，理性推想的真实（知识）只有少数愿意并知道如何去思考的人才能获得。而现代启蒙思想家却认为自己有责任、有能力去向所有的人传播这种知识和教育。中世纪启蒙是奥秘隐晦的，它的真实意义只有少数人才能懂得。而现代启蒙则是显白明了的，绝大多数人都能懂得。施特劳斯对哲学家写作的隐微和显白意义便由此区分开来。而且，施特劳斯认为，中世纪启蒙优于现代启蒙，因为它注重的是哲学家的推想理性（理论），而不是现代启蒙所依靠的实践理性（经验）。中世纪的伊斯兰和犹太哲学家从古代柏拉图和亚里士多德那里去寻求对政治－神学问题的解答方式，但是现代启蒙思想者却以为实践理性就可以将人从宗教的迷信和愚昧中解放出来，从此再也无须面对政治－神学的问题。这便是古今之争的关键所在。

施特劳斯认为，现代启蒙思想家和斯宾诺莎有一个共同的特点，那就是对宗教首先采取一种实用的道德立场（“反神学怒火”），然后才形成一种哲学理论。问题是，这样的哲学在与神学的对立、对抗中，根本无法彻底打败神学。施特劳斯提出，要彻底推翻和击垮启示性宗教，哲学必须要能对现代世界提供一个系统而全面的不同解释。天启神学的上帝是无所不在、神秘莫测的。除非哲学对现代世界有一个无所不包的解释，哲学并不能证明不存在这样的上帝。用来代替上帝的哲学解释必须与神学对上帝的解释同样彻底、同样绝对，否则不可能证明上帝绝对不存在。

然而，无论哲学多么努力，它都不可能为现代世界提供一个无所不包的解释。因此，在哲学不能解释的事物之外就永远还会隐藏着上帝的身影，永远还会有那个哲学无法消抹的上帝存在。斯宾诺莎和步他后尘的每一位哲学家都无法彻底驱除上帝的神秘身影，就是这个道理。哲学的理智是人类最精致的理智，但是哲学的理智不足以引导人类达到人类所渴望的那种绝对真理，因此人类永远不能不感知或向往某种神启真理的魅力。宗教情怀因此成为人类生存意识中不可能被全然消除的一个因素。

现代启蒙完全知道自己无法用哲学打败启示神学，所以在理论之外还不断借用嘲讽。嘲讽是一种道德话语，正好证明，世俗哲学本身不可能是一种不需要道德基础的知识话语。一旦哲学意识到这个问题，它便会承认自己不可能替代启示神学。唐格维认为，施特劳斯在哲学和神学问题上的认识主导了他以后那些更加具体涉及政治哲学的著作。而且，施特劳斯在他的政治哲学思考中，在哲学和启示神学之间选择了哲学，这种选择具有近乎宗教信仰的性质，因为这个选择是在认识到理智无从断定哲学和神学孰优孰劣的情况下，凭人的信念决断作出的。[1] 也就是说，这是一种缺乏理论根据的选择。

施特劳斯回到古希腊去寻求政治－神学问题的解答，那是一个时代错误，因为施特劳斯面对的这个问题“是古希腊人根本不知道的”，“(神学) 启示并不完全是一个人类自然处境的问题。因此，施特劳斯试图把哲学从历史完全脱离开来，并以此为哲学辩护，先已经就失败了”。[2] 施特劳斯不愿意承认的是，现代哲学其实有着古典哲学不可能有的“后见之明”，因此比古典哲学更具智识优势。

唐格维认为，“现代哲学”能既从耶路撒冷，又从雅典的角度来看问题，这使得有的哲学家 (如黑格尔、尼采、海德格尔) 相信，有可能将这二者“统一或结合”起来。施特劳斯选择的是另一种可能，一种“超现代” (ultra-modern) 哲学的可能，“它宁愿不化解这二者的冲突，而把这冲突视为人类思想最有尊严的表现”。唐格维对此评价道，“这就是施特劳斯的选择……但是，回到古代，即回到苏格拉底－柏拉图的哲学和哲学的自然状态，事实上是不可能的了”。[3] 这是因为苏格拉底－柏拉图哲学所面对的“诗”和“神话”与“犹太教”或“基督教”这样的启示神学毕竟是不能混为一谈的。

施特劳斯的探索式哲学 (zetetic philosophy) 在回到古典哲学的路上，始终在政治－神学问题周围打转，他的所有著作都“处在这个无解的问题阴影之下，无论是作为个人还是哲学家，他都没有能走出这个死角”[4]。唐格维对施特劳斯哲学失败的结论可以作另一种解读，那就是，施特劳斯的成就并不在于他的哲学和政治哲学为公众提供一种可

[1] Daniel Tanguay, *Leo Strauss: An Intellectual Biography*, pp. 146, 156, 213.

[2] Ibid., p. 213.

[3] Ibid.

[4] Ibid., p. 215.

用于解决政治－神学问题的认知，而在于提供一种哲学理智的处理方式，那就是，不要在知道神学－政治是一个什么样的问题之前，就预先决定了是站在政治还是神学的一边。

西方政治学者有理由对施特劳斯的政治哲学抱有持久的兴趣，因为他提出的政治哲学问题对西方（欧洲和美国）具有普遍意义，形成了一些自然的思考兴奋点。在西方，基督教是与犹太教一样的启示性宗教，基督教与政治之间有着与犹太教类似的紧张关系。西方政治哲学形成了它特殊的神的律法和人的政治之间的张力，施特劳斯的神学－政治问题可以很自然地转化为当代西方学者关心的诸多问题。神学和政治之间不可消除的张力是欧洲文明的内在推动力，许多身处于这一文明传统之中的西方学者都可以在不同程度上受益于施特劳斯的政治哲学或与之进行批判性对话。

施特劳斯阅读西方政治哲学史的基本方法是，先回溯到源头去寻找它原初的真实意义，然后再从这个源头出发，来描绘原初意义的丧失和原初传统的衰落。这种古、今对比是批判性的，批判的对象就是“现代性”，而现代性则又涉及“启蒙”“自由主义”“自由民主”等具体问题。这些现代性问题至今仍然是当代西方思想界集体自我反思的基本问题。施特劳斯的政治哲学是对这一集体反思的贡献，同时也由于这一集体反思而受到重视。在西方，自由民主理念有民主政治制度的保证，因此，思想界对现代性问题的反思体现了自由民主理念在当今民主制度中的发展和更新。在民主政治文明传统中关注施特劳斯，无论是其哲学资源，还是问题意识，西方思想界都可以通过对现代性的批判展现现代思想的活力。

四　古典共和的理念

——施特劳斯的思想遗产

文本阅读总是可以提出两类不同性质的问题，一类是“树枝问题”，一类是“树根问题”。顾名思义，第一类问题是明摆着的，读者只要细心，就能从著作中找到答案。第二类问题是深埋着的，不仅答案并不现成，连问题也必须由思考的读者自己去形成。第一类是一些关于“事实”的问题，例如文本说“什么”、“怎么”说。第二类则是关于“阐释”和“评价”的问题，例如“为什么”要问这个问题、“怎样”理解和判断、“如何”运用等等。托马斯·潘格尔2006年出版的《列奥·施特劳斯：思想和思想遗产导论》针对得更多的是后一类问题。在这本书出版的十七年前，潘格尔曾选编过一本施特劳斯的文集《古典政治理性的复生：列奥·施特劳斯导论》，书里有他一篇三十多页的长序，针对的主要是第一类问题，集中在施特劳斯本人思想的基本要点上。相比之下，2006年的这个《导论》侧重的则是如何将施特劳斯的这些思想要点综合为对美国政治哲学和政治文化有用的遗产。[1]

[1]　Thomas Pangle, *Leo Strauss: An Introduction to His Thought and Intellectual Legacy*. Baltimore, MD: The Johns Hopkins University Press, 2006. Thomas Pangle, *The Rebirth of Classical Political Rationalism: An Introduction to the Thought of Leo Strauss: Essays and Lectures*. Chicago: University of Chicago Press, 1989.

说起施特劳斯的思想遗产，许多人就会想到美国的新保守主义。潘格尔开宗明义地说明，他指的不是这个“遗产”。他强调，“把布什的‘新保守’内政和外交政策追溯到施特劳斯这个恶人，追溯到施特劳斯恶毒有害、恶魔迷障的影响”，开始只是一个猜想，而这个猜想引起的兴奋竟一下子传染了许多“美国新闻人士和知识分子，特别是左翼人士”。[1] 也正是因为如此，潘格尔认为有必要“对施特劳斯的成熟思想和思想遗产作一个准确、简洁、非争论性质的介绍”[2]。潘格尔把施特劳斯对美国政治哲学和政治文化的意义放在三个支点上，它们分别是施特劳斯的核心著作《自然正当与历史》、施特劳斯政治哲学的古典共和理念，以及施特劳斯对实践、经验性美国政治学的影响。而这三个支点则又以古典共和理念最为关键。

（一）自然正当

《自然正当与历史》是施特劳斯将他的讲稿（Walgreen Lecture）充实扩展而成的一部著作，无论是赞同还是批评他的人，大都把这部著作看成是他最核心的著作。美国犹他州大学教授谢洛克（Richard Sherlock）就说过，“施特劳斯在《自然正当与历史》之前的著作，要么被它超过，要么只是它的准备，在这之后的著作，则都以此为源头”[3]。潘

---

[1] Thomas Pangle, *Leo Strauss*, pp. 1-2, 3. 李强：《新保守主义与美国的全球战略》，《书城》，2003年第5期，第34—38页。

[2] Thomas Pangle, *Leo Strauss*, p. 3.

[3] Richard Sherlock, “The Secret of Straussianism.” *Modern Age* 48: 3（Summer 2006）: 208-217, p. 211.

格尔特别重视《自然正当与历史》，理由是它与施特劳斯对美国政治学的影响直接有关。《自然正当与历史》以美国独立时“人生而平等”的自然正当宣言为议题而进入讨论。1950年代初这部著作出版时，美国政治学由于受到历史主义和实证主义的影响，正处在一种道德相对论的困境之中，不敢也不愿意对社会共好的价值基础问题提出确实的看法。政治学把一切道德和政治行为都看成只是片面意识形态价值的产物，完全排除普遍德性可能影响人的行为。在这种情况下，施特劳斯的《自然正当与历史》对美国人有当头棒喝的作用，他要求美国人想一想，《独立宣言》中所历数的那些不言自明的真理（平等、自由、追求幸福）还是你们的信念吗？你们是不是已经把那些当成了口头上说着、心里却不再相信的“意识形态”或“神话”？[1]

施特劳斯只是他那个时代的“养子”，不是它的“儿子”，因为《自然正当与历史》对美国人提出的问题简直就是不合时宜。施特劳斯要从古代政治哲学的源头引入对“自然正当”的思考，把这当作解救当代社会德性饥渴的活水，还有比这个更让人觉得远水救不了近渴的吗？但施特劳斯却就是要这么做，不管这种可能多么遥远，他都要坚持把它放在人们面前，那就是，如果我们对古典政治哲学多一点了解，那么它也许可以帮助我们恢复自己世界的德性活力。有德性源泉的社会和有德性要求的思考永远比没有的要强。任何一个处在道德迷茫中的社会都会感觉到这些话的分量。

但问题是，什么是与当今社会有关的、与自然正当相一致的德性呢？施特劳斯在《自然正当与历史》中只为读者提供了一个自然正当概念的谱系，并没有回答这个问题。在施特劳斯那里，“自然正当”是

---

[1] Thomas Pangle, *Leo Strauss*, p. 2.

依据自然而正当或正义的东西。它是自然的，不是被人“意愿”为正当的理想，也不是被人“约定”为正当的社会习俗，它尤其不是那种强迫人“同意”或“承认”的意识形态。自然正当之所以成为道德律令，是因为它体现的是自然存在的最终目的。就人而言，自然正当指人是自己的目的，人成为自然本质意义上的人，成为充分的人，是自然正当的。

施特劳斯的学生，著名政治学教授马斯特斯（Roger Masters）解释道：“自然正当的基础是自然的目的，自然的目的可以无须借助（神的）启示，由（人的）自然理性认知。”[1] 当亚里士多德说，人是政治的动物时，他已经把人的本质，即存在的目的意义（政治性）与自然正当联系起来。施特劳斯在《自然正当与历史》中写道，“人自然就是社会动物”[2]。人的理性，也就是人与他人说话、交流的能力，是人的社会性的最根本的体现。人的言语行为都关联着他人，都是一种社会行为。施特劳斯甚至说，“人性就是社会性”，而人的社会性包含着自然的好，“如爱、亲近、友谊、怜悯”。施特劳斯认为，人的社会性，这种凡是人都会有的特性，规定了“最严格意义上的”自然正当。[3]

政治的人，自由言语的人符合自然正当的道德，这样的人是生活在古代希腊城邦的正当生活秩序中的。在他们的观念里，公民（即自由人）之间的关系是政治关系；公民是人，公民的对立面是作为一种“物”存在的奴隶，奴隶没有自由，当然没有自由意志才能做出的自

[1] Larry Arnhart, “Roger Masters: Natural Right and Biology.” In Kenneth L. Deutsch and John A. Murley, eds. *Leo Strauss, the Straussians, and the American Regime*. New York: Rowman & Littlefield, 1999, p. 296.

[2] Leo Strauss, *Natural Right and History*. Chicago: University of Chicago Press, 1953, p. 9.

[3] Ibid., p. 129.

我约束。自我约束是自由的特征，自由的对立面是奴役，不是约束。除了是政治动物，人还是言语的动物。公民（自由人）与野蛮人或动物的区别是言语和由言语体现人的理性。理性的人通过言语，而不只是暴力，解决他们之间的问题。古希腊人因此不把言论自由看成人的权利，而是看成人的自然本质，因为不能自由言论的人根本就不是真正的人。言论不是一种人可能拥有，或者可能被剥夺的"权利"，而是人之为人必不可少的条件。这是现代人把言论看成是"自然权利"（或基本人权）与古希腊人把言论视为"自然正当"的区别所在。"自然正当"是比"自然权利"更高的道德律令，这个律令不需要从高于人的道德权威（如神）那里取得理由，有人的理性和理性把握就已经足够了。

施特劳斯坚持人性就是社会性，把人的社会性解释为自然正当，他这也就是认为，"正义"这个指导人们社会交往的原则也是自然正当的。说社会必须有正义，也就是说，任何可以被称为人的人，尤其是那些握有权力的人，都不能对别人想干什么就干什么。因此，从自然正当的角度来看，压制言论就不仅仅是侵害公民权利或人权，而是做了人类所不应该做的，违背自然正当的事情。谴责压制言论为非正义，坚持自由言论是公民应有的权利，它的根本道德合理性来自关乎所有人类的"自然正当"。施特劳斯认为古代"自然正当"的正义观要比洛克以后的现代"自然权利"正义观更根本，也更优秀。

"自然正当"的核心思想给施特劳斯的政治哲学打上了保守主义的烙印。人只有两种政治行为：革命和保守。革命是为了要求更好的，保守是为了防止更坏的。在西方政治传统里，无论是来自古希腊的还是古希伯来，"保守"所坚持的都是以更高的法则（自然法、宗教教义）来作为人的道德、社会和政治行为准绳。其反面便是"革命"。施特劳斯认为，自由主义是革命的，是"保守"的对立面。自由论者

（liberals）既然以人的自由为量度，就必定会拒绝承认高于人的自然正当及其更高法则，而代之以法律实证主义（legal positivism）、文化相对论、道德实用主义（pragmatism），等等。[1]

施特劳斯认为，自由主义否定普遍自然正当，因而走到了相对论和怀疑主义的极端，法律实证主义就是相对论和怀疑主义的必然产物。自由民主政治生活的种种弊病——公民的平庸和功利、政治家放弃德性而一味讨好民众、政治制度缺乏德性理念、缺乏有高尚德性的政治家——无一不与自由主义背离古典政治理念和放弃自然正当有关。施特劳斯以批判自由民主政治著称，而这一批判的基础正是他的政治哲学所坚持主张的自然正当。

施特劳斯认为，现代自由民主放弃了古典共和关于好生活和好社会的普遍价值追求，首先是因为它对人有不正确的现代性看法。现代性把人当作宇宙天地间一切的尺度，它错误地认为，在人所订立的法则之外，再无更高的道德原则。它还错误地认为，政治只涉及人，不涉及任何神圣的或自然的必然性。施特劳斯的自然正当就是针对现代性的这些傲慢观念提出的。施特劳斯对现代美国并不抱恶感，但他认为美国的自由民主正在失去它原先关乎自然正当的德性目的，因而陷入一种现代性危机。

（二）古典共和和自由民主的危机

在《自然正当与历史》中，施特劳斯没有告诉我们现代社会如

[1] Thomas Pangle, *Leo Strauss*, pp. 15ff.

何重新确立一种能与古希腊媲美的自然正当，不少研究者将此视为不足。潘格尔与这些研究者有不同的看法。他关心的不是施特劳斯就自然正当说了什么，没有说什么，而是为什么他要提出自然正当这个问题，为什么只以这种有谱系无结论的自然正当来讨论自由民主的问题。这些为什么都是树根问题。

对于施特劳斯批评自由民主，潘格尔提出了树根问题，而不只是树枝问题。树枝问题可以是，施特劳斯对自由民主说了些什么？许多对施特劳斯的丑化或者歪曲利用（如证明自由民主不是什么好东西）都是在这个层面上的简单回答或随意发挥。潘格尔要从施特劳斯对自由民主内在弊病的分析带出有关“政体”（regime）的一系列深层问题：为什么自然正当的德性理念必然涉及对现有政体的道德评价？为什么政体是不同社会之间最根本的区别？为什么甚至可以说，不涉及不同政体的区别，就不可能有意义地讨论不同社会形态的文化区别？

政体之所以值得重视，是因为，正如潘格尔所说，“除了人性之外，没有什么比政体更影响‘生活方式’的形成了”[1]。政体指的不只是某个政权自称的制度名号，而是一种由政治理念和治理方式所确立并养育的公共生活秩序，如民主、寡头、贵族、君主政治、神权统治等，或者它们的现代变化和混合形式（如极权）。亚里士多德讨论政治便是以政体为其核心。按照亚里士多德《政治学》的理解，政治原本是人类精神提升、变得越来越有尊严、越来越高尚和谐的通道，所以他才说人是政治的动物。[2]

但是，人的真正高尚却一直在被自私、贪婪、暴戾的邪恶力量所

[1] Thomas Pangle, *Leo Strauss*, p. 94.

[2] Aristotle, *Politics*, Book 3.

扭曲。所以一切政治都是一面必定自称正义，一面则又总是在片面扭曲正义。世界上存在的政体都不是完美无缺的，但人类却不能没有优秀政体的理想和理念。施特劳斯认为，哲学家思考和向往的那种完美政治与现实中政体总是有距离的，而且，在哲思的德性和现实的公民德性之间也必然有不可化解的紧张关系。哲学家不是现实政体的设计者，而是它的评判者和引导者。以古典共和的理念来批评自由民主，乃是"尝试和试验"，不是复古。[1]

施特劳斯对现代自由民主、历史主义、相对论的批判与他对美国政体的思考是联系在一起的。潘格尔强调，施特劳斯对"现代"（或"现代性"）的观察分析是精细而不是笼统的。在施特劳斯那里，现代性的进程由三个冲击波构成。较早期一波的代表是洛克和孟德斯鸠，第二波的代表是卢梭，第三波的代表是美国的建国之父们。与后两波相比，第一波最为关键，也最为务实，它的政治学术基础是自由思想，与古代的自由思想有最多共同之处。

按照潘格尔的阐释，人的自然权利观念与现代性第一波的密切联系，有两个重要的意义。第一，"自由主义者把每个人的权利都视为神圣，不管一个人出身多么低微、奇怪，也不管他多么不善于言谈，他都有批评政府，包括最高掌权者的权利"。而且，随着传统贵族观的伪善遭到揭露，自由主义更容易在"实践和政治上"提出，"所有的人都有相同的自然权利"。这是不平等的平等观的基础，在拥有自然权利上，人人平等；社会机会因此必须人人平等。然而，每个人的才能、禀性、努力并不相同，因此社会机会并不会人人平等。才能、禀性、努力的不平等也是自然的，"自然的不相等对（具体的人）运用、不运用

[1] Leo Strauss, *What Is Political Philosophy*? Glencoe, IL.: Free Press, 1959, pp. 80-81.

或滥用机会”的作用必须受到重视。否则，便不可避免会出现庸俗平等主义。[1]

第二，更为重要的是，以自然权利为原则的现代自由民主实践表明，尽管参与这种政治生活的人们德性水准有高有低，但德性肯定可以向高的方向提升。美国革命建国时期政治人物的德性便是历史的例证。在这之后，还有其他的历史例证，如美国的林肯和英国的丘吉尔。自由宪政在遭受威胁时产生的政治家可以与罗马帝国时期希腊历史学家普鲁塔克《希腊罗马名人传》中的优秀人物相媲美。美国建国成为现代性的第三波，它的共和宪政是现代自由德性政治的辉煌范例。施特劳斯引述美国建国时期联邦党人自己的说法，“只要选民不败坏”，就有机会选出优秀的公民代表，而优秀的公民代表则是“最有智慧去洞见共同之好，最有德性去追求共同之好的人”。[2]

高度肯定和赞扬美国革命和建国时期的自由理念和宪政实践，这成为美国施特劳斯派政治学的积极基调。潘格尔本人就是施特劳斯学派中人，而他也正是从这一积极的基调来评价施特劳斯对其学生的正面影响。那些受施特劳斯影响的学生和学者用他们的著作和教学来重新唤起一种对美国政治传统批判性的敬意，一种对美国民主政治家、公民、政治道德、思想成就的敬意。

施特劳斯自己说过，自由民主现代性的“理论危机”决不等于自由民主的“实践危机”。这是因为，自由民主除了现代因素，还有前现代的古典因素。现代共和宪政中融入了古典共和的伟大智慧和理想，

[1]　Leo Strauss, *Liberalism: Ancient and Modern*. Allan Bloom, ed. Ithaca: Cornell University Press, 1989, preface, p. 21.

[2]　Quoted from *Federalist Papers*, # 57. Thomas Pangle, *Leo Strauss*, p. 75.

这与纯粹现代产物的意识形态是完全不同的。[1] 施特劳斯指出："联邦党人文集（Federalist Papers）的作者们都以'普布利乌斯'署名，（在他们那里），共和可以追溯到古典共和和古典的政治学"，"在（古典）的混合政体和现代共和之间有一种直接的联系"。[2] 普布利乌斯（Publius Valerius Publicola）是联邦党人心目中代表共和理想的古罗马执政官，他们要遵循的就是由他所体现的罗马共和传统。

当然，在古典的混合政体与美国的现代共和之间存在着重要的区别。现代共和政体的推动力不再是贵族精英的政治理想，而是普通人"改善物质条件的要求"，"工、商精英代替了占有土地的绅士"。而且，现代"有学问专业人士"（美国建国时期的律师）也代替了古典时期的"受过人文教育的绅士"。施特劳斯所称赞的美国联邦党人把政体道德提升的希望寄托在有学问人士中具有德性的那些人身上。这与世界上许多其他革命把希望寄托在军人、流氓、甚至痞子出身的政治家身上，有着根本的德性优劣之别。施特劳斯同意英国政治家伯克（Edmund Burke）的看法，"比起任何其他学问，法律最能激励和强化人们（对政治的理解）"，但是，法律"却不能开阔和解放人的思想"。[3] 因此，仅仅依靠律师们，还不足以让国民德性变得优秀起来。

要想提升国民德性，让普通人变得更自由、更优秀，这个重任落在了人文教育的肩上。这些普通人既包括普通公民，也包括国家的政

[1] Leo Strauss, "Three Waves of Modernity." In Hilail Gilden, ed. *An Introduction to Political Philosophy: Ten Essays by Leo Strauss*. Detroit: Wayne State University Press, 1989, p. 98.

[2] Leo Strauss, *History of Political Philosophy*. Leo Strauss and Joseph Gropsey, eds. 3rd ed. Chicago: University of Chicago Press, 1987, p. 5. Leo Strauss, *Liberalism: Ancient and Modern*. pp. 15-16.

[3] Leo Strauss, *Liberalism: Ancient and Modern*, pp. 15-17.

治人物和行政人员，因为他们的基本身份也是公民。如果没有全体公民的德性提升，自由宪政便难以有优秀的素质。

施特劳斯所赞赏的现代民主政治，它的优势在于它对自己“低而坚实”的基础有一个“非常清醒”的认识。施特劳斯喜欢引用丘吉尔这个“低而坚实”的说法。[1] 因为这个说法同时概括了自由民主的力量和弱点。从德性优秀政治的角度，必须提出的问题是，民主能否单单依靠这个低而坚实的基础就优秀起来？是否要对日常生活民主补充以往人们从哲学、宗教和人文探索中才能获得的精神因素？施特劳斯认为，普通人的朴素德性和来自人文教育的“成熟”德性是不同的。普通民众的德性有一种“危险的倾向”，它的美德（“好人”）指的是做人随和、容易合作、平易近人、不出格、常识思维。也就是说，一切与别人差不多的人都是有德性的“好人”。

这种“好”强调的是随众，忽视的正是那种不随众的独立德性。独立德性只有“在私人，甚至在孤独”的条件下才能“成熟”起来。现代民主的危险在于它“无力抵抗步步进逼的随众心态。现代民主只有意识到这一危险，才会知道自己必须提高水准。它也只有通过回归古典的（人文）教育理念，才有可能实现提高水准的目标”。[2]

提高自由民主政体普通成员的德性水准，这是人文教育之所以重要的根本理由，也是哲学家对现代民主社会所能作出的特殊贡献。在施特劳斯看来，哲学家向非哲学家靠拢之时，也就是绅士（优秀的士）迁就非绅士（平庸之辈）之日。这种靠拢和迁就都是向下看齐，向下沉沦，都会最终“废止德性”。施特劳斯因为这样的想法被指责为“精英

[1] Leo Strauss, *Natural Right and History*, p. 247.

[2] Leo Strauss, *What Is Political Philosophy?*, p. 38.

主义”，是再自然不过的了。但这种精英主义是一种基于古典共和理念的精英主义，即人人应该以高标准追求优秀。这种精英主义绝对不能与现代专制的伪精英主义混为一谈。伪精英主义坚持的是一种排斥性的少数人优势，它把民众看成根本就是低劣的一群。因此，伪精英统治的特征就是坚持愚民政策，千方百计地阻挠开启民智。

离开施特劳斯的人文教育理念便无法公平地评价他的精英主义。在《什么是人文教育》一文中，施特劳斯强调现今美国大众民主与美国建国时期“原先意义上的民主”之间的差距。他认为，杰斐逊所提出的原本意义上的民主是一种优秀者的民主，而不是庸俗者的民主。这样的民主应当比任何其他制度形式都能够保证一种“清纯”的选举，“将那些自然优秀者（aristoi）选进政府”。如果社会缺乏人文教育，那么连优秀的人也会变得庸俗低下。人文教育不一定在课堂上才能获得，美国《独立宣言》的优秀民主理念，那本身就是一种对美国民众的人文教育。施特劳斯认为，现代自由民主的危机开始于自由共和德性人文资源的干涸。就在美国建国之父们认为他们的最大贡献在于建立了民主制度之时，“用人文教育培养公民品质”的目标，就已经在不知不觉中被忽视了。[1]

施特劳斯所向往的人文教育与今天人们普遍理解和接受的人文教育有相当大的差距。他注重的是公民德性教育，而不是今天远为狭隘的个人修养和文化教育。古希腊雅典的公共生活活动本身承担着这种人文教育的功能。潘格尔就此评述道，“雅典民主把闲暇时间用于宗教庆典，就在雅典观众为索福克勒斯（Sophocles）的悲剧流泪和为阿里斯托芬（Aristophanes）那极具挑战的荒诞发笑的时候，他们不知不觉在对

[1] Leo Strauss, *Liberalism: Ancient and Modern*, pp. 19-20.

整体人类的复杂命运作出思考”[1]。施特劳斯所忧虑的正是一种再也不能把握人类“整体命运”的现代教育及其实用功利作用。这种教育助长了败坏自由民主素质的大众文化。在施特劳斯看来，“大众文化满足的是完全没有智力和道德要求的、最低下能力的要求”。大众文化给那些辛苦劳作的“技术性人员”提供“轻松”和“娱乐”。人文教育应该成为这种大众文化的克星，“人文教育是我们（社会）努力向上攀升的梯子，只有依靠这个梯子，大众民主才能上升到民主原本应该有的那个样子”。[2]

（三）施特劳斯在美国的思想遗产

在施特劳斯的政治哲学思考中，美国政治占据着中心的位置，对此，潘格尔指出，“这不仅仅是因为施特劳斯本人对美国抱有公民忠诚，受他影响的学生们也抱有同样的公民忠诚，而且，美国在当今的全球文化中实在是太重要了”。美国政治对世界的影响在于它的德性理念，“在施特劳斯看来，美国政治的核心便是它的宪法和宪法演变”。自美国革命开始，那些原先包含在美国革命中，尤其是在它的《独立宣言》里和后来宪政创立中的不和谐因素浮现出来。美国宪政的演变就是那些不和谐因素磨合、调整的过程。美国宪法是美国政体（regime）的根本大法，“只有充分认识（美国）宪法的含义，才能明了主导美国的道德目标，明了美国的生活方式、美国人是怎样的人民。而

[1] Thomas Pangle, *Leo Strauss*, p. 80.

[2] Leo Strauss, *Liberalism: Ancient and Modern*, p. 5.

这些都是由宪法所培育的，而与之不符的则是由宪法所拒绝的”。[1]

施特劳斯批评他那个时代的自由民主，潘格尔认为，这并不等于施特劳斯是自由民主的敌人。施特劳斯自己说，批评自由民主的人可以是它的朋友。潘格尔相信，这不只是嘴上说说而已，因为施特劳斯如果没有对美国的公民忠诚，他完全有机会离开美国。苏格拉底批评他自己的民主城邦雅典，但他并没有去专制的斯巴达或克里特（Crete），而是留在了雅典，因为雅典仍然是他最能够表述他独立思想的地方。同样，施特劳斯没有去以色列，没有去欧洲，也没有回到战后的德国，他留在了美国。如果施特劳斯去了那些国家，他也许就再不可能成为我们今天所知道的这个施特劳斯了。

施特劳斯对现代自由民主和美国自由民主持批评态度，但他对现代美国并不抱恶感。他只是认为美国的自由民主正在失去它原先的自然正当的德性目的，因而陷入一种现代性危机。施特劳斯同时也认为，与同时代的所有其他政治体制相比，美国政治虽有瑕疵，但却是正派的。当今时代所能达到的最佳政体就是自由民主，因为唯有自由民主在不能消除政治冲突的情况下，能够比较有效地化解政治冲突。这已经是一个了不起的成就，因为人类永远不可能创造出一个只和谐不冲突的政治秩序。[2]

施特劳斯认为，美国的自由民主政体有三个构成因素，一是现代自然权利，二是前现代犹太－基督教信仰，三是古典共和。他对美国的批评针对的是，20世纪50年代以后，第一个构成因素不再受到另外

[1] Thomas Pangle, *Leo Strauss*, pp. 104-105.

[2] Leo Strauss, “Political Philosophy and the Crisis of Our Time.” In *The Post-Behavioral Era: Perspectives on Political Science*. George J. Graham Jr. and George W. Carey, eds. New York: David McKay Co. Inc, 1972, pp. 22-23.

两个因素的节制，因而越来越导致共同道德目标的丧失和相对主义的恶性膨胀。施特劳斯批评道："堕落的自由主义只满足于'活着、安全、快乐、有保障、无节制就是人的简单而至高的目标'，完全忘记了生活不能没有品质、没有优秀、没有德性。今天，与这种堕落自由主义抗衡已成为真正自由主义者最重要的任务。"[1] 而抗衡的德性资源之一便是美国的立国宪法。

美国的立国宪法不只是一个文件，而且是一个生动的集体政治文化奠基行动。参与这个奠基行动的不仅有联邦党人，而且还有反联邦党人。奠基者们不仅富有思想，而且能够将思想表达得清楚有力，不仅说清楚自己是怎么想的，而且也表露出谁是影响他们的哲学老师，尤其是洛克和孟德斯鸠。这些都非常有助于揭示美国的政体特征。正是通过最高政治法的宪法，美国人可以特别清晰地了解，美国要实现的是什么样的道德目标、什么样的生活方式、什么样的德性国民。

美国的开创性奠基并没有一次性地完成，而是在不断地进行。在重要的历史时刻——在奴隶和种族问题尖锐的时刻、经济大萧条的时刻、冷战或越战的时刻——开创更是会呈现为不断地再开创。在美国不断开创和演化后面起推动作用的恰恰经常是政体内部元素的不和谐，包括施特劳斯在其中看到的不同历史因素之间的矛盾和冲突。施特劳斯政治学术在美国的影响力在于他帮助许多研究学者看到，要了解美国政体的复杂性，就不能把眼光只是局限于自由民主本身，而是可以引入来自古典共和主义和现代共和主义的更为深入的政治思考。

在这一思考中十分关键的是共和制度与公民德性和人格的关系。

[1] Leo Strauss, *Liberalism: Ancient and Modern*, pp. 29, 64.

一方面，公民人格是在共和制度中形成和培养的，但另一方面，公民人格是否优秀，是否有德性，决定着共和制度的品质。现代自由民主政治的特点是在最大程度上强调政治和法律制度的作用，而尽量降低“经过改变的人的行为和观点”的作用。潘格尔认为，降低个人德性与品格在共和制度中的作用，其实是在“将人的存在去政治化”[1]。具有讽刺意味的是，自由民主政治若这样将人去政治化，它又与彻底取消个人作用的专制有什么本质的区别？潘格尔强调，自由民主需要“优秀的政治家和具有公共精神的公民”，因此，“来源于施特劳斯的政治研究，它的一个主要而且经常的课题就是调查和说明，被改变成非政治化的自由民主应该如何改变回来、如何自我改变、如何回归人的政治动物本质。这正是古典共和生活和思想所最能清楚告诉我们的”。[2] 施特劳斯政治学说把这种可能展现在了政治研究者们面前。

施特劳斯对美国政治学究竟产生的是什么性质的影响？对这个问题有相当对立的不同回答。自从他1973年去世后，对他就一直有不同的誉毁。有的论者把他当作一个引路人，是他把政治学带出了自由主义的目标迷失和责任缺失。还有的则把他看成是一个精英小宗派（施特劳斯学派）的秘传首领，这些人借批评相对论和虚无主义之名，诋毁美国的平等理念和民主实践。

潘格尔把施特劳斯看成是美国自由民主内部，而不是外部的批评者。自由民主政体需要这样一位批评者，因为政体内的人是最看不清政体弊病的。政体的缺陷和危机总是隐藏在它自以为最强大、最优越的部分，如专制的“效率”和民主的“平等”。正因为如此，那些

[1] Thomas Pangle, *Leo Strauss*, p. 105.

[2] Ibid., p. 106.

勇于提出异议的人，常常被怀疑是“反政体”的。政治学者是忠诚的公民，他的批评目标首先是他本国的政体，只有当这个对象不容批评时，他才会把矛头指向其他国家的政体。政体内的忠诚批评者总是把他自己的政体与国际上最有竞争力的其他政体相比较，因而总是在他自己的群体中招致责骂，“我们甚至可以说，这种责骂是那种真正的（相对于诡辩家而言）政治科学家荣誉的标志”[1]。

在现代民主中，那些忠诚的、有勇气的政治研究者会效法托克维尔。他们会向爱民主的人们讲述民主的危险，提醒他们，民主政治可能缺少那些曾经在贵族政治和君主政治中起作用的个人德性、荣誉和品质。他们不会忘记施特劳斯所说过的，民主“原本是要成为一种让人人都成为贵族（优秀者）的贵族（优秀）政治，而自由教育的目的正是要提供一部梯子，好让大众民主能向民主原先应有的高度攀升”[2]。

施特劳斯在他的著作中提出了许多对他的学生和同道学者有影响的问题和论题。1999年，由德奇（Kenneth L. Dertsch）和墨利（John A. Murley）所编的论文集《列奥·施特劳斯、施特劳斯学派和美国政体》广泛探讨了施特劳斯对美国政治学的影响。文集的第三部分“第一代（施特劳斯弟子）”里有十篇论及施特劳斯的学生们在哪些方面继续了他的政治学说。[3] 潘格尔虽不是施特劳斯的嫡传弟子，但深受他的影响，他的《导论》从多个方面阐发了施特劳斯的政治学说，不只是论述了许多与美国政体有关的问题（自然正当、美国建国文献和宪法的文本解

[1] Thomas Pangle, *Leo Strauss*, p. 98.

[2] Leo Strauss, *Liberalism: Ancient and Modern*, p. 5.

[3] Kenneth L. Deutsch and John A. Murley, eds. *Leo Strauss, the Straussians, and the American Regime*. New York: Rowman & Littlefield, 1999.

读、政治家素质、宗教和公民国家、自由民主政体中政治哲学的作用等），还涉及了一些其他方面的问题，包括国家领导和公民的政治心理、僭主病理分析、政体和宪法、司法制度、总统研究（行政）、公务员（行政）、立法和政党、政治异见、利益集团、公民社会和文化批评，等等。[1]

潘格尔从施特劳斯对自由民主的“友好批评”着眼，把他的政治学说理解为“新亚里士多德”政治哲学。这一政治学说的目的不是要放弃自由民主，而是要在自由民主政治中重新引入古典共和的德性目标。这种重新引入是“尝试和试验”，正如潘格尔所说，它的“出发点是苏格拉底所说的，有责任心的政治学应当帮助提高政治健康和增进公共生活，同时也应当诊断和治疗政治疾病。从这个前提出发，政治哲学必须引导现实政治，而不只是政治学中的一个‘学科’。它始终要追索和思考的是一些最具引导性的问题：什么是公民共同体的健康？什么是正义或公共之好？人类如何才能兴旺？这些是政治哲学该做的事情”[2]。施特劳斯在他的政治学说生涯中，孜孜不倦思考的正是这样一些问题，无论我们是否赞同他在具体问题上的观点或见解，我们都能感觉到他学说思想的分量和魅力，而这正是他作为一个思想者的价值所在。

[1] Thomas Pangle, *Leo Strauss*, pp. 89-128.

[2] Ibid., p. 89.

五　施特劳斯读色诺芬

两千多年前，希腊历史学家色诺芬（Xenophon，约公元前431—公元前355），在《暴君希耶罗》（《希耶罗或僭政》）中就已经涉及了专制统治（僭主政体，tyranny）的困境。暴君希耶罗对诗人西蒙尼德说，当暴君是一件很痛苦的事情，因为暴君不能相信任何人的忠诚。西蒙尼德开导暴君希耶罗说，只要对人民施恩惠，当暴君并不坏，还能长治久安。西蒙尼德向希耶罗所建议的种种施恩惠都是物质的。他并没有建议希耶罗给人民自由，也没有建议将专制改革为民主。他只是建议较多地满足臣民们的物质需要，以换取他们的效忠，甚至爱戴。恐惧和贪欲是暴政专制驾驭臣民凭借的两大心理机制。施物质恩惠，既能满足贪欲，又能平缓恐惧，只要经济条件许可，对暴君来说不难做到。[1]

政治学家列奥·施特劳斯指出，给暴君帝王劝解也好，谋划也罢，都必须知道暴政这种政体的权力特征。专制者不是不知道专制不好，而是更在意放弃专制对专制者的不利。暴君就算知道如何行善，

[1] Leo Strauss, "Xenophon: Hiero or Tyrannicus." In Leo Strauss, *On Tyranny*. Revised and Enlarged Edition. Chicago: The University of Chicago Press, 2000. 下文中出自此书的引文页数皆在括号中注明。

也未必会照做。(34页) 施特劳斯用色诺芬的另一篇作品《途径和方法》为对照，提醒读者，民主或专制的权力政体（faculty regime）特征会直接影响人们向掌权者进言的方式和目的。施特劳斯写道，"(《途径和方法》) 的目的是告诉雅典的 (民主) 统治者们，只要他们努力消除那些使人们不能不行不义的必要条件，他们可以变得更正义"。这里的关键是"在不改变民主制度的条件下，改善民主秩序"。施特劳斯指出，进言改革专制与进言改革民主有"相似"之处，那就是，进言者是向专制统治者作"以不改革原制度为好"的"改革"建议。这种改革是为了让专制更稳定，而不一定是要用民主取代专制，它的目标是强化统治，不是"向 (真正) 好的政治秩序"去"转型"。(32页)

（一）专制与暴政

施特劳斯阅读色诺芬的《暴君希耶罗》不仅因为它是一篇极具细读丰富感的戏剧性对话，还因为它能够帮助我们了解什么是"暴政"和"暴君"："暴政是与 (人的) 政治生活相伴而生的危险"。古代的"暴政"和"暴君"是现代各种各样专制和专制者的原型。色诺芬为我们提供了最早讨论"专制改革"和"暴君教育"的样本。

自从出现了最早的"政治科学"(也就是政治哲学)，政治科学已经开始对暴政有所讨论，从此，世世代代的后人可以从中得益。今天的暴政早已远胜古代不知多少，可是，当我们面对古人想都不敢想的现代暴政时，我们却对暴政丧失了辨认的能力。现代暴政非常善于乔装打扮，"稍微作一点观察和思考，就会发现古代哲人分析的暴政和我们自己时代的暴政是多么相关。与古代暴政不同的是，现代暴政手里有

'技术'和'意识形态'。更一般地说，现代暴政可以依仗'科学'，当然是被它特别解释了的科学"。(23页) 政治科学是应该用来揭露而不是支持暴政的，而了解历史则是一个必要的途径。

不知道历史的人就如同一片不知道是长在树上的叶子，我们只有"了解前现代暴政，也就是自然形态的暴政"，才能认识今天"特定形态的现代暴政"。现代政治学已经习惯了"专政""极权主义""威权主义"这样的概念，似乎已经忘记"暴政"和"暴君"才是这些现代概念的远祖。马基雅维里写《君王论》，成为一个企图泯灭"暴君"和"君王"区别的现代思想家，而色诺芬则是一个坚持区分暴君和君王的古代思想家，所以，他的《暴君希耶罗》成为"前现代和现代政治哲学最相近的连接点"。(25页)

色诺芬并没有告诉我们他为什么要写《暴君希耶罗》。《暴君希耶罗》通篇都是暴君希耶罗和诗人西蒙尼德的对话，像是一部独幕舞台剧。对话有两个自然部分，似乎是一部剧的上下两场。第一部分占了全对话的十分之七（第1到7节），第二部分比第一部分短得多（第8到11节）。在第一部分里，暴君希耶罗对西蒙尼德诉苦，说自己过的日子太不如一般常人，简直还不如自己上吊算了。第二部分里，西蒙尼德劝希耶罗，能施恩惠的暴君毕竟比一般老百姓的日子要好过得多。

希耶罗说自己不幸福，不快乐，是和过"私人生活"的常人比较出来的。不过究竟怎么个比法呢？西蒙尼德是个智者，他对希耶罗说，快乐有三种：一种是肉体的，来自"色""声""味"和"性"；另一种是灵魂的；还有一种则同时包括肉体与灵魂。西蒙尼德不明白（施特劳斯认为他是假装不明白），为什么享受这种种快乐，当帝王的居然比不上一个平常人？

希耶罗对西蒙尼德说，暴君由于不能相信臣民，到哪里都得有随从护卫，不能自由地到四处去“看”。暴君“听”的好话虽多，但却不是真心的好话，吃喝的东西虽丰盛，但却并不香甜。而且，暴君连他的性伴侣都无法信任，他知道对方是怕他甚于爱他。

西蒙尼德安慰暴君希耶罗说，这些小不快乐算不得什么，你能成就常人绝对做不到的大事，想干什么就干什么，想提拔谁就提拔谁，想害谁就害谁。希耶罗说，这都不过是普通人的想象而已，他们只看到我的威风，哪里知道我“灵魂”中的恐惧。我对谁都得事事提防，没有真心朋友，时时生怕别人心怀不轨。希耶罗又说，暴君最怕三种人：第一种是“勇者”，“因为有些事情只有勇者才敢去做”；第二种是“正义者”，“因为老百姓都希望正义者来治理他们”；第三种是“智者”，“因为智者有计谋”，可能帮助那些想当暴君的人除掉现任的暴君，取而代之。希耶罗说，这三种人都得除掉，剩下来可供暴君差使调遣的便只有那些不勇、不义、不智之辈。暴君不是不能分辨人的优劣，暴君是没有办法，只能用那些不优秀的人。(12页)

西蒙尼德听了希耶罗所诉的许多苦处，问道，既然当暴君这么不快乐，为什么不干脆放弃暴政呢？希耶罗说，不行啊，害过这么多人，怎么才能补偿人家？一旦手里没了权，人家还能不找你算账？专制者靠管制过日子，越管制，越害怕，越害怕，也就越管制。专制制度下只有两种可能的人际关系，被别人害怕和害怕别人，连暴君也不能例外。

西蒙尼德安慰希耶罗说，你不要太沮丧。你以为当暴君的就一定遭人痛恨，会被人谋害，其实并非如此。当暴君要远比常人更容易受人爱戴。因为你有权有势，别人早就已经觉得你高不可攀，你只要对一般人小施恩惠，他们就会感恩戴德。你只要对谁露一露笑容，握一握手，别人就会称颂你多么平易近人。你要是送谁一点小礼物、节日里去慰问一下，哪怕是不咸不淡地寒暄几句，别人就会欢天喜地。你要是探望了哪个病人，他一定更会觉得受到了极大的关怀。你每天里做的每一件小事，随便吃些什么，说些什么，但凡让别人知道了，就都会是重大的国家新闻。这些鸡毛蒜皮、不足挂齿的事情要是一个常人去做，有谁会去在意?

西蒙尼德这样劝解希耶罗，真正的用意是什么呢? 施特劳斯认为，对这个问题我们也许永远也找不到一个明确可靠的答案。首先，我们并不清楚西蒙尼德到底是个什么样的人。希耶罗称西蒙尼德为"智者"，这说明不了什么，因为我们并不知道色诺芬自己对他有什么看法。施特劳斯说，"就算我们假设西蒙尼德是色诺芬的传声筒，我们仍然无法断定。西蒙尼德到底要说什么，仍然很不清楚"(30页)。暴君希耶罗说是想去寻死，西蒙尼德是不是因为要宽慰希耶罗才有了那番劝说之辞呢? 劝人宽心，总得拣好听的说，这种话是当不了真的。再说，"任何一个处在暴君威权下的人，他会有可能说真话吗? "(30页)聪明的暴君知道自己不能信任身边的任何人，他难道会真的信任他的帝师? 而帝师要是真聪明，难道还会不明白自己的真实处境?

(二) 帝师西蒙尼德和暴政教育

西蒙尼德的身份比较特殊，他是外乡人，不是雅典人。《暴君希耶罗》开篇时说，"诗人西蒙尼德有一次来到暴君希耶罗处"。施特劳斯解释道，这是很合理的，暴君希耶罗因为害怕别人时时会阴谋加害于他，深居简出，当然是西蒙尼德去看希耶罗。(36页) 西蒙尼德能见到希耶罗，应该是一次特殊的召见或接见。由于西蒙尼德是外国人，暴君希耶罗才对他说了一番他根本不可能对本国臣民说的话。

西蒙尼德到雅典的时候，雅典正处在暴君希耶罗的统治下。西蒙尼德到雅典是旅游观光，还是学术交流，我们不知道。在《暴君希耶罗》中，我们只知道，暴君希耶罗称西蒙尼德为“智者”。在暴君希耶罗眼里，西蒙尼德是“智者”（相当于现在的“教授”“学者”），但色诺芬介绍西蒙尼德时却说他是“诗人”（相当于现在的“政治学家”“经济学家”）。这并不矛盾，因为“诗人”和“智者”本是可以互换的尊贵头衔。

希耶罗对西蒙尼德说，暴君害怕三种人，勇者、义者和智者，但理由并不相同。勇者为争自由，什么事都敢去做；正义者对普通人有道德影响，直接对不正义的暴政有所威胁。智者不同，智者并不一定看重自由或正义，智者善于“谋划”（contrive），如此而已。智者善于谋划，所以他有自己当暴君的本领，也可以把这本领教授给别的想当暴君的人。智者对暴君的威胁，是一个可能的新暴君对一个在位的老暴君的威胁。威胁归威胁，智者的政治理念与暴君的并不冲突，所以智者可以和暴君一起切磋如何对付臣民、让臣民更顺从暴政的诀窍。只有智者才会充当暴君的帝师，而勇者和正义者是不会担任这个角色的。

西蒙尼德这个来自雅典境外的“智者”劝说暴君希耶罗用“施恩惠”来巩固和改进暴政，他这个“帝师”的教学效果如何呢？施特劳斯说，从他们的对话里，还真看不清楚。他又说，这也许是色诺芬用对话体说故事，故意布下的疑阵。施特劳斯解释道，对话体的陈述有两个优点。第一，“在智者（帝师）和统治者（学生）之间必然会有冲突”，这二者并不真的相互信任。第二，“它迫使读者存有疑问，智者给统治者的建言到底会不会有结果”。这就给读者提一个问题，暴君知道如何行善政，就真的会去行善政吗？用施特劳斯的话来说，“这里有一个关于理论和实践、知识和德性之间关系的根本问题”。（34页）

施特劳斯认为，暴君的帝师似乎不可能会有实际意义的教学成果。因为缺乏仁政知识也许根本就不是暴君不行仁政的真正原因。暴君不是不知道暴政不好，而是更在意放弃暴政会对自己造成的不利后果。施特劳斯解释道，暴君希耶罗说暴君不快乐，他知道自己在说什么，因为他有当暴君的经验。可是，西蒙尼德说改良后的暴政可以让暴君变得更快乐，他未必知道自己在说什么，因为他自己并没有当过暴君，他只是一个诗人，只是在那里猜测而已。

诗人学者说仁慈暴君必然快乐，不过是想当然的推理预测。读者们也未必相信这种预测就一定能兑现，因为谁都“没有见过一个因为有德性（施恩惠）就变得幸福的暴君”（34页）。也许过去从来就不曾有任何一个暴君因为有德性而快乐过，以后也不会有。想想看，既然君王有德性，为什么不能选择当一位仁君，而偏偏要当一个看到自由的勇者和正义的贤者就害怕的暴君呢?

谁给暴君当帝师，劝他改良暴政，而不是改行民主，谁就是在做施特劳斯称作“暴政教学”的工作。西蒙尼德从事的就是这样的教学工作，他与暴君希耶罗可以彼此“坦诚相见”，不必像哄老百姓那样把“暴政”说成“民主”。暴君会对帝师实言以告，这就像暴君无论多么善于伪装，得了病，如果想活命，也不能不对医生说实话，道以实情。西蒙尼德是为希耶罗诊治暴政的政体之病的，“既然暴政是一种本质上错误的政治秩序，暴政教育必定包括两个部分。第一是找出暴政的特定缺陷（病理），第二是确定如何减轻这些缺陷的程度（治疗）。《暴君希耶罗》的两个部分针对的正是‘暴政’教学本身的两个部分”（66页）。

在暴政教育中，智者和暴君间是一种暂时的师生关系。施特劳斯认为，学生是谁这个问题非常重要，但是，在暴政教学中，说“暴君是学生”其实并不准确。首先，智者所教的是“在任暴君”，而不是“未来暴君”。如果先生教还不是暴君的学生如何成为暴君，那么先生就是在教学生不义，而先生自己肯定就是个不义之人。既然如此，他也就算不上是一个有德性的智者。但是，如果先生教一个已经是暴君的学生如何成为一个施恩惠的暴君，那么先生就是在教学生少行不义。若是如此，先生本人则仍然可以算是一个有德性的智者。

再说，暴君帝师所教的是如何保全和改善暴政，而不是如何开创暴政。开创暴政的"伟大暴君"都是他们自己的"天然的老师"。像公元前7世纪科林斯（Corinth）的暴君贝里安德（Periander）和中国的秦始皇这样的暴君都是无师自通的高人，后来的暴君都崇尚和赞美他们，向他们学习，步他们的后尘，并青出于蓝而胜于蓝。那些开创性的伟大暴君早已"把保全暴政的基本方法体制化了"，暴政因此有自我保全、自动修复、克服可能危机的机制和能力。暴政帝师不过是在暴政的发明基础上，为保全暴政更上一层楼罢了。（67页）

暴政帝师一定是那些对暴政的道德缺失有所了解，并对之睁一只眼、闭一只眼的人。睁眼是为了看到暴政的缺陷，并为保全暴政出谋划策。闭眼则是明知暴政的不义，却并不想从根本上用正义的制度去取代暴政。施特劳斯认为，暴君自己诉说暴政的不幸要比痛恨暴政的人列举暴政的邪恶更有说服力。《暴君希耶罗》篇中，抱怨暴政的是一位暴君，而维护暴政的则是一位智者，这样的安排让人起疑，到底是何用心？安排这一局面的那个人当然是对话的作者色诺芬，他对专制和暴政又是持什么样的看法呢？

（三）自由、法和城邦正义

色诺芬对暴政的态度不能简单地从西蒙尼德的话里得知。西蒙尼德这位智者说的“恩惠暴政”其实是“最佳暴政”，即最为有效的暴政。然而，即使是最佳暴政，“暴政的本质缺陷也是非常清楚的”。(68页) 施特劳斯从西蒙尼德对暴政的称赞中反而读出了暴政永远不可克服的内在缺陷。这归功于施特劳斯的特殊阅读技巧（阅读沉默），也归功于色诺芬的写作技巧（用沉默说话）。一个人表达思想，重要的不仅在于他说了什么，而且还在于他没有说什么。对于暴政，色诺芬没让西蒙尼德说出来的，比让他说出来的要更加重要。在西蒙尼德没有说出来的话里有对暴政的“暗含批评”，而这种暗含的批评“比希耶罗出于自私理由抱怨暴政要更令人信服得多”。(68页)

要知道在西蒙尼德对“最佳暴政”的赞美中如何暗暗批评暴政本身，就得先知道色诺芬和他的老师苏格拉底对“暴政”的定义。“暴政”是在与“君道”(kingship) 的区别中来界定的。“君道”有两个要素，一是有“自愿服从的臣民”，二是一切“遵照城邦之法”的统治。与“君道”不同，“暴政是一种对不自愿臣民的统治，依照的是统治者的意志，而不是法”。这样一个对暴政的定义，指的是一般的暴政，不包括最佳暴政。最佳暴政，按照西蒙尼德的说法，已经不再是对“不自愿臣民的统治”。但是，即便如此，最佳暴政仍然不是“遵照法的统治”，它是绝对权力的绝对命令，是“绝对政府”(absolute government)，一句话，它仍然是暴政。(68页)

暴政统治下也有“法”，但那只是由暴君个人意志强加于臣民的律令。这不是君道之法，君道之法的实质是人民的自愿服从，人民有了自由，才谈得上自愿服从。施特劳斯正是把“法”和“自由”放在一起，并从二者的缺席来认识暴政缺陷的。他说，西蒙尼德虽然赞扬最佳暴政，但却“偏偏没有用‘法’”来赞扬它，“就像西蒙尼德不提‘法’一样，他也不提‘自由’。西蒙尼德让我们看到，法缺席的实际后果就是自由缺席，没有法就没有自由。西蒙尼德（对暴君希耶罗）的一切具体建议都是从这个暗含的规则出发的，这些建议在政治上的（奴役）作用，也是由这一规则所揭示的”。(69页)

西蒙尼德建议暴君希耶罗把“公民们当同伴和同志看待”，但他却并未建议希耶罗把他们当平等之人和自由之人来看待，称他们是“同伴”“同志”，还有“同胞”，可以让他们既安分又亲近暴君，因为“奴隶也是可以当作同伴的”。西蒙尼德还建议暴君希耶罗“把朋友当作自己的孩子”，“如果朋友都被当作子孙，那么其他公民们不是自然就身份更低了吗？”亲近暴君的朋友把暴君叫作“慈父”，对其他国民有可贵的示范作用。西蒙尼德建议，暴君希耶罗的私人卫队（用金钱雇佣的武警）不仅是他个人的保镖，而且还应该用来保护人民。人民没有合法地保护自己的途径和方法，“他们只能期盼和愿求暴君能变得仁慈，或者能够一直仁慈”。西蒙尼德建议暴君希耶罗要亲自做一些好事，例如对有功的臣民施以恩惠和奖赏。暴君应该把惩罚和镇压人民的脏活叫手下去做，这样他就不必自己为这种事情承担直接的责任，当然，这不等于“暴政统治就可以少了残酷”。(69—70页)

施特劳斯珍惜自由，但他不是一个自由主义者，他以批评自由民主而著名。他所主张和坚持的是优秀政治，它的目标是“德性”，而不是“自由”。在施特劳斯那里，优秀政治只能以德性为其目标。德性至上，但德性决不能没有自由，优秀政治也不能没有自由，“因为没有自由，德性便不再可能，所以自由才是绝对合理的要求”。(71页)不同的政体有不同的“正义”，剥夺人民自由的暴政也有它的“正义”。暴政的正义要求臣民服从暴君的法，“适合暴君臣民的正义是正义的政治形式中最差的一种，因为这种正义离公共精神最为遥远”。(71页)

公共精神是“城邦正义”的尺度，城邦正义的德性是公民自愿服从正义之法，而不是仅仅服从暴君为强迫他们而制定的那些法规。不只是勇者、义者和智者，不自由的臣民也会令暴君害怕。人们越不自由，暴君则越不放心人民，越害怕人民，就越要靠暴力强行管制人民。因此，施特劳斯认为，“没有暴君可以放弃他们的私人卫队，这个卫队效忠的是暴君而不是城邦，这个卫队使得暴君能够在违背城邦意愿的情况下，仍然维持他的权力”（75页）。

西蒙尼德劝希耶罗当一个施恩惠的暴君，他认为，能让臣民乐意接受的暴政就是好的暴政、合理的暴政。但是，这样的暴政虽好，也未必能实现或能给暴君带来真正的幸福。西蒙尼德陈述这种暴政的好处，但始终没有能对暴君希耶罗举出一个“确实有过幸福暴君的例子”来。（75页）所以，施特劳斯认为，智者西蒙尼德对暴君希耶罗的暴君教学“只具有纯粹理论上的意义”。（76页）暴政教育实际上提出一个关于暴政和一切政体的根本问题，那就是“法与合法性的关系”。（76页）换句话说，它其实是在问，暴政有法有令，但暴政真的具有合法性吗？没有合法性的政权会让统治者觉得安全和幸福吗？

（四）政体和政体国民性

苏格拉底在雅典被判处死刑时，有一条罪名就是，那些与他坐以论道者中有不少是暴君，所以苏格拉底犯下了教唆暴政的罪行。施特劳斯认为，这样的指控是不确实的，因为苏格拉底对最佳暴政的讨论只具理论意义，而雅典人却把这当作了当暴君、行暴政的行动方案。施特劳斯坚持认为，区别理论和实践非常重要。这是他的一贯想法。他对柏拉图《理想国》的解读便体现了这个想法。他认为，《理想国》只具有理论的意义，只是一个用字词（逻各斯）建立起来的乌托邦，不是现实中专制秩序的蓝图，因为现实中永远不可能实现这样一个逻各斯的乌托邦。这个乌托邦不可能实现，不是因为它不能在现实中被仿效，而是因为它是一个完全人为的世界，与自然正当是违背的。柏拉图在理论上构筑这个理想国时，他所作的是一种“隐微”写作，也就是话里有话，真正重要的意思是说给明白人听的，只有他们才能领会。如何来解读《理想国》中的那个乌托邦社会，把它当作反讽还是直述，可以由读者自行决定。

施特劳斯认为，那个只是在理论中才能完美的暴政，它对我们有理论价值。它告诉我们，仁慈的暴政只能在理论中存在，既然如此，现实中实行的暴政都只能是不仁慈的或者假仁慈的。这也可以说是藏在显白意义下的一层关于暴政的隐微含义。施特劳斯同时还指出另一层可能的隐微含义，那就是，“掌握了完美暴政理论的人们便不再可能无条件地效忠于雅典民主，也就是说，他们不会再相信民主天生就是最佳政治秩序”。这一层隐微含义是施特劳斯要求读者自己去领会的。

施特劳斯对雅典伯里克利（Pericles）时期的“极端民主”的批评是尽人皆知的事，他认为苏格拉底被处死就是这种极端民主多数人暴政的结果。施特劳斯指出，“雅典人指控苏格拉底引导年轻人蔑视雅典的政治秩序，色诺芬甚至从来没有反驳这一指控，不用说，在雅典这个不是由暴君统治的城邦里，有完美暴政理论的人都会很不自在”。这也就是“为什么苏格拉底被处死，色诺芬被流放的缘故”。（76页）生活在民主制度中的人们对专制理论怀有敌意，有时超过了理性的限度。希腊历史学家波利比乌斯（Polybius）指出，希腊城邦在反对僭主的过程中，把平民权力推到了唯一的和至高无上的地步，破坏了权力的平衡。这也限制了对专制的哲学理性思考。

后人该如何解读和理解色诺芬，还有他的老师苏格拉底，对完美暴政理论的哲思呢？施特劳斯对此没有解答，他暗示可以把这看作一个“哲学疑惑”问题。但是，他认为，有一个问题似乎应该是没有疑惑的，那就是《暴君希耶罗》向我们间接揭示了“暴政”教学需要怎样的环境条件。在大多数人民有民主意识的城邦里，给暴君当暴政帝师是一件令人厌恶的事情，人们对应诏或自荐的暴政帝师都会侧目相视、引以为耻。因此，称赞暴政，甘为暴君当教师，这些只能是“外来者”的事情。西蒙尼德就是一个这样的外来者，“由于他是一个陌生人，他（对雅典）不负有公民的责任。而且，他并不是公开地赞扬暴政；他是在绝对的私底下，即在与暴君的私人谈话中赞扬暴政的”。（76—77页）

那些从自由世界到专制国家访问的智者，有的特别容易欣赏专制的有效，还有的甚至会为某个离他们自身生活世界遥远的暴政秩序歌功颂德、出谋划策。但是，他们自己却未必愿意在暴君的统治下生活。他们是一群与苏格拉底完全不同的智者，“苏格拉底认为智者不应该只是一个外来者，苏格拉底是公民哲学家”。因此，即便苏格拉底对完美的暴政有所哲学思考，“他也不可能在任何情况下真的去赞美暴政”。（78页）施特劳斯写道，“苏格拉底是色诺芬的老师，苏格拉底被怀疑教他的朋友当‘暴君’，色诺芬当然也就会遭受这种嫌疑”。但是，色诺芬在《暴君希耶罗》里说暴君不快乐的部分远远超过了说暴君可以快乐的部分，所以，对爱民主的雅典人，色诺芬要说的是，当暴君和行专制暴政毕竟是件坏事。（30页）

说专制暴政是一种坏制度，不是说它没有政治效率或经济成就，有时候它确实是能保持稳定和发展生产的。说专制暴政是一种坏制度，那是说它不道义，因为它强迫人民生活在恐惧、谎言和奴性的顺从之中。专制暴政造就了不勇、不义、不智的低下国民性。这种集体的秉性、心态和行为是由具体的专制政体，而不是泛泛而论的“文化”造成的。暴政就是依赖这样的制度才得以存在的。

政体是极其重要的政治现实，是社会群体自我设计、自我界定的核心，也是一个国家社会与别的国家社会有所区别的标志。在国家社会里，谁主导这一设计和界定，是极少数的权力寡头，还是绝大多数的自由公民，会直接关系到政体的选择。专制总是由少数人或极少数的权力寡头为维护自己的私利而选择并维护的。每个政体都有它的缺陷，人在任何一个政体里生活久了，就会习惯于这样的生活，也就会变得难以察觉它的缺陷。亚里士多德指出，政体最严重的内部缺陷，往往是政体中人和支持者最不容易察觉的。

政体指的不只是某个政权自称或自诩的制度名号，而是一种由政治理念和治理方式所确立并养育的公共生活秩序。可以毫不夸张地说，“除了人性之外，没有什么比政体更影响‘生活方式’的形成了”[1]。亚里士多德在《政治学》中把政体放在首要位置，政体的基本种类是很明确的。亚里士多德把政体按两种不同的标准各分为三类。第一种标准是以德性的高下分配权力，有三种，当统治者为一人的时候，叫作“君主政体”，当由少数人统治的时候，叫作“贤人政体（贵族政体）”，当由多数人统治的时候，叫作“共和政体”，前两种是更优秀的政体形式。第二种方式以财富多寡为标准，按统治者的人数，也分为三类，少数人的统治叫“寡头政体”，多数人统治叫“平民政体”，这两者分别是贵族政体和共和政体的蜕变形式，一人统治叫

[1] Thomas Pangle, *Leo Strauss: An Introduction to His Thought and Intellectual Legacy*. Baltimore, MD: The Johns Hopkins University Press, 2006, p. 94.

“僭主政体”，这是君主政体的蜕变形式。

亚里士多德认为，在现实中，不宜取君主政体，因为君主政体很难实现，且一旦蜕变则会成为最坏的一种政体形式，那就是暴政（僭政）。亚里士多德倾向于在现实中采取贵族制和民主制相结合的政体形式，这种政体被称作“共和制”。共和制的政治优点在于，它使权力“流动”起来，不让任何一个集团独霸权力：“政治的统治方式也是这样，公民政治依据的是平等或同等的原则，公民们认为应该由大家轮番进行统治，其更原始的根据是，大家轮流执政更加符合自然。”波利比乌斯赞同亚里士多德的混合政体论，他提出，每一种纯粹的政体都有向自己对立面蜕变的倾向。这是一个循环过程：君主制蜕变为僭主制，僭主制蜕变为贵族制，贵族制蜕变为寡头制，寡头制蜕变为民主制，民主制蜕变为暴民制，暴民制的无政府状态又回归到君主制。[1]衡量政体是否优秀，要看它能否让尽量多的人变得高尚起来，变得更珍惜人的自由和尊严的价值，更痛恨伪善、谎言和奴役。

如果我们用优秀的、德性的和成熟的自由作为好政体的标准，那么，政体本身也就不再是一个目的。政体是保证德性和优秀的条件，好的政体只是达到德性和优秀目的的手段。专制暴政统治将一批批的勇者、义者和智者赶尽杀绝（当然还留下一些可供差遣的智者），成功地建立了一个以绝大多数人的沉默、谎言、顺从、道德妥协、曲意奉承为特色的生活秩序。施舍式的暴政仁慈并不能建立与民主政体相一致的新价值观和新生活秩序，它只不过是在旧生活秩序中添加了更多的贪欲而已。暴政的仁慈也许可以改善一些人的物质生活，但败坏社会整体道

[1]　浦兴祖、洪涛主编：《西方政治学说史》，复旦大学出版社，1999年，第77—78、92页。

德和精神状态的“专制政体病菌”——人与人之间的信任匮乏、冷漠被动、恐惧隔阂、虚伪、背叛、出卖、孤独无助、专制制度下的唯命是从、个人责任不清——却依然在荼毒人间。非民主的改革，它的目的也许并不完全自私，也许真的有一个美丽新世界的目标。但是，没有让人优秀起来的政体，没有自由而尊严的人来参与改革，哪里又会有真正美丽的新世界？

第三部分

西方古典的当代启示

一　苏格拉底对话《辩词》和《克里托》中的“公民服从”

陈云良教授在《法治中国可以期待》一文中，提出了“不合理的法律在被修改、被废止前，仍然必须被遵守”的公民责任问题。他的直接事例是，民间企业家孙大午2003年在被判罪后所说的“我无罪，我服法”。陈云良用苏格拉底的为守法而死，将孙大午的行为提高为一种具有普遍和恒久意义的公民伦理。为了忠实地传达陈云良的原意，我在此完整地转录他的论述：

> 《宪法》需要修改，国家调节市场的经济法更需要修改。中国目前可能更急需一部对国家调节和市场调节之间的关系做一明确界定的《经济法典》，而不是《民法典》。《宪法》只能对国家权力做一普遍的、基本的规定，对国家调节经济的权力的界定与制约需要《经济法典》来分担。基层政府任意干预农民的生产经营，甚至随意掠夺农民的财富，可能和缺乏一部对各级政府市场调节权限进行明确规制的《经济法典》有直接的关系。经济法学家也从孙大午案件中解读到国家干预市场的法律亟待修改的强烈信号。孙大午是一个令人尊敬的农民企业家，靠勤劳而正当致富，对当地经济有巨

大贡献。因为不愿向银行管理人员行贿、拉关系，而无法贷到款进行扩大再生产，转而向其职工借钱，共向523户吸收存款1300多万元，触犯了我国现有金融管理法律制度。10月30日，孙大午被徐水县人民法院判犯有非法吸收公众存款罪，判处有期徒刑三年，缓刑四年，罚金10万元。好人孙大午的获罪使得国家垄断银行业的低效率、国家对金融业严格管制的不合理性路人皆知。国家应当对内适度放开对金融业的限制，拓宽民间融资的渠道。实际上，我国金融业根据WTO的要求对外正在走向全开放，人们无法相信不对内开放的理由。

辽宁省高院对刘涌改判死缓，招致公众强烈的抨击。而孙大午案的判决本身并未遭到多少非难，公众批评的是隐藏在判决后面的制度。这使我想到了苏格拉底之死。两千四百年前苏格拉底遇到了和孙大午同样的处境，被不公正地判处死刑。他的学生要帮助他越狱，他拒绝了，毅然弃生择死。苏格拉底的择死向途经法治之路的每一个后人昭示了一条定律：不能因为法律不公正，就可以随意违背它。如果人们可以随意违背自认为不公正的法律，我们所生活的社会将秩序不再。法治不是人类最好的选择，但却是最不坏的选择。孙大午令人尊敬，值得同情，但对他的判决却没有错。不合理的法律在被修改、废止前，仍然必须被遵守，这是我们在孙大午案件看到的法治底线。孙大午发出了穿透法治灵魂的圣贤之音：“我无罪，我服法。”用苏格拉底的学生用来评价苏格拉底的话来评价孙大午也许也是恰当的：“我可以公正地说，在我们这个时代，他是我所认识的人中最勇敢，也是最有智慧和最正直的人。”[1]

---

[1] http://www.aisixiang.com/data/17328.html.

我认为陈云良教授对孙大午和苏格拉底的“共同性”说法有三个值得商榷的问题。第一，孙大午犯的是经济罪，苏格拉底犯的是思想罪。经济活动和自由思想的领域不同，与公民权利和人权的关系也不相同。把这两种不同性质的“罪”混为一谈，同列在公民必须绝对服从法的“原则”之下，在法理上是谬误的，在政治上是危险的。

第二，苏格拉底因思想和自由言论而获罪，他在有机会逃脱法律判决的情况下，选择了“伏法”。他的“伏法”是不是就等于顺服或服从意义上的“服法”，直到今天还是一个有争议的问题。苏格拉底“公民服从”说的依据主要是《克里托》(*Crito*)篇，而《辩词》则又常常被援引为“公民不服从”说的依据。在苏格拉底那里，“公民服从”不只涉及如何解读《辩词》篇和《克里托》篇之间的一致或矛盾，而且更是涉及解释者本人对公民服从或公民不服从的政治立场。

第三，苏格拉底活着的时候做过什么事，怎么做，并不等于我们就应该照着那么做。我们需要先知道苏格拉底之所以那么做的理由，然后再判断它的是非。即使在苏格拉底那里确实是“伏法”等于“服法”，我们对苏格拉底的行为和理由仍需要作出我们应有的独立判断。我们的判断取决于我们自己的道德原则和政治立场。苏格拉底自己就是因为毕生坚持自由思想和独立判断才受到后世尊敬和仿效的。所以我们应当效法的不是行为，而是思想方式。单单效法苏格拉底的行为，而忽略他的思想方式，结果可能无异于买椟还珠。

(一)《辩词》篇中的苏格拉底

苏格拉底是因为犯了思想罪而被处死的，苏格拉底犯的是独立思想罪和自由言论罪。独立的思想是自由的思想，这里的“自由”不是指爱怎么思想就怎么思想，而是指与思想者心目中的德性理念相一致的思想。在苏格拉底那里，独立思想包含两个方面。第一，独立思想是一种“自我一致”的思想。独立思想既不是“别人怎么想，我也怎么想”，也不是“别人怎么想，我偏不那么想”。独立思想是坚持思想的始终一贯，也就是“自我的一致”。苏格拉底把“自我的一致”当作最高原则，他不怕与“众人”（demos）矛盾，只怕与自己矛盾。

第二，独立思想是一种有道德立场的思想。苏格拉底的道德立场表现为良心反抗，它的对象是政治权威、社会习俗、成规戒律、教义式的思想束缚等等。独立思想者是凭借他自己理性而道德一贯的个人。他对一切更高真理或更高道德权威不抱盲从的态度，因此也常常进行道德个体的思想反抗。这个独立思想传统中有像蒙田（Michel de Montaigne）和梭罗（Henry David Thoreau）这样的继承者。

在《辩词》篇中，苏格拉底让我们看到了一种理性良知的立场。它说“不”，不是出于某种内化了的教义式的绝对道德命令，而是出于两种可能的道德结论的矛盾：一个是由独立思考（辩论）得到的结论，另一个是由众人或法庭所下的结论。后面这一种不一定是纯粹不理性的结论（受蛊惑煽动又当别论），但比第一种结论有较多的意气用事和偏见因素。在苏格拉底的社会里，他忧虑的是权威（法官、政治人物）太容易因为害怕众人而迁就他们，常常会颠来倒去，不能一以贯之，前后一致。而独立思想者的诘问正是为保持这种前后一贯，因为道德原则是必须一以贯之的。

苏格拉底的死刑是一个由501人组成的陪审团决定的。在《辩词》中，苏格拉底作了三次辩词。他第一次辩词的要点是，一、我不是诡辩家。二、我不是一个智者，当我与别人辩论时，我要证明的仅仅是那个人并不是他自称的智者。三、我并没有败坏城邦的青年。四、我并不是攻击者所说的那样不敬神明。五、我不会停止哲学家的思考，即使必须付出生命代价也不会。六、城邦杀死我，会失去一个挚友。七、我总是在私下与人建言，而不积极过问政治。八、我不会把三个孩子带到这里，哭哭啼啼向众人求情。

501人的陪审团通过决议，以280票对221票的表决，判处苏格拉底有不信神和败坏青年之罪。起诉官迈雷托（Meletus）要求判苏格拉底死刑。陪审团请苏格拉底自己提出一种不同的惩罚方式。这时候，苏格拉底考虑的不是“愿意”受何惩罚，而是是否“应该”受惩罚。于是他第二次争辩。他说，我毕生都在规劝雅典人追求德性，不要太在乎个人得失，所以我应该受到奖励而不是惩罚，雅典人应该在为奥林匹克竞技者庆宴的城市公共会堂（Prytaneum）请我吃饭。苏格拉底以一种似乎是玩笑的方式向法庭表示，既然他并没有故意伤害他人，那他就没有犯罪。

苏格拉底拒绝为自己的所谓“罪过”提出一个适当的惩罚方式。既然他从未有意伤害过别人，他也就不应当伤害自己，而让自己无罪受罚恰恰是伤害自己。他拒绝考虑死刑之外的一切其他惩罚方案，包括监禁、流放和罚款。更重要的是，他不愿意以求生为代价而放弃他的哲学生活和思想方式。这就是他所说的，不经过思考的生活是不值得去过的生活。最后他说，如果可以罚款了事的话，他愿意出1个迈那（minae），他只付得起这么多的罚款（苏格拉底有一次说，他全部家产只值5个迈那）。他的学生们说愿意替苏格拉底认罚30个迈那。

陪审团再次表决，维持有罪的原判。苏格拉底第三次发言。他说，我已经70岁，本已是将死之人。死不是恶事（evil），即使好人不得好死，恶事也不会发生在好人身上。他最后说，分手的时候到了，我去死，你们去活，哪一条路好一些，只有神知道。

苏格拉底不服从陪审团对他的“独立思想有罪”的判决，在无望改变判决结果的情况下，坚持思想的抗争。因此，他常常和索福克勒斯的安提戈涅一起被援引为最早的“公民不服从”典范。这样的说法过于笼统，不易看清苏格拉底的“不服从”究竟是怎样一种公民不服从。

如果说苏格拉底的独立思想有公民不服从的意义，那也是一种与安提戈涅反抗不同的公民不服从。安提戈涅公开地挑战国王克瑞翁的权威，违背他的禁令，掩埋了自己的兄弟。安提戈涅用一种高于国王之法的神法来指责国王之法的非正义。克瑞翁问她，“你敢不服从法吗？”安提戈涅答道，“是的，发布这条禁令的不是宙斯，也不是正义……我不相信你的禁令有力量推翻神的法令”。[1] 安提戈涅对神的法令深信不疑，就像克瑞翁对国王的法令深信不疑一样。他们两个都是相信某种绝对真理的人。

和安提戈涅不同，苏格拉底对任何绝对真理都抱有怀疑，都要探求个究竟。他怀疑什么，拒绝接受什么，凭借的是自己的理智和道德判断，不是神的旨意。苏格拉底在辩词中不是用某种更高法，而是用雅典已有的法律来陈述法对他的不公正待遇。他说，对他的审判太过匆忙，不符合法律仔细审议的程序。而且，雅典的法讲究赏罚分明，他对雅典有许多贡献，应当得到的是赏而不是罚。以实在法本身来评议它是否正义，这是思想者苏格拉底的政治技艺。

在《辩词》中，苏格拉底说了两件有关自己公民不服从的往事。苏格拉底从来没有担任过城邦的公职，但曾在咨询委员会（Council）任职。公元前406年，雅典海军在阿吉纽西（Arginusae）海战中胜利（最后一

[1] Sophocles, *Antigone*, 第494—503行。

次胜利)，由于起了大浪，海军中无法援救受伤的士兵。有10位将领因此被起诉，委员会判处他们死刑，苏格拉底是委员会中唯一反对死刑判决的。他自辩道，“委员会里的演说者要处罚我，把我拉走，而你们（民众）大声叫喊，跟着起哄。但我宁愿站在法律一边承受危险，也不愿意因为怕死，在你们行不义时，站在你们一边”。(32b) [1]

公元前404年，雅典在伯罗奔尼撒（Peloponnesian）战争中被斯巴达打败，寡头专制代替了民主制度，统治雅典达九个月之久，称“三十人僭政”。苏格拉底和其他4人被叫到市政府，接受一项任务，到萨拉米（Salamis）拘捕利翁（Leon）押送回雅典执行死刑。当时被派出去执行这一专制命令的人很多，苏格拉底认为这是寡头专制者干坏事把尽量多的人拉下水的一种做法。这一次“我以行动而不是说话……表示我不做任何不义、不敬神之事的原则”。苏格拉底没有和另外4个人一起去执行任务，而是“回家去了”。苏格拉底说，“要不是专制者完蛋得快，我也许早就被处死了”。(32d)

这也许是苏格拉底一生有过的两次在行动上的公民不服从。苏格拉底知道在政治行为中的公民不服从是多么危险，他对陪审团说，“如果我参与公共事务，像一个好人应当做的那样，帮助正义，并把帮助正义当作最重要的（公共）事务，你们以为我这么些年来，还能活到今天吗？不只是我活不到今天，任何别人也不可能存活下来”。(32d) 苏格拉底说，我只是在私人生活中做我本该在公共生活中做的事情，“坚决不同意任何人做不正义的事情”。(32e) 在私人生活中，苏格拉底只

---

[1] Plato, *Five Dialogues: Euthyphro, Apology, Crito, Memo, Phaedo*. Trans. George M. A. Grube, revised by John M. Cooper. Indianapolis: Hackett Publishing Company, 2002. 括号中为原文页、节标号。

影响那些愿意与他为伴的朋友。他不是他们的老师，因为他从来没有收过任何人的学费，他一直以此坚持自己是与诡辩家不同的。

如果说苏格拉底拒绝去萨拉米拘捕利翁是行动上的公民不服从，那么他退缩到私人生活之中，在私人生活中坚持他本该在公共生活中坚持的“不做恶事”的原则，则是一种思想上的公民不服从（即后来东欧知识分子的“非政治”或“反政治”的政治）。20世纪许多持不同政见者所实行的就是这种公民不服从。

除了行动和思想，苏格拉底还实行一种更加有哲学意义的公民不服从，那就是抗辩。《辩词》中的苏格拉底就是在实行这种不服从。这种不服从的对象不是国家（“三十人寡头僭政”），也不是政治秩序（不宽容和压制异见），而是“集体决定”。这个集体决定是由501个公民组成的陪审团作出的。苏格拉底不接受他们的集体决定，所以才为自己抗辩。苏格拉底知道公共辩论并不总是能说服对方。他对陪审团在听完他的申辩后仍然给他定罪，觉得“这结果并不意外”。（35e）在第二次发言时，他已经知道不可能说服陪审团推翻原判，他知道，听别人讨论和谈话需要耐心，否则说服他们是不容易的。（37c）古希腊人已经相当清楚言语辩论的说服力其实是有限的。在古代希腊的历史学家修昔底德（Thucydides）的历史记载中，就有不少这样的例子。例如，在《在斯巴达的辩论和战争的宣布》篇（第一卷第六章）里，斯巴达人作出决定，不是因为被言词说服，而是出于自身利益。

在言词未必有实际作用的情况下，坚持用言词来说理，这本身就是一种原则。不管有没有实际好处，都坚持原则，无论是行动的公民不服从，还是思想的公民不服从，都不能缺少这样的原则坚持。事实上，公民不服从，单单是拒绝怎么做，拒绝怎么想，都是不够的。在拒绝怎么做和怎么想的时候，都应当说明为什么拒绝，这就需要说理，需要陈述理由和支持理由的道德原则。

公民不服从不只是“说不”，而且更是说明为什么说不。苏格拉底这样陈述自己的抗辩目的，“我并不是像人们以为的只是在为我自己辩护，我（抗辩）是为了让你们能避免做错事，不要错杀了我这个由神赐给雅典的人”。苏格拉底对雅典人说，雅典这匹高贵的马懈怠了，我是神派来刺它一下的牛虻，“我是来劝你们关心德性的父亲和兄长”。(30e)

（二）《克里托》篇中的苏格拉底

《辩词》中的苏格拉底作为一个公民，并不总是与雅典公共生活保持一致。在《克里托》篇中，我们似乎看到了另外一个不同的苏格拉底。他强调的是公民与公共生活权威，尤其是与法，保持一致的必要。他拒绝听从朋友克里托的建议，不愿从监狱里逃跑。他说，违背死刑判决，保住性命，那就不只是做一件错事，而且是做一件恶事。一个人不服从由法律程序作出的合法判决，危害的是整个国家的秩序。

《克里托》篇最引人注目的可以说是把国家比喻为父母的那一段。苏格拉底问自己，“对于神和有理性的人来说，国家难道不是比父母、祖先更宝贵、更该尊敬、更神圣、更光荣吗？比起你父亲的愤怒来，你不是更应该尊重和平息你国家的愤怒吗？如果你不能规劝你的国家（改变它的决定），你不是应该完全服从它的命令，耐心地接受它的惩罚，无论是鞭刑还是囚禁吗？”(51a，b）既然苏格拉底要“规劝”国家，显然他并不认为国家永远正确。但是，当这种规劝无效时，苏格拉底说，公民便应当“服从”。

"服从"在这里可能有两种意思。第一种意思是口服心不服。苏格拉底如果坚持独立的思想和德性判断，并以此规劝国家，规劝失败当然不会就此放弃他原来的想法。尽管他接受法律判决，慨然受死，但这是心有不甘的"伏法"，而不是口服心服的"服法"。第二种意思是"口服心服"，也就是说，苏格拉底因为国家不听他的规劝，而索性放弃和改变他原来的想法。即使是冤、假、错案，也觉得不冤、不假、不错。这样在思想和感情上与国家保持高度一致的苏格拉底还是苏格拉底吗？其实，陈云良所说的那个"穿透法治灵魂"的公民"圣贤"孙大午，他也是一个"口服心不服"的"服法者"。不然他为什么还要坚持"我无罪"呢？

"口服心不服"情况下的"服法"是真正的"服法"吗？这要看你怎么理解这个"服"字了。如果"服"是一种在没有外力强制下发自一个人自由内心的赞同或自愿行为，那么法律惩罚是不需要以这种"服"为前提的。法律惩罚本身就是强制性的，一个人被定了罪，情愿不情愿，都得受惩罚。不服从难道还要逃到外国去，或者隐姓埋名当逃犯不成？这个问题看起来有点"没水准"，但不要忘记，这可是一个苏格拉底在《克里托》篇中切切实实考虑过的问题。

苏格拉底被定罪时已经是70岁的老人，即使有机会当逃犯，他也折腾不起了。那么是不是有可能像他的朋友建议的那样，逃到外国去呢？苏格拉底是这样考虑的。第一，如果苏格拉底在朋友的帮助下逃亡国外，那么他的朋友们定会受到牵累，"有被流放、剥夺公民身份和失去财产的危险"。第二，事实上，苏格拉底发现确实也没有一个能让他安逸藏身的外国。底比斯（Thebes）和麦加拉（Megara）这样"有良好治理的邻国"会把逃跑到那里的苏格拉底视为"自己政府的敌人，所有关爱城邦的人都会对你怀有戒心，觉得你是一个法律的破坏者”。逃跑只会坐实别人对你畏罪潜逃的猜想。那么，要是逃跑到帖撒利（Thessaly）那样没有良好治理的邻国又会如何呢？人们也许会听你逃跑的故事取乐。而且，那里哪会有“你的那些关于正义和道德的对话呢？”再说，苏格拉底不愿意把孩子们带到那种治理不佳的国家中去长大成人。（52e-53b）想来想去，苏格拉底觉得还不如就在雅典受死。

也许有的人不管被法定了什么罪，都会觉得罪定得对，心甘情愿地受惩罚。但苏格拉底肯定不是这样的人。首先，他觉得他的罪定得不对。其次，对他来说，接受法的不公正惩罚，除了说是为了维护现有法律秩序之外，并不是没有其他实际考量的，不能不说是一种两害或数害相权取其轻的选择。这种口服心不服的“服法”，用一句大白话来说，是没有办法，不得不然。这种“服法”与是否对法治有圣贤般的见识没什么关系。

把接受不公正法律惩罚当作每个人应当履行的公民义务，不要说是对民主国家的人民，就是在争取民主进步的国家里也很难被人接受为一种当然正确的公民政治原则。即使是像霍布斯这样竭力维护政治权威和国家权力的政治理论家也不会要求政治权威和国家权力的受害者口服心服地接受被法律惩罚的命运。对于法的判决，假如——我是说“假如”——苏格拉底真的提出了一种也许可以抗辩，但决不可以不服从的公民义务观，我们是否也应该接受这种公民观呢？陈云良对这个问题的回答显然是肯定的。如果我们不同意陈云良，理由又是什么呢？在回答这些问题前，我们必须先考查一下苏格拉底是如何把法当人一样来看待的，这是了解苏格拉底法治观的关键。

（三）父子、主奴关系中的法

苏格拉底不是自己，而是让拟人化的“法”来陈述服从法的理由。这个“法的声音”向苏格拉底解释为什么必须服从法。法对苏格拉底说，如果他逃跑，不服从法的惩罚，他就会破坏法，破坏以这个以法为秩序的整个国家。国家是靠法来维持的，只有当法在任何情况下（包括非正义的情况下）都得到执行，才会有约束力。国家误判他有罪固然不正义，但他却早已同意在任何情况下都会服从法。公民服从法是不能挑挑拣拣的，他只能要么服从整个的法，要么就不服从法。

法还对苏格拉底说，法造就了苏格拉底，没有法就没有苏格拉底。苏格拉底的父母是按法结合并生下苏格拉底的。苏格拉底在法的秩序中长大，学习、接受音乐和体育的训练。因此法和苏格拉底之间有一种类似父子和主奴的关系。儿子或奴隶被惩罚是应该的，不能为了保护自己而加害父亲或主人。法还说，一个人服从国家更应该胜过服从家庭，所以也更应该服从法。如果苏格拉底想不被法处以死刑，他就应当说服法改变判决，而不是逃跑了事。

我们知道，苏格拉底的对话是柏拉图写的。把法拟人化，让拟人化的法与苏格拉底对话，这不仅仅是一种写作“风格”或“方式”，而且包含着一种对法和正义关系的特殊理解。在古希腊人那里，“正义”不是一个抽象的概念，正义和非正义永远是有具体对象的。正义是对他人的义务，而非正义则是对他人的损害。所以当苏格拉底（也许是柏拉图）说，如果他逃脱监狱，那将是非正义的行为。但是，这是以谁为对象的非正义呢？非正义是不当伤害，苏格拉底的逃脱会不当伤害到谁呢？

从《辩词》篇我们知道，迈雷托（Meletus）指控苏格拉底，陪审团判他死刑。柏拉图并不赞成这些人的做法。因此，柏拉图不像是说，苏格拉底的逃跑会不当伤害到迈雷托等人。既然如此，可能受到不当伤害的便只能是“国家”和国家的法。这也就是柏拉图（苏格拉底）将法拟人化的关键所在。

苏格拉底（或柏拉图）不是将法拟人化为一般的人，而是拟人化为“父母”般的人。是法让苏格拉底出生、长大、受教育。法不只是一些令人生畏的惩戒条文，而且是一个养人、育人的恩人权威。如果被养、被育者无视和不敬法，法就会受到伤害。因此，不服从法便是非正义的行为。

然而，法有没有公正对待苏格拉底呢？没有，因为苏格拉底并没有受到法的公正判决。苏格拉底即使在服从法的时候，也没有觉得自己有罪。在这种情况下，又如何理解苏格拉底所说的公民必须在任何情况下都服从法呢？我们可以这样解释，服从非正义之法，其实是苏格拉底用行动在实践他在对话中用言语一贯实行的“辩诘”（elenchus）。辩诘的方法是让对方自己看到自己的谬误，这个方法也可以用于父母和如父母一般的法。无罪的苏格拉底因法的不当判罪而死，法的非正义因苏格拉底的无辜之死而暴露出来。苏格拉底以自己的死帮助法看到它原先看不见的谬误。法不当地惩罚了苏格拉底，苏格拉底当然不需要接受这个惩罚。但他却一定要让法看到自己的不正义。这是苏格拉底对法所行的义举，也是他为辩诘原则所行的义举。

这个解释的前提是，苏格拉底对雅典城邦的法有好感，认为那是整体上好的法，所以他才愿意作个人牺牲来帮助这个法。相反，如果苏格拉底鄙视雅典的法，如果他根本就不认同它的秩序，那么，他逃跑或不服从法，都没有什么不正义的。苏格拉底认同雅典的法和生活秩序，这在《克里托》中是很清楚的。苏格拉底一辈子生活在雅典，只离开过雅典几次，一次是去参加庆典，另外几次是为雅典去参加军事行动。甚至与许多雅典人不同，苏格拉底从来不到外国旅行，也没有去了解别国人民的风俗和法律。他在雅典生活了七十年，一直很快乐。在《辩词》中，苏格拉底说他不愿流亡外国，宁愿死在雅典，认同雅典的法是根本的原因。苏格拉底在可以自由离开雅典时都没有离开，在法律禁止他离开时，他又怎么会偷偷地离开呢？

把法拟人化，把苏格拉底和法的关系理解为一种子与父或奴与主之间的正义关系，在古希腊哲学家那里也许说得通，但对今天世界上有民主意识的绝大多数人来说，是很难说得通的。其实，这种看法与雅典的平等公民观也不符合。平等公民是轮流统治和被统治，身份是可以互换的，但主、奴的身份却不能互换。这也就是为什么我们现今不应当简单接受《克里托》篇中的“公民必须在任何情况下服从法”和“绝对不能有公民不服从”的说法。哲学家苏格拉底的“法即是人”的哲学假设不能够帮助我们回答现代社会中个人与法的关系问题。因为说到底，公民服从或不服从不是一个哲学命题，而是一个政治问题。

（四）思想者的政治技艺

从现代民主政治的角度来看，“法律是父和主，人民是子和奴”的说法，是一种威权式的政治观。在柏拉图的时代，“僭主”和“寡头政治”这样的威权政体远比在现代具有合法性，其合法性的根据是它们比“民主”（尤其是像雅典那种多数人说了算，多数人可以压制少数人的“激进民主”）在德性上更优秀。这些威权政体的“优秀”完全依靠僭主或少数权力精英本身的德性和优秀。正因为僭主或权力寡头们非常有德性、有智慧，像一个父亲爱子女或者像一个好主人爱奴隶一样爱人民，所以人民应当绝对服从于他，在任何情况下都不能不服从。这种开明专制的概念已经被当今世界上民主国家的人民所摈弃。

现代民主的基本理念是主权在民。国家是人民普遍意志的产物，不是凌驾和超越在人民之上的主权实体。社会契约不是指国家和人民之间的一种以保护交换服从的相互关系，而是指公民间的一种协议，根据这一协议，所有的公民能够在共同法律秩序中和谐相处。《克里托》篇中的公民和国家关系折射的是柏拉图的政治理念。在柏拉图那里，社会契约不是建立在公民与公民之间，而是建立在个体公民与法律之间。柏拉图设想这样一种个人与法的契约关系，除了将法拟人化，还设想公民有绝对自由来选择是否进入契约关系。他认为，成年的公民（男子）都应当能够自行决定法律是否于他合适。每个雅典公民在十七岁时都应当参加一次关于法律知识的考试后才能确实拥有公民身份。如果他不赞同雅典的法律，那他就可以自由地离开雅典。如果他留在雅典，那就等于公开宣示同意服从城邦之法，个人任何破坏法律的行为都在破坏他与法律的契约关系。

这种契约观虽与柏拉图的《理想国》的理念一致，但却并不是古希腊雅典城邦的实际情况。如果真像柏拉图所说，一个十七岁的雅典青年，为了决定选择公民身份而学习法律知识，那么除了雅典的法律，他是不是还需要学习其他城邦的法律呢？如果只学习雅典法律，他的选择又有什么意义呢？事实上，在雅典和在现代社会中一样，人首先是因为降生在那里，才成为那里的公民的，因政治理念选择别国公民身份者永远只是极少数人。

柏拉图的时代和我们的时代在“民主”的认知上有根本的差别。和古希腊哲人不同，现代人信任民主，不信任专制。这当然不是说，在现代世界上专制已经绝迹，而是说，即使在实行专制的地方，专制也是以“民主”来包装的，也只能以民主的名义来实行。专制者自己都再也不能理直气壮地直接为专制政体辩护了。专制必须说，也只能说自己实行的是一种特别的民主。在当今世界里，说民主已经战胜专制，并不是说民主已经完善，而只是说，民主在合法性上已经打败了专制。

柏拉图时代的政治哲学因为看到民主政体的缺陷，而设想替代民主的更佳政体，那便是开明专制。今天的民主政体仍然有缺陷，但人们看待民主缺陷的态度和方式已经有了根本的改变。不完善的民主需要的是加以完善，而不是予以抛弃或代之以任何形式的专制。即使人们仍然对亚里士多德所说的“混合政体”感兴趣，但现代的共和政体，如美国式的共和宪政，都是以民主而非任何其他政体的本质来确立它的合法性的。

选择秩序与个人间的父子或主奴契约关系，舍弃平等、自由的公民间契约关系，这是在选择一种被动消极的“好公民”观。这种观念的公民有两种义务：行正义之事和服从法律，也就是当好人和当好公民。如果强调公民在任何条件下都应当服从法，那么公民的两种义务便不可能同等重要。一旦服从法律被确定为人的首要义务，那么，按法律办事便会自动成为一个人行正义之事。服从纳粹迫害犹太人之法的德国公民们所选择或被迫选择的正是这样一种被动消极的公民模式。

如果我们只从字面上来理解《克里托》中苏格拉底所说的“公民必须服从”，那么我们便看到一个人在作为个人和作为公民之间的分裂，“作为个人，我们也许有责任审视自己，避免行不义之事。但是作为公民，我们却不是负有（个人）责任的行为者。我们可以轻易地推诿自己因为服从而造成的后果……足以让我们想起了‘无思想’的阿道夫·艾克曼。艾克曼在（因杀害犹太人）而受审的整个过程中，一直在混淆道德义务和法律（服从的）义务。他申辩说，他所执行的元首命令具有第三帝国的法律根据，所以他并没有犯罪”。现代的极权让世人看到，“把‘好人’和‘好公民’分割开来，它的后果比亚里士多德在《政治学》第三卷中设想的要远为严重”。[1]

与消极被动的公民观不同，主动积极的公民观认为，独立思想的人（“好人”）和服从法治的人（“好公民”）是统一的，可以合为一体。公民服从的是正义之法，不是一切的法，即使在《克里托》中，在要求苏格拉底服从时，法也说了三个理由：第一，法是他的父母，第二，法是他的守护者，第三，如果法错了，他可以“说服”法去作改变。法给予苏格拉底的是“说服”法改变或“服从”法的选择。著名的“说服或服从”（persuade or obey）提法就是从这里来的。克劳特（Richard Kraut）用“正义的赞同”（just agreement）来解释“服从”，并且通过对“说服或服从”的解释来强调公民对非正义之法不仅可以不服从，而且有义务不服从。[2] 如果法律禁止言论自由而破坏契约，法律就免除了公民服从法律的义务。公民失去了说理的权利，就赢得了抵抗的权利。

苏格拉底在《辩词》中试图说服法改变决定，他没能说服法。所以在《克里托》中，他服从法的决定。

苏格拉底把判他死刑的法仍视为正义之法，不以法的判决是否

[1]　Dana Villa, *Socratic Citizenship*. Princeton, NJ: Princeton University Press, 2001, p. 45.

[2]　Richard Kraut, *Socrates and the State*. Princeton, NJ: Princeton University Press, 1984, pp. 55-60.

对他有利来衡量法是否正义。苏格拉底对待雅典的态度并非是简单的“要么爱这个国家，那么就离开这个国家”。苏格拉底之所以一辈子生活在雅典，不只是因为他出生在雅典（由于法律像是父母），而且是因为雅典为它的公民提供了民主宪法和自由。其他的城邦，如寡头专制的斯巴达或克里特的人民也许更守法，更守纪律约束，但苏格拉底显然更欣赏雅典的民主宪政。正如伯里克利在著名的葬礼演说中所言，雅典的宪政给它的公民不仅带来自由和平等，而且还带来在希腊世界的其他地方所不能相比的表达自由和宽容。一直到临死，苏格拉底都认为，他不可能在希腊的其他城邦过他那种在雅典过惯了的哲学生活。

苏格拉底认同雅典的民主城邦和它的法，但他并不是一味服从的公民，他把审视和批评公民同伴当作自己的义务。他敦促他们要关心自己的灵魂，不要太自以为是，不要以为智慧和真理已经在他们的掌握之中。苏格拉底让我们看到的是一种与大多数雅典人不同的对雅典忠诚的方式和限度。这种忠诚的方式和限度不被当时的大多数雅典人所接受，所以苏格拉底才被判有罪。苏格拉底服从这样的判决并不是盲目服从权威（法或国家），而是接受“说服或服从”的公共约定。这是一个他自愿加入并接受的约定，也是一个有风险的约定。一个社会越缺乏思想自由，这种风险就越大。以今天的标准来看，雅典是一个虽民主，但对自由思想并不宽容的城邦。

（五）结语

苏格拉底为我们提供的不是一个“公民不服从”的楷模，而是一个独立思想者和自由思想者的示范。在一些论者看来，这种独立思想特别强调个人良心（“不做恶事”）。问题是，一个人太讲良心平安，就会变得“非政治”，阿伦特在《论公民不服从》中所持的便是这样的观点。[1] 但在另一些论者看来，这恰恰是思想者（哲学家）“政治技艺”的特征。思想者的政治技艺处在两个极端之间的中间地带。第一个极端是，完全将私和公、将道德的个人和政治的公共分割开来，为了保持良心的纯洁，个人必须逃离与实际世界的接触，只能生活在恐惧之中，生怕在行动和社会存在中弄脏了内心里那双漂亮的手。第二个极端是以个人良心来代替政治原则，丝毫不愿妥协。[2]

苏格拉底同时避免这两个极端，在他营造的那个中间地带，以道德原则看待公共事务，要远比用道德原则直接改变公共事务更加重要。作为独立的思想者，苏格拉底过着一种可以称作个人的、私域的生活，但那并不是普通的私人生活。苏格拉底是在与他人共同生活中过他的哲人生活的。但他同时又坚持正义的真正捍卫者必须不要去管政治。不管政治成为苏格拉底这个思想者的政治技艺。但是，不管政治不一定是不干预，不管政治可以是一种不同于直接政治干预的干预。它以思想和思辨的方式去影响其他公民用于参与政治的个人素质和德性。

在国家权力面前，思想者真正能做到的“公民不服从”是非常有限的，因为思想者几乎完全没有保护自己不受国家暴力侵犯的能力。苏格拉底的政治技艺因此有一个很实际的考量，那就是求生。这种政治技艺中表现出来的个人良心并不是不计一切行为后果的。有的人为

---

[1] Hannah Arendt, “Civil Disobedience.” In H. Arendt, *Crisis of the Republic*. New York: Harcourt Brace Jovanovich, 1972, pp. 65, 67-68.

[2] Dana Villa, *Socratic Citizenship*, p. 52.

改变世界，为消灭世间之恶，可以不惜一切后果，不惜牺牲千百万人的性命，“苏格拉底要保持自己的道德正直，他把这后果限制在他自己身上。他宁愿受死，也不愿意做恶事。他并不奢求（就此）消灭世间之恶”[1]。

退出公共生活，如果仍不能免祸，便慨然赴死。这是一种低调的政治技艺。这种低调和苏格拉底的基本道德原则十分契合。苏格拉底的基本道德原则是用低调的不做什么，而不是用高调的必须做什么来表述的。这个基本的、永远不能够放弃的原则就是“不做恶事”（避免非正义）。不盲信最高调的真理，不放弃最基本的道德信念，形成了苏格拉底最具特色的思想者立场。说得通俗一点，那就是“怀疑最好的”和“避免最坏的”。秉持了这样的思想方式，一个公民还会在任何情况下都无条件地服从任何法律吗？

[1] Dana Villa, *Socratic Citizenship*, p. 55.

二　莎士比亚《裘力斯·凯撒》中的政治与人性

莎士比亚的《裘力斯·凯撒》（下称《凯撒》）四百多年来一直在向观众和读者提出该不该诛杀凯撒的问题。诛杀凯撒的自然联想是"弑暴君"，但是，"诛凯撒"与"弑暴君"具有同样的正当性吗？有其一必有其二吗？对这样的问题没有简单的是或不是的答案。1649年1月30日，英国国王查理一世（1600—1649）被处死，诗人弥尔顿在同一年发表的《论国王与官吏的职责》（*Tenure of Kings and Magistrates*，1649）中写道："让暴君或邪恶的国王担负罪责，在定罪后将其废黜并处死……这是合法的。"然而，尽管弥尔顿同情共和主义，但他对凯撒被杀却不是没有保留。他在《为英国人民声辩》（*Defense of the English People Against Salmasius*，1651）中说，凯撒是被当作暴君诛杀的，诛杀凯撒的是那个时代最杰出的人们，伟大的罗马政治家西塞罗也高度赞扬了诛杀凯撒的行为；但是，"如果可以饶任何暴君一命，我希望那就是凯撒"。弥尔顿在《笔记》（*Commonplace Book*）一书中又写道："高贵的布鲁特斯和凯歇斯在精神上要让一个国家获得自由，但他们犯下的错误是，他们没有考虑到这个国家并不适合自由。"[1]

---

[1]　*The Works of John Milton*. New York: Columbia University Press, 1931-38, 5（1932）19；7（1932）324-6；18（1938）163.

弥尔顿的思考让我们看到，如果说“弑暴君”是一个普遍正当的政治正义原则，那么，“不杀凯撒”（不除去凯撒）便是在人民自由条件尚不成熟的情况下搁置这一原则的例外。“不杀凯撒”成为现实政治（Realpolitik）的选择，它要求“弑君者”以国家利益作为政治行动的最高考量，排除个人感情、道德伦理观、理想，甚至意识形态的左右。按照现实政治的原理，在例外状况下，也就是在人民还没有准备好接受和行使自由的时候，暴君有利于国家稳定和强大，所以应该让他继续他的专制统治。凯撒虽然专制，但他是一个有效的、能干的甚至受爱戴的专制者。杀了凯撒对罗马没有好处，如果凯撒的死换来的是政治的动乱或另一个暴君，那么除去凯撒并没有实际的意义（在伊拉克除掉萨达姆的结果就是如此）。在这种情况下，该不该诛杀凯撒也就变成了一个在有效的专制与不确定的自由之间的两难选择。

（一）反抗专制的古典自由

《凯撒》一剧最早上演是在1599年，当初的英国观众有理由怀疑布鲁特斯为捍卫罗马共和而诛杀凯撒的政治智慧。当时的英国正处在重大的宗教（天主教、新教）冲突之中，面临着外国侵略的危险。王朝的更迭带来持续的战乱，英国人期待有一个强人来维持稳定的政局。《凯撒》一剧中的布鲁特斯虽然是一个高贵的罗马人，一个正义的英雄，但他行事缺乏政治强人的决心和手段，无法凝聚民心让人民誓死为他效忠。相比之下，尽管凯撒是罗马自由的威胁，但他是一个有效的统治者，只有他才能维持稳定的秩序。维持稳定的秩序，哪怕是一个不好的秩序，也强于没有秩序，这也许就是《凯撒》最初的寓意。

但是，从17世纪开始，英国的政治环境和政治文化发生了重大的变化，17世纪的英国进入了“革命”时代。查理一世（Charles I，1600—1648）发起内战，使得十分之一的英国人在战争中丧生。1351年英国的《叛国法》规定，“图谋和想象国王之死”是叛国罪，国王就是国家的最高权威，国王也永远正确。但是，1648年，革命后的议会设立审判查理一世的最高法庭，1649年，年轻的律师约翰·库克（John Cooke）临危受命，在没有现成法律可以依据的情况下，以清教徒的虔诚和对公民自由的热爱挑战“君权神授”，把国王送上断头台，从此，“暴政”成为一项罪名。英国人对查理一世的审判开了审判对自己的人民发动战争的国家元首的先河。

17世纪的英国人已经以一种不同的眼光来看待罗马时期的凯撒。为自由而反抗凯撒和诛杀凯撒被视为捍卫自由的高尚事业。英国政治家阿尔杰侬·西德尼（Algernon Sidney，1623—1683）效法为反抗凯撒而死的加图（Marcus Porcius Cato，公元前95—公元前46），苏格兰诗人詹姆斯·汤普森（James Thomson，1834—1882）在《四季》（“Four Seasons”）一诗里称赞西德尼是“英国的布鲁特斯”：“意志坚定，勇敢无畏/古典的学问温暖着他的心/以启迪了的爱，向往古代的自由。”[1] 西德尼在《论政府》（*Discourses Concerning Government*，1698）中写道，凯撒用武力和欺骗篡夺了权力，布鲁特斯和凯歇斯诛杀凯撒，是让罗马重获自由的“义举”（noble attempt）。他坚信，人民有废黜国王的权利，无论是国王的还是革命者的权力都不能凌驾于人民的自由权利之上。[2]

17世纪末，英国发生“光荣革命”（1688），正如历史学家克拉克

[1] M. L. Clarke, *The Noblest Roman*. Ithaca. NY: Cornell University Press, 1981, p. 93, note 3.

[2] Ibid., p. 93.

(M. L. Clarke) 所说，“光荣革命以后，英国已经不需要一个布鲁特斯来结束专制统治了。这时候的君主制已经被充分驯服了，虽然英国仍然有国王，但英国人更把自己的国家视为自由的家园”。“光荣革命”不仅赶走了不得人心的国王詹姆士二世，而且真正建立起宪政体制，明确将国王的权力限制在法律之内，这才有了真正的公民国家。在18世纪的英国公民看来，古罗马的衰落，真正的原因是因为罗马人丧失了自由，不是因为失去了专制的凯撒，而法治的英国则已经骄傲地成为自由罗马共和的继承者。[1] 诗人戴厄 (John Dyer，1700—1757) 在《罗马废墟》(“Ruins of Rome”，1740) 一诗里对“自由”说道：

> 是你教导了高贵的不列颠人该如何治理，
> 如何遏制暴虐的统治，
> 消除骄横，撒播和平的快乐。[2]

利勒顿勋爵 (Lord Lyttleton，1709—1773) 在从罗马发给诗人亚历山大·蒲柏 (Alexander Pope，1688—1744) 的一封诗体信里写道：

> 理智与自由的缪斯女儿们，
> 她们飞离了暴君和僧侣。[3]

18世纪初，艾迪生的《加图》一剧 (*Cato*，1712年完成，1713年初演)

---

[1] M. L. Clarke, *The Noblest Roman*, p. 95.

[2] Ibid.

[3] Ibid.

把英国人对古典自由的崇尚推向了顶峰。加图是一位罗马共和后期担任参议员的政治家，他在抵抗凯撒专制失败后流亡北非乌蒂卡（Utica）继续抗争，最后拒绝投降，自杀身亡。《加图》在英国上演经久不衰，连女王都要求艾迪生把这个剧献给她。这个剧对自由的赞扬也鼓舞和激励了美国的建国之父们。《加图》是美国第一任总统华盛顿最喜爱的一个剧，在革命战争中，当美国军队被困于福吉谷（Valley Forge）的困难时刻，华盛顿让军中演出此剧，以鼓励士气。美国独立后，在联邦主义者与反联邦主义者的论争中，反联邦主义者的作者中有两位使用“加图”这个笔名，一位使用“乌蒂卡之加图”（Cato Uticensis）这个笔名。他们相信，强大的联邦政府权力必定会最终毁掉一个人民的共和国家，而加图正是他们心目中自由的象征。建国时期的教育家韦伯斯特（Noah Webster）所编的读本里就收录《加图》一剧的选段，在1785年以后的五十年间出版77次，教育了不止一代美国公民。

艾迪生笔下的加图为维持共和理想、反抗凯撒而死，《加图》主题明确、晓义清晰，与莎士比亚丰富多义、不易捉摸的《凯撒》形成了对比。加图清楚地代表了共和的理念，而凯撒践踏、破坏的正是这个理念。在莎士比亚的《凯撒》中，布鲁特斯受命运摆布，犹豫不决；而艾迪生的加图则果断坚定、刚正不阿。在现代的读者看来，加图的坚持原则也许到了“固执”的程度。但是，在18世纪的英国，加图代表的是古典自由的完美理想，而在美国革命时期，加图的“固执”恰恰传达了最能鼓舞革命者激情的自由声音。出自派曲克·亨利（Patrick Henry，1736—1799）的美国革命口号“不自由，毋宁死”表达的便是这样的自由观。《加图》中有许多被美国革命者引用或借用的诗句，美国爱国人士内森·黑尔（Nathan Hale，1755—1776）在独立战争中被英军以间谍罪绞死，成为美国的民族英雄。他有一句著名的遗言：“为祖国只能死一次/是多么遗憾的一件事”，便是来自《加图》里的“我们只能为服务国家死一次/是多么遗憾的事情”。

对自由的坚定要求改变了个人与政治的关系，也使越来越多向往自由的人们拒绝把有效的专制与不确定的自由当作非此即彼的选择。在人的根本自由受到专制权力威胁和压迫的关键时刻，摆在人们面前的选择不是要有效的专制还是要不确定的自由，而是要奴役还是要自由，要不要在一个没有自由的秩序中像奴隶一样屈辱、卑贱地生存。当加图决意自杀时，他的选择是：“正义屈服于强权，被征服的世界/属于凯撒，其中没有加图的位置。”剧中人物，罗马参议员卢修斯（Lucius）在宣布加图死讯时说：

> 从今往后，让那些争战不休的国家听着
> 国家不稳定的可怕后果将是什么，
> 这给我们国家敲起警钟
> 让罗马成为罗马武力的牺牲品，
> 产生的是欺诈、残忍和恶斗
> 让这个有罪的世界夺走了加图的生命。

卢修斯所说的“稳定”，不是凯撒代表的稳定，而是罗马共和用自由来保障的稳定。凯撒以武力践踏共和，早已破坏了加图、卢修斯，还有后来美国革命者所珍视的稳定。专制的稳定意味的不是平安无事，天下太平，而是自由的剥夺和丧失。这样的生存状态剥夺了人的尊严，人像牲口一样活着，没有价值也没有意义，为了苟延残喘，他们付出的是太高昂的做人的代价。

《加图》一剧以它近乎固执的理性主义自由观，回答了为什么要除暴君的问题。凡是革命，无不需要回答为什么要除暴君的问题，而每一种革命理论又都必然包含某种为什么要除暴君的回答。革命以绝对的政治理性展现自己对暴政和暴君的反抗，人们很少会对革命的理性产生怀疑或对革命包含的非理性有所思考。但是，莎士比亚的《凯撒》却让我们看到，弑暴君的理性中会混杂着许多非理性的因素，而这又与政治行动者个人的性格、道德伦理观、理想、自我期许，以及人类自身的不自由因素有着密切的关系。《凯撒》在谁承担除暴君的重任和弑君行动失败的个人因素问题上，能给我们带来比艾迪生的《加图》更多的思考。

（二）《凯撒》的理性

《凯撒》给读者一种古罗马理性的总体感受。简洁明了的语言、极少修饰的风格、公共政治家人物、决定罗马帝国命运的事件和行为，所有这些都使《凯撒》成为莎剧中最具理性色彩的作品。即使在最激动人心的高潮时刻，人物说话也都极少使用修辞手段，而是运用一种与他们公共身份相符的、坚定说服的语言。

凯撒体现的就是这样一种罗马式的坚定理性，在全剧中，他只有130行台词，但气宇轩昂、庄严大度、沉着果断，有着超人的威严。布鲁特斯以同样的决断和有节制的态度表明他的决心。(I, ii, 82ff, 162ff) [1] 他拒绝凯歇斯让阴谋参与者以发誓来表示决心的建议，他说："不，不

[1]　William Shakespeare, *Julius Caesar*. Arthur Humphreys, ed. Oxford: Clarendon Press, 1984. 《凯撒》一剧的引文和有关内容都在括号中标明幕、场和行数。

要发誓。要是人们的神色、我们心灵上的苦难和这时代的腐恶算不得有力的动机，那么还是早些散了伙，各人回去高枕而卧。”（II，i，120-124）他的演说展现的是正大堂皇和光明磊落的果断睿智。布鲁特斯的妻子鲍西娅（Portia）的说话方式更加严肃，但同样地明快而有决断。

《凯撒》中的人物说话常常以第三人称来说自己和听话的对方，保持一种最大的客观效果。人物的姓名不只是指个人，而且更是指这些个人所坚持和代表的理念。一个人的名字表示的是只有他才能特别代表的原则和价值。布鲁特斯、鲍西娅、凯歇斯，叫这样的名字是一种荣誉，叫这样的名字就必须对得起这个名字。这个名字所包含的正直人品和高贵应该是人所共见的。这样的人物对公众拥有一种普通人没有的透明度，他们在自己心目中的形象永远与在公众眼里的相一致。这种一贯和一致是人格完整的证明，也就是最完美意义上的“正直”（integrity）。

以这样的语言和方式说话，它的说服力诉诸听者的思考和理性，而不是一时的情绪冲动或心血来潮。因此阿瑟·汉弗雷（Arthur Humphrey）把《凯撒》一剧的风格称作“理性抒情”：“‘理性’是指剧的内容里有清晰可见的坚强信念，‘抒情’是指在说话的音节和含义之间有一种柔性的一致。”[1]

汉弗雷的评价是正确的，《凯撒》一剧有一种优雅的公共言语风格，即使在私下说话时，其语调也是平和的，既不激动，也不高亢，更不过激。它总是在解释和说明（expounding），它所使用的比喻和例证起的是解释，而不是证明的作用，成为用意清晰而明确的类比。这样的公共言语在表达和意义间有恰到好处的平衡，流畅而不淤塞，语调的起

[1] William Shakespeare, *Julius Caesar*. Arthur Humphreys, ed. p. 43.

伏波动自然浑成，没有装腔作势和矫揉造作。用这样的说话方式说这样的话，似乎是一件自然就应该如此的事情。话语的意思自动浮现，水到渠成，说话的人无须挖空心思，故作高深，话也说得恰如其分，不简不繁。哲学家伽达默尔称此为一种以“理性”把握世界的境界，在此境界中，理性和语言之间是理性优先，一旦由理性形成明确的想法（意思），语言表达也就水到渠成，自然形成。[1] 按照这一看法，一切不明确的语言都是理性贫弱、思维不清的结果，与“高深”根本无关。

在《凯撒》一剧中，与“理性抒情”语言相伴随并配合一致的是情节和行为的理性。理性行为包括受目的理性支配而选择的方式和结果。在《凯撒》中几乎所有的人物行为都有某种手段与目的一致的考量选择。行为者介入这个世界的方式是让他选择和运用某种适当的方式来达到某种合理的目的。这种行为具有公共社会的特征，它强调的是秩序和法律，私人行为因为具有公共后果而成为公共行为。

《凯撒》展现的所有人物行为皆可归入这一类别。文学批评家诺思洛普·弗莱（Northrop Frye）指出，莎士比亚有三个“社会悲剧”：《凯撒》《麦克佩斯》和《哈姆雷特》。这三个剧都具有三种类似的人物。第一种是代表“秩序”的角色：他们分别是《凯撒》中的凯撒、《麦克佩斯》中的邓肯、《哈姆雷特》中哈姆雷特的父亲。第二种是“反叛”的角色，秩序角色被反叛角色所杀害，这三个剧中的反叛角色分别是布鲁特斯、麦克佩斯、克劳蒂斯（Claudius）。第三种是“复仇”的角色，他们为被杀害者复仇，并成为谋杀罪行的“报应”，他们分别是安东尼和屋大维、马尔康（Malcolm）和麦克特夫（Macduff）、哈姆雷特。

[1] Hans-Georg Gadamer, “Historical Transformations of Reason.” In Theodore E. Geraets, ed. *Rationality Today*. Ottawa: The University of Ottawa Press, 1979, p. 4.

只要对比一下这三个剧的“谋杀”就可以看出《凯撒》的行为理性。布鲁特斯杀死凯撒，纯粹是出于政治和道德的理由，不像《麦克佩斯》中那样，是三个女巫把一个可怕的念头偷偷塞进麦克佩斯的脑袋。安东尼打败和杀死布鲁特斯，也是经过仔细谋划的政治和军事行为，与哈姆雷特那种神经兮兮的犹豫不决完全不同。谋杀和复仇的理性方式都与人物的理性密切相连。

《凯撒》中的人物是以理性著称的罗马公民。所有阴谋起事的参与者，尤其是布鲁特斯和凯歇斯，都骄傲地把罗马认作是一个真实、荣誉、男子汉的家园。从一开始，他们要反抗的就是凯撒那种在他们看来是非理性的野心。凯撒正是被这样的野心迷惑住了，才偏离了罗马的共和理念，堕落成为一个独裁者。凯歇斯劝说布鲁特斯加入反叛凯撒的行列，所用的理由是，罗马人已经成为凯撒的奴隶。(I，ii，150ff；I，iii，103ff) 布鲁特斯是为了罗马才加入反叛的：“难道罗马将要处于独夫的严威之下？什么，罗马？当塔昆称王的时候，我们的祖先曾经把他从罗马的街道上赶走……他们请求我仗义执言，挥戈除暴。罗马啊！我向你保证，布鲁特斯一定会全力把你拯救！”(II，i，52-58)

对罗马人来说，遵从自然法便是理性。西塞罗在《论共和国》中写道：“正确理性的真正法律是与自然一致的。(法) 是普遍适用的，不变而永存，它的律令召唤 (人们去尽) 义务，以惩罚防止错误行为。改变法的企图是一种罪孽，也不能允许改变法的任何一个部分……在罗马和雅典不存在不同的法，今天和未来的法也没有什么差别，对所有的国家和任何时代，只存在一种永恒的、不可改变的法。”[1]

---

[1] M. Tullius Cicero, *De Re Publica*. Trans. Clinton Walker Keyes. Cambridge, MA: Harvard University Press, 1966, p. 211.

西塞罗说的是顺应自然秩序和规则的自然法。人的理性必须服从自然的法则，这成为布鲁特斯的政治和道德准则。他决心把凯撒像“蛇卵”一般除去。(I，ii，32) 因为他相信，“凯撒的行为受感情而非理性的支配”。(I，iii，20-21) 在他看来，如果凯撒得到皇帝的头衔，那是与凯撒这个罗马人的天性相违背的：“只要他戴上王冠，那将会如何改变他的天性，还真是一个问题。”(I，iii，12-13) 不仅如此，凯撒根本听不进别人的理性规劝，固执己见，一步步背离了共和主义的自然法则。这时剩下的唯一选择就是用武力除掉凯撒，而不再是用理性去说服他。布鲁特斯深信，他自己是在顺应“人间事务的（自然）潮流行事”，因此才义无反顾。(IV，iii，218-28)

布鲁特斯在心里把自己的行为理解为不言自明的理性选择，他的行动是理性的必然和体现。这个行为服从的是罗马共和制度的原则：为一个高尚的事业而选择正当的目的，运用有效的手段去达到这个目的，为此作出周密计划，每一步都避免因为感情用事而误入歧途。

从语言风格、情节行为和人物来看，似乎都可以得出这样的结论，《凯撒》是一个理性的剧或者关于理性的剧。但是，在这个剧的理性表层下却隐藏着一些与理性不合或矛盾的东西，也就是“非理性”的因素。在理性的公共和政治行为表相下面存在着一些难以名状的欲望、激情、躁动。那种不顾一切、不惜任何代价的“理性”选择本身就难以完全用理性来解释。称不合理性的因素为“非理性”，需要对“非理性”作一个界定。非理性不一定是反对理性，也不一定是拒绝理性的“反理性”。非理性是一种处于理性边缘的状态，是一种无法以逻辑和理性的方式来加以解释的心智活动。这样看待“非理性”接近于基督教对“恶”的解释。“恶”不具有实质性，恶只是善的“丧失”和“不在”。正如恶不具有与善同等的实质意义一样，人生中的非理性也不具有与理性同等的实质意义。

人生或社会生活中的非理性与文学中的非理性又有所不同。理性中总是可以读出非理性来，这里面涉及信任机制的问题。在信任匮乏的情况下，理性的语言和行为得不到信任，会成为怀疑主义和犬儒主义的攻击对象和牺牲品。执意从理性中解读出非理性来，如果变成一种普遍心态，会动摇社会的基本理性秩序，民主和法治、公正、正义、人权都是这样的基本理性秩序。从理性中读出非理性是一种解构的读法，解构在哲学和文学中是一种有趣的阅读方法，在生活中应当慎用，因为解构并不如有人所说，是“客观”的阅读。解构不可能没有政治动机或政治后果。在未解构之前存在的必要而有价值的社会或政治共识，在解构之后可能会变得充满争议、莫衷一是，并因此被无端否定和抛弃。解构应该是有目的、有选择的理性行为，不顾一切，不管三七二十一地解构理性，这本身就是一种非理性的行为。

（三）《凯撒》中的非理性

《凯撒》是文学，不是历史，它是一个用艺术来进行再创造的“剧”，不是罗马历史中的某些事件再现。从这个“理性”的剧中读出“非理性”因素，乃是一种文学的阅读。文学可以放大和丰富普通生活中的人，把人物的行为、动机、心理用文字凝固下来，让读者细细欣赏、揣摩和体会。文学能满足人们在普通生活中难以满足的审美和思考需要，阅读《凯撒》中的非理性因素，可以得到的正是这样一种文学审美和思考的愉悦和启迪。

《凯撒》中的非理性总是深藏在人物的内心和下意识之中，成为他们的公开理性行为的“反讽”(irony)。布鲁特斯在剧中的著名独白就是一个例子。这个独白以布鲁特斯的决断(“只有叫凯撒死这一个办法”)开始，宣告这一决断的理由，显示出他“自己对凯撒并没有私怨，只是为了大众的利益”。(II，i，10-12) 这样的决断和无畏必须看起来像是摆脱了“恐惧”的非理性情绪干扰。但是，读者同时可以发现，布鲁特斯听从凯歇斯谋杀凯撒的劝说，悄悄在他身上发生作用的正是凯歇斯巧妙的奉承，这是非理性的情绪影响。在腓立比(Philippi)战役的前夕，布鲁特斯变得焦躁易怒，粗暴地对待忠心耿耿的凯歇斯，不听他的劝告。布鲁特斯内心难以遏制的焦虑和不安也是非理性的。

布鲁特斯怒斥凯歇斯以不当手段筹款，坚持要惩罚那位帮他筹款的朋友。他那种夸张、过分的愤怒其实是自己良心不安的心理投射，他在下意识里把自己接受筹款的道德过失推卸到筹款人身上。布鲁特斯谋害凯撒，无论他的动机多么高贵，在私人情谊上都构成了一种背叛。安东尼指责布鲁特斯，击中他的心理要害，这使得他更渴望与安东尼决一死战，以致在战略上乱了方寸。他拒绝凯歇斯正确的军事提议，坚持要渡过达达尼尔海峡(Dardanelles)，到马其顿去在腓立比迎战安东尼和屋大维，因此种下了失败的恶果。

凯歇斯是一个理性的人物，他“力戒温情”(tattoo on tenderness)，鄙视“妇人之见”(our mothers' spirit)。(I，iii，83) 他看不起凯撒“像一个病女孩”那样行事。(I，ii，127) 但是，他在与布鲁特斯发生争执时，自己却是“妇人之见”，承认是“母亲给我这个急性子”。(IV，iii，118) 凯歇斯反凯撒的政治行为有着下意识的个人动机，那就是妒忌凯撒；而正是为了压抑情绪性的动机，他总是以“荣誉”和“高贵”来劝说同僚。他不是在欺骗他们，而是在欺骗自己。在他身上，看似理性的目的其实是意识和下意识动机的暧昧混合。

在《凯撒》中，由意识理性所把握的政治现实时常带有某种下意识的梦幻色彩。剧中有不测的风暴，也有奇事发生。这些都给正在发生的政治行为和事件涂上了一层诡异的色彩。布鲁特斯被梦魇折磨，“我一直没有睡过。在计划一件危险的行动和开始行动之间的一段时间里，一个人就好像置身于一场可怖的噩梦之中，遍历种种的幻象”。(II，i，63-65) 准备谋害凯撒的阴谋者们在“百鬼横行的夜里”活动，在“黑夜”的掩护下密谋，为罗马共和除暴的光明正大事业就是由这些连自己的身影和脚步声都害怕的人物在黑暗中进行。(II，i，77-85)

布鲁特斯的一系列错误都可以说是因为过于相信理性而酿成。第一个错误是拒绝听同谋者们发誓效忠，结果天还未亮，他们当中就有人泄露了机密，被敌方的阿特米多勒斯 (Artemidorus) 得到了行动计划，写在一张纸条上，送去告诉凯撒。完全是因为密谋者们的运气好，也是因为凯撒太自信大意，事情才没有败露。第二个错误是，当有人建议把西塞罗拉进谋反集团时，布鲁特斯拒绝了。这位天才演说者本来是可以帮上他们大忙的。后来，在安东尼雄辩地声讨布鲁特斯叛逆的时候，布鲁特斯这一边无人能有与安东尼匹敌的口才，而这成为布鲁特斯阵营走背运的开始。第三个错误是，布鲁特斯拒绝了杀掉安东尼的建议，而后来置谋反者们于死地的正是安东尼。

在布鲁特斯那里，道德意味着荣誉、诚实、纯洁、男子气概，在他的信念里，公共生活和私人生活中的美德都是绝对而普遍的。但是，在实际生活中，这些美德都可能碰到严重的问题，事情的成败取决于谋划和决断，而非绝对的道德或美德。布鲁特斯把美德视为具有本质意义的价值，而不是一种“权宜之计”。美德之所以具有本质的价值属性，乃是因为美德在公共生活和私人生活中都是有益的，并在这个意义上是有用的。布鲁特斯以为，道德上优越必然导致政治上优胜，得道者必然多助，因而定能胜利。这是道德理想主义的非理性迷思。《凯撒》让我们看到的不是道德理想主义的胜利，而恰恰是它的失败。正是因为布鲁特斯坚持他的道德原则，他才败给了精通权术的安东尼，布鲁特斯的道德理想主义不仅害了他自己，而且也害了他的朋友和追随者。

凯歇斯同样是一个理想主义的悲剧人物，他有精明的政治才能，知道如何打动布鲁特斯的高贵情感。但是，他崇拜布鲁特斯，自觉在道德上不如他优秀，而正是因为他事事听从道德优秀的布鲁特斯，他们的共同事业才毁于一旦。在与布鲁特斯发生争执的时候，他总是先让步的。由于他总是服从布鲁特斯的道德权威，所以他放弃了自己在腓立比战役上的正确主张。他自杀的理由是不愿意“眼看着我的最好的朋友在我的面前给人捉去，我这个懦夫却还在这世上偷生苟活！”（V，iii，134-135）把朋友看得比事业重要，这不是理性的决断。正是由于凯歇斯的自杀，而不是布鲁特斯的军事失败，罗马共和才失去了最后的机会。尽管凯歇斯比布鲁特斯精明、务实，但他和布鲁特斯一样坚信美德自身的价值。他和布鲁特斯一样，因为道德理想主义而成为政治和军事的失败者。

安东尼把握政治斗争非理性因素的能力远远超过布鲁特斯和凯歇斯。安东尼并不是一个邪恶之徒，他大度、高贵、仁厚。但他不是一个以美德来作茧自缚的人物。他知道如何应付实际的政治需要。他的成功秘诀在于知道如何操纵、蛊惑民众，利用他们变化无常的情绪。只要比较一下他的演说和布鲁特斯的演说，就可以发现，虽然他比不上布鲁特斯的美德，但他的政治权术却要高超得多。布鲁特斯的演说用的是散文体，而不是诗体，旨在说理而不是调动情绪，听起来干巴巴的。群众虽然能感受到他的道德高尚，但未必就被他说服。安东尼开始演说时，群众对他并无好感，因为他们还记得布鲁特斯上次的演说。安东尼一开始就表示自己十分敬重“富有荣誉心”的对手布鲁特斯，他的自谦迅速赢得了听众的好感。他明里在赞扬布鲁特斯的“荣誉”，暗地里使的却是反讽的伎俩，牵着听众的鼻子，一步步让他们相信，布鲁特斯的荣誉其实并不荣誉，而只有安东尼才最讲情义，最重荣誉。

安东尼用以打动听众的是他为亡友凯撒之死感到的伤痛，他诉诸听众的情绪而非理性，在演说中，他运用的是反讽、激情、奉承和嘲笑的修辞巧言手段。他让听众在直觉上感到，布鲁特斯除去凯撒是一件违背了人民切身利益的坏事。群众受安东尼蛊惑和摆布，他们的非理性得到了淋漓尽致的显示。群众有自己的思想方式，有自己的利益逻辑，但并没有恒常的标准，他们受彼此情绪的感染、易怒善变，极易被蛊惑煽动，盲目随从。这种群众非理性特征在19世纪法国社会学家古斯塔夫·勒庞（Gustave Le Bon）的《乌合之众》（*La Psychologie des Foules*，1895）中得到了系统的分析。

（四）政治与人性

《凯撒》可以引起对弑君、专制与自由的联想，但它并不是一部政治剧，更不是一部关于弑君、专制与自由的政治剧，它关注的是一些更为基本的人性和人文主题，如人性欲望和行为的理性和非理性、道德理想主义和历史变化的“人算不如天算”。这些普遍的人文主题可以给一些读者带来政治联想，而对别的读者却未必如此。读者的经历、兴趣、问题意识和阅读习惯在这种政治联想中起着重要的作用，而这种联想却不见得对所有人都必然如此或必须如此。

政治联想与非政治联想之间并没有绝对的区别和隔阂，例如，“人算不如天算”的联想就可以说是政治的，也可以说是非政治的。安东尼在与布鲁特斯的争斗中取得了胜利，他是一个机会主义者，一个见机行事、跟着偶然出现的机会走并能牢牢抓住机会的人。他胜利是因为他的人算总是跟着天算，虽然人算不如天算，但人算却可以把握天算。但是，安东尼把握住了天算的机会，又何尝不是天算的一部分，因为他并不是最后的胜利者，而天算的真正最后胜利者是屋大维。屋大维是一个什么也没有做，而只是等着胜利果实落到他手中的人。屋大维的胜利才纯粹是天算的结果。就天算左右历史和政治变化的命运而言，也许布鲁特斯说的是对的：决定罗马命运的是天意，不是个人，“人间之事由命运潮流决定”。(IV，iii，218-24)

人算与天算的政治事件在凯撒之后的历史中也曾发生，但是，《凯撒》并不是一部预言后世政治事件的政治寓言剧，如果说它能引起一些政治联想，那也是因为政治和政治行为本身包含了永恒的人性因素和更迭规律。虽然《凯撒》一剧以凯撒冠名，但剧到一半时凯撒就死了，而在前一半里，四分之三的时间凯撒都没露面。布鲁特斯才是《凯撒》一剧的主角。莎士比亚笔下的布鲁特斯不是罗马历史学家普鲁塔克所记载的布鲁特斯。莎士比亚与其说是按历史人物的原型把布鲁特斯临摹成一位罗马人物，还不如说是按莎士比亚自己的创作意图把他塑造成一个虽有缺陷但却完整的“人”。剧终时，安东尼这么评价布鲁特斯：“他是一个最高贵的罗马人；除了他一个人以外，所有的叛徒们都是因为妒忌凯撒而下毒手的；只有他才是基于正义的思想，为了大众的利益，而去参加他们的阵线。他一生善良，交织在他身上的各种美德，可以使造物肃然起敬，向全世界宣告，‘这是一个人’。”

（“This was a man”）（V，v，78-80）

莎士比亚塑造的布鲁特斯首先是一个人，然后才是政治家。有批评者说，布鲁特斯是一个不讨人喜欢的角色，他“浮夸、固执、自以为是”[1]。古典历史人物的布鲁特斯也许是有这些毛病，但是，莎士比亚笔下的布鲁特斯显得更复杂也更有人情味，远不只是一个浮夸、固执、自以为是的角色。在他的“只有叫他死这一个办法……”（II，i）的独白里，我们难以确定什么是他要杀死凯撒的动机，也看不出他想要从凯撒的死得到什么个人的好处，但我们却能体会到他那种虽有道德抱负但却对自己没有把握的心情。或许这更说明，莎士比亚所关心的是人的心智困惑而非纯粹政治问题。

莎士比亚对于罗马的共和主义所知不多，也少有同情，他并不想用《凯撒》来警示天下的暴君或鼓励后代的弑君。当然，他也无意因为布鲁特斯和他的同党谋杀了凯撒，而在政治或道义上评价或谴责他们。布鲁特斯最后失败了，但他的失败并不是因为他杀了不该杀的人，做了不该做的事，而是因为他自己的软弱。或者也可以说，他的失败是他不合时宜的美德和道德主义所造成的。

莎士比亚关心人的问题远胜于政治斗争，所以，布鲁特斯这个人物也可以这么来理解：造成他失败的更多是他的性格，而不只是他所参与的政治斗争。布鲁特斯太敏感、太多虑、太高尚。这样的人永远不是敌人的对手，他大度、信任旁人、深信自己的道义，这样的人几乎没有不失败的。正如19世纪英国随笔作家威廉·赫兹里特（*William Hazlitt*，1778—1830）所说：“那些心眼好的人，以为别人也好心眼，所以一定难以保全自己。他们对抗不义和暴君是因为他们诚实而有人性，

[1] T. S. Dorsch. *The Arden Shakespeare. Julius Caesar*. London: Methuen, 1955, p. xxxiv.

而他们的诚实和人性注定他们不是狡诈弄权者的对手。”[1] 如果真是这样，那么，善不敌恶，也就是中国人说的“好不与恶斗”，就不只是布鲁特斯一个人的悲剧，而是人类的失败和不幸了。

[1] William Hazlitt, *Works*. P. P. Howe ed. London: Dent, 1930 – 1934, IV, p. 198.

三　斯佩罗尼《妙语录》的诙谐与智慧

查尔斯·斯佩罗尼（Charles Speroni）的《意大利文艺复兴时期妙语录》（*Wit and Wisdom of the Italian Renaissance*，下称《妙语录》）题目中的“妙语”原文是“wit”（诙谐）和“wisdom”（智慧），译者把这两个字翻译成“妙语”，应该是为了便利中文读者的理解，因为中文很难找到一个对wit一词贴切而顺口的翻译。[1]然而，斯佩罗尼并列使用“诙谐”和“智慧”是有道理的，文艺复兴时期的诙谐是和智慧联系在一起的。后来，17、18世纪的诙谐（或俏皮）成为欧洲的一种文学风格甚至审美尺度，还是偏重于睿智、见识、理解、思考的话语和文字能力。这些虽然不再以“智慧”相称，但也还是智力不凡、见解超俗、表述独特的意思。

在《妙语录》中，我们接触到的是一种包含在“笑话”或“玩笑”中的诙谐和智慧，那就是文艺复兴时期的“妙语”（facetiae）。文艺复兴时期的人文主义者们早就已经在收集笑谈妙语了。《妙语录》中介绍的第一位，波焦·布拉乔利尼（Poggio Bracciolini，1380—1459），就是

[1]　查尔斯·斯佩罗尼：《诙谐的断代史：意大利文艺复兴时期妙语录》，周维明译，新星出版社，2013年。

最早收集笑话的人文主义者。人文主义者们对民间日常生活充满了兴趣，他们当中有的人，如15世纪的贝倍尔（Heinrich Bebel，1472—1518），不光花费很大精力来收集笑谈（*Facetiae*，1506），还收集成语（*Proverbia Germanica*，1508），这些都是普通人喜爱的话语形式。16世纪的多梅尼奇（Lodovico Domenichi，1515—1564）在他的《开怀大笑》（*Facetie，motti et burle*，1574）中收了981个笑话。这类收集属于一种在文艺复兴时期被称为“丰富”（copia）的艺术，也就是尽量多地搜罗富有变化的同一类东西，往往都是一些“小玩意”。

笑话只是文艺复兴时期人文主义者收集的小玩意中的一种，杰出的人文主义者伊拉斯谟（Desiderius Erasmus，约1466—1536）就同时收集多种小玩意，包括成语（1500年初版题为Collectanea Adagiorum，1536年的扩充版中收有4251条成语）和纹章标志（1512年版的*Alciati*中收有212种）。他有一本题为《论词语的丰富》的著作（1512年第一版题为*De duplici copia verborum ac rerum*，后改题为*De Utraque Verborum ac Rerum Copia*，简称为*De Copia*）。这部著作所提出的人文学习方法对当时欧洲学校教学产生了巨大的影响，在伊拉斯谟活着的时候就至少发行了85版，书中就拉丁语的套话“你的信让我很高兴”这句话，就收了146种不同的说法，“我将终身记得你”这句话也有200种不同的说法。

（一）玩笑这个“小玩意”

斯佩罗尼的《妙语集》收录的“玩笑”是一些可以称为“趣闻轶事”或“幽默故事”的短小作品。他说明道：“在文艺复兴时期，当一个崭新的、思想开阔的与古代的经典文献的交流被重建时，那些很大程度上处于古代的格言警句的影响下的趣闻轶事，进入了一个新的阶段并且获得了独立的生命。注意到这一点是颇为有趣的：这些常常是肆无忌惮的趣闻轶事，西塞罗称其为'妙语（facetia）'（意大利语称为facezia，英语称为facetious），在古典人文研究的全盛时期，又再度被赋予了同样的名字。”斯佩罗尼提到了古代警句格言对文艺复兴时期笑话妙语的影响，这是值得我们注意的。

那么什么是“笑话”呢？最早的以“笑话”（facetiae）为题的集子便是波焦的《笑话录》（亦可译为《妙语录》），成书于15世纪中期，书中大多是喜剧性的滑稽和诙谐轶事，许多篇章又都同时讲究文字的诙谐。故事和文字属于两种不同的诙谐，在波焦那里有很好的配合。就文字的诙谐而言，波焦“妙语”中的笑话或俏皮话不只是为了逗笑，而是要让读者对西塞罗在《演说者》（*De oratore*，II，54-71）中对玩笑的讨论有所体会。西塞罗相当看重玩笑这个小玩意，因为得体而恰到好处的玩笑、妙语是演说的一种必要修辞手段。幽默和玩笑能够拉近演说者与听众的距离，提高演说的效果。

继亚里士多德之后，西塞罗对两种幽默作了区分。第一种是贯穿于演说始终的那种，称作cavillatio。另一种是个别的风趣、诙谐之言，称作dicacitas。西塞罗还区分了两种不同“诙谐”（wit），一种是叙述性的（讲述某件事情，in re）；另一种产生于特别的语言运用方式（in verbo），前者易于在其他文字中复述，而后者则有许多难以在翻译中传达。以今天人们的幽默感来说，文艺复兴时收集或写作的那些笑话，有的好笑，有的并不好笑。这是因为，一个特定人群认为好笑的东西，在另外一群人看来可能却不是这么回事；一个特定时期好笑的东西，过一段时间也就不再好笑。因此，尽管《妙语录》中的许多东西包含一些笑料，但不宜把它们看成是不逗笑便无价值。它们的价值在于包含着许多古典的轶事、中世纪宗教布道中穿插的小故事（exempla）、寓言、成语、谚语、自传片断、座右铭、谜语，还有警句、格言、箴言（尤其是下面还要谈到的aphorism和apothegm）。因此，不妨把《妙语录》当作文艺复兴时期的一个小型文化读本。

文艺复兴时期一些颇为著名的人文主义者们，他们为什么不遗余力地搜寻和收集笑话呢？对此，著名的研究者波温（Barbara C. Bowen）在她的《文艺复兴时期笑话百则》（*One Hundred Renaissance Jokes*）的序言中说，我们很难有确切的答案，但这种收集大概与笑话的主要用途和运用场合有关。“笑话”是一种宴会上的饭桌闲谈，对文人来说，严肃学习之余可以在笑话中得到放松。不少笑话集是献给政治人物的，对政治人物来说，笑话可以为他们提供消遣和娱乐，也可以成为一种对他们婉转劝谏的手段。当然，不同收集者会有不同的动机。

在文艺复兴这个知识大搜集的时代，也许搜集或收集根本就不需要有特殊的理由。福柯（Michel Foucault）认为，文艺复兴正处在一个从“注释”向“评说”的知识转型时期，收集属于注释，是尚未完成转型的知识形态。注释的任务主要是搜集，然后才是添加。对任何一种对象或话题，只要把前人写过的所有东西尽量收集起来，不管是由谁写的，无论是直接还是间接，都可以把它们合为一个知识整体，这就像伊拉斯谟所做的那样。在这种知识形态中，所有的“作者”（authors）都自动成为知识“权威”（authority），这两个字本来就是同一词根。求知者对“著作”十分尊重，把每一种著作都自然而然地当作宝贵的知识。一个人能够尽量多地知道古人说过什么，那就是学问渊博，知识丰富。

当时许多人文主义者们收集一些在我们今天看来只是文学小零碎的东西，格言、箴言、警句、座右铭、谜语、笑话。他们收集的方式也与今天不同，今天的收集往往是一个一个“专题”，或者某一个历史人物或名家。文艺复兴时并没有这种收集方式，收集者只管收集那些“值得记住”的东西即可。当时收集“成语”就是按字母顺序的。科罗奇（Gilles Corrozet，1510—1565）杂搜杂集的《值得记忆的说法集》（*Divers propos memorables*）就是一个代表。那个时候，凡是收集者认为“值得记住”的，都可以收集在一个集子里，因此，自然也就无须对格言、箴言、警句、成语（谚语）等加以特别区分。

笑话这个小玩意之所以受到文艺复兴时期人文主义者们的关注，一个重要的原因恐怕是因为笑谈在他们看来是一种诙谐与智慧的良性结合。在文艺复兴的词汇中，诙谐（好笑）（facetiae）与智慧（见识）（sententia）之间无须划出清楚的界线。德语的Witz就同时包含了这两个意思，在意大利文艺复兴先驱人物彼特拉克（Francesco Petrach，1304—1374）那里，“笑谈”（facetiae）与“格言”（apophthegmata）就是同义的。

诙谐作为一种思想和文字能力，是有学问的表现，也是一种有实际用途的能耐。善于诙谐的人谈吐不凡，特别有语言交流和交际的能力，也特别能够影响别人。“诙谐”还是一种待人接物的方式，以机警、机智、聪明、幽默为特色。机警而幽默的人有“急智”，他们善于讽刺、挖苦、调侃，跟谁说话都不吃亏。在遭遇对手攻击时，他们便立即能用简洁、犀利、风趣的话来“回嘴”（repartee，也是文艺复兴时期人文主义者收集的小玩意），但这是一种有文明教养的回嘴，与狠巴巴地用脏话骂人是不同的，就连太尖酸刻薄的回嘴都不是有教养的表现。由于诙谐所体现的文明教养，它的机警、讽刺、挖苦和调侃才会不仅令人发笑，而且还具有审美欣赏的价值。

诙谐离不开智慧，诙谐应该与智慧和教养结伴而行，没有智慧和教养的诙谐会变成油嘴滑舌，与耍嘴皮子没有什么区别。文艺复兴时期的智慧不一定要有特别新奇和新鲜的想法，因为很多智慧都是从古人那里搬用或借用来的，但说法一定要巧妙，尤其要简短、明快、朗朗上口、便于记诵。因此，当时盛行的各种各样的警句、格言、成语、名言警句、谚语、箴言都有诙谐的因素。这类智慧话语许多来自古典文化遗产，被当作一种公共财产，饱学之士们广泛搜罗，编辑成书，或翻译，或改写，都是正当的运用，不能用今天的知识产权或学术剽窃标准去衡量它们的价值。

（二）诙谐、智慧与格言警句

文艺复兴时期英国思想家培根（Francis Bacon，1561—1626）在《知识的进步》（*The Advancement of Learning*，1605）一书中，把写作分为两类，一类是"方法"（method），另一类是"格言"（aphorism）。方法指的是正式的讨论，讲究说理的逻辑程序、章法结构、条理安排和各部分之间的相互联系，以此写成的是科学论著或文学篇章。格言写作则没有这么多章法的讲究，它断断续续、零零碎碎，无须统一，也不必连贯，有多少体会，有多少看法，便说多少话。它的好处是以片刻的思想闪亮激发人的思绪，隽永深刻，令人回味。《妙语录》所收的妙语属于培根所说的格言式写作，有长一点的，也有短一点的，长的可以当小故事来读，而短小的片段妙语则又不妨看成是警句格言。

古代的"格言警句"是两个字，一个叫"aphorism"（短小、诙谐、有教益的警句，姑且称之为"格言"），另一个叫"apothegm"（精炼易记、见解独特的警句，姑且称之为"箴言"），在文艺复兴之前，aphorism用来指科学知识的原则，而apothegm则是用来指哲人贤者的哲理、道德、伦理、宗教教诲。自从文化复兴以后，这两个字就常常混用，例如，培根著有《新旧格言》（*Apothegms New and Old*，1625），收集的就是他自己所说的那种“aphorisms”，有300多条。Apothegm的传统可以追溯到公元前2500年的古埃及，古代的埃及君王和大臣用一些简洁的训诲来教育、指导子女和下属。生活在古埃及的犹太人学习了这种方式。犹太人被逐出埃及后，将此运用到“托拉”（*Torah*）和“塔木德”（*Talmud*）的宗教训诲和教导中。这些古代的教诲用文字记录下来后，就是最早的“智慧书”（wisdom literature）。

古希腊的“警句格言”现在往往被统称为aphorism，最早的古希腊警句格言是医学始祖希波克拉底（Hippocrates，约公元前460—约公元前370）《格言集》中的医学格言，如：“生命短暂，医术长久；危象稍纵即逝；经验危险，诊断不易。医生不仅必须自身处事正确，而且务必让病人及服务人员等外在因素通力合作”，“凡事过头，便是有悖自然”，“非常疾病需要非常治疗”，“恢复靠时间，但也有时靠机会”，“偶尔治疗、经常保养、不断安慰”，等等。古希腊也流传下来一些关于人生哲理的格言，有的犹如谜语，如铭刻在德尔菲的阿波罗神庙（Temple of Apollo at Delphi）碑石上的“认识你自己”（γνῶθι σεαυτόν），这样的智慧箴言含义既显白又深奥，几千年来不断有哲人、学者试图解释它究竟要说什么。这样的箴言在不同的释义中被反复引用，多重解释，并长久流传。

古代智慧的箴言在《圣经》的《智慧书》《传道书》《德训篇》和《箴言书》中有许多至今仍具有现实意义的警句格言，如“不要得罪城中的民众，免得你在民间声名扫地”，“任何谎话都不要说，因为惯于说谎，不会有好结果”，“不要存心再次犯罪，因为就是一次，你都不免要受惩罚”，“不要作恶，恶便不会胜过你”，“远离不义，不义也必远离你”，“恶人若引诱你，你不可随从”，“这些人埋伏，是为自己流血；蹲伏是为自害己命”。这些箴言甚至还有教导人们如何对待箴言和智慧的：“使人明白箴言和譬喻，懂得智慧人的言词和谜语”，“智慧在街市上呼喊，在宽阔处发声”，“侧耳听智慧，专心求聪明”。

早期的基督徒继承了古埃及和犹太人的传统，4世纪的时候，对于那些一心寻找上帝的人们来说，宗教和做人的教诲是非常宝贵的东西。这样的教诲只能来自虔诚的道德贤者给予他们的指点，指点者诚心诚意地传授自己经过深思熟虑才领悟、积累的真理心得，而被指点者则是心悦诚服地接受训诲。这与人类后来的那些教条真理以及宣传与被宣传关系是截然不同的。

宗教的训诲包含的不是一般的处世诀窍或成功之道，而是极为深刻的人生智慧，为求得这样的人生智慧必须做出重大牺牲。在古埃及的一些偏远地方，苦行成为求道之人的生活方式。他们在沙漠里忍饥挨饿，经受肉体的煎熬和痛苦，为的是让自己的灵魂和心灵更接近上帝。他们的圣贤名声吸引来了向他们求教诲的追随者，他们的话被记录下来，成为“教父之言”（apophthegmata patrum）。这些教诲和箴言流传到中世纪，备受珍视，布道者们在布道中有时也添加一些故事或幽默的成分，斯佩罗尼就此写道：“在教父著作以及在以各种各样的直率的‘楷模（exempla）’来布道的传教士的口中，智慧与道德才是应当传授的课程，而诙谐与幽默只不过是附带性的。但是诙谐与幽默有时是吸引听众，让他们保持兴趣的重要配料。”

那些被收集和保存下来的教父教诲往往也会保存一些当时说话的语境。所以，虽然有的教诲非常简短（例如，Abba Alonios说，“如果我不彻底毁灭自己，我就不能重新再造我自己”），但许多教诲都是一些小故事，有的长达千字之多，记录的是谁向谁去求智慧、为了什么、求道者提了什么问题、贤者或布道者又是如何回答、经过情况如何，等等。较长的教诲读起来就像是寓言故事。意大利文艺复兴时期的“妙语”往往也是类似的小故事，不仅有要说的话，还有说话时的语境。

文艺复兴时期，培根所说的“格言”已经有了与古代不同的含义。培根注重科学知识，在他那里，格言不再是修道之人的精神教诲，而是知名人物值得称道的名言。因此，警句格言也就是一些与日常生活有关的，可能有实际用途的“精彩说法”。培根随笔中就有许多这种性质的精彩说法，其实已经不再是古代意义上的警句格言，例如，“知识就是力量”，“合理安排时间，就等于节约时间”，“读书在于造成完全的人格”，“灰心生失望，失望生动摇，动摇生失败”，“思想中的疑心就好像鸟中的蝙蝠一样，永远是在黄昏中飞翔。疑心使君王倾向专制，丈夫倾向嫉妒，智者倾向寡断和忧郁”，“顺境中的好运，为人们所希冀；逆境中的好运，则为人所惊奇”。现在许多人喜欢这一类警句格言，是因为它们有用，而非真的有智慧（当然，不同的人对什么是“智慧”有不同的理解）。在写作中创造和运用这类警句格言，不是要贡献什么超然的真理或是普遍的智慧，而是一种修辞的手段，一种精致而有效的说话方式。因此，“格言”（aphorism）作为一种清晰、简洁表达的想法，借助“警句”（apothegm）而言语出彩，引人入胜。格言警句合二为一，不再有根本的差别。

斯佩罗尼所收集的“妙语”虽然在时间上早于培根，但内容与中世纪的传道已经有所不同，具有明显的日常生活化特征。人们所说的“意大利文艺复兴”一般是指从14世纪开始的早期文艺复兴，与15、16世纪那个与宗教联系紧密的北欧后期文艺复兴有所不同。早期的意大利文艺复兴以“人文主义”著称，这个时期的妙语中的诙谐和智慧与“芸芸众生”的联系远远超过了“得道圣贤”。因此，斯佩罗尼说，

“就像当时的短篇故事一样，妙语给出了一幅文艺复兴时期的意大利的某些风土人情的绝佳画卷。例如宗教仪式、节日、婚姻、誓言、咒语、传统，还涉及一些历史事件”。由于充满诙谐的笑声，妙语成为一幕幕小小的人间喜剧，它的讽刺与其说是为了拯救人心，还不如说是在旁观众生相，开心逗乐。文艺复兴对人性的认识不仅有理性、优雅、高尚、尊严的一面，也有猥琐、阴暗和滑稽可笑的一面。马基雅维里就是当时对人性险恶最有观察力的人文主义者。人一半是天使，一半是魔鬼，对这种残缺的人和人性的洞见成为文艺复兴后17世纪警句写作最具震撼力的睿见。

（三）妙语、警句与文学

今天，也许很少有人会把“妙语”当作一种文学来阅读，但“警句文学”却是一种受到肯定的文学形式。法国作家是最擅长这种写作形式的，这个传统从17世纪的拉罗什福科（François de La Rochefoucauld，1613—1680）和帕斯卡尔（Blaise Pascal，1623—1662）开始，历经沃弗纳格（Luc de Clapiers Vauvenargues，1715—1749）、尚福尔（Nicolas Chamfort，1741—1794）、里瓦洛尔（Antoine de Rivarol，1753—1801）、儒贝尔（Joseph Joubert，1754—1824）等，人才辈出，绵延不断，形成了一种文学的小传统。

由于警句文学已经为人们熟悉和喜爱，现在说起警句（aphorism），很少有人再会联想到像医学这样的“科学”了。然而，现在《牛津英语词典》对aphorism的定义仍然是“对任何科学原则的简要陈述”。文艺复兴时期人们对aphorism也是这么理解的，但是在这之后，aphorism也被用来指道德或哲理的原则，渐渐地，道德或哲理意义反倒更为重要，甚至成为警句的主要意思。这个转变在18世纪早期应该说已经完成。当时的著名医生和诗人布莱克莫（Sir Richard Blackmore，1654—1729）称希波克拉底的“格言集”为“一本笑话书”，无非是一些人人皆知的老生常谈。布莱克莫根本不把这些格言当一回事，对此约翰逊博士（Samuel Johnson，1709—1784）在《诗人的人生》（*Lives of the Poets*，1779—1781）一书中批评道，布莱克莫狂妄自大，“居然胆敢轻蔑、嘲笑传承的知识”。

约翰逊博士自己则把aphorism定义为“一种箴言（maxim），一个用短句表达的规诫（precept），一个孤立的看法”，这符合18世纪人们对“箴言”的看法。《牛津英语词典》对maxim的定义是，“一个包含普遍重要性的真理的简短精辟说法”。今天我们所知道的最著名的警句格言就是18世纪法国作家拉罗什福科的《箴言集》，题目就叫“Maxims”。所以说，“警句格言”（aphorism）最贴近的同义词就是“箴言”（maxim）了。

文艺复兴时期的人们就已经知道，“箴言”中并不总有真智慧，引用箴言更不等于是智慧的表现。箴言的道德和行为教诲往往只不过是一些现成的说法，一些容易辨认的标签，一些老生常谈，有的还有掩人耳目、欺世盗名、虚假伪善之嫌。莎士比亚这位文艺复兴时期最伟大的剧作家，他在《哈姆雷特》中就曾戏剧性地嘲讽过这样的箴言。波洛涅斯是哈姆雷特所爱慕的奥菲丽亚的父亲，他是一个喜欢别人奉承的昏迈老头。这个令人印象深刻的滑稽人物愚蠢、专断，但却自以为是。在他儿子雷欧提斯离开英国去法国的时候，他喋喋不休地用许多处世箴言为儿子送别：“不要想到什么就说什么，凡事必须三思而行。对人要和气，可是不要过分狎昵。相知有素的朋友，应该用钢圈箍在你的灵魂上，可是不要对每一个泛泛的新知滥施你的交情。留心避免和人家争吵；可是万一争端已起，就应该让对方知道你不是可以轻侮的。倾听每一个人的意见，可是只对极少数人发表你的意见；接受每一个人的批评，可是保留你自己的判断。尽你的财力购制贵重的衣服，可是不要炫新立异，必须富丽而不浮艳，因为服装往往可以表现人格；法国的名流要人，就是在这点上显得最高尚，与众不同。不要向人告贷，也不要借钱给人；因为债款放了出去，往往不但丢了本钱，而且还失去了朋友；向人告贷的结果，容易养成因循懒惰的习惯。尤其要紧的，你必须对你自己忠实；正像有了白昼才有黑夜一样，对自己忠实，才不会对别人欺诈。”

这类老生常谈的处世箴言在中国传统的童蒙书、家训、善书中比比皆是，但都与原创性的文学警句创作没有什么关系。它们不是没有用处，只是过于陈套，了无新意、迂腐、机械、令人生厌。成语、谚语、或励志格言的过度使用也会是这样的效果。与这类处世箴言不同的是，具有真知灼见的警句格言往往以颠覆而不是教谕为目的，它促人思考，而不是供人仿效，它是黄蜂，不是蝴蝶。它往往是苦涩而不是甜美的，特立独行而不是人云亦云，它是深思熟虑、匠心独具，不是机械模仿或鹦鹉学舌。拉罗什福科的《箴言集》便是这种警句格言的一个代表，他那些苦涩、冷峻的箴言渗透着对人生和人性清醒而不安的悲观主义，他说，“我们的德性经常只是隐藏的恶”，这不仅仅是针对道貌岸然之徒而言，也是针对我们每一个人。他又说，“君主的大度常常只是笼络人心的政治姿态”，“假如人们不是相互欺骗，人们就不可能在社会中长久生存”，“很难判断一个干净、诚实、正当的行动是出于诚实，还是出于狡狯”。这令我们想起了马基雅维里和霍布斯对人性的剖析。

像这样辛辣而犀利的人性剖析警句，不只是简洁、明快，最重要的是它的概说有很广的适用范围，可以运用到普遍的政治、社会和生活境遇之中。即使一时并不适用，也成为一种对“可能性”的敏锐洞察和预测。正因为如此，这样的警句才对人们思考人性、生命、爱情、痛苦、忧戚、腐败、堕落等人生问题有诸多助益，并被不断引述。

就引用而言，“成语”(或谚语)似乎超过了警句，但是，成语往往没有作者，而警句格言是有作者的。因此，人们只是引用成语，而警句格言才是引述。警句格言与成语的重要区别在于它的艺术性，因此能够成为一种文学形式。而且，这是一种非常个性化，特别讲究个人独特风格的文字形式。警句格言打上了作者的个人印记，虽然说的是普遍的道理，但却是很个性化的说法。

成语很简短，可以让人脱口而出，而警句则并不总是十分简短。警句有时会像诗句般简练，但也未必都是如此，帕斯卡尔的《思想录》中的许多警句都有相当的长度，例如，他说：“人只不过是一根苇草，是自然界最脆弱的东西；但他是一根能思想的苇草。用不着整个宇宙都拿起武器来才能毁灭他；一口气、一滴水就足以致他死命了。然而，纵使宇宙毁灭了他，人却仍然要比致他于死命的东西更高贵得多；因为他知道自己要死亡，以及宇宙对他所具有的优势，而宇宙对此却是一无所知。”在一个段落之后，甚至还有另外两个补充的段落，“因而，我们的全部尊严就在于思想。正是由于它而不是由于我们所无法填充的空间和时间，我们才必须提高自己。因此我们要努力好好地思想；这就是道德的原则”。“能思想的苇草——我应该追求自己的尊严，绝不是求之于空间，而是求之于自己思想的规定。我占有多少土地都不会有用；由于空间，宇宙便囊括了我，并吞没了我，有如一个质点；由于思想，我却囊括了整个宇宙。”这样的警句当然会被引用者加以压缩，这就成了“引用语”(quotations)。收集引用语的书已经不再是警句格言的集子，它们的取材来自各种各样的诗、文、历史或其他论述的精彩说法，远远不限于警句。在图书馆里，“引用语”的书像词典、百科全书一样，是“参考书”，不再被当作用于“阅读”的书籍。

警句格言往往是一个单独的思想，但也有的是机警的回答、敏捷的回击，或者是急智的回应。警句格言的思想价值在于，它反对那些所谓的主流观点和看似深刻其实浅陋的观念说教。观念说教培养了人数众多的思想懒汉，警句格言是观念说教的天敌，它挑战成见，嘲笑流俗，告诫人们不要把恶习当成美德，不要回避人性中的阴暗面，也不要无视人与生俱来的暧昧、矛盾和荒谬。它经常会带有怀疑和嘲讽，如英国作家罗庚·史密斯 (Logan Pearsall Smith) 所说，“把我们性格中的丑陋钉在精炼短语铸成的钉子上”。罗庚·史密斯不但擅长于思想小品，而且对警句格言很有研究，他在自己编的《英国警句精选》(*A Treasury of English Aphorisms*, 1928) 的序言中指出，有的时候，警句格言表达失望和悲观会过犹不及，变得过于阴郁、愤懑、郁结，甚至尖酸刻薄。他说，警句格言会有“意大利人所说的那种‘歹念’(cattivo pensiera)，我们发现这样的歹念比善念更令人感兴趣，我们堕落的天性便是如此”。然而，如果警句格言尖酸刻薄到如此程度，它又会变成很乏味的犬儒言论。警句格言是一种易于流变的话语，一个简单明了的道理，细看就会显得不简单，但要是过分细看，则又会让它变得过于深沉，以致难以捉摸。

警句本来是片断而零碎的思想，编辑成书只是为了方便阅读，对如何阅读警句集，比利时的查理·约瑟夫·德·利涅亲王 (Prince Charles-Joseph de Ligne, 1735—1814) 有一个警句，“读一本警句集而又不心生厌烦的唯一办法是随便打开一页，读到什么令人感兴趣的东西就立刻合上书本”。接二连三地阅读警句会令人厌烦，接二连三地阅读“妙语”也是一样。德国音乐家瓦格纳（Wilhelm Richard Wagner，1813—1883，他不喜欢尼采，也不喜欢尼采的警句）挖苦警句格言集说，读里面的警句就像看跳蚤跳舞一样，话虽有些刻薄（因此也可以成为警句），但并非全无道理。英国诗人菲茨杰拉德（Edward FitzGerald，1809—1883，他是《鲁拜集》的整理者和英译者，其中许多诗行也可以当警句来读）编写过一本警句集（*Polonius*，1852），他在序里说，“很少有别的书籍比警句集更沉闷了”。然而，警句仍然有迷人和吸引人的东西，罗庚·史密斯也说，警句集往往并没有特定的秩序，收录的是“一些零零碎碎的片段真理，这样的书不宜做持续阅读”，但是，刊印出版的警句集一直有销路——警句集是一种让人拿在手上，继而又放下，觉得不可阅读，但还是在阅读的书。文艺复兴时期的妙语集，恐怕也会给读者类似的感觉。

（四）礼仪、教养和笑

斯佩罗尼的《妙语录》与其他笑话或妙语的集子有所不同，它在书的最后选了巴尔达萨雷·卡斯蒂廖内（Baldassare Castiglione，1478—1529）《廷臣论》（*The Book of the Courtier*）中讨论笑话、轶事与绅士教养关系的篇章。在卡斯蒂廖内的时代，绅士的理想典范就是他说的“廷臣”。廷臣和人文主义者、君主一起，同属于人们所熟悉的文艺复兴时期社会人物的形象。人文主义者是文艺复兴的特殊知识分子人群，人文主义的个体本位将人文主义者们与中世纪知识分子的“僧侣”区分开来。而“廷臣”则以他们高贵绅士的新身份，而不是人们对“宠臣”的贬义的旧印象，显现出他们独特的素质、抱负和形象。廷臣之所以具有这样的全新形象，首先应当感谢卡斯蒂廖内。

诙谐、幽默、说笑应该是一种有绅士教养和符合绅士礼仪的行为和语言，卡斯蒂廖内的这一坚持与西塞罗将诙谐、幽默视为演说家的必备能力是一脉相承的。礼仪和礼貌是中世纪的一项与宫廷有关的发明，在希腊或西塞罗的罗马时代还不存在宫廷，尽管在罗马帝国时期有某些近似于宫廷的东西，但尚未形成像文艺复兴时期那样的宫廷文化。历史学家伯克（Peter Burke）指出："从10世纪起，我们可以看到中世纪的作家在描述宫廷时，使用西塞罗的有关文雅的词汇，如'城市中人的礼仪'（urbanitas）和'适度'（decorum）。最初是举止文雅的宫廷主教受到推崇，后来有这样风度的骑士也都受到赞扬……（'有礼貌'这类形容词）都暗指行为举止符合宫廷（corte）里的要求。"卡斯蒂廖内的《廷臣论》讨论的就是如何成为禀性、举止和修养完美的宫廷绅士，其中包括他们应该学习的"适度的笑"。

卡斯蒂廖内对"适度的笑"——在什么场合说笑话、说什么样的笑话、对谁说笑话、如何避免对不苟言笑者说笑以免冒犯他们，等等——的讨论，是有实际批评针对性的。如斯佩罗尼所说，"文艺复兴时期的妙语和玩笑多次被称作是不道德和肆无忌惮的。毫无疑问，实际上，在所有的妙语录中，有很大一部分是放浪不拘的，很多简直就是淫秽下流。但并非只有妙语如此，我们只需读一些同时代的喜剧与小说便可一目了然！"对笑作礼仪规范，这标志着文艺复兴时期上流社会的笑与民间的笑有了区别，这种区别一种延续到今天，这是一个事实，如何评价它是另外一个问题。巴赫金（Mikhail Bakhtin）在《弗朗索瓦·拉伯雷的创作与中世纪和文艺复兴时期的民间文化》中，对礼仪驯化笑提出了他的看法。像拉伯雷《巨人传》中那种民间的笑，那种洋溢着酒神精神的狂放、粗俗、耽于声色、似乎没心没肺的笑，已经随着时间的流逝而变得不能被人欣赏了。自文艺复兴、启蒙运动以降，欧洲社会所崇尚的理性精神冲刷了人们的头脑和观念，为文化和文明定下了基调，民间那种原始、粗野的笑声渐渐被驯化到理性文化和文明的新规范中（如何评价这种驯化仍然是文化研究中一个有争议的问题）。卡斯蒂廖内的“适度的笑”便是一种最早对“民间的笑”的规范。

卡斯蒂廖内所倡导的是“绅士的笑”。像廷臣这样的绅士，他们的教育当然不是在民间，甚至也不在学校，而是在宫廷里进行的。这种教育的意义比学校教育来得更为专门，但也更广。它要教育的不只是知识，而且还有荣誉和体现文明的礼仪（civility）。这种教育一直到今天对欧美教育仍有积极的影响（当然是在“上流社会”中进行），成为一种学校知识之外的气质和修养熏陶。一个国家的礼仪或教养文化需要在传统中持续传承，不仅包括行为举止、衣着、待人接物，还包括诙谐、说笑的言谈和表达。西方有教养的人士说话一般比较幽默、含蓄，政治家在演说和公共交流时也同样喜欢和擅长运用幽默和笑话（里根总统便是一个例子），便与这种文化传统有关。

说笑话或诙谐幽默需要有教养、有品位，需要注意说话的礼仪和风度，知道了这些道理，既能帮助我们避免说话过分一本正经，不要装腔作势、颐指气使，也能帮助我们对尖酸刻薄、粗野放肆的说笑、嘲笑、讽刺、挖苦有所警觉。《一千则法国人的诙谐、智慧和坏话》（*A Thousand Flashes of French Wit, Wisdom and Wichedness*, 1886）的编者费诺德（J. De Finod）说，“坏话”比“好话”更容易成为“警句”，至于能否成为传世格言，那就不好说了。在“妙语”中也是一样，一本正经是不行的。“坏”故事比较有人愿听，爱听；能逗乐才能流传。因此，妙语有着一种以“说坏话”来吸引听众的自然趋向。但是，放纵这种自然趋向却会毁了妙语，现在中国流行的“黄段子”或“荤笑话”就是这样。眼下网络上有许多以说坏话和骂人话（巧骂、谩骂，甚至破口大骂）来吸引围观者的。这样的说话方式可以很滑稽，但并不是真正的诙谐。

真正的诙谐，它的目的不是好笑或滑稽。诙谐是一种特别敏锐的理解和恰当的表达，它是表达理解结果的手段，不是目的，正如英国随笔大家哈兹里特（William Hazlitt，1778—1830）所说，“诙谐是盐，不是食物”。诙谐别出心裁，不仅能观察细致、清晰、深思熟虑，而且能巧妙而恰到好处地表达出来。我们也同样可以说，警句是佐料，但不是食物本身。诙谐的真知灼见并不总是会令人觉得好笑，更不要说是令人捧腹大笑了。没有真知灼见的诙谐不过是耍小聪明、玩文字游戏、逞口舌之快。

诙谐的真知灼见往往有出人意料的特点。在16—17世纪文学中，有一种特别以诙谐著称的诗歌，那就是英国的玄学派诗歌（metaphysical poetry）。它讲究意象新奇不俗、思虑巧妙，表达一种意料之外但却又言之有理的想法，因此往往能令人耳目一新，有所顿悟。约翰·邓恩（John Donne，1572—1631）是玄学派诗人的一位突出代表，他在一首诗里用圆规来比喻爱情，一对爱人在爱情中相互依靠，犹如圆规的两只脚必须相互支撑，才能画出一个圆来（“圆”成为圆满和完美爱情的意象）。两个爱人有时会离别，但却像圆规的两只脚那样，越是分开，越是相互依撑，画出的圆也就越大。邓恩对爱情的真知灼见是用圆规和爱之间的那种出其不意的关联来表达的，这就是诙谐。美国作家马克·吐温说，“诙谐是不同想法之间的突然婚姻结合，在结合之前，那些想法之间什么关系都没有”。他非常准确地说出了玄学派诗歌及其诙谐的本质。

诙谐必须有智慧，表达的必须是真知灼见，这在18世纪成为文学批评对“真诙谐”和“假诙谐”有所区分的标准。当时也有一些“玄学派诗人”看似注重诙谐，但只是追求语不惊人誓不休的效果，所以难免故作深沉，把诗句弄得玄奥艰涩。这样的诗意义空泛，诙谐也沦为空洞的才智炫耀。18世纪英国古典主义文学家蒲柏（Alexander Pope）在《论批评》（*Essay on Criticism*）中说，“真诙谐”说的应该是人们经常想到，但却从未如此恰当表达过的。诙谐指的是恰到好处地表达一般人都能明白的、经得起时间考验的真知灼见。

强调诙谐的真知灼见，便不会再把“好笑”当作它最重要的特征。然而，诙谐仍然与笑有关。诙谐在形成“不同想法之间的突然婚姻结合”时，往往借助似是而非或似非而是的手法，巧妙、灵活、风趣、幽默，给人造成的思想和审美冲击会因此有令人哑然失笑或会心一笑的效果。这种“笑”的效果比听笑话的开怀大笑更为精致，更能带来思考的满足，也更难忘。哑然失笑或会心一笑的“笑”是一种更理智、更成熟的笑，它不一定是因为说的事情本身有多好笑，而是因为说事情的方式有逗弄、考验读者的特点（脑筋急转弯游戏也有这个特点）。

这样的诙谐会故意不理睬读者的自发期待，而从另一个方向出其不意地带给他思想的惊喜和满足。例如，英国历史学家格瓦德拉（Philip Guedalla）说，“历史重复它自己，历史学家们相互重复”，这句话之所以诙谐，是因为“历史重复自己”本是一句老生常谈，但与后面一句话合在一起，却又显得新鲜恰切，两句话相互衬托和补充，是在调侃历史学家，还是在认可他们？读者得自己去得出结论。又例如，有人说，“让钱加倍的唯一办法就是把钱折起来放进你的口袋”。这句话虽有点好笑，但不滑稽，它巧妙地说出了一个朴实道理：把钱收好，不花，那是让钱增值的最好办法。康德曾说，一个人之所以笑，是因为他所期待发生的根本没有发生，说的就是这种诙谐。美国文学批评家艾布拉姆斯（Meyer H. Abrams）说，也许可以把康德对笑的说法改变一下：一个人之所以笑，是因为他的期待突然之间以一种未曾预料的方式发生了。

斯佩罗尼的《妙语录》中，有的妙语是由于滑稽的事情、人物、场景而引人发笑，有的则是因为故意让读者的预料落空而令人忍俊不禁，如果说前一种是大笑，那么后一种则是微笑。当然，有的妙语对于今天的读者已经怎么都不觉得可笑。不管是哪一种笑，大多都是不带恶意的“诙谐之笑”。诙谐的笑是弗洛伊德所说的那种“无害的笑”，因为它不伤害人，不恶心人，不挖苦人，不以贬低别人为目的。如果违背了这些说笑或妙语的伦理，笑就会变成“有害的笑”。斯佩罗尼说，在他编译的《妙语录》里，可以看到文艺复兴时期的各色人等中的诙谐轶事和人间喜剧，“农夫、妇女和教士看起来好像是讽刺性轶事的首要对象。但是这是传统，而且这讽刺也很可能不如乍看之下那么辛辣，更没有什么冒渎之意。所有的例子都旨在逗乐”。当然这不等于说文艺复兴时期就没有有害的笑，剔除有害的笑，保存无害的笑，这是斯佩罗尼在编选《妙语录》时定下的取舍标准，对我们了解什么是有益的笑应该是有帮助的。

四　马基雅维里《李维史论》与共和腐败的肇始

美国经济学巨匠托斯丹·邦德·凡勃伦（Thorstein B. Veblen，1857—1929）在《有闲阶级》（*The Theory of the Leisure Class: An Econic Study of Institutions*，1899）一书里倡导“制度经济学”，为“制度”（institutions）作了一个至今影响人们看待社会文化结构的定义：制度不只是权力分配和组织的结构，而是大多数人所共有的一些“固定的思维习惯”。它们是在特定的时间、地点占统治地位的一些“固定做法、习惯、行为准则、权力与财产原则”。这些原需要与组织实体结合，对组织仅仅描述（如民主共和、军事独裁、专制极权）是不够的，还需要对组织的一些基本社会和文化形态及其进化有所分析。腐败是一种社会和文化的基本形态，它需要一种历史的分析，而不仅仅是描述。

制度的失败，包括政治力量的纵横捭阖、权力人物的成败得失、权力斗争的阴谋诡计，往往都是历史书关注和记录的重点，以至于其他重要的失败因素遭到了忽略。对于共和的失败来说，最被忽略的恰恰是它最致命的因素，那就是腐败。腐败是马基雅维里（Niccolò di Bernardo dei Machiavelli，1469—1527）在16世纪初为复兴古典共和而研究古罗马共和历史时最关心的一个问题。他写作《李维史论》（*The Discourses on*

Livy，约1517）（以下引述马基雅维里论腐败，皆出自此书，译文来自《论李维》，冯克利译，上海人民出版社，2005年），不断论及共和腐败的问题，至今对我们分析现实制度中的腐败仍然富有启发。马基雅维里在这部经典著作中说，人性的软弱使民众难以抵抗腐败的诱惑，他们不易为共和做牺牲，反而更容易被专制权力所网罗，为了一点小恩小惠就成为专制的帮凶，就像罗马共和晚期凯撒称帝的时候“民众懵懂无知，居然看不到正在套到自己脖颈上的缳轭”。马基雅维里问道：在腐败的城邦里，如果有一个自由的国家政体，要以何种方式来维护它？如果没有这样的国家政体，又要以何种方式来建立它？这正是中国在清末民初时面临的问题。

（一）　奴性和腐败

清廷的腐败固然人所共知，但“人民”的腐败也是同样的严重，人民并不只是指普通人或平头百姓，而是指一国的整体国民。一个国家里的政治和社会精英，他们既是“精英”，也是“人民”的一部分。成为“精英”并不会使他们从此超脱普通人共有的一些国民特性，他们只是变得对国民性的弱点比较能够有所察觉而已。精英人士了解残缺的国民性，犹如心理学家了解人的肉体和精神伤害。心理学的知识可以为两种截然不同的目的服务，既可以帮助善者自觉地避免伤害他人，也可以帮助恶者有效地折磨他人，最狠毒的折磨和刑罚都是针对人的最大心理弱点设计的。同样，精英了解国民性的残缺，可以使他们去克服自身的弱点，并从事对公众的启蒙，但也可以帮助他们故意利用民众的弱点来达到自己的政治或其他目的。

国民性是在政体中造就的，人民的腐败都有政体原因，而且几乎无一例外是从权力中心扩散为一种普遍的政治文化。马基雅维里讨论共和的腐败，正是从国家权力造就公民来着眼的。他说："那些国王是多么腐败，假如有两三个继位者步其后尘，他们的腐败开始传播给众人，而民众一旦变得腐败，便无革故鼎新的可能。"专制统治把人民训练成奴性十足、没有自尊、见利忘义的腐败顺民，"习惯于受君主统治的人民，即使偶然获得了自由，也难以维持"。

奴性是人民腐败最显著的特征，也是共和腐败中最严重、最致命的一种。奴性是辛亥革命前后知识分子论述最多的中国国民性特征，当时，这种论述所针对的仅仅局限于在君主专制下形成的臣民奴性，这是可以理解的。一百年后，这种批判仍然具有相当的现象描述意义，显示出腐败问题的复杂和顽梗。辛亥革命前后，主张制宪的人士有许多对共和可以再造国民，改变国民奴性抱有高度乐观，在今天看来，这种乐观低估了这项历史任务的艰巨程度，国民的道德危机至今还一直在困扰着我们，这就不能不更引起我们对腐败制度性原因的思考和分析。

清末民初知识分子对国民奴性的抨击，无不直接针对中国封建君主专制及其体现的文化传统。"革命军中马前卒"邹容怒斥道："奴隶者，为中国人不雷同、不普通、独一无二之徽号！""柔顺也，安分也，韬晦也，服从也，做官也，发财也，中国人造奴隶之教科书也，举一国之人，无一不为奴隶，举一国之人，无一不为奴隶之奴隶。"[1]梁启超把人身不自由譬为"身奴"，把精神不自由譬为"心奴"。"心奴"表现

[1] 转引自陈永森：《告别臣民的尝试》，中国人民大学出版社，2004年。以下清末民初的直接引文皆转引自此书。

为：颂法先人，为古人之奴隶；俯仰随人，为世俗之奴隶；听从命运安排，为境遇之奴隶；心为形役，为情欲之奴隶。“心奴”比“身奴”更可怕，“身奴”可以通过斗争或借助外力获得解放，而“心奴”却是“如蚕在茧，着着自缚，如膏在釜，日日自煎”。在梁启超看来，国人皆为奴隶。底层的老百姓“视官吏如天帝，望衙署如宫阙，奉缙绅如神明”；那些拥有高官厚禄盘踞要津者，对老百姓骄横跋扈，但在上司面前则表现出“昏暮乞怜之态”“趑趄嗫嚅之态”。奴性国民既包括普通老百姓，也包括拥有高官厚禄，盘踞要津者。这是因为，奴隶和主子的身份是可以转化的，就如鲁迅所说的那样，那些看上去耀武扬威的官僚，他们既是犬也是羊，只不过是看对谁而言了。

辛亥革命时期的反奴性还带有反满的民族主义色彩。邹容说，满人入主中国，汉人已经没有国家，根本不是国民，而是大清国的臣民或奴隶，“中国黄龙旗之下，有一种若国民非国民，若奴隶非奴隶，杂糅不一，以组织成一大种。谓其为国民乎？吾敢谓群四万万人而居者，即具有完全之奴颜妾面，国民乎何有？尊之以国民，其污垢此优美之名词也孰甚！若然，则以奴隶畀之”。在邹容看来，曾国藩、李鸿章、左宗棠等人都是满洲人的奴才，是汉民族的败类。他叹息：“呜呼！我汉种，是岂飞扬祖国之汉种，是岂独立亚细亚大陆上之汉种。呜呼！汉种！汉种虽众，适足为他种人之奴隶。汉地虽广，适足供他种人之栖息。汉种！汉种！不过为满洲人恭顺忠义之臣民。汉种！汉种！又由满洲人介绍为欧美各国人之奴隶。”邹容当时没有看到的是，民族主义可以用来鼓动奴隶造反起义，也可以用来造就新式奴隶，也就是鲁迅所说的“做自己人的奴隶”。辛亥革命解放了满人统治下的汉人奴隶，但并没有真正完成所有人的解放。

中国早期的共和主义者对人性估计太高，反映在他们对“国民程度”的评估上。国民程度是上个世纪初改良派和革命派争论的一个重要问题。虽然革命派也认识到国民程度不足的问题，但他们相信，国民程度可以在很短时间内得到提高。陈天华在《论中国宜改创民主政体》(1904) 中提出：“苟一日者皆明国家原理，知公权之可保而义务之不可不尽，群以义务要求公权，悬崖坠石，不底所止不已，倘非达以共和，国民之意欲难厌，霸者欣弥缝之策，决其不能奏效也。”他甚至认为，中国的民族性能与条顿民族和大和民族相媲美，只是受专制政府的压抑，不能得到发挥而已。与革命派对国民程度的乐观看法不同，当时是改良派的梁启超虽然不反对共和立宪，但是，在《开明专制》(1905) 中，他提出，中国还不具备共和国的国民素质条件，中国人没有自治的习惯，没有团队精神，“今日中国国民非有可以为共和国民之资格也；今日中国政治非可采用共和立宪制也”。

改良派和革命派争论国民程度，集中在国民性的问题，但是，国民程度或国民性是以人性为内核的，国民性的腐败，根源在人性的弱点。马基雅维里在对古罗马共和的讨论中，提出了“人易腐败”的问题。他把共和思考移置到一个更为现实的基础上：“人们是多么易于腐化变质，是自身表现出相反的性情，不管他们多么善良，或有多好的教养。看看那些被阿皮乌斯网罗到身边的年轻人吧。他们为了一点小恩小惠就成为专制统治的帮凶。再看看昆图斯·法比乌斯吧，他是第二任十人团的一员，一个大好人，却被小小的野心所蔽，听命于歹毒的阿皮乌斯，把他良好的习惯一改而为至恶，成为和阿皮乌斯一样的人。”马基雅维里的这番话，放在被中国“阿皮乌斯”(袁世凯以及后来的独裁者们) 网罗和变恶的无数人身上，是再适当不过了。

从“人易腐败”来思考共和，更凸显了制度对改变人性腐败的重要。人类在自由而全无约束的状态下，天生就可能是一群有相互侵害意图的野兽，权力帮助个人获取比他人更大的自由，成功实现对他人的侵害。因此，需要设立一个能够约束这种个人暴力自由倾向的制度，这成为建立群体和平秩序的第一条件。社会不能等待所有人成为天使后，再期待出现和睦的秩序。同样道理，国家不能等待大多数人具有相当公民程度后，再建立共和政体。先建立共和政体，然后用政体的法治和道德力量塑造具有良好程度的共和国民，这才是正当的次序。

共和制度对国民的塑造作用，不在于把他们改造成为完美的道德者，从骨子里去除他们人性的腐败倾向，而在于帮助他们去除奴性，同时也不让他们走向另一个极端，成为暴力政治中自由作恶的个体。这样看待共和政体对于国民的约束作用，并不像理论设想的那么简单，因为这个政体首先必须约束的正是那些最难以约束的国民，那些手上握有很大权力的精英国民，也就是政治人物。

共和制度在民初之所以失败，并不是因为没有制度（当时有《临时约法》），而是因为这个制度根本约束不了手握重权的政治人物，首先便是身为大总统的袁世凯。共和刚刚建立的时候，是它最脆弱的时候，尚不完善的制度总是会有许多漏洞和可以破坏的机会。这时候，政治精英们的德性便至关重要。在制度尚不能充分约束他们的时候，他们必须自我约束。美国第一任总统华盛顿完全有机会成为终身总统，但是他并没有这么做，不是因为受到制度的外来限制，而是因为受到他自己荣誉感的约束。政体开创期政治人物的行为对未来政治文化的形成具有极大的表率和先例作用。华盛顿做到的事情，恰恰是袁世凯不愿意去做的。这不仅破坏了当时的共和制度，更严重的是，他代表了一种腐败的政治文化。在这种政治文化中，权力高于法规制度，权力只要有机会去破坏法制的约束，就一定会这么去做。相反，若有政治人物主动接受制度约束，那倒反而成为例外的异类。

（二） 脆弱的共和引发强人期盼和君王情结

民国初年，确实有过政治人物尊重和接受共和宪政制度约束的例子。1912年3月2日，南京临时政府在宣布废除《大清报律》的同时，颁布了《民国暂时报律》。其中有对报界的约法三章：第一，新闻杂志必须向地方高级官厅申报，否则不准发行。第二，惩处流言蛊惑。第三，追究污毁个人名誉。

这三条规定都把审查权交到官厅手中，哪怕报道真实无误，仍然可以定它一个“流言蛊惑”和“毁人名誉”的罪名。这个报律一公布，便遭到报界的普遍反对。中国报界俱进会和上海的《申报》《新闻报》《时报》《时事新报》《神州日报》《民立报》《天铎报》《大共和报》《启民爱国报》《民报》等联名致电孙中山并通电全国，表示抵制。电文对临时政府的规定大加挞伐：“今统一政府未立，民国国会未开，内务部拟定报律，侵夺立法之权，且云煽惑，关于共和国体有破坏弊害者，坐以应得之罪；政府丧权失利，报纸监督，并非破坏共和。今杀人行窃之律尚未定，而先定报律，是欲袭满清专制之故智，钳制舆论，报界全体万难承认。”当时抗议“报律”的理由至今对捍卫新闻自由仍具有普遍而重要的意义。判定言论之罪，如果界限及量刑标准含糊不清，必定会遭到误解和滥用。而且，谁对新闻立法拥有权威？是人民政治代表的立法机构，还是一些官僚？在民主宪政的国家里，一个政府部门、几个官员，没有经过立法机构的授权，擅自制定和颁布法律，是一种严重的越权行为。

孙中山得知此事后，当即下令撤销报律，指出：“民国一切法律，皆当由参议院议决宣布，乃为有效。该部所布暂行报律，既未经参议院议决，自无法律之效力，不得以暂行二字，谓可从权办理。寻三章条文，或为出版法所记载，或为国宪所应稽，无取特立报律，反形裂缺。民国此后应否设置报律，及如何订立之处，当俟国民议会决议，勿遽岌岌可也。”当时的中国幸而有像孙中山这样尊重宪法制度的领袖人物，他使得中国新闻界争取言论自由有了唯一的一次胜利案例。但是，仅有个别这样的领袖并不能解除共和的危机，即使孙中山的个人节操可以媲美美国的华盛顿，美国也还是比中国幸运，因为华盛顿的优秀并不是他一个人的，而且是他那一代人的，他们当之无愧地被后世称为美国的“建国之父”们。

中国1911年的共和革命是在一个人民不自由，对自由非常缺乏了解的国家里发生的。中国很幸运地有了像孙中山这样的“贤明之士”，但是，仅仅个别的，或一时的贤明之士，而没有一个相当规模的、稳固的共和精英阶层和公民社会，共和仍然不能不危机四伏。孙中山一人之力无法改变民初的政治乱象和共和的腐败趋势，这又证明了马基雅维里的不祥断言：“可以断言，如果没有腐败，则骚乱与耻辱无伤大雅；只要有腐败，则再好的法律也无济于事，除非一个权力超常的人确保他们服从，使事物变得良善”，“假如因腐败而衰落的城邦能够东山再起，那也是因为当时正好有德行好的人在世，而不是因为维持着良好秩序的集体德行。此人一死，(国家) 便会重蹈覆辙”。对中国来说，孙中山可以说是一个死得太早的“德行好的人”，尽管他对国民党后来以党治国的制度传统负有他的一份责任。

辛亥革命的胜利来得太突然，少数的先知先觉者唤醒了另一些浅睡的后知后觉者，而绝大多数的民众都还没有觉醒，更不要说决心去除自己身上奴性顺民的腐败习性了。在南京临时政府时期，当时南京的民众“通常以为孙文博士是新皇帝，他们不了解总统这个专门名词，认为它不过是更高头衔的一种委婉的说法”。各地发给孙中山的贺电，有称“总统陛下”的，有写“恭请圣安”的。君主帝制的意识还是深深残留在国民的意识之中，激烈的暴力革命难以根除这种意识。事实上，以暴力革命为手段的共和创制，它本身就包含着导向专制的逻辑。梁启超曾对革命派通过革命提高国民程度的观点作过批驳，他担心的是革命必然造成乱民蜂拥，殊不知，乱民蜂拥还会为利用乱民进行暴力夺权的蛊惑者创造绝佳的机会。

民众造反，反抗君主专制，非有强权人物在其中不能成功，乱世出能干的奸雄，而奸雄使得民众因依赖于他而更加奴性十足，最后，造反造就的是新的专制。这成为马基雅维里说的历史规律：“民众对他们的统治深恶痛绝，便在自己中间择一能够不计手段率其造反的首领。此时便会有人崛起，靠众人之助灭了统治者。他们对君主及其危害记忆犹新，既未建立寡头政治，也不欲建立君主国，便建立了民治国。他们的治国之道，使得一小撮权贵或君主皆难擅权。任何国家在创立之初，都享有相当的尊重，故这种民治国尚可苟安于一时，却绝不会长久，创业的一代消失后更复如是；因为他们立刻就会肆意妄为，无论私家官府，皆无所忧惧，人人各行其是，每日的侵犯无以计数。或是出于万不得已，或是采纳了贤达的高见，为避免这种乱局，他们恢复了君主制。”辛亥革命后，新的共和还没有建立起充分的国家权力合法性权威，乱象丛生，在许多人的心目中，袁世凯是唯一能够“稳定局面”的人物，而稳定局面的最有效合法性和权威形式便是君主帝制。在共和的国家权威合法性软弱的时候，期盼出现有力的政治强人，甚至以君主制代替共和，这几乎成为一种自然而然的民众心理，即使在素来具有民主传统的美国也不例外。

1776年美国革命成功，1777年，第二次大陆会议通过一套条款，就是治理国家的各种法律，叫“邦联条款”。1785年底，爆发谢斯起义，人心恐慌，许多美国人对是否有可能建立共和国家的有效权威发生了怀疑。为了应对共和的危机，1786年，在费城召开制宪会议。当时，美国民间有人像以前庆祝英王乔治三世生日一样，开始庆祝起法国国王路易十六的生日来，还有以法国王室的姓“波旁”来为郡县命名的。美国的邦联国会甚至还把路易十六和王后玛丽·安托涅特的肖像挂在议会厅里，当路易十六新添王子的时候，美国到处都举行了庆典活动。不断有人劝华盛顿总统坐上王位，每次都被华盛顿拒绝。

即便是政治精英们，也有提议美国舍弃共和而另行建立君主立宪制度。迈诺特（George Richards Minot）于1788年出版的《公元1776年马萨诸塞州起义的历史及以后的反叛》中记述道：“有些知书达理、颇有家产的体面人”开始“酝酿组党”来赞成君主制，引起那些仍然赞同共和者的“严重忧虑”。一位法国人在写给友人的信中提到了他在新英格兰见到的情况：“新英格兰四个州的人民对政府极为担忧……签名要求实行君主制。”来自波士顿的爱国者诺克斯（Henry Knox，1789年—1794年任美国战争部长）写信给华盛顿说，马萨诸塞州有“七分之三的人民”赞成建立一个“类似于英国的（君主）立宪政府”。

1786年的费城制宪会议期间，参会者中也有对共和表示失望，甚至丧失信心的。门罗（James Monroe，弗吉尼亚州代表，后来的美国第5任总统）是制宪会议参加者，他说，当时的邦联国会主席戈翰（Nathaniel Gorham）曾给普鲁士的亨利亲王去信，表示“担心美国难以维持独立，并向他探询，一旦我们的自由制度失败，亲王是否愿意在美国行使君王权力”。门罗说这些话的时候，戈翰已经去世，在制宪会议上戈翰并没有直接建议君主制，但他还是公开表示了对美国共和制度的悲观情绪。来自新罕布什尔州的代表吉尔曼（Nicholas Gilman）在给他哥哥的信中说，那些

“积极思考并对宪法抱有热忱”的人士们正在“公然宣扬君主制”。梅森（George Mason）是弗吉尼亚州参加制宪会议的代表，他后来回忆说，莫里斯（Gouverneur Morris，宾夕法尼亚州代表）曾私下里对他说：“我们迟早还得有一个君王……趁我们现在还有条件讨价还价，越早接受君王越好。”另一位代表狄更森（John Dickinson，德拉瓦州代表）热烈称赞英国的君主立宪，“强有力的行政只能存在于有限君权制度中”，君主制则是最好的政府形式之一，“而共和从来就不曾是一个可以与之相比的制度”。

袁世凯称帝，往往被看成是他和一些亲信人物的个人野心和一意孤行，而国民的普遍冷漠、姑息养奸则是另一个原因——当时积极反对的只有革命党人的声讨和梁启超筹划、蔡锷指挥的护国运动。但是，在这些原因之外，还有共和本身的“国家主义”权力逻辑：国家的稳定强大需要绝对的权威人物。这个人物的合法性必须来自某种天意神授，不容挑战的“绝对法权正统”。在出现新专制这种新型“绝对法权正统”之前，人们知道的“绝对法权正统”的唯一形式便是国王或皇帝的君权。

在民初的不少政治精英和民众看来，袁世凯当皇帝符合未来中国富强的需要，至于那会是一个什么性质的国家，则是不重要的。一直到今天，这种强国民族主义仍然多有信众。袁世凯的“中华帝国”，它的“国歌”就是这么打造新帝制的合法性和合理性的：“帝国数万年，一脉延，文明莫与肩。纵横数万里，膏腴地，独享天然利。国是世界最古国，民是亚洲大国民，懿欤大国民，休哉！惟我大国民。今逢盛德主，琳琅十倍增声价。吾将骑师越昆仑，驾鹤飞步太平洋，谁与我，仗剑挥刀，懿欤大国民，谁与我，鼓庆升平。”

共和是一种十分脆弱的政体，由于共和本身的国家主义趋向和腐败可能，共和可以很“自然”地演变为专制，公元前1世纪罗马凯撒的“共和帝国”也好，20世纪的一些强人或专制的“共和国”也罢，都是这种自然演化。脆弱的共和引发被统治者的不安，因而引发他们的君王情结。这使得广大国民在心理上能够接受，甚至期盼出现掌控大局的强权人物，这就为专制打开了绿灯。这样的强权人物不一定是有名分的君王，但一定是像君王一样权大无边、凌驾于法治之上的独裁者。

罗马的共和看上去是凯撒称帝所破坏的，其实在凯撒统治时，它已经变得十分腐败，那是因为公共精神已经荡然无存，共和国遂陷入腐败并成为专制者的牺牲品。著名历史学家波伦（Henry C. Boren）在《罗马共和》（*The Roman Republic*，1965）一书里说，“最高贵的罗马人”布鲁特斯和同伙为拯救共和而刺杀凯撒，其实，杀死凯撒并不能挽救罗马共和，因为“他们不知道，共和已经死了”。马基雅维里说得比这个更具体：“在塔尔昆时代，罗马人尚未腐败，而在后来这些时代，它已经腐败不堪……马略派对人民的腐蚀，是因为他们的首领凯撒使民众懵懂无知，居然看不到正在套到自己脖颈上的缧轭。”民初的中国也是这种情况。杀死共和的并不是袁世凯，因为在这个奴性无法去除，而且不断翻新滋生的国度中，共和从来就没有真正诞生过。袁世凯1915年死去，并不能解除共和内部出现的专制危机。

（三）共和中的专制政党

马基雅维里在《李维史论》中讨论了共和必然不可能长久稳定的宿命，他认为，要改变这一宿命的唯一途径便是让共和包含专制。只有大权独揽的强权人物才有能力在共和遭遇危机的时候，灵活地采取适当的对应措施，没有专制权力，共和便不会有优秀的“应变手段”。历史学家哈维·曼斯菲尔德（Harvey Claflin Mansfield）建议把马基雅维里放到亚里士多德的思想背景中去了解他对共和的洞见。亚里士多德设想一种能够结合多数人的集体判断力和少数人的杰出能力的混合政体，“在亚里士多德看来，共和国中的专制因素，是其完美性流失的表现。可是在马基雅维里看来，专制的作用恰好相反——它使共和国臻于完美”。马基雅维里承认，专制是共和控制非常局面的非常手段，专制因此成为共和的一种君权，一种没有君主的独裁，共和国利用君权的主要方式之一，是紧急状态下的独裁官，“赞成罗马人在既无法协商亦无退路的情况下授权一人采取行动的做法……共和国需要有一种采取非常措施的常规手段。独裁体制能够使共和国虽无君王，却能受益于这种‘王权’”。

民初袁世凯称帝，从根本上说，是要重新建立一种有君王，并因此能够名正言顺地受益于王权的专制制度。为了达到自己的权利目的，袁世凯使用了各种被历史学家斥责为卑鄙无耻的手段。然而，从收买议员到收买“恳请”他称帝的各省请愿团和北京“绅商耆民”，他的手段实在有限，只不过是利诱一途而已。袁世凯也利用当时的“进步党”，但“进步党”并不是他的权力基础。他授意章士诒组建“公民党”，章士诒在“赞成不要脸面，不赞成不要头”的两难选择中，选择了“不要脸”。加入“公民党”的议员每月可以从袁世凯那里领到200元的津贴，成为袁世凯的御用党。但是，袁世凯毕竟无力把“公民党”变成一个专制政党，这种政党对党员的控制，靠的不是简单的利诱和威胁，而是更为深层次的意识形态操纵和组织控制。而且，袁世凯对待当时的宪政制度，操纵的手段也很笨拙。为了扩大政权，他把内阁制改成了总统制，1914年通过的《总统选举法修正案》，甚至把总统的权力扩大到与皇帝差不多，把总统权力凌驾于议会之上。但是，在国家制度与他个人之间，他毕竟还得做出个人直接服从国家宪政制度的样子，毕竟不能堂而皇之地反对或废弃宪政。

马基雅维里讨论共和的时候是不谈民主的，他关心的是没有民主的共和。这样的共和需要有欺骗民众的手段，在中世纪，那就是宗教。16世纪的马基雅维里所知道的唯一可使用的大规模欺骗手段也是宗教。马基雅维里说："人易于被大道理所骗，却不会在具体事务上受蒙蔽。"共和是政体，是大道理，人们对它无法具体证实或证伪，再专制的共和也有代表形式，连世袭的传位也都可以通过公民代表大会的形式来认可，这比皇帝用一纸诏书传位给儿子更具有表面的合法性。但是，民主不同，民主是"具体事务"，不容易蒙蔽一般的人。例如，你强拆一个人家的房子，可以跟他说共和之理，但不能跟他说民主之理。他知道你在侵害他的财产权，所以他要去上告。你不让他说话，不让他与其他同命运者集会，他没有办法，但是他不会不知道这是在侵害他的自由言论和集会权利。脱离了公民具体的自由权利，空谈共和的体制，可以成为一种拖延或者根本不想解决民主问题的手段。这也是必须用自由民主来规定和检验共和的根本理由。

中国最初的政党观是欧美型的自由政党。陈永森在《告别臣民的尝试》中归结了清末民初有识之士对"政党"和"朋党"所作的一些区别，对我们思考有关政党的一些主要问题有所启发。例如，国家与政党，哪个是更重要的问题，当时的人比现在认识得更清楚。当时的人认为，政党以国福民利为宗旨，朋党则追逐个人或少数人的私利。预备立宪时期，有一位名叫与之的作者，就曾在《论中国现在之党派与将来之政党》的文章中说："夫吾人今日之组织政党者，所以为国家计也。为国家计，则凡于国家之前途有利益者，不独可以牺牲个人之身体及名誉，即一党之主义政见，无不可以牺牲之。何则？以国家为主体，而个人及党派，皆国家之客体也。”孙中山也明确提出：“政党之要义，在为国家造幸福、人民谋乐利。”梁启超也认为：党员应忠于国家，人们入党在于为国家尽政治义务。

又例如，一个政党是否应该不择手段地消灭异己呢？当时的人认为，政党竞争，应有正当手段，且光明磊落。与之相反，朋党之争，则不择手段，诡计多端。政党竞争离不开手段，但手段有正当和不正当之分。政党竞争最易流于不正当手段。各党派之间，或以贿买，或以威胁，种种卑劣手段使政治越来越远离高尚的品性。与之说，“今反观中国之有政治思想者，若以手段为组织党派惟一之要素，无时而不用手段，无人而不用手段，遂至纤细之事，亦呈风云变幻之观，亲密之交，亦有同室操戈之叹，卒之其手段无不破露，而其事亦归于失败”。政党容许对立党的存在，朋党则欲置对立党于死地而后快。立于不同党派的人，感情极易走极端，对异党总是极力攻击，不留余地。如果只有党派意识而无国家意识，则党派的争端足以祸国殃民，足以重蹈专制。

防止政党的朋党化曾经是美国建国之父们维护共和体制的关键。麦迪逊在《联邦党人文集》第十篇中对派系的说法，仍然被很多美国人看作是最好的定义。麦迪逊把派系叫作“小团体”或“秘密政治团体”。政党通常是指规模较大、组织较好、气力较强的派系，美国的开国先贤们不喜欢有这种派系。本杰明·富兰克林担心“政党相互谩骂不休，把一些最优秀的人物弄得四分五裂”。乔治·华盛顿在他的离别演说中警告人们提防“党派精神的有害影响”。托马斯·杰斐逊也说：“要是我不参加一个政党就不能进天国，我宁愿永远不往天国。”美国从出现政党政治到今天，政党的弊端也曾经是政治腐败的主要原因，如19世纪把政府职位分派给“党内同道”的政党分红制（spoils system）。由于政党是现代政治最有效、最专一的组织形式，美国政治离不开政党，这使得政党成为自由民主制度的“不能不承受之恶”，美国普通民众对政党之恶的警惕和厌恶，是很多选民疏远政党政治，成为独立选民的主要原因。美国人不信任政党小团体，厌恶党争和党派利己主义，已经成为他们民主政治文化的一部分。

美国人害怕政党政治滋生任人唯亲的体制性腐败，造成优汰劣胜的结果。马基雅维里则早就指出，一个腐败的共和，在体制上是可以一目了然的，共和的腐败表现在，以前的善者求职变成了后来的恶者求职。共和的制度在推选贤能的人才时，出现了逆向淘汰。优汰劣胜成为不可逆转的模式。马基雅维里写道：“罗马人民只把执政官的职位和另一些官职授予提出要求的人。这种体制最初不错，是因为只有那些自我判断能够胜任愉快的公民，才会要求这种官职，遭到了拒绝无异于自取其辱。为了得到称职的评价，人人都会尽心竭力。后来，这种办法在那个腐败的城邦里变得极为恶劣，因为求官者不再是更有德行的人，而是更有权势的人；势单力薄的人，即便有德行，也因为惧怕而退出了谋官的行列。他们并非在一夜之间，而是经过日积月累，才形成了这种弊端，这就像其他一切弊端的方式一样……这种太平景象和敌人的软弱，使罗马人在任命执政官时，不再考虑德行，转而看重偏好。他们授予高位的，是那些知道如何讨人欢心的人，而不是那些通晓如何克敌制胜的人。后来，他们更是等而下之，不再把这一官职授予有偏好的人，而是授予有权势的人；这种体制的缺陷，遂使残存的美德也丧失殆尽。”当共和相当腐败的时候，必然出现黄钟毁弃、瓦釜雷鸣的逆淘汰人事制度，一面以吏为师，一面却又在生产大量“美德丧失殆尽”的官吏。以腐败的官吏教化腐败的国民，并从腐败的国民中产生腐败的官吏，一个共和一旦走入这样的制度恶性循环怪圈，产生的只能是越来越新式的奴隶，延续的也只能是越来越顽梗的腐败。

五　亚里士多德《政治学》与政治改革的“政体”问题

从古希腊时代开始，政治理论或政治学的核心问题就一直是政体，世界上任何一个国家曾经发生的重要政治变革，没有一个不是从政体开始或者落实到政体变革上的。柏拉图的《理想国》也称“共和国”(Republic)，这个说法就是从希腊文的politea翻译来的，politea就是被称为“constitution”的政体，在现代国家里，这样的政体便是由今天人们所熟悉的“宪法”(同样是用constitution这一词来表述)来规定的国家政体制度。政体不是某种政治理论（如新民主主义或儒家社会主义共和国）的推理，而是具体的政治制度和与之一致的公民文化，这些虽然与政治理论有关，但并不就等于政治理论。政治理论与政治现实往往云泥殊路、截然不同。政治理论单凭自身难以发挥效用，政治强人不会只为了坚守理论而去奉行；即使对那些人格高尚的政治人物，也必须采取措施，以保证他们不能利用对理论的任意解释而自行其是，因此必须诉诸政体的约法，也就是那个用以保障法治的宪法。但是，宪法并不总是能保障它自己的实行，这时候，政治改革便无可回避地必须回到那个连政体约法都不当一回事的政体和它的政治现实。

（一）政体：制度与公民文化

亚里士多德的《政治学》明确地把政体作为其理论探究的核心问题，他对不同政体的分类和是否优秀的评价，也是集中在政体特征上的。政治改革的目的不应该仅仅是功利性的（巩固某个政权、维持对它有利的稳定、保持某某江山万年不变，等等），而更应该具有道德的目的，那就是，让政体通过改革而变得更优秀、更正义、更高尚。

亚里士多德讨论政体，包括两个相互联系的方面：政体的“制度”和政体的“公民文化”。制度与公民文化的一致使得政体的治理形式与政体对公民的教育效能之间，有一种密不可分的关系。政体不仅是政治的制度，而且是与这种制度相联系的公民群体生活方式，这样的公民群体生活方式体现、维持、再生一种可以称作“国民性”的特征，国民性是具有普遍相似性的公民素质、禀性、道德价值、行为规范。政体的制度与国民性，这二者的关系使得“治理”与“教育”不可避免地结合在了一起。一个好的政体造就普遍优秀的公民群体，而一个不好的政体则是国民道德沦丧的主要原因。

政体的制度直接与权力的分配和拥有者情况有关，具体而言便是谁拥有“官职”，谁就对由谁拥有官职有决定的权力。亚里士多德对此写道：“一个政体就是对城邦中的各种官职，尤其是拥有最高权力的官职的某种制度或安排。政府在城邦的任何地方都有管辖权，而政体即是政府。例如，在平民政体中，平民拥有决定权，在寡头政体中情况正好相反，少数人拥有决定权；所以我们说它们的政体是彼此不同的。关于其他政体道理也是一样。”[1]（82页）因此，他还说，“政体和政府表示的是同一个意思，后者是城邦的最高权力机构，由一个人、少数人或多数人执掌”。亚里士多德所区分的“一个人”“少数人”和“多数人”执掌的形式在今天的世界里有了许多不同的变化形式，但是政治制度仍然是一个政体最可辨认的区别特征，这主要存在于民主和专制的区别之中，当然，民主有不同的形式，而专制也有不同的形式。

政体的公民文化往往被一般化地称为“文化”或“国民性”，它指的是国民或公民共同体的整体生活方式和大多数成员所具有的素质、禀性、思维方式、信仰、习惯、传统惯例、价值观、公共行为方式、对统治权力的态度，等等。例如，托克维尔在《美国的民主》一书中，先是讨论了美国的政治制度，如分权、权力的制衡、选举制度、联邦与地方权力的关系等。接着，他又详细讨论了美国人的国民性特征，如他们对自由和平等价值的观念和坚持方式、普遍的公民结社、基督教传统的影响和体现、自理和自治的要求和能力等。他得出的结论是，美国的民主制度与美国人的民主价值和文化是一致的，这两个方面形成了具有整体意义的，可以称作“民主政体”的“美国政体”。

任何一种展望政治改革的理论都不应该是一个空洞的理念文字游戏，它有责任清楚地表明自己展望的那种可以称为“新”的政治究竟要体现为怎样的制度，并造就和依赖怎样的公民文化，这样的公民文化具有怎样的核心价值，这些价值与政治制度的哪些基本原则互为表里，相互支持。在制度方面，对政体最根本认知仍然必须是，一个政

[1] 亚里士多德：《政治学》，颜一、秦典华译，中国人民大学出版社，2003年。以下出自此书的引文，均在括号中直接标明页数。

体就是对城邦中的各种官职尤其是拥有最高权力的官职的某种制度或安排。这就是为什么民主选举成为民主政体与各种其他不同政体的根本区别。

（二）“充分公民”是衡量政体优劣的标准

一个国家是否存在真正的“公民文化”，其先决条件是它的广大国民是否能够成为充分享有权利，并承担责任的公民。只有这样的公民才能称为“充分公民”，在这个意义上不充分的公民只能是一般的“国民”或者更受限制的“臣民”和“党民”。不同的政体之所以对“公民文化”有不同的影响，是因为它们对于生活于其中的“公民”有不同的要求。

亚里士多德对“公民”的定义中包含了两种不同的政体成员概念，大致相当于我们今天所说的“国民”和“公民”，每一种政体的人民都可以称为“国民”，而只有民主政体中的人民或国民才可以真正称为“公民”，他称为“单纯意义上的公民”。亚里士多德说，“单纯意义上的公民，就是参与法庭审判和行政统治的人，除此之外没有任何其他要求”（72页）。他解释道，“我们的公民定义最适合于平民政体下的公民，对于其他政体虽然也适用，但并不必然。有的城邦没有平民的地位，没有公民大会，只有一些偶然的集会，诉讼案件由各部门的官员分别审理，例如在斯巴达”（73页）。只有在国民拥有“议事”和“审判”这两项基本权利的政体中，才有真正的公民，“从以上论述中可以清楚知道什么样的人才是公民。凡有资格参与城邦的议事和审判事务的人都可以被称为该城邦的公民，而城邦简而言之就是其人数足以维持自足生活的公民组合体”(73页)。

由于亚里士多德对“平民政体”与“公民”的特别联系，非平民的其他政体下的群体成员便更符合我们今天所泛指的“国民”。亚里士多德说，“既然政体有许多种类，公民也就必然是多种多样，尤其是受统治的公民。因此，在一种政体下是公民的工匠和佣工，在另一种政体下却不能够成为公民”，“只有享有各种荣誉或资格的人才最应被称为公民”。(82页) 政体对谁是公民，谁可以享受“公民权利”，享受什么样的公民权利，都拥有规定的权力，例如，1974年苏联政府把作家索尔仁尼琴驱逐出境，剥夺了他的公民身份，哈维尔1970至1989年三次被捕入狱，事实上被捷克斯洛伐克政府当成了“非公民”，虽然他仍然还是那个国家的“国民”。

政体不仅可以把一些国民以不同的方式放逐或排除到“公民共同体”之外，还能对那些被称为“公民”的人们进行不同的类属区分，其中最受政体倚重的便是“好公民”。不同政体的“好公民”标准是不同的。在许多政体，尤其是非民主的政体中，好公民也就是“良好的国民”。好国民与善良之人的德行虽然可以有所联系，但却是不同的。亚里士多德说，“显然，即使不具有一个善良之人应具有的德性，也有可能成为一个良好公民”(77页)。这句话应验在了许多毫无善良道德的“好国民”或“好公民”身上。

公民的美德与善良之人的德性越是接近，就越可能是一个比较优秀的政体，这体现了优秀政体对于优秀公民的教育作用，也体现了优秀公民对政体的价值坚持和道德要求。如果一个政体中，一方面统治者自私自利、专制跋扈、鱼肉人民，而另一方面被统治者则又奴性十足、一味顺从、阿谀奉承、胆小怕事。在这样的政体中，人与人之间相互冷漠猜疑、欺骗加害，凡事功利当先，没有价值追求，也没有原则坚持。很难设想这样一个政体可以成为优秀的政体。

对一个政体中的不同成员，亚里士多德提出了不同的公民德性条件，对统治者来说，最重要的德性是“明智”(prudence)，而对于被统治者来说，虔诚、公正、勇敢、友谊、诚实、守信则是一些更具有普遍意义的德性，“统治者独特的德性是明智；因为其他诸种德性似乎都必然为统治者和被统治者所共有。被统治者的德性当然不是明智，而不过是真实的意见”(80页)。

对于统治者和被统治者，有一个美德是都必不可少的，那就是自由的意志。无论是当统治者还是当被统治者，都不是一种被人强迫的，或是受恐惧支配的角色。唯有如此，这两种角色才是可以轮换的，“一个既能统治他人又能受人统治的人往往受到人们的称赞，人们认为，公民的德性即在于既能出色地统治，又能体面地受治于人”(78页)。这两种角色的关键都在于当一个“自由的人”。

因此，当好统治者的一个必要条件是也能当好被统治者。绝对地领导别人，而不被别人领导，这本身就是一种奴役，而不是自由人的统治与被统治关系。亚里士多德说，“俗话说得好，没受过统治的人不可能成为一名好的统治者。这两方面的德性各不相同，但好的公民必须学会统治和被统治；他的德性在于，从两个方面学会做自由人的统治者”(79页)。一个优秀的政体，不会放弃让公民“学会做自由人”的基本教化作用。共和政体之所以具有对自由人的教化作用，之所以能对自由、平等的公民文化有所陶冶和支持，首先是因为它把公民们的自由和平等确立为它的核心价值，并落实为他们确有保障的基本权利。

（三）优秀的政体必须有对优秀价值的追求

德性是好生活的灵魂，也是体现好生活的好政体的存在目的。优秀的政体必须有对优秀价值的追求，“一个城邦共同体不能仅仅以一起生活为目的，而更应该谋求优良的生活”（88页）。在亚里士多德那里，谋求优良的生活也就是谋求德性的生活，“倘若不是这样，奴隶和其他动物就也可能组成城邦了，可是至今尚无这种事情发生，因为奴隶和动物们不能共享幸福或符合其意图的生活”。奴隶们是不可能拥有好生活的，更不用说好的公民社会和好的公民文化了。

优秀政体的存在目的不是单纯实用或功利的，不仅仅是为了国家的防御或经济的发展，而是为了使得政体内的公民们尽可能变得更为优秀。因此，优秀政体是一种对公民有德性教育目的，并能起到教化、塑造作用的政体，“城邦共同体不是为了联合抵御一切不公正的行为，也不是为了彼此间的贸易往来以有利于城邦的经济……要真正配得上城邦这一名称而非徒有其名，就必须关心德性问题，这是毋庸置疑的；否则城邦共同体就会变成一个单纯的联盟，只是在空间方面有差别，因为联盟的成员分处不同的地方”（88—89页）。一个政体越是接近优秀的标准，对公民美德的要求和教育就越有可能接近善良之人的美德，善良之人在这个政体中也就越会觉得适得其所。

亚里士多德把“共和”看成是一种具有“中间”优良性的政体，其本质就是不极端。共和包含不同的要素，顾名思义，是一种混合政体，“整个这种结构既不是平民政体也不是寡头政体，而是倾向于这两者之间的中间形式，人们通常将其称为共和政体”（44页）。

斯巴达的政体看起来具有混合政体的形式，“有些人就说过，最好的政体是结合了所有形式的政体，他们推崇斯巴达人的政体，是因为这种政体包含了寡头政体、君主政体和平民政体的因素。国王代表君主政体，长老会代表寡头政体，而监察官则代表平民政体；因为监察官是从人民中选举出来的”(45页)。

把政体的混合简单地等同为政体的“优秀”，是错误的，因为“混合”本身并不能自动带来优秀，也不是衡量政体优秀的标准。混合可以为政体优秀提供条件，但不能保证政体的优秀，考虑一个政体是否优秀，“有两点必须讨论，第一，与完美的城邦相比，每种个别的法律是好还是坏；第二，它是否与立法者为公民所树立的主旨和特定方式相一致”(55页)。

第一点中涉及“完美的城邦”，其中“完美”指的是普遍的公正和全体公民的共同利益，也就是亚里士多德所说的“政治之善”。政治之善本身是一个目的，它并不是为提高执政者的威信这一类功利目的服务的。这是用政治之善的标准来衡量一个政体是否优秀，不是看它自己如何包装或吹嘘自己的道德完美目标，而是看它实际上是否腐败，以及腐败的程度。

第二点涉及的是政体创立时自己确定的目标，包括其“主旨”和“特定方式”，这是就政体是否按其设计在起作用而言的，如果一个政体偏离了原来的设计目标，不再起作用了，也就成为没用的、不优秀的政体了。许多政体的原初创建都有某种“完美城邦”的理想，都想要追求与公正和共同利益一致的政治之善，否则，它从一开始便不可能对民众有政治和道德的号召力，也不可能成功地被建立。但是，即使目标一开始并不是一种欺骗的阴谋，原初的目标并不能保证这个目标的实现。如果一个政体没有制度来保证实现它自己订立的目标，那么它就不是一个好的政体。

亚里士多德在批评斯巴达政体时，既是针对斯巴达政体对不同类别的斯巴达人造成的种种具体的腐败，又是针对政体本身对设计目标，也就是立法者意图的偏离，前者是政体的正当性，后者则是政体的有效性。

斯巴达人相信，他们的政体是伟大的立法者莱库古制定的，这就像今天一些国家中的人们相信，他们的政体是由一个伟大的立法者（领袖）所奠定的。斯巴达的政体看起来具有混合政体的形式，“有些人就说过，最好的政体是结合了所有形式的政体，他们推崇斯巴达人的政体，是因为这种政体包含了寡头政体、君主政体和平民政体的因素。国王代表君主政体，长老会代表寡头政体，而监察官则代表平民政体；因为监察官是从人民中选举出来的”（45页）。与斯巴达人一样，许多赞成和支持“新民主主义”的人士都相信，它的“立法者”是公正的，是为了全体国人的共同利益。“新民主主义”政体是一种可以避免极端政治的混合式政体，它包含了精英政体和平民政体的因素，它的两个组成部分分别是少数人的精英和大多数人的平民。

从正当性和有效性来看，斯巴达政体都不优秀，对这两个方面来说，反证都来自政体不断滋生，而且根本没有办法自我控制的“腐败”。首先是在监察制方面。在斯巴达，监察官具有最高的决定权，他们是从全体平民中产生，“所以十分贫穷的人也可能占据这一职位，这些人身世寒微，为贿赂开了方便之门。早先在斯巴达就有许多这种丑闻，最近在安德利斯事件中，某些受过贿的监察官就在极力危害着这个城邦。他们权重一时，恣意专断，就连君王也须仰其鼻息，于是政体连同王权渐趋衰微，由贵族政体沦为平民政体”（59页）。亚里士多德对出身寒微者易于腐败的看法虽然可能有偏见，但却有充足的历史事例可以证明，太平天国将领的极端物质欲望和补偿性享乐就是众所周知的例子。

贪污受贿的腐败当然不是在出身寒微者那里才有的，亚里士多德指出，享受长老制权力的贵族精英也是一样的腐败，因为他们拥有终身制的特权，没有外力可以约束他们，“长老们德高望重，且受过充足的训练，所以他们对城邦有益。但是在重大问题的裁决上采取终身制不见得就好，因为思想会随身体的衰老而衰老。人在这样的方式下受教育，以致立法者本人也不相信他们，事情就真正危险了。众所周知，许多长老在处理公务时往往收受贿赂，营私舞弊”(59页)。这些政治特权人物，“他们恣意妄为，终生显要，这都是他们自以为应该享有的荣耀；他们不依成文法规，一味随意专断，是十分有害的”(63页)。

政治权威的恣意妄为、专权腐败对普通公民产生了另一种腐败的影响，那就是“民众被排斥在外却又没有怨恨”(63页)。民众的冷漠愚昧、被动顺从往往被统治者当作拥护和拥戴的表示，当作是社会和谐与治理有方的证明，但是，存在这样的愚民，“一点也不能说明其管理有方”(63页)。斯巴达的军事化教育培养的是一种看似自由人，却实为奴性的教育，“因为整个法律体制只涉及德性的一个部分，即战士的德性，它能在战争中称雄。只要进行战争，他们就能保持强大，一旦其霸权建立，他们便开始衰败。因为他们对和平时期的治理术一窍不通，从来没有从事过比战争更为重要的事业”(60—61页)。

（四）政体的奠定时刻和“立法者”

政体对于制度和公民文化的创制作用如此重要，那么政体是如何形成和奠定的呢？谁是政体的建立者呢？谁又可能是政体的改造者呢？对这样的问题有两种不同的看法。

第一种是，政体的形成并没有一个特定的“开创时刻”，政体是在历史过程中自然形成的，无论是制度的特征，还是国民文化的特点，都有一个国家自己的特点。托克维尔在《美国的民主》中对美国政体特点的许多描述可以说表现了这样的“自然形成”观念。在美国形成共和民主的制度之前，美洲殖民地的人民已经在他们的地方生活中实现民主的自治和治理了，自由和平等的价值观已经在支配他们的日常生活和共同体运作了。美国独立之后，在宪法层面上确立民主共和制度，乃是水到渠成的事情。

这种“自然形成”观的局限在于它的自然、传统或习惯条件决定论。按照这样的观点，中国传统的人治大于法治的政治制度，以及官贵民贱和阿Q式的国民性，都可以看成是在中国特定的历史中形成和维持的，因此对于中国是“自然而然”的。这样的观点似乎也可以用来解释，为什么中国即便有了共和革命，还有了共和宪法的订立，但真正建立民主共和政体的道路却并不平坦。

关于政体如何形成的第二种看法是，政体的形成有一个开创的时刻，而且，只有经过人们自己的深思熟虑和自由选择来确立的政体才能体现他们所追求的优秀价值和政治之善。亚里士多德把政治学看成是探求政治之善的科学，政治之善便是公正，是全体公民的共同利益，这使得政治成为一切科学之首：“一切科学和技术都以善为目的，所有之中最主要的科学尤其如此，政治学即是最主要的科学，政治上的善即是公正，也就是全体公民的共同利益。”（95页）

政体的开创时刻早就成为政治经典著作关注的一个重大问题，柏拉图的《理想国》设想的政体，它的开创者就是哲人王，他的睿见使得他对政体深思熟虑的设计具有了一种无以代替的权威。马基雅维里关注的政体创建者包括罗慕路斯（Romulus，罗马的创立者）、摩西、居鲁士（Cyrus，波斯帝国的创立者），他们是政体的伟大立法者（law-givers）和创立者。美国的建国之父们也可以被看成这一意义的政体创立者。汉密尔顿在《联邦党人文集》的第一篇里，就强调了美国共和的政体创立意义："时常有人指出，似乎有下面的重要问题留待我国人民用他们的行为和范例来求得解决：人类社会是否真正能够通过深思熟虑和自由选择来建立一个良好的政府，还是他们永远注定要靠机遇和强力来决定他们的政治组织。如果这句话不无道理，那末我们也许可以理所当然地把我们所面临的紧要关头当作是应该作出这项决定的时刻；由此看来，假使我们选错自己将要扮演的角色，那就应当认为是全人类的不幸。"

伟大的政体立法者和创建者同样开创了一些打上他们个人印记的政体，并为之立法，以期万世长存。他们比谁都更懂得这样一个道理：政体对于造就一国的"新人"有着极为重大的教育和塑造意义，所以不能把政体当成一件只能听由运气或所谓自然力量来决定的事情。他们都是最重视政体建设的统治者。问题是，他们所建立的政体是优秀的还是邪恶的呢？我们应该用什么标准去评判这些政体的性质呢？如果它们不符合优秀政体的公正和造福全体公民的要求，那么它们又是如何得以保存和加强的呢？

这些不妨成为今天中国政治改革理论思考者可以考虑的历史参照。在思考新民主主义时，历史带给我们的政治理论问题首先是它的理论准则是否有效的问题。先提出准则的有效性问题，这是因为任何政治准则都是用美好、高尚的道义语言包装起来的，而不是因为那些准则根本就无从用批判理性去解析和揭露。

古罗马人重实践远胜于理论，因此特别重视历史的经验和教训。

西塞罗把历史上逝去的时代看作是当代的见证，“历史的火炬照临现实，使往事的追忆焕发生命，使人类的生存有例可循，并重温来自昔日岁月的音讯”。政治理论与历史鉴证之间的联系来自一个亚里士多德的政治学所无法为今天的人们提供思考的问题，那就是20世纪人类特有的极权政体。在亚里士多德所归纳的三种基本政体模式（分别由一个人、少数人或多数人执掌）中，没有一个是完全坏的或完全好的，而最后是将它们加以混合。但是，20世纪的极权灾难之后，似乎已经很少有人会说，像希特勒那样的纳粹统治，或者像《1984》那样的极权世界，既不全坏也不全好，也很少有人会说，改变这样的政权或政体，可以运用“三七开”或“去伪存真”的办法。改变这样的政体必须从政治理论上加以推翻，也必须在制度和公民文化上进行根本的变革。

（五）政治改革与政体改造

对政体变革可能有两种期许，一是出现伟大的变革者或颠覆者，二是公民的奋起，在这种奋起中，公民运动成为政治改革的推动力。

政治改革，特别是触及政体的政治改革，需要公民群体中的领袖和精英，尤其是他们当中善于思考的那些人，担负起责任。他们必须对政体作出深思熟虑的慎重选择。与此同时，普通的公民们也要有机会参与其中。唯有如此，一旦国家中的某些人选择了一种阻碍大多数人积极参与的排斥性制度，广大的公民群体仍有可能拒绝这样的选择，并以他们自己的方式要求一个公正的、符合全体公民共同利益的制度。

在政体创立的时刻，人民往往并不能成为立法者，立法者总是那个历史时刻被人民接受为领袖的政治精英，这些立法者如果扮演错了角色，那就会成为一个国家的巨大不幸，因为错失政体创立时刻的过失是无法弥补的。

仅仅有一位伟大的“立法者”，并不能保证民主的制度就能有效地建立起来，孙中山先生就曾经扮演过这样一个角色，但他并没有在中国建立起一个民主的政体。民主政体能否得以确立，建立以后具有怎样的民主质量，在很大程度上取决于人民是否准备好了。在这一点上，历史也为我们提供了借鉴，在美国改变和建立那个被称之为民主共和的美国政体时，美国人已经准备好了。可是问题的另一面在于，人民在很大的程度上是由政体教育而成的。因此，今天有人担忧，民众还没有为民主改革做好准备，这种担忧可能让人们感觉到公民启蒙的重要和迫切，也可能使人陷入对民主前景的悲观失望之中。前一种可能会使人们加倍努力地去推动民主改革，而后一种可能则会成为拖延或者甚至反对民主改革的借口。

对政治改革有两种不同的想象方式，各自对当前的政体正当性缺失有一种不同的估计。第一种是要把腐败、堕落的政体恢复为它原先的“正确”原状。第二种是认为，恰恰是原有的政体滋生了今天的腐败和堕落，因此必须改变原有的政体，而代之以一种更优秀、更正当的政体。前一种往往被称为“改良”，而后一种则被称为“革命”。

亚里士多德的政治理论中那个著名的政体六分法表明的便是第一种政治变化的可能，“我们把正确的政体分为三类，即君主制、贵族制（政体）和共和制；这些政体又有三类相应的变体：僭主制或暴君制是君主制的蜕变，寡头政体是贵族政体的蜕变，平民政体是共和政体的蜕变”（117页）。亚里士多德所说的“蜕变”指的是由于权力的腐败（不公正、把一部分人的利益凌驾于全体公民之上），他认为，任何一种政体只要发生了权力腐败，都会从优秀的政体蜕变成恶劣的政体，而只要优秀，不同的政体之间只有好一点和更好一点的不同，而没有正当和不正当的区别。文艺复兴时期的“开明君主”和后来的“开明专制”都是以此来获得合理性和合法性的。在今天的民主时代，这样的政体观显然已经难以为大多数人所接受。

当今世界一些国家里，占主导地位的政治改革观仍然是亚里士多德所提出的，它的出发点是不质疑现有政体的正当性，或者至少是搁置这种质疑。这样的“改革”主要是一种改良，但仅仅这样是不够的。现有政体内的改良应该成为将来更大政治改革要求的诱因，成为一个形成新价值的窗口和一个公民启蒙的机遇，甚至成为一种公民权利尝试和民主文化准备。在这种政治改良过程中，如果人民觉得政体本身不可能充分改良，或者不再信任和满足于永远停留在局部的改良，那么，他们就一定不会让政治改革只是停留在原有政体的限制范围之内，而是会进一步地要求政体的政治改革和改造。期待或断言这样的政体改革和改造还为时过早，但是，谁又能说这一天永远不会到来？过去几十年的世界变化为人们期待这一天的到来提供了许多历史例证，许多变化都不是政治理论所能预言的。政治理论为可能的历史变化提供准则，但是准则远不如例证给人以信心和希望。使人们在不可能的时刻看到可能，在希望渺茫时不放弃希望的，不是政治理论的推导和预测，而正是发生在历史中的那些出人意料的转机和突变。

结语　学术的公共性与人文教育

学术是探索和发现新知识的方法和过程。学术是手段，是为了发现新知识并将获得的知识用于社会普遍教育和其他形式的公共事务参与。学术的理想与人的教育，尤其是人的自由教育，即人文教育，以及与公共事务参与的目标是一致的。这些目标包括实现人的平等、自由、尊严，以及尊重人的多元、理性、独立、创制。当学术无法帮助教育或其他公共事务实现这些基本价值目标时，当学术甚至不再能在公共领域中公开表现它的社会关怀和社会问题意识时，学术便不得已变成了它自己的目的。在今天的大学体制里，原本富有社会意义的学术变成所谓的“纯学术”。要是学界人士对此麻木不仁、随遇而安，甚至沾沾自喜、自夸自赞，那么今天的学术一定是出了问题。

学术的社会意义在于知识的公共运用，其中最重要的便是人的自我实现和让社会、政治、文化变得更为优秀。学术不只涉及少数学者发现新知识、传播新知识的思想、言论权利，而且还涉及社会公众获得新知识、运用新知识的公民权利。思想的禁锢和言论的钳制是对这两种权利的侵犯。当学术受到种种思想禁区、课题禁忌和“敏感词”管制的时候，首要的问题是思想自由，而不是所谓的学术纯粹性。没有思想的自由便不可能有自由的学术，也不可能有自由的教育，而人文教育则尤其离不开自由。

学术是人的思想和创造的结果，是学者个人在具体的社会环境和公共群体中与他人共同拥有生存世界的方式。学者选择了做学术这种与他人交往的方式，不只是出于知识好奇或好玩的理由，而且也是因为，做学术本身体现了人的公共生活和行动特征。做学术本身就是一种积极生活、介入与他人共同生活世界、共同增进社会正义和福祉的方式。

（一）学院里的学术

人们今天所说的“学术”，常常指的是学术产品，尤其是像专著、论文等一类的文本产品。其实，这一类的文本产品并不总是具有学术价值。要了解什么是“学术”，就得先知道谁是“学者”，学者做什么，而不只是他们生产怎样的产品。哪些人算是“学者”，在历史的不同阶段是不同的。例如，在古代社会里，学者指的是从事手稿、典籍、宗教经文抄写的人员，那些从事公众或私人写作行为的僧侣、演说家和政治官员也会被看作学者。到了中世纪，学者指那些正在接受古代文本研读训练的大学生。到19世纪末，在美国，学者主要指大学教授，而教授的“学者工作”则包括教书、公民服务和与这些有关的知识发现。20世纪，出现了以研究为主的大学，学科领域被划分界定，学者是从事专业学术研究的人，而学术则指符合这些学科论题和规范要求的研究产品。[1]

---

[1] Thomas Hatch, et al., *Into the Classroom: Developing the Scholarship of Teaching and Learning*. San Francisco: Jossey-Bass, 2006, pp. xvii-xviii.

随着“研究”与“学术”之间形成特别的关系，“同行评审”成为衡量学术的标志特征。“同行评审”把学术产品交给领域中的数位“专家”评审，以获得专业认可。这种评审方式存在许多问题，有的根本就是形式主义，它的实质效果和价值一直颇多争议。尽管如此，在出版、学术资助、任职、提升等程序中，“同行评审”仍是正规的标准程序。由于这一“正式”程序的标准化，其他“非正式”的评价方式受到忽视或排斥。非正式评价往往来自公共社会，而非囿于单纯的“学院”或“学术”体制。许多人认为不应当贬低非正式评价的重要性，因为“最广义的‘同行评审’应当说是当人们就什么是新知识问题进行交流时，就已经存在了。这是因为，学术体制内外的评审（无论是在[论文]发表之前，还是之后）都是建立知识共识过程的不可缺少的重要部分，对于科学知识的增长更是必需的”[1]。

同行评审最早出现在18世纪英国的自然科学界，当时所起的是营建和发展学者公共群体的作用，而这种群体又是公民社会群体的一种形式。人们经常性地对新知识进行评议和交流，它本身就是一种平等和自由的交往方式。在科学群体中，参与者逐渐就研究的方法、语言、质量标准等形成了评审的共识，这样的参与有许多是以非正式的方式进行的。今天的学术评审制度往往舍本逐末，抱住形式主义的专业小圈子，轻视甚至排斥学术在公共生活中的知识自由交流和公共群体构建作用。在这种情况下，回归知识评审的公共价值应当兼顾正式和非正式的评审。这里的评审指的不只是个别专家的匿名评审，而更是让尽量广大的公众能公开发表对新知识的看法。

---

[1] D. A. Kronick, “Peer Review in 18th -Century Scientific Journalism.” *JAMA* 263（10）1990, p. 1321.

同行评审要比学术刊物晚出世近一个世纪。最早的学术刊物出现于1665年，是英国皇家学会出版的《伦敦皇家学会哲学交流》（*Philosophical Transactions of the Royal Society of London*）。出版这个刊物是出于当时学者们互相交流的需要。早在1640年代，一些英国学者就定期在牛津大学聚会，并称他们的群体为“无形大学”，后改名为“皇家学会”。当时信息交流的主要形式是通信，随着学会的成员增多，相互通信交流变得越来越不方便，于是便出现了学会的刊物。刊物的主要目的是协助交流，不是发表研究成果。庇克（R. P. Peek）指出，当时学者做不做研究完全“是自愿的”，“早期的刊物数目很少，并不被当作学术成果非在那里发表不可的地方”。[1]

学术刊物的最初作用是为学者公共群体提供一个自由交流的开放空间，刊物起到的是营建、凝聚学术公共群体的作用。纸质印刷传媒是它的技术条件，“[学术群体]成员由于信息和知识的交流而结合到一起。科学由于两个原因而非常依赖于印刷文字。印刷文字可以将结果、观察、交流、理论等作为公共记录永久保存，也为批评、辩驳和提炼事实而提供机会”[2]。今天，印刷文字的这两种作用已经越来越多地由电子传媒来补充或者代替，但传媒的公共性功能没有变，都是为了让尽可能广大的公众（the publics）参与到信息和知识的交流中来。不幸的是，今天的印刷学术刊物所起的“学院奖励制度”作用超过了公共知识信息作用。更令人担忧的是，“刊物出版已经大大地从学术社群转移到出版者那里……形成了不同出版者间的等级制度”，学术成果

[1] Robin P. Peek, “Scholarly Publishing, Facing the New Frontier.” In Robin P. Peek and Gregory B. Newby, *Scholarly Publish: The Electronic Frontier*. Cambridge, MA: The MIT Press, 1996, p. 5.

[2] John M. Ziman, *The Force of Knowledge*. Cambridge: Cambridge University Press, 1976, p. 90. Quoted by Robin P. Peek, “Scholarly Publishing, Facing the New Frontier,” pp. 5-6.

变得前所未有地依附于这个外在的等级制度。[1]

以发表刊物、出版社等级为标准的知识体制注重的是一种非常狭隘的利益行为，为升职、经费、奖励而进行的各种学术评审往往排斥“非专业”（跨学科、公共问题、大众媒介、报刊）的思想产品成果。学术委员会和资深学者在对新入行者，尤其是青年教师进行学术指导时，明确要求他们以小圈子专家同行为意向读者，鼓励他们在读者很少的“专业刊物”上发表论文，以显示“优秀”的学术品质。这些“资深学者”在学科里担任的往往是“学科守门人”的角色。和其他的行业一样，大学的专业领域也是由三种不同角色的个人构成：守门人、专家和初学者。守门人精英层的形成受到政治、声望和职位任命等各种因素的影响，必须在特定的决策机制中才能起作用。守门人是行业或职业的精英，他们不只是本学科的业务带头人，而且还是职业内变化的主导者。[2]

在美国，狭隘的学科学术模式是在1815—1915年间形成的，它的特点是培养思想精英和以精英文化传承者为主要目标，追求一种为知识而知识的“纯”研究。[3] 19世纪的美国大学因此鼓励教师避免“社

[1] Robin P. Peek, “Scholarly Publishing, Facing the New Frontier,” p. 6.

[2] Howard Gardner, et al., *Good Work: When Excellence and Ethics Meet*. New York: Basic Books, 2001, pp. 24-25. 张鸣很形象地描述了大学中各种“角色”的特点。第一种“是大学脸上的‘脂粉’，这属于极少数大牌教授……首先最受重视的是具有全国性学术评审机构成员资格的人”。第二种是“学官”，即那些“有教授头衔，但屁股坐在官椅子上”的人，他们是大学官僚衙门的层层管事。第三种是“三六九等‘计件工人’的教师”。张鸣：《大学教师的角色》，http://www.tecn.cn/data/detail.php?id=21772.

[3] Joseph M. Moxley and Lagretta T. Lenker, eds. *The Politics and Processes of Scholarship*. Westport CN: Greenwood Press, 1995, p. 1. Robert Connors, “Rhetoric in the Modern University: The Creation of an Underclass.” In *The Politics of Writing Instruction: Postsecondary*. General editor, Charles Schuster. Portsmouth, NH: Boynton/Cook Publishers, 1991, pp. 55-84.

会、政治、道德和宗教问题”[1]。随着20世纪进入群众社会时代，这种精英模式已经不得不发生巨大而彻底的变化。

教育普遍化的趋势改变了民众接受信息、相互交际的方式，改变了他们在社会中的工作机会、消费方式、对政治宣传和社会政策的理解方式等。威尔士（H.G. Wells）在1920年代写道：“从来也没有这么多能阅读的群众，以前分割读过书的（readers）和文盲群众之间的那道鸿沟现在变成了不同教育程度之间的些许差别。”[2] 艾略特（T. S. Eliot）认为，扩大教育的结果只会生产半吊子的读者。他写道：“毫无疑问，就在我们急急忙忙想要每一个人都接受教育的时候，我们正在降低教育标准……我们在拆毁古老的大厦，腾出空地来，好让未来的野蛮游牧民族有地方安营扎寨。”他建议，将英国和美国的大学生人数砍去三分之二。[3]

二战结束以后，现代社会知识和职业结构发生了很大变化，美国大学发生了更为彻底的变化，大批退伍士兵作为学生进入大学，大学不断扩招学生。这种情况与中国目前的大学扩招有不少相似之处。大学接纳了许许多多本来读完高中就算完成了教育的学生，大学教育中学化成为不可避免的后果。但这并不一定就是坏事。如果我们把扩招的目的或效果看成是提升民众的普遍教育程度，而不是扩大知识精英的人群，那么，扩招应该说是一件好事。但是，大学原先的精英知识模式却是再也不可能维持了。在美国，精英式的纯学术模式在1980年

---

[1] Quoted in Robert Connors, “Rhetoric in the Modern University: The Creation of an Underclass,” p. 60.

[2] H. G. Wells, *The Outline of History*. London: George Newnes, 1920, p. 647.

[3] John Carey, *The Intellectuals and the Masses: Pride and Prejudice among the Literary Intelligentsia 1880—1939*. New York: St. Martin’s Press, 1992, p. 15.

代的“专业主义”(professionalism)批判和1990年代的“重新界定学术”下，受到越来越多的质疑和否定。人文和社会科学的教师对“重新界定学术”问题的关注和讨论最为热烈。学术不仅涉及什么是可以当作“学术成果”的产品（是单指论文、专著，还是兼指讲稿、教案或者别的），而且也涉及对学术的奖励制度（评级、升职、名誉、课题经费等）。越来越多的教育界和思想界人士认识到，现有的一些学术评定流于形式，忽略学术的社会功用，尤其是忽略学校里的实践教学，已经成为当今大学的一大弊病。这是大学人文教育遭到冷遇的一个主要原因。

“重新界定学术”的一个关键问题是“研究”与“教学”的关系，这是因为，现今学术场域主要就是在大学。大学的学术奖励制度重研究、轻教学，受到来自不同方面的批评，动机也不相同。例如，学校行政领导和校董会大多从学校的开支着眼，认为教师多做研究会不利于教学量，多做研究会导致增加教师和提高学费。不少教师由于同时感受到研究和教学的压力，也希望减轻研究的负担。[1] 大学教师压力感的一个重要原因是必须有什么样的研究才算学术成果。1989年的卡耐基基金会调查发现，在授予博士学位的大学中，73%的教师认为，最受认可和奖励的学术是在评审制刊物上发表文章，或在有名气

[1] Ernest Boyer在《重新界定学术》(1993) 中，对美国大学学术制度有详细研究，提供了一些这方面的数字。卡耐基基金会对全美大学教师在1969年和1989年各作了一次调查，有这样一道问题，“在我的系里，教师因无论文发表，难以得到终身制”。对此表示强烈同意的人占所有大学教师的百分比，1969年是21%，1989年是42%；在可以授予博士学位的系科里，这个数字1969年是27%，1989年是71%（几乎增加了3倍）；在人文学院中这个数字增加了4倍（从6%到24%）；在综合性大学中，这个数字增加了7倍（从6%到43%）。这些数字反映了教师压力感的增加。Ernest Boyer, *Scholarship Reconsidered: Priorities of the Professoriate.* Princeton, NJ: Carnegie Foundation, 1990, p. 12.

的出版社出版著作。[1] 另一项研究表明，发表物之间还存在着四种不言而喻的“等级”。第一是“课题对象”：理论的在上，教学的在下。第二是“研究方法”：原创在上，二手综述次之，带个人性质的又次之。第三是“出版种类”：专业刊物和大学出版社的在上，非专门的、教学或教科书在下。第四是“评价方式”：同行评议在上，社会、媒体评议在下。[2] 这种情况与中国大学的学术评审大致相符。不同的是，美国大学从1980年代已经认识到这是一个有待解决的问题，而中国大学在21世纪却还在把它当作一种理想规范予以全力加强。

（二）1990年代的中国“学人”和“知识分子”

早在1990年代初，中国的“新国学”就已经提出了学术规范的问题。当时“新国学”阵地刊物《学人》强调学术的“规范性”“专业功力”和“朴素扎实的学风”。这些主张针对当时学界的不正风气，“一些‘学者’全然不顾各门学科专业之规范，随意入他人‘领地’，放言高论，漫肆批评。还有一类‘学者’笃信‘耳食’胜‘眼根’，指陈他人，根本无视你书中层层叠叠的论证”。[3] 在强调“专业性”的同时，“学人”被有意识地确立为一种学者的人格典范和身份定位。

“学人”的身份定位是在与“知识分子”身份的区分中被确立

[1] Ernest Boyer, *Scholarship Reconsidered: Priorities of the Professoriate*. Appendix A-10.

[2] Richard C. Gebhardt, “Issues of Promotion and Tenure for Rhetoric and Technical Writing Faculty.” *Studies in Technical Communication*. Denton, TX: CCCC Committee on Technical Communications, 1993, p. 11.

[3] 王守常：《学术史研究争议》，《学人》第一辑，江苏文艺出版社，1991年，第8页。

的，是一种布迪厄（Pierre Bourdieu）所说的知识场域内，为争夺象征资本而定位区别的结果，“要存在就得有区别，也就是说，占据特定的、与众不同的位置”[1]。从1980到1990年代，“知识分子”是中国许多公共写作者和知识求新者的自我身份定位。以现今的“学术”标准来看，1980年代至1990年代末的许多新知识发现和知识运用都不见得很有学术性。这个时期所有的人文和社科发表物几乎没有一篇是经过“同行评审”的，所谓的核心刊物体制和“中国社会科学论文索引”（CSSCI）体制还没有建立。这个时期的许多学术争论都是知识分子的争论。由李世涛主编的《知识分子立场》（三卷本，时代文艺出版社2000年1月出版）与罗岗和倪文尖编的《90年代思想文选》（三卷本，广西人民出版社2000年7月出版）都是1990年代末成书的，并都以种种现成“问题”来归类收集相关的文章，这些问题包括“激进与保守之争”“民族主义”“自由主义和新左派之争”或者“学术规范”（新国学）、“后学”“人文精神”“市民社会”“自由主义”“社会公正”“经济伦理”等等。这些争论反映了当时许多学人的社会问题意识，也反映了他们对什么是重要“知识”和“知识功能”的认识。

可以说，在中国，学术职业化和学术公共性的矛盾从1990年代初就已经出现了。当时针对“学术失范”提出的“学术规范化”包括三个方面：质量优化、标准化和专门化。而“学术规范化”对这三个方面的认识都存在很大的局限性。

第一个方面是学术质量优化。质量优化是一种具有普遍意义的理想。但质量优化在不同的知识形式中有不同的标准。哈贝马斯曾把

[1] Pierre Bourdieu, “The Field of Cultural Production, or the Economic World Reversed.” *Poetics* 12（November 1983）: 311-356, 338。

知识区分为三种——实证经验科学、历史诠释、自我反思，并指出每一种知识都有其自己的特征、检验标准和价值观。实证经验性知识以“技术”为其目的，以“真”为检验标准，并以认识的“真”为伦理的“好”。历史诠释性知识以交流为目的，以“通达”为评断标准和价值取向。反思性知识则以“解放”为目的，以批评建设作用为评断标准，并以“自由”为其基本价值。[1] 以乾嘉小学为滥觞的传统国学是在清代文网森严的处境下发展起来的，对清代学者来说，这种知识的价值不只是“真”，而且是能全身免祸。我们今天在重拾这些学术传统的时候，能否毫无疑义地肯定它的价值取向？这样的国学传统又能否符合我们当前的文化批判和民主公民社会建设的需要？

第二个方面是学术标准化。标准化包括对象的标准化和操作性标准化。新学人强调的显然是后一种标准化，用一位论者的话来说，那是指“术语的标准化、分析的模型化、归纳的计量化及推论的逻辑化等方面”[2]。但是标准化和学术思想成就或社会价值却并不能等同起来。操作性的标准化可以使学术操作结果（论文）看上去完全专业化，但不一定有价值（又回到质量优化的问题）。标准化的论文可以废话连篇，空无一物。形式化、标准化的知识最终使知识生产者自己标准化，成为合格的新学者。知识者标准化是学者职业化、非政治社会化的先导。学者因此成为仅仅会写标准学术论文的人。这么说，当然不是要提倡学术无标准，而是要问：我们究竟能不能脱离社会目的和价值来谈学术标准？

第三个方面是学术专门化。学科专门化对知识分子批评和对抗现状

---

[1] Jurgen Habermas, *Knowledge and Human Interests*. Boston, MA: Beacon Press, 1971.

[2] 蒋寅：《学术史研究与学术规范化》，《学人》第一辑，第44页。

既有利又有害。专业化是形成某种社会群体的方式，但也是形成真正广泛公共社会群体的障碍。知识分子在某一专业中的成员专门身份使他不容易成为更大群体的一员。学科专业化既能帮助知识分子设立某种身份定位（如“学人”“学者”“专家”），也能妨碍他认同其他一些身份（如“普通人”）。正如古德纳（A. W. Gouldner）指出的那样，“学科专业化是知识分子为了昭示他们的自我完足性及表明自己超越商业和政治利益的一种意识形态。学科专业化所起的作用总是包括积极的和消极的两个方面。一方面它限制了某些权威（尤其是商业和政治）对学术的干涉，起到了学术民主的作用。另一方面，它接受并强化了那些权威对社会分而治之的局面，使学术囿于一隅之见，对社会整体性变革不感兴趣或觉得无能为力。学科的分割把知识分子限制在越来越精细狭窄、畛域分明的‘领域’之中，把学科内容和学者从社会政治大环境中孤立出来”[1]。

1990年代中期以后，学术规范的议题转移到了造假、学术腐败、泡沫学术，尤其是学术剽窃。剽窃不仅被看作是一个职业不道德问题，更是被当作知识求新的敌人。有论者写道：“独立思考乃创新之母和学术共同体的核心价值。剽窃作为精神盗窃行径，它背弃和践踏的正是学术共同体的核心价值，其低水平重复、以假乱真、以假压真则在破坏学术的秩序和尊严的同时，也势必对创新造成阻滞和破坏，任何一个尊重独立思考、鼓励创新的地方，剽窃都是不被容忍的。”[2] 剽窃的问题的确需要重视，但却不宜把它夸大成为当今中国知识求新的主要障碍，甚至唯一障碍。在人文、社科领域里，对学术求新造成更

---

[1] Alvin W. Gouldner, *The Future of Intellectuals and the Rise of the New Class*. New York: Oxford University Press, 1979, pp. 19, 28.

[2] 肖雪慧：《为了学术的尊严》, http://www.tecn.cn/data/detail.php?id=15485。参见吴迪：《学术规范与职业道德——电影研究中的抄袭与剽窃》，《当代电影》，2006年6期。

大伤害的是来自非学术的限制或利诱。这是一种令学术整体造假和腐败的制度力量，只要这种制度力量还在起作用，学界就不可能有学术尊严，也不可能从根本上解决学术造假的问题。在有外力限制学术真实的情况下，即使学界连一点小偷小摸的行为都没有，仍然不可能成为一个人人说真话的诚实世界。真正的学术需要的学者不只是正人君子，而且更是自由的正人君子。

（三）学术的使命：职业教育之外的人文教育

苏格拉底在《申辩》篇中为自己提出的辩词中有这么一条，他与雅典人一起求智慧不是为了钱，他不是雅典人所不喜欢的那种以出卖知识为营生的“智者”。古希腊的“智者”可以说是人类最早的“教学”从业者之一，他们从事的是向社会出售“有用知识”的营生。智者原指那些在占卜和预言方面才能卓越的人，后泛指那些因通晓神意而技艺出众的人，再后来指那些以传授政治技能（主要为演说术和论辩术）为生的职业教师。智者学派教师的出现与城邦政治民主有关。城邦政治活动以公民在共同场所的竞说——法庭上的辩论、广场中的演说、公共场合的演说——为主要手段。每一个公民都有说的权利，问题在于如何说，以及说什么。智者们关注前者，即说的技艺；哲学家关注后者，即说的内容是否符合真理。

“技艺”和“真理”的区别，可以说是形成了最早的知识分子的“职业”和“志业”的区别，前者从事的是作为“术”的学问，后者从事的是作为“智慧”的学问。人文社科的“职业化”是在作为现代社会一部分的大学体制中发展出来的，不可避免地包含现代社会的知识市场（知识职业）因素。萨森（M. S. Sarson）在对现代职业结构的研究中发现，“知识”或“学问”的“职业化过程”包含两个因素，一个是相对抽象、可以实际运用的知识，另一个是市场。其中市场不只是受经济和社会发展影响，而且还受权力意识形态的控制。[1] 也就是说，教育和学术的市场化涉及的不只是金钱利益，而且还有体制结构的其他多种利益。萨森指出，在对知识市场份额的争夺中会出现“新的领域”，也就是新的专业，“产生新的领域或亚领域可以解决领域拥挤的问题，拥挤的领域由保守的年长者控制，使新来者难以进入”。[2]

学术职业化的两个要素是“垄断”和“标准化”。[3] 职业化为劳动力市场提供体制化的“人才”训练，集中而标准化地生产“专门职业者”（“专业人员”）。大学这个学术、教育体制垄断了劳动市场中那些经济回报高、较为体面的“专业”，并对这个扩展而竞争的市场进行组织和统治。大学专业越分越细，劳动力市场的“人才”也越来越专门。例如，以前中文系毕业生可以轻松地进入新闻、报刊行业，但自从有了“新闻”“传媒”专业，中文系的文凭相比之下不那么专业了。以前，当记者的能力是通过在报馆当“学徒”或自学习得。现在，无论一个人的文字功夫有多好，对现实事件的观察有多敏锐，他都很难与拥有“专业文凭”者竞争新闻职业的工作机会。就连以前不需要文凭的“干部”职业，现在也和文凭、学位挂起钩来。

由于大学拥有“专业职业者的垄断和标准化生产”的特别许可，它并不是一个什么单纯的学术场所。学校因此成为知识的衙门。试

---

[1] Magali Sarfatti Sarson, *The Rise of Professionalism: A Sociological Analysis*. Berkeley, CA: University of California Press, 1977, p. 40.

[2] Magali Sarfatti Sarson, *The Rise of Professionalism: A Sociological Analysis*, p. 43.

[3] Ibid., p. 17.

想，现在还有哪些职业是学校不能发文凭的呢？就连传统社会中的“五行八作”（五行：车、船、店、脚、衙；八作：金匠、银匠、铜匠、铁匠、锡匠、木匠、瓦匠、石匠），只要一个行业还没有完全消失，哪一行，哪一作在现今的大学里是没有专门科系的呢？当然，那些经济回报特别丰厚、稳定的职业（如当官、当公务员，中国竟然有一半拥有博士学位者是公务员），不仅要有文凭，还要有“组织”“人事”部门的“安排”。在这种情况下，大学这个知识衙门更是与权力体制的衙门合作，一起有效地控制着社会中最有利可图的职业机会。学校越开越多，公务员越来越多，已经成为必然的趋势。

由于大学对知识市场的垄断，大学教授本身就成为令人羡慕的职业。大学教师也从1980、1990年代初的“清贫从业者”变化到今天收入丰厚的“中产阶级”，更不要说那些高收入的明星教授、学术大腕和学术富人。1990年代初的大学教师舍学术“下海”似乎还是眼前的事，但现在的大学教职却已成为年轻学子向往的“好收入”工作，非有高学历（博士）而不可得之。从“知识分子”到“专业人员”（专家、学者、教授）的身份转变便是在这样一个经济背景下发生的。[1]

当今中国大学的主要功能是为劳动力市场提供“专业”生产者，也就是所谓的专门职业者，许多本来属于职业训练的学习由于进入了大学而变成了“高等教育”，这使得高等教育的含义发生了异变。“职业教

[1] 在中国，“知识分子”的身份历来与励志守贫的理想（是不是现实是另一回事）联系在一起，知识分子看不起金钱（是真是假是另一回事），讲究体面，以文化、精神的守护者自居或自许。1980年代的文化讨论和1990年代的各种文化、社会问题争论都是在并非严格专业范围设限的知识场域中发生的。相比之下，今天的大学教师不但不会羞于言利或看不起金钱，而且会公然不择手段地追名逐利。各种各样的剽窃、造假、学术腐败、泡沫学术买卖在“学界”司空见惯，大学空有“神圣”之名，早已沦落为不折不扣的学店。

育”原本是一种中等教育，由于职业的积累和高科技化，职业教育向大学转移，本未尝不可。但问题是，大学里的职业教育与一般中等的职业教育究竟有什么样的特征区别，才能成为一种比较而言的“高等教育”（higher education）呢？

高等教育的特征应该是在职业知识传授之外的教育，尤其是人文教育，即那种可以被称作为“人的自由教育”的人文教育。远在11世纪出现大学这个体制之前，人类已经有了高等教育的原初概念。在高等教育中，人接受的是“成人”教育，不仅是年龄上的成人，而且是个人与群体关系意义上的成“人”，其中涉及关于什么是人的德性，什么是人的幸福，什么是人的真实等等的知识。人的自由的、有意义的存在取决于也体现在对人文知识的探求之中。这种人文知识是未成年者难以把握的，需要等到一定的年龄和具备一定知识准备后方能习得。延续到今天，这就是我们所说的人文教育。人文教育的原义至今仍然是，也必须是人的自由教育。

古希腊人相信，7这个数字具有特别的意义。人7岁以后，开始换齿，14岁进入青春期，21岁身体就已经完全成熟，等等。人的教育是和人的这种7基数成长联系在一起的，7岁时开始学习，14岁和21岁也是一个人教育中的两个提升年龄，至少亚里士多德是这么认为的。亚里士多德没有解释21岁的特别意义，但他把14岁确定为从初等到中等教育的转折年龄。14岁前，一个人学习了读写，还有一些文学，14岁以后，用三年来进行“其他学习”。亚里士多德所说的“其他学习”是指普通教育，也就是希腊人所说的enkuklios paideia或enkuklia mathemata。罗马人几乎原封不动地接受了希腊人的教育观，称这种教育为liberales artes，也就是我们所熟悉的liberal arts。一直到今天，美国的许多大学的核心部分仍然是“人文学院”（school of liberal arts)。人文教育提供的是一个适合于自由人的课目，按照启蒙时代的说法，则是适合“绅士”(有教养者) 的教育。施特劳斯的人文教育论述中一直都是用“绅士”这个说法 (与中国人熟悉的“士”有些相似)。人文学课的数目也是7：语言、修辞、辩证 (逻辑)、算术、音乐、几何和星象。[1]

在古代，除了普通教育或人文教育，只有三种职业教育 (professional education)，那就是医学、建筑和施教。[2] 其他的都是“手艺” (trades)。手艺是通过“学徒”而不是“教育”习得的。制皮革的、修船的、修帐篷的、木匠、酿酒的、做买卖的，都是“手艺人”，在雅典，他们可能有机会担任重要的公共职务，但却是在“教育”上有欠缺的人。苏格拉底对话中出现过不止一次的阿尼图斯 (Anytus，审判苏格拉底时的起诉官之一) 就是一个皮革师傅，苏格拉底，至少是柏拉图对话中的苏格拉底，显然看不起他。[3]

现代社会中的“职业”和职业结构与古代已经完全不相同了。好的皮革师傅、酿酒师是“轻工业学院”的毕业生，好的造船匠和专业打鱼人是航海学院毕业的，做买卖的更是拥有MBA的学位。这是因为现代社会是一个乔姆斯基 (N. Chomsky) 所说的“以知识为基础”的社会 (knowledge-based society)。各行各业的专门知识累积，使得“学徒”这种从师学徒的方式被上大学代替了。而问题恰恰就出在这里，尽管上大

[1] M. L. Clarke, *Higher Education in the Ancient World*. London: Routledge & Kegan Paul, 1971, pp. 1-2.

[2] Ibid., p. 109.

[3] 在《米诺》(*Meno*) 篇中的阿尼图斯是一个不情愿接受新想法的人，他看重的是从先人那里继承而来的传统智慧，认为雅典街上的任何一个绅士都是“德性”的范例。而苏格拉底要寻问的恰恰是“什么是德性”。

学的学生可能接受了丰富的专门职业知识，但却可能因为人文教育的缺失而并未真正受到高等教育。

现代社会仅仅以知识为基础是不够的。乔姆斯基指出，人们对现代社会的丰富知识总是“赞美有加，充满了期待”，因而忽视了一些与知识最有关联的问题：“知识的目标是什么？”“知识为谁服务？”例如，电脑的知识可以帮助，也可以用来阻碍公共知识公开化、透明化，甚至可以用来搜寻思想异见者并对他们进行惩罚和定罪。乔姆斯基指出，“无论知识多么丰富，知识与真正的理解（understanding）是不同的，真正的理解包括对人在物质世界和社会世界中正确位置的认识。如果（以知识为基础的社会）不能转化为以理解为基础的社会，那么就不大可能会出现那种正派人想要生活的世界”[1]。

乔姆斯基所说的“理解”其实就是阿伦特（Hannah Arendt）所说的“思想”和“判断”。[2] 有知识不等于有思想，更不等于在价值问题上有正确的判断。真正的知识不只包括掌握实际技能，而且包括理解什么是技能知识的善用和正用。现代大学的责任包括两个方面：增进实

---

[1] Norm Chomsky, “Scholarship and Commitment, Then and Now.” In *Chomsky on Democracy and Education*. C. P. Otero. ed. New York: RoutledgeFalmer, 2003, p. 197. 我引述乔姆斯基，是因为他是一个颠覆纯知识观念和挑战纯学术智慧的“抬杠者”（iconoclast），也是一个以扫学界之兴为己任的“风景杀手”（killjoy）。民主、开放、宽容、进取的学习型社会，需要学者像乔姆斯基这样用学术去反纯学术、用学术权威去反纯学术权威。原因是所谓专业知识和学术智慧，往往只是一些手执话语权的人不断重申的观点而已。倘若社会再没有像乔姆斯基那样深思熟虑的“思想异见者”（intellectual dissent），专家、政府和既得利益者就可以肆无忌惮地将他们鼓吹的价值观和意识形态装扮成科学的“客观知识”来愚弄公众。

[2] 阿伦特指出，思想与知识的区分非常重要。一方面，“科学家、学者或者脑力劳动的其他专家们”并不一定就能思想。另一方面,谁都不能以缺乏“脑力”来作为不思想的借口。H. Arendt, *The Life of the Mind*. Vol. 1. New York: Harcourt Brace Jovanovich, 1977, p. 191.

际知识，也增进对知识善用的理解，“大学应当努力增进对科学和人类生活的思想、观念和见解……也帮助我们对更人道的未来有博大的理解。为此，大学必须摆脱外来的压力”[1]。大学在不能独立于外部压力的情况下，照样能完成职业教育的任务，但却很难完成人的自由教育的任务。这种跛脚的专业教育是以职业为导向的，那不是自由人意义上的高等教育。

（四）人文、社科领域的学术新知识

对人文和社会学科来说，有一个特殊的学术问题，那就是，在这个领域中，学术可以或者应该期待怎样的“新”知识？如果说新，那是什么意义上的新？要回答这个问题，不妨拿人文问题与医学问题作一个比较。这两种问题同样古老，人类最早的医学和人文知识都是以口头方式保存的（神话、歌谣、诗歌），后来才用文字来保存。医学最早是驱鬼、除魅、跳大神，后来总结了植物的疗效，公元1世纪印度医生苏斯鲁塔（Susruta）记载了760种植物药物（《苏斯鲁塔本集》*Susruta-samhita*，又译《妙闻集》）。在欧洲，偏方、秘方的使用一直延续到18世纪。中世纪，萨列诺（Salerno）医校的慑生卫生（Regimen Sanitatis Salernitanum），里面有许多卫生规则：“不要在床上读书。不要喝太多酒。不要做爱过度。不要排泄太多”；“如果你想获得健康和精神，不要太过分——不要生气，别喝太多酒，吃太多的晚餐”；“多光顾三位医师——饮食医师、快活医师和安静医师”；“丰盛的晚餐毁损及你的胃，运动过度会影响

[1] Norm Chomsky, “Scholarship and Commitment, Then and Now.” p. 198.

你安睡”；“不要整天躲着数你的钱币，该离开桌椅，去透透空气”。[1]这些类似中国人“饭后百步走，活到九十九”的养生口诀，虽不列入现代医学院的教学课程，但仍然是医学悠久传统的一部分。这是因为，医学的学科知识不只包括某种具体的知识内容，还包括关于这种知识的伦理。知识的伦理要求并允诺对知识的正当使用。知识之所以被视为“好”，乃是因为知识不可以用来伤害人类的共同利益。只有善用的知识才对大家都有好处。拿来阴损别人的“知识”不是知识，而是“诡计”。公元前4世纪的希波克拉底（Hippocrates）誓言至今体现着医学知识的伦理。这种知识伦理是医学在知识内容不断变化的情况下，还能够维持一个连贯知识传统的根本原因。

医学是一个知识内容发展很快、变更很大的领域，但并非所有知识领域都像医学一样。例如，法是和医一样古老的领域，但法学领域就没有发生过医学领域中那种可称为革命性的变化。法学中确实出现了一些解决新问题的新法，如反托拉斯法、保护知识产权法，但法学的基本原则却并没有大的变化。现代人文、社科的知识与古代人文问题有很强的传承性，伦理价值更是没有大的变化。

所有的人文和社科分科越往最早的源头追溯，就越汇合到古典人文的共同源头。人文学科的语言、文学、历史、哲学自不待言。即便以现代性著称的“社会科学”也是如此。例如，现代人类学形成于19世纪末到20世纪初期，但早在希腊历史学家希罗多德那里就已经有了对不同民族风俗的详细描写，罗马历史学家塔西佗（Tacitus）也为后人提供

[1] 这部手册中有三百多条易懂的日常生活健康规则。这本书后来遍布欧洲，许多医师在各版本中加入新资料，目前被译成300版，里有3500条健康规则，成为一部民间流传的长诗和欧洲家庭医药保健的指引。

了最早的凯尔特人（Celtics）和日耳曼民族的描述，最早的人类学描述是被归入“历史”这个领域中的。“社会学”专业领域非常宽广，涉及经济、政治、文化等多种制度，追溯到远古便进入了柏拉图时代“哲学”的领域，古希腊色诺芬尼（Xenophanes）、色诺芬（Xenophon）、波利比阿（Polybios）的一些著作便是这个意义上最早的社会学。心理学是人文学科，也是运用学科。心理学对人的认知、情绪、禀性、行为、人际关系的人文关注可以追溯到古代的希腊、中国、印度哲学。现代政治科学更是既可以直接追溯到古代的各种政治学说，又可以追溯到古代道德哲学、政治哲学、历史等领域。现代的媒体研究比较特别，但仍然与人文和社科学科多有渊源。媒体研究领域的界限几乎与所有人文、社科学科都有交叠，如修辞、文艺理论、心理学、社会学、社会理论、社会心理、文化人类学、文化研究、各种文化、艺术、信息传播史等。

不要说是古代，就是一百几十年前，人文思想者探求新知识，运用新知识，都是利用一切可能的人文资源，根本不可能固守什么学术专业的门户。今天，学术专业不但有了门户，而且被当成是理所当然的知识领域疆界，甚至画地为牢，故步自封。这种以“小”为“专”的新知识观忘记了人文知识的一个根本特征，那就是，绝对新的人文知识是几乎不存在的。人文学科不能不，也必须不断地回到那些古人已经在讨论的基本人文问题上来：什么是幸福的生活？什么是真、善、美？什么是理性和信仰？什么是政治权威与德性？那些古人早就关注的政治和律法问题——政体、专制和民主、多数人的暴政、公民服从、王法和神法、惩罚和报复、正义和公正、神话（意识形态）与哲学（真理）——更是今天人文学术在认识它自己现实存在条件和社会作用时不能回避的问题。因此，人文学科应当产生的首先就是哈贝马斯所说的那种以“解放”为目的、以批评建设作用为评断标准，并以“自由”为其基本价值的反思性知识。

人文社科学术新知识的“新”取决于学术者如何在他自己的生活实际与知识运用之间建立新的联系，新知识来自独特的新的联系方式，首要的条件是学术者的自由思想和独立判断。对于大学体制中的学术者，葛卜哈特 (R. C. Gebhardt) 提出了三种可能的联系方式，它们分别是：一、本学科内的日常教学，二、学校教育的宗旨，三、社会需要。[1] 这三者之间有一个从小到大的范围变化，其中“教育”是个中间环节，教育既可以是“教学问题”，又可以是多种“社会问题”中的一个。

第一，在学术研究与教学之间可以形成新的联系方式。当然，并不是所有种类的课程都能有同样程度的新关系。例如概述、通识 (survey) 一类的课程重在“知识”，而非“新知识”，而专题课则需要教授以独特主题角度、教学和参考材料选择去设计和组织，并结合自己的研究成果。设计和组织课程体现了教授对学科人文问题的关注：要引导和启发学生对哪些问题或哪一类问题发生兴趣和思考？哪些知识对学生是必需的和特别重要的？这种知识与学生作为德性的人和公共社会的人有什么关系？

第二，学术研究可以帮助学校教育宗旨的更新。学校的宗旨关系到教育的基本理念。如果一个大学并重人文教育与职业教育，把人文教育当作高等教育与职业教育的根本区别所在，那么教授就可以在具

[1] Richard C. Gebhardt, “Avoiding the ‘Research versus Teaching’ Trap: Expanding the Criteria for Evaluating Scholarship.” In Joseph M. Moxley and Lagretta T. Lenker, eds. *The Politics and Processes of Scholarship*. Westport CN: Greenwood Press, 1995, pp. 14-16.

体课程中贯彻这个宗旨。但是，如果学校的办学方针根本就不把人文教育当一回事，或者实际上在排斥和限制人文教育，那么，介绍、提倡和推行人文教育就成为一种有学术革新意义的事情。目前的中国就是这种情况。例如，研究和介绍施特劳斯的人文教育思想、杜威和乔姆斯基的民主教育思想都因此成为有关人的自由教育的新的学术。

第三，学术更可以帮助形成新的社会问题意识和批判立场。大学教授最直接涉及的常常是像人文教育、公民教育这样的教育问题。人文教育、公民教育抵制不自由、不民主的教育，很自然会发展到教育职业之外的其他社会问题。这些问题常常被称作公共知识分子问题，但其实也是跨学科的学术问题，如公共生活、集体历史记忆、公民认同、正义和社会之善、公众新闻、承诺、信任、保护弱者、正派社会、民族主义、物品秩序、收藏和怀旧、公民社会、公民治理。它们都可以放到现有的社会学、政治学、哲学、法学、伦理学里去讨论，但也可以当作与这些专门学科并无直接关系的一般现实问题来讨论。对待这样的公共社会问题，应该充分重视普通公众的常识性知识，避免学术因为“精致化”和“隔离病房化”而脱离公共事务关怀。在学术评审中，更应该重视学术的公共作用标准。

学术“精致化”是学术在不自由的状态下发生的一种学术犬儒主义。学术犬儒主义的危害在于把学术在自己的小天地里无限精致化（因而诡辩化），直至“升华到一个高不可攀、与现实政治脱节的程度”[1]。一些张冠李戴、似是而非的“精致”说法，有意无意地在帮助说一套做一套的权力操作，使得公众政治领域进一步假面化。那些精致的学术文章许多都是出自“学者”之手，并经过“同行评审”的，可见同

[1] Timothy Bewes, *Cynicism and Postmodernism*. London: Verso, 1997, p. 48.

行评审并不能保证学术一定就有真正的思想和判断。

人文和社会学科的“学术”和“研究”，作为一种“新知识”的发现和产生体制，如何来对它进行评估，最终离不开两个有普遍性的基本问题：谁的学术和学术为什么。学术由学者来做，但学术并不只属于学者。现代大学里的学术必须得依靠社会资源，乔姆斯基因此称大学是一种“寄生”于社会的体制。[1]学术对公共社会担负着不可推卸的责任。学术从来就不是纯粹的，因为它不能不始终争取和维护它自己的自由存在。学术活动本身不能保证人们的学术权利，争取学术权利首先必须拥有让公民可以争取学术权利的政治权利。因此，不能脱离作为公民的知识发现者、传播者、接受者和具体的社会、政治环境去单独地讨论学术。幻想纯粹学术或为学术而学术，是一种水中捞月的行为，是一种不得已的退缩，不是独立意志和自由思想的选择结果。我们应该把学术当作一种公共知识，有新思想的学术离不开自由、宽容、公正、理性的社会和政治环境，这样的学术是以知识在公共生活中的自由产生、自由接受、自由传播为条件的。这些是自由的学术的条件，也是自由的教育和以人的自由为本的人文教育的条件。

[1] Norm Chomsky, “Scholarship and Commitment, Then and Now,” p. 198.

附录　人文教育经典阅读“大学讨论班”课程示例

讨论班1：希腊思想

Collegiate Seminar 20
GREEK THOUGHT

Homer, *The Odyssey,* tr. Fagles (Penguin, 978-0-1 -4026886-7)
Sappho, *Sappho: A New Translation,* tr. Mary Barnard (University of CA Press 978-0-5-2022312-7)
Aeschylus, *The Oresteia,* tr. Fagles (Penguin, 978-0-1 -40443 33-2)
Euripides, *The Complete Greek Tragedies: Euripides V,* ed. Grene et al.; *Bacchae,* tr. Arrowsmith (Univ. Chicago Press 978-0-2-2630784-8)
Sophocles, *The Complete Greek Tragedies: Sophocles I* , ed. Grene and Lattimore (Univ. Chicago Press, 978-0-2-2630792-3)
Thucydides, selections from *History of the Peloponnesian War* (Copley Reader, 978-1-5-8152653-0)
Aristophanes, *Lysistrata,* tr. Parker (Penguin, 978-0-451-53124-7)
Plato, Five Dialogues: Euthyphro, Apology, Crito, Meno, Phaedo, tr. Grube (Hackett 978- 0-8-7220633-5)
Plato, *Symposium,* tr. Nehamas and Woodruff (Hackett 978-0-8-7220076-0)
Euclid, selections from *The Elements* (Copley Reader, 978-1-5-8152653-0)
Aristotle, *Nicomachean Ethics,* tr. Ostwald (Prentice-Hall, 978-0-0-2389530-2)

AUG M	Tuesday	W	Thursday	Friday
				27 Plato, “Analogy of the leave”
30	31 Homer, *The Odyssey,* Books 1-4			

SEPT M	Tuesday	W	Thursday	F
		1	2 Homer, *The Odyssey,* Books 5-8	3
6	7 Homer, *The Odyssey,* Books 9-12	8	9 Homer, *The Odyssey,* Books 13-16	10
13	14 Homer, *The Odyssey,* Books 17-20	15	16 Homer, *The Odyssey,* Books 21-24	17
20	21 Sappho, selections	22	23 Aeschylus, *Agamemnon*	24
27	28 Aeschylus, The Libation Bearers	29	30 Aeschylus, The Eumenides	

OCT M	Tuesday	W	Thursday	F
				1
4	5 Thucydides, “Debate at Sparta”; “Funeral Oration”	6	7 Thucydides, “Mytilenian Debate”; “Melian Dialogue”	8
11	12 Sophocles, *Oedipus the King* ‹---**Oedipus play, 5:00 & 7:30，Soda Center** ---	13 ---›	14 Sophocles, *Antigone*	15
18	19 Aristophanes, *Lysistrata*	20	21 Art discussion	22
25	26 Euripides, *The Bacchae*	27	28 Plato, *Meno,* 70-85c (pp 59 - 77)	29

NOV M	Tuesday	W	Thursday	F
1	2 Plato, *Meno,* 85c - end (pp 77- 92)	**3Greek Day**	4 Euclid, selections from *The Elements:* Definitions, Postulates, Common Notions, Prop. 1	5
8	9 Euclid, selections from *The Elements:* Propositions 2-9	10	11 Plato, *Crito, Apology*	12
15	16 Plato, *Symposium,* pp 1-44	17	18 Plato, *Symposium,* pp 45-77	19
22	23 Aristotle, *Nicomachean Ethics,* Book I	**24**	**25 Thanksgiving Holiday**	**26**
29	30 Aristotle, *Nicomachean Ethics,* Book II			

DEC M	Tuesday	W	Thursday	F
		1	2 Aristotle, *Nicomachean Ethics,* Book III	3
6 ‹---	7------------ **FINALS PERIOD MEETING** (according to official exam schedule - 2 hours)	8	9 Aristotle --- *Ethics,* Bk VIII, Ch 1-4, Ch 12 - 14 and Bk X, Ch 7, 8, 9 -------------------›	10

Christmas and New Year’s Recess: December 10 - January 2
January Term: January 3 - 28

讨论班2：罗马、早期基督教和中世纪思想

Collegiate Seminar 021
ROMAN, EARLY CHRISTIAN, AND MEDIEVAL THOUGHT

Genesis 1-3 (handout)
Virgil, *The Aeneid of Virgil*, tr. Mandelbaum (Univ of California Press, 978-0-5-2025415-2)
Lucretius, *On the Nature of the Universe*, tr. Latham (Penguin, 978-0-1-4044610-4)
Terence, *The Brothers* tr. Radice (Penguin 978-0-1-4044324-0)
Epictetus, *The Handbook (The Encheiridion)* (Hackett, 978-0-9-1514569-0)
Gospel of Mark (Copley Reader, 978-1-58152-653-0)
St. Augustine, *Confessions*, tr. Chadwick (Oxford University Press, 978-0-1-9283372-3)
Hroswitha, *Abraham*, tr. St. John (handout)
Arabian Nights, tr. Haddawy (Norton, 978-0393928082)
Hildegard of Bingen, *Scivias*, selections, and illumination (Copley Reader, 978-1-58152-653-0)
Marie de France, *The Lais*, selections (Copley Reader, 978-1-58152-653-0)
Maimonides, *Guide of the Perplexed* (Hackett, 978-0-87220-324-2)
Rumi, *Say I Am You*, tr. Moyne and Barks (Maypop 978-1-8-8423700-3)
Dante, *Inferno*, tr. Mandelbaum (Bantam, 978-0-5-5321339-3)
Christine de Pizan, *The Book of the City of Ladies*, tr. Richards (Copley Reader, 978-1-58152-653-0)
Chaucer, *The Canterbury Tales*, tr. Hieatt (Bantam, 978-0-5-5321082-8)

August **Monday**	**T**	**Wednesday**	**T**	**Friday**
27 Genesis 1-3 (handout)	28	29 Virgil, *The Aeneid*, Book I	30	31 Virgil, *The Aeneid*, Book II

September **Monday**	**T**	**Wednesday**	**T**	**Friday**
3 Labor Day Holiday	4	5 Virgil, *The Aeneid*, Books III - IV	6	7 Virgil, *The Aeneid*, Books V - VI
10 Virgil, *The Aeneid*, Books VII -VIII	11	12 Virgil, *The Aeneid*, Books IX - X	13	14 Virgil, *The Aeneid*, Books XI - XII
17 Lucretius, *On the Nature of the Universe*, Book I	18	19 Lucretius, *On the Nature of the Universe*, Bk II (pp 38 - 46, 63 – 66) and Bk III (all)	20	21 Lucretius, *On the...Universe*, Bk IV (all) & Bk V (pp 148 – 166)
24 Terence, *The Brothers*	25	26 Epictetus, *The Handbook (The Encheiridion)*	27	28 Epictetus, *The Handbook (The Encheiridion)*

October **Monday**	**T**	**Wednesday**	**T**	**Friday**
1 Gospel of Mark	2	3 St. Augustine, *Confessions*, Bk I – II	4	5 St. A, *Confessions*, Bk III
8 St. A, *Confessions*, Bk IV-V	9	10 St. Augustine, *Confessions*, Bk VI – VII	11	12 St. A, *Confessions*, Bk VIII
15 Hroswitha, *Abraham*	16	17 Art selections	**18**	**19 Midterm Holiday**
22 *Arabian Nights*, pp3-30	23	24 *Arabian Nights*, pp 30-49	25	26 Hildegard of Bingen, *Scivias*, selections, and illumination
29 Hildegard of Bingen, *Scivias*, selections, and illumination	30	31 Marie de France, *The Lais*, selections		

November **Monday**	**T**	**Wednesday**	**T**	**Friday**
			1	2 Marie de France, *The Lais*, selections
5 Maimonides, *Guide of the Perplexed*, pp 41-58 to ch XXXIV	6	7 Maimonides, *Guide of the Perplexed*, pp 58-71 to ch LIV	8	9 Maimonides, *Guide of the Perplexed*, pp71-87 (end of Bk I)
12 Rumi, *Say I Am You*, selections	13	14 Rumi, *Say I Am You*, selections	15	16 Dante, *Inferno*, I - V
19 Dante, *Inferno*, Cantos VI - XII	20	**21 Thanksgiving Holiday**	**22**	**23 Thanksgiving Holiday**
26 Dante, *Inferno*, Cantos XIII - XX	27	28 Dante, *Inferno*, Cantos XXI - XXVIII	29	30 Dante, *Inferno*, Cantos XXIX - XXXIV

December **Monday**	**T**	**Wednesday**	**T**	**Friday**
3 Christine de Pizan, *The Book of the City of Ladies*, selections	4	5 Chaucer, *The Canterbury Tales*, "Wife of Bath's Prologue"	6	7 Chaucer, *Canterbury Tales*, "Wife of Bath's Tale"
10 ‹---------- **FINALS PERIOD MEETING** (class meets according to official exam		Chaucer, *The Canterbury Tales*, schedule – 2 hours)		"Merchant's Prologue and Tale"-----›

Christmas and New Year's Recess: December 14 - January 6; January Term: January 7 – February 1

讨论班3：文艺复兴和17、18世纪思想

Collegiate Seminar 122
RENAISSANCE / 17th / 18th CENTURY THOUGHT

Fra Filippo Lippi, "Madonna and Child with Two Angels" (*La Vergine Col Figlio)* (Copley Reader 978-1-58152-775-9)
Machiavelli, *The Prince* (Signet, 978-0-4-5153100-1)
Luther, *On Christian Liberty*, tr. Lambert (Fortress, 978-0-8-0063607-4)
Cervantes, *Don Quixote*, tr. Grossman (Harper Perennial, 978-0-0-6093434-7)
Shakespeare, *The Tempest* (Penguin/Pelican, 978-0-1-4071485-2)
Galileo, *The Starry Messenger* (Copley Reader 978-1-58152-775-9)
Descartes, *Discourse on Method and the Meditations*, tr. Cress (Hackett 978-0-8-7220420-1)
Hobbes, selections from *Leviathan* (Copley Reader 978-1-58152-775-9)
John Locke, *Second Treatise of Government* (Hackett, 978-0-9-1514486-0)
Sor Juana Ines de la Cruz, *The Answer/La Respuesta*, trs. Arenal and Powell (Feminist Press, 978-1-5-5861077-4)
Rousseau, *Discourse on Inequality*, tr. Cranston (Penguin, 978-0-1-4044439-1)
Adam Smith, *Wealth of Nations*, selections, and "Declaration of Independence" (Copley Reader 978-1-58152-775-9)
Voltaire, *Candide*, tr. Bair (Bantam, 978-0-5-5321166-5)
Wollstonecraft, selection from *A Vindication of the Rights of Woman* (Copley Reader 978-1-58152-775-9)
Jane Austen, *Pride and Prejudice* (Penguin Classics, 978-0-14-143951-8)

AUG M	Tuesday	W	Thursday	F
27	28 Lippi, "Madonna and Child with Two Angels" (painting)	29	30 Machiavelli, *The Prince*, Dedication, Chs 1 -14	31

SEPT M	Tuesday	W	Thursday	F
3	4 Machiavelli, *The Prince*, Chs 15 – 26	5	6 Luther, *On Christian Liberty*	7
10	11 Cervantes, *Don Quixote*, First Part, Prologue-Ch XII	12	13 Cervantes, *Don Quixote*, First Part, Ch XIII-XXIV	14
17	18 Cervantes, *Don Quixote*, First Part, Ch XXV-XXXII **_Hamlet_ play, Cal Shakes, Orinda**	19 ------->	20 Cervantes, Don Quixote, First Part, Ch XXXVI-XLII ---> (Skip "Man Who Was Recklessly Curious")	21
24	25 Cervantes, Don Quixote, First Part, ChXLIII-LII (end)	26	27 Shakespeare, *The Tempest*, Acts I, II	28

OCT M	Tuesday	W	Thursday	F
1 <--------	2 Shakespeare, *The Tempest*, Acts III-V <--- ***The Tempest*, Soda, 5:00 & 8:00 pm**	3	4 Galileo, *The Starry Messenger*	5
8	9 Descartes, *Discourse on Method*, Parts One-Three	10	11 Descartes, *Discourse on Method*, Parts Four-Five	12
15	16 Hobbes, *Leviathan*, Part I, 13-14	17	**18 Midterm Holiday**	**19**
22	23 Hobbes, *Leviathan*, Part II, 17-18; 21	24	25 Locke, *Second Treatise of Government*, Preface, Ch I-IX	26
29	30 Locke, *Second Treatise of Government*, Ch X-XIX	31		

NOV M	Tuesday	W	Thursday	F
			1 Sor Juana, *The Answer/La Respuesta*, pp 39-105	2
5	6 Rousseau, *Discourse on Inequality*, Preface through Part One	7	8 Rousseau, *Discourse on Inequality*, Part Two	9
12	13 Voltaire, *Candide*	14	15 Adam Smith, *Wealth of Nations*, selections	16
19	20 "Declaration of Independence"	**21**	**22 Thanksgiving Holiday**	**23**
26	27 Wollstonecraft, *A Vindication of the Rights of Woman*, intro., Ch 2, Ch 3	28	29 Austen, *Pride and Prejudice*, Chs 1-17	30

DEC M	Tuesday	W	Thursday	F
3	4 Austen, *Pride and Prejudice*, Chs 18-34	5	6 Austen, *Pride and Prejudice*, Chs 35-48	7
10 <---	------------ FINALS PERIOD MEETING (meeting date according to official exam schedule		Austen, *Pride and Prejudice*, --------------------> – 2 hours) Chs 49-end	

Christmas and New Year's Recess: December 14 - January 6
January Term: January 7 – February 1

讨论班4：19、20世纪思想

Collegiate Seminar 123
19th and 20th CENTURY THOUGHT

Whitman, from "Leaves of Grass" (handout)
Marx, *Wage-Labour and Capital*, (International, 978-0-7-1780470-2)
Newman, *"The Uses of Knowledge"*: selections from *The Idea of a University*, ed. Ward (Harlan Davidson, 978-0-8-8295063-1)
Darwin, *The Origin of Species*, ed. Appleman (Norton, 978-0-3-9397867-4)
Emerson and Thoreau, *Nature and Walking* (Beacon Press, 978-0-8-0701419-6)
Weber, *The Protestant Ethic and the Spirit of Capitalism*, tr. Baehr and Wells (Penguin, 978-0-1-4043921-2)
Shaw, *Mrs. Warren's Profession* (Wildside Press, 978-14-3445217-7)
Kafka, *Metamorphosis*, tr. Freed (Barnes and Noble Classics, 978-1-5-9308029-7)
Freud, "Dissection of the Psychical Personality," c. 1926 (Copley Reader, 978-1-58152-774-2)
Unamuno, *Saint Emmanuel the Good, Martyr* (Copley Reader, 978-1-58152-774-2)
Picasso, *Guernica* (Copley Reader, 978-1-58152-774-2)
Woolf, *A Room of One's Own* (Harcourt, Harvest Book, 978-0-15-603041-0)
Martin Luther King, Jr., speeches and Malcolm X, "The Ballot or the Bullet" (Copley Reader, 978-1-58152-774-2)
Garcia Marquez, *Of Love and Other Demons*, tr. Grossman (Vintage International, 978-0-14-0003492-5)
Gloria Anzaldua, selections (Copley Reader, 978-1-58152-774-2)
Morrison, *Beloved* (Vintage International, 978-14-0003341-6)
Pablo Neruda, selections (Copley Reader, 978-1-58152-774-2)

AUG M	Tuesday	W	Thursday	F
27	28 Whitman, from *Leaves of Grass* (handout)	29	30 Marx, *Wage-Labour and Capital*, pp 5-25	31

SEPT M	Tuesday	W	Thursday	F
3	4 Marx, *Wage-Labour and Capital*, pp 26 - 48	5	6 Newman, *The Uses of Knowledge*, pp 8-52 **Darwin Movie, Soda, 5:00 & 7:30 pm , Sept. 12-13**	7
10	11 Darwin, *The Origin of Species*, pp 27-65 (end at "...stage of development.")	12	13 Darwin, *The Origin of Species*, pp 65-68 (thru 2nd ¶), 72 (Summary)-75, 85-89 (end at ChVI), 94-121	14
17	18 Thoreau, *Walking*, pp 71-122	19	20 Shaw, *Mrs. Warren's Profession*, Author's Apology and Act I	21
24	25 Shaw, *Mrs. Warren's Profession*, Act II - IV	26	27 Weber, Part I.1 pp 1-8, Notes [1]-[17] pp 43-47 Part I.2 pp 8-28, Notes [18] – [36] pp 47-52	28

OCT M	Tuesday	W	Thursday	F
1	2 Weber, *The Protestant Ethic . . .*, Part II.2 pp 105 - 115, Notes [221]-[291] pp 176-195	3	4 Weber, *The Protestant Ethic*, pp 115 - 122, Notes [292]-[314] pp 196-202	5
8	9 Kafka, *Metamorphosis*	10	11 Freud, "Dissection of the Psychical Personality"	12
15	16 Woolf, *A Room of One's Own*, Chps. One - Three	17	**18 Midterm Holiday**	**19**
22	23 Woolf, *A Room of One's Own*, Chps. Four - Six	24	25 Unamuno, *Saint Emmanuel the Good, Martyr*	26
29	30 Picasso, *Guernica* (painting)	31	***Eyes on the Prize* Movie, Soda Center, Oct. 3-4, 7:30 pm**	

NOV M	Tuesday	W	Thursday	F
	***Spring Awakening*, SMC musical Production – Nov.8-10, 15-18**		1 Martin Luther King, speeches ***Eyes on the Prize* (part 2), Soda, 5:00 & 7:30 pm**	2
5EOP 7:30	6 Malcolm X, "The Ballot or the Bullet"	7	8 Garcia Marquez, *Of Love and Other Demons*, Chapters One and Two	9
12	13 Garcia Marquez, *Of Love and Other Demons*, Chapters Three - Five	14	15 Gloria Anzaldua, essay	16
19	20 Morrison, *Beloved*, I, pp 1-73	**21**	**22 Thanksgiving Holiday**	**23**
26	27 Morrison, *Beloved*, I, pp 74-138	28	29 Morrison, *Beloved*, I, pp 138-195	30

DEC M	Tuesday	W	Thursday	F
3	4 Morrison, *Beloved*, II pp 199 – 277	5	6 Morrison, *Beloved*, III, pp 281 – end	7
10 <---	---------- FINALS PERIOD MEETING (meeting date according to official exam schedule		Pablo Neruda, selections ----------------------------> – 2 hours)	

Christmas and New Year's Recess: December 14 – January 6; January Term: January 7 – February 1

古典、基督教和中世纪思想（讨论班1和2的压缩课程）

Collegiate Seminar 110
CLASSICAL, CHRISTIAN, AND MEDIEVAL THOUGHT

Homer, *The Odyssey*, tr. Fagles (Penguin, 978-0-1-4026886-7)
Sappho, *Sappho: A New Translation*, tr. Mary Barnard (University of CA Press 978-0-5-2022312-7)
Aeschylus, *The Oresteia*, tr. Fagles (Penguin, 978-0-1-4044333-2)
Thucydides, selections from *History of the Peloponnesian War*, (Copley Reader 978-1-5-8152654-7)
Plato, *Meno*, tr. Grube (Hackett 978-0-9-1514424-2)
Aristotle, *Nicomachean Ethics*, tr. Ostwald (Prentice-Hall, 978-0-0-2389530-2)
Terence, *The Brothers*, tr. Radice (Penguin 978-0-1-4044324-0)
Virgil, *The Aeneid of Virgil*, tr. Mandelbaum (Univ of California Press, 978-0-5-2004550-7)
Lucretius, selections from *On the Nature of the Universe* (Copley Reader 978-1-5-8152654-7)
Plutarch, *Makers of Rome*, tr. Scott-Kilvert (Copley Reader 978-1-5-8152654-7)
St. Augustine, *Confessions*, tr. Chadwick (Oxford University Press, 978-0-1-9953782-2)
Marie de France, selections from *The Lais of Marie de France* (Copley Reader 978-1-5-8152654-7)
Rumi, *Say I Am You*, tr. Moyne and Barks (Maypop 978-1-8-8423700-3)
Dante, *Inferno*, tr. Mandelbaum (Bantam, 978-0-5-5321339-3)
Chaucer, selections from *The Canterbury Tales* (Copley Reader 978-1-5-8152654-7)

AUG M	Tuesday	W	Thursday	F
27	28 Homer, *The Odyssey*, Book 1	29	30 Homer, *The Odyssey*, Books 2-6	31

SEPT M	Tuesday	W	Thursday	F
3	4 Homer, *The Odyssey*, Books 7-12	5	6 Homer, *The Odyssey*, Books 13-18	7
10	11 Homer, *The Odyssey*, Books 19-24	12	13 Sappho, selections	14
17	18 Aeschylus, *Agamemnon*	19	20 Aeschylus, *The Libation Bearers, The Eumenides*	21
24	25 Thucydides, "Debate at Sparta" and "Funeral Oration"	26	27 Thucydides, "Mytilenian Debate"; "Melian Dialogue"	28

OCT M	Tuesday	W	Thursday	F
1	2 Plato, *Meno*	3	4 Aristotle, *Nicomachean Ethics*, Book I	5
8	9 Aristotle, *Nicomachean Ethics*, cont. (teacher's option)	10	11 Terence, *The Brothers*	**12**
15	16 Art prints	17	**18 Midterm Holiday**	**19**
22	23 Virgil, *The Aeneid*, Books I	24	25 Virgil, *The Aeneid*, Books II-IV	26
29	30 Virgil, *The Aeneid*, Books V-VI	31		

NOV M	Tuesday	W	Thursday	F
	Nov. 6-7, 8:00 pm, Berkeley Rep *An Iliad*, play		1 Lucretius, *On the Nature of the Universe*, Book I and Book 2	2
5	6 Plutarch, "Life of Coriolanus"	7	8 St.Augustine, *Confessions*, Books I-III	9
12	13 St.Augustine, *Confessions*, Books IV-VI	14	15 St.Augustine, *Confessions*, Books VII-IX	16
19	20 Marie de France, *The Lais*, selections	**21**	**22 Thanksgiving Holiday**	**23**
26	27 Rumi, *Say I Am You*, selections	28	29 Dante, *Inferno*, Cantos I-V, XV	30

DEC M	Tuesday	W	Thursday	F
3	4 Dante, *Inferno*, Cantos XVII-XXIII	5	6 Dante, *Inferno*, Cantos XXVI-XXVIII, XXXI-XXXIV	7
10	<------------- FINALS PERIOD MEETING (meeting date according to official exam schedule – 2 hours)		Chaucer, The Canterbury Tales, "Wife of Bath's Prologue" and "The Wife of Bath's Tale"--------->	

Christmas and New Year's Recess: December 14 - January 6; January Term: January 7 – February1

后 记

二十年前，国内展开了“人文精神”的讨论，参加者里有我的朋友和熟人。作为呼应，我写了一篇《从人文精神到人文教育》的文章（现收在我的《文化批评往何处去》里）。说是呼应，其实更是对人文精神讨论的批评意见。我认为，“人文精神”不应该只是一个纯粹的智者问题，而应该把“人文”与现实致用联系起来，成为学校里的人文教育。这是因为，人文改造是一个教育工程，涉及的诸多方面都与中国具体的政治、社会、文化环境缺失有关。在中国社会中提出人文精神，起主导作用的是一种关于价值的危机意识，而这种价值危机同时也体现了中国社会整体的人的危机。今天，我们仍然在探寻与二十年前类似，但变得更为严重的问题：中国社会面临的道德、价值、伦理危机究竟是一些什么性质的人的危机？而它们的社会、政治、文化、教育制度原因又是什么？

当时我建议，教授们与其在小圈子里清议人文精神，还不如在各自课堂上尽可能试着对青年学子做一些人文教育的工作，为此我介绍了我任教学校里的人文教育课程，就是我在这本书里所讨论的人文经典阅读。我把这篇文章寄给当时还在华东师范大学任教的王晓明教授（他是人文精神讨论的积极参与者，近年来还在关心中国“人心变坏”的问题），他给我来了一封长信，信里说，要是国内大学也能有这样的人文教育，那真是太好了。二十年过去了，我至今仍然记得读他来信时受到鼓舞的心情。

后来，我又陆陆续续写过一些关于人文教育的文章，也在一些地方做过关于人文教育的报告。记得有一年在上海季风书店做“高等教育因何高等”的报告。严搏非先生向在座者介绍我的人文教育课上学生们议论“烈士”的事情（我在一篇文章里提到过）。课上阅读是古希腊历史学家修昔底德《伯罗奔尼撒战争史》中的《阵亡将士国葬典礼上伯里克利的演说》。按照雅典人的习俗，每年冬天对那些首先在战争中阵亡的人给予公葬。在遗骨埋葬之后，“雅典城市选择一个他们认为最有智慧和最享盛誉的人发表演说，以歌颂死者”。

一位学生对此问道：“雅典城市”是什么意思？是指政府还是人民？选择的程序是什么？有一位学生回应道，葬礼演说中没有具体说明，大概是政府，也就是我们所说的山姆大叔吧。这个学生的话显然是在半开玩笑。没想到另一位学生很认真地说，葬礼应当是死者家里的私事，政府不应该以任何形式参与其中，我不喜欢政府这样，山姆大叔不是我家的大叔。

美国人一向不信任政府，但我没想到班上会有学生对公葬表示如此强烈的反感。我说，同意这位学生看法的请举一举手，结果一大半学生举起手来。我说，政府将荣誉授予为国捐躯的烈士，难道不应该吗？有几个学生笑了起来。我问，我说错了什么吗？一位学生说，是因为你用了“烈士”这个词。在国与国交战或打内战中死去的人，不能算是烈士。另一位学生接着说，只有像金恩博士和甘地那样为普遍正义牺牲的人才能称作“烈士”。

我与朋友们谈起人文教育的时候，他们大多对类似的课堂讨论例子特别感兴趣。有一次我到北大出版社去，午饭时与编辑们谈起这个话题，他们当场允诺，你写下来我们出，能不能约五六个其他海外教授各写一本。前不久，我到浙江大学做报告，与朋友谈起这事，他们也催促我赶紧把书写出来。

这些零碎的小事在我断断续续地写作这本书的过程中，给过我不小的激励，算是机缘。回顾我的著作生涯，经常有这样的感觉，写成一本书，大部分在于各种“机缘”。我在美国大学英语系任教，同时从事人文教育的经典阅读教学，这是一个机缘，要不是在一个有“伟大著作”课程的人文学院任教，恐怕不会有这样的机会。教学材料里有许多思虑周密、见解不凡、以自由为核心、以理性为尺度的经典著作，包含着灿烂的人文精神，让我终身受益。二十年前我介绍自己从事的人文教育，没想到日后一篇篇文章累积成了一本书，今天能由北京大学出版社出版，更是弥足珍贵、值得感谢的机缘。